EDITORA ELEFANTE

CONSELHO EDITORIAL
Bianca Oliveira
João Peres
Leonardo Garzaro
Tadeu Breda

EDIÇÃO
Tadeu Breda

PREPARAÇÃO
Fabiana Medina

REVISÃO
Cacilda Guerra
Letícia Féres

PROJETO GRÁFICO & DIAGRAMAÇÃO
Flávia Castanheira

DIREÇÃO DE ARTE
Bianca Oliveira

ASSISTÊNCIA DE ARTE
Denise Matsumoto

FOTO DA CAPA
STF/AFP/Getty Images

Mulheres Livres

a luta pela emancipação feminina
e a Guerra Civil Espanhola

Martha A. Ackelsberg

TRADUÇÃO Júlia Rabahie

MUJERES LIBRES

Núm. 2

SUMARIO

EDITORIAL.—**Alabanzas al «Metro» madrileño**, por Nelly White.—SANATORIO DE OPTIMISMO: **Un cliente: el Celoso**, por Dra. Salud Alegre. — **La cuarta revolución**, por Mercedes Comaposada.—**Problemas sanitarios y maternidad consciente**, por Lucía Pérez Berganzo.— **Algo sobre coeducación** por Julia M. Carrillo.—**Veinte años de psicología femenina a través de una profesión**, por Lucía Sánchez Saornil.—**Jornadas de lucha**.—**El niño sano**, por Amparo P. y Gascón.— EL CRIMEN CONSUMADO; **Un poco de historia**, por Paz.—CINEMA: valoración **Elisabeth Bergner**, por M. C.— ESTÉTICA — VESTIR — LIBROS

CULTURA Y DOCUMENTACIÓN

Às companheiras da Mulheres Livres, em solidariedade.
A luta continua.

Mujeres libres

MADRID, MI MADRID

revientan frutos de fuego
maduros de vieja saña.

¡Madrid, de los arrabales
río de sangre y de lágrimas!
abre la tumba a tus muertos.
¡A nosotras, Malasaña!
van las mujeres rugiendo,
trémulas de fiebre y ansia,
galopando en potro de ira,
con las manos desplegadas
a la busca en campos de odio
de amapolas de venganza.
¡Madrid, corazón del mundo,
corazón que se desangra! ...
Por la Puente de Segovia

¡corazón del mundo!
corazón de España—
...nica de Cristo
...ores te desgarran,
...ondas de mi Madrid,
sangre y de lágrimas!
...con tus noches

¡Madre, madre, me han matado
al hijo de mis entrañas!
— Anoche dejé a mi padre
quieto el corazón, sin habla,
boca arriba en el arroyo
buscando un cielo sin alba.
— ¿Adónde vas, compañero?
Deja mujer que me vaya;
no tengas celos de nadie
que es la muerte quien me aguarda
para jugarse conmigo,
firme el pulso y cara a cara
la vida de mi Madrid
que tiene preso en sus garras.
— Voy contigo, compañero,
los dientes tengo y me bastan.

          ∴

— ¡A mí los del Avapiés,
Curtidores y la Caba;
los mozos de pelo en pecho
dispuestos a lo que salga.
Por las Puertas de Toledo
va en aluvión la «canalla»
en busca del enemigo
ciega los ojos de lágrimas,

Punho em riste, mulheres da Ibéria
Em direção a horizontes prenhes de luz
Por rotas ardentes,
Os pés na terra
A face no azul

Afirmando promessas de vida
Desafiamos a tradição
Modelamos a argila quente
De um mundo que nasce da dor

Que o passado se afunde no nada!
O dia de ontem não nos importa!
Queremos escrever de novo
A palavra MULHER

Punho em riste, mulheres do mundo
Em direção a horizontes prenhes de luz,
Por rotas ardentes
Avante, avante
Olhando para a luz.

Hino da Mulheres Livres
Lucía Sánchez Saornil, Valência, 1937

Puño en alto mujeres de Iberia / Hacia horizontes preñados de luz / Por rutas ardientes, / Los pies en la tierra / La frente en lo azul // Afirmando promesas de vida / Desafiamos la tradición / Modelamos la arcilla caliente / De un mundo que nace del dolor // !Que el pasado se hunda en la nada! / !Qué nos importa del ayer! / Queremos escribir de nuevo / La palavra MUJER // Puño en alto mujeres del mundo / Hacia horizontes preñados de luz, / Por rutas ardientes / Adelante, adelante / De cara a la luz.

11	PREFÁCIO À EDIÇÃO BRASILEIRA
21	PREFÁCIO À SEGUNDA EDIÇÃO ESTADUNIDENSE
31	INTRODUÇÃO

61 CAPÍTULO 1
A revolução anarquista e a libertação das mulheres

66	Dominação e subordinação
72	Comunidade e igualdade
80	Sexualidade e subordinação das mulheres
94	Transformação revolucionária: coerência entre meios e fins

111 CAPÍTULO 2
Mobilização da comunidade e organização sindical: as mulheres e o movimento anarquista espanhol

115	Precursores: regionalismo, coletivismo e protesto
126	Anarquismo, anarcossindicalismo e mobilização popular
149	A educação como preparação
160	A educação como empoderamento

167 CAPÍTULO 3
Guerra civil e revolução social

169	A República e a Frente Popular
172	Rebelião e revolução
176	Rebelião revolucionária: as milícias
183	Revolução popular e coletivização
205	Consolidação política e contrarrevolução

217 CAPÍTULO 4
A fundação da Mulheres Livres

219	O movimento anarcossindicalista e a subordinação das mulheres
228	Organizando as mulheres: primeiros passos
238	A organização decola

259 CAPÍTULO 5
A educação para o empoderamento

261 A preparação como ato revolucionário
267 Programas educativos
275 Emprego e programas de aprendizagem profissional
283 Conscientização e apoio à militância feminina
288 Maternidade
294 A educação dos filhos
297 Sexualidade
309 Programas para refugiados e serviços sociais

317 CAPÍTULO 6
Diferentes e iguais? Dilemas da organização revolucionária

319 As relações com outras organizações de mulheres
327 O movimento libertário

355 CONCLUSÃO
Comunidade e empoderamento feminino

358 "Os covardes não fazem a história": um legado de empoderamento
367 Diferença, diversidade e comunidade
388 Em direção a uma nova concepção de política

397 APÊNDICE A
Publicações da Mulheres Livres

399 APÊNDICE B
Proposta para a criação da fábrica de casamentos

403 SIGLAS
405 AGRADECIMENTOS
411 SOBRE A AUTORA
412 LISTA DE APOIADORES

ional, "Mujeres Libres" saluda a...

LUCHAR ES MÁS QUE VENC

Senderos pertenecía al grupo de estudiantes que abandonaron la Facultad de Medicina para mejor ofrecer su inteligencia y su actividad al movimiento juvenil. La visión política y el sentido organizador de Senderos eran tan profundos, que para algunos llegaba a hacerse incomprensible.

Un camarada nos dijo una vez: —¡Es un extravagante!

Nos interesaba tanto su personalidad y sus aptitudes, que empezamos a seguir su vida.

Acababa de salir de la cárcel. Trabajaba de peón de albañil en una obra de Madrid; leía, daba charlas, escribía buenas cosas y encauzaba el movimiento de nuestra juventud. Durante la última huelga de la construcción, vendía naranjas por la calle.

—Nunca me había pasado —confesó a un camarada—; pero hoy he sentido vergüenza. Al ofrecer las naranjas a una muchacha, he reconocido a una antigua condiscípula.

—¿De la Universidad?

—No. Habíamos tocado juntos la sonata de Litz.

Acababa de salir «Juventud Libre», del que fué primer director y en cuyo primer número se puede admirar el estilo rotundo de su inteligencia, cuando llegó el 19 de julio. Nos encontramos en la incautación de un antiguo colegio de frailes que habían abandonado el edificio. Vino a mí desesperado. —¡Esa canalla callejera lo está rompiendo todo! Corre al laboratorio de Química y salva las colecciones de minerales.

Al pasar una de las veces, le vimos, con los brazos en cruz, a la puerta del laboratorio de Física, dispuesto a dejarse matar por defenderlo. —¡Vaya clases que vamos a tener! ¡Menudo material escolar!

Ya por la tarde, nos habló de una máquina de e... ría llevarse y que los compañeros lo impedían, a pre... a cundir el ejemplo. —¡Espíritu pequeño-burgués! que tenemos en la Redacción hay que echarle una letra.

Le volvimos a ver por Madrid, con el fusil que te había ganado en el cuartel de la Montaña. Des... la Redacción. En la primera ocasión que tuvo, n... para hacer una información de la toma del Alcáz... acabar con ellos, hay que reducirlos!—. Los fa... seguían batiendo la carretera. Un capitán de asa... hombres y les ordenó que le siguieran. Un carro d... subida a toda velocidad. Un muchacho corrió h... en el carro: —¡Voy con vosotros!... Y en brava... del Alcázar cayó nuestro Senderos.

Y, como él, tantos otros: Rodríguez, Mecachi...

Si destacamos su caso, es como integración de... pio. No murió físicamente; cayó con su espíritu... gencia. Sentía y aplicaba el «luchar es más que... de juventud.

Prefácio à edição brasileira

Comecei esta pesquisa muitos anos atrás, num contexto político bastante distinto do atual. Quando este livro foi publicado pela primeira vez, nos Estados Unidos, em 1991, o Muro de Berlim tinha caído havia pouco, a União Soviética estava no mesmo caminho, Nelson Mandela tinha acabado de sair da prisão em Robben Island e o Brasil se recuperava dos anos de ditadura militar. Eram os primórdios das revoluções digital e tecnológica que transformariam as economias pelo mundo, e mal se podia imaginar que assistiríamos a manifestações contra a globalização — a Organização Mundial do Comércio (OMC) sequer tinha sido criada. Havia muito trabalho pela frente para enfrentarmos a desigualdade e a injustiça em todo o mundo, mas, ao mesmo tempo, havia também um sentimento de esperança e uma expectativa por mudanças.

Não vejo nenhuma ironia no fato de que a edição brasileira de *Free Women of Spain* seja publicada agora, num momento em que tanto o Brasil como os Estados Unidos enfrentam a ascensão de coalizões de direita não tão diferentes daquelas que provocaram a Guerra Civil Espanhola. Apesar dos esforços dos movimentos sociais populares de oposição, em ambos os países candidatos pseudopopulistas tiveram êxito nas eleições presidenciais ao apelar para os altos níveis de alienação e descrédito dos políticos tradicionais, afirmando que tirariam o país das mãos de elites corruptas que, por muito tempo, foram indiferentes aos problemas da população. Ainda que a eleição de Jair Bolsonaro, em 2018, não tenha sido, talvez, tão inesperada quanto a de Donald Trump, em 2016, o fato é que parece que estamos testemunhando a ascensão de governos autoritários e movimentos neofascistas pelo mundo. Ativistas em ambos os países (e em muitos outros) temem pelo futuro de suas instituições democráticas relativamente novas — e também por aquelas mais antigas — e se perguntam como transformar a agenda pública e o equilíbrio do poder político para começar a recuperar espaços perdidos. Sou extremamente grata à Editora Elefante por garantir a oportunidade de introduzir este livro entre o público brasileiro contemporâneo e por me permitir — e às mulheres da Mulheres Livres — contribuir de alguma maneira para o diálogo em curso.

• • • • •

A Federación Mujeres Libres — seu nome original — foi fundada na Espanha na década de 1930, época em que a economia do país ibérico ainda era majoritariamente agrícola, o desenvolvimento econômico, bastante desigual, os níveis de analfabetismo, muito altos e as mulheres, sujeitas a muitas restrições religiosas e culturais. Como enfatizo ao longo deste livro, a Mulheres Livres não surgiu no vácuo. Foi criada por mulheres jovens, em sua maioria militantes do movimento anarquista espanhol, o qual tinha uma presença longa e poderosa na sociedade local. Na Espanha industrial, milhões de trabalhadores travaram batalhas ferozes por reconhecimento e respeito. Em 1930, socialistas e anarquistas já haviam organizado vastos setores da classe trabalhadora. Foi no contexto do movimento anarcossindicalista espanhol que a Mulheres Livres assumiu suas bandeiras — *ao lado* de seus companheiros homens na luta por um mundo melhor e, algumas vezes, *contestando* seus companheiros homens, para serem reconhecidas como parceiras iguais neste mundo.

Ao mesmo tempo, como exploro nos capítulos 3, 4 e 5, a Mulheres Livres foi fundada e cresceu no seio de uma guerra civil revolucionária. O primeiro número de sua revista foi publicado semanas antes das eleições de 1936, quando chegou ao poder a coalizão da Frente Popular. O segundo número apareceu um pouco antes da tentativa de golpe militar que desencadeou a Guerra Civil Espanhola. Ainda que já houvesse grupos de mulheres anarquistas separados dos homens em algumas cidades e vilas durante os anos anteriores, a organização em si foi fundada apenas em agosto de 1937, quando o conflito já tinha mais de um ano e a revolução social deflagrada pela tentativa de golpe já havia recuado significativamente. A Mulheres Livres tinha poucos recursos econômicos e quase nenhum apoio externo; ainda assim, teve êxito em mobilizar — e educar — mais de vinte mil mulheres, a maioria pertencente à classe trabalhadora, e em gerar impacto significativo nas organizações e atividades da esquerda revolucionária.

As questões pelas quais me interessava quando escrevi este livro ainda são relevantes atualmente: quais são os ensinamentos deixados pelas experiências da Mulheres Livres, mesmo num contexto político tão diferente? Como dialogamos com eles?

• • • • •

Este livro foi escrito originalmente para um público estadunidense; meu objetivo era apresentar e explicar a história e as contribuições desse grupo extraordinário de mulheres espanholas às leitoras feministas. Assim, as questões examinadas se enquadram no contexto dos debates e discussões que definiram o ativismo feminista nos Estados Unidos na época da publicação do livro, sobretudo os temas da diversidade/ multiculturalismo ou, em outras palavras, de como imaginar ou, ainda mais, alcançar mais igualdade entre as pessoas sem negar ou suprimir as significativas diferenças entre elas. Mesmo que essa discussão seja diferente dos debates feministas em curso no Brasil, penso que este livro pode tornar mais acessíveis aos leitores contemporâneos brasileiros algumas das pautas dos Estados Unidos.

É claro que diferenças significativas existem, não apenas entre o momento atual e o da Espanha na década de 1930, mas também entre o Brasil e os Estados Unidos. Ainda que a desigualdade esteja crescendo em ambos os países, a desigualdade extrema tem sido uma característica mais proeminente na sociedade e na política brasileiras que nas estadunidenses — pelo menos até recentemente. E a corrupção — infelizmente cada vez mais comum sob o governo de Donald Trump — tem sido algo praticamente determinado na política brasileira por muitas décadas. De fato, alegações de corrupção contribuíram poderosamente para a queda do PT e de seus líderes, pavimentando o caminho para a vitória de Bolsonaro. Mais significativo, talvez, tenha sido o fato de o Brasil ter passado por mais de vinte anos de ditadura militar, finalizada há pouco mais de trinta anos, ao passo que os Estados Unidos, mesmo com momentos mais ou menos amplos de controle popular sobre o governo e com muitas pessoas (sobretudo negros, imigrantes e indígenas) tendo seus direitos como cidadãos negligenciados, nunca vivenciaram uma ditadura militar formal em solo próprio. Também é importante o fato de os Estados Unidos não terem uma história de movimentos anarquistas e socialistas politicamente significantes; com poucas exceções, seu movimento de trabalhadores nunca foi ligado a um partido *político* socialista.[1] O Brasil, por outro lado, tem uma longa história de militância política socialista e trabalhista, assim como uma presença anarquista. No final do século XIX e no começo do XX, havia um movimento considerável de militantes anarquistas espanhóis e brasileiros cruzando o Atlântico.[2] No momento atual, assistimos a um interesse renovado pelo anarquismo no contexto brasileiro — um interesse que, suspeito, contribuiu para esta presente edição brasileira.[3]

---

1. O Industrial Workers of the World [Trabalhadores Industriais do Mundo] (IWW), também conhecido como Wobblies, um "sindicato industrial revolucionário", foi fundado em Chicago, em 1905, e alcançou seu maior número de membros e de influência — principalmente nos estados do oeste do país — nas primeiras décadas do século XX. O sindicato se recusou a estabelecer alianças com partidos políticos. Ataques antissocialistas e anticomunistas por parte do governo fizeram com que a maioria das outras organizações sindicais se distanciasse dos partidos políticos socialistas e comunistas (que nunca foram tão fortes no país).
2. Ver, por exemplo, RODRIGUES, Edgar; RAMOS, Renato & SAMIS, Alexandre. *Against All Tyranny: Essays on Anarchism in Brazil* [Contra toda a tirania: ensaios sobre anarquismo no Brasil]. Tradução e edição de Paul Sharkey. Berkeley: Kate Sharpley Library, 2003; GÓES JR., Plínio de. *The Luso-Anarchist Reader: The Origins of Anarchism in Portugal and Brazil* [O leitor luso-anarquista: origens do anarquismo em Portugal e no Brasil]. Charlotte: Information Age Publishing, 2017; CAPELLETI, Ángel J. *Anarchism in Latin America* [Anarquismo na América Latina]. Tradução de Gabriel Palmer-Fernandez. Oakland: AK Press, 2018. Ver também ACKELSBERG, Martha. "It Takes More than a Village! Transnational Travels of Spanish Anarchism in Argentina and Cuba" [É preciso mais que um vilarejo! Viagens transnacionais do anarquismo espanhol por Argentina e Cuba], em *International Journal of Iberian Studies*, v. 29, n. 3, 2016, pp. 205-23, ainda que o enfoque seja na Argentina e em Cuba. Digna de nota é Maria Lacerda de Moura, anarquista brasileira que contribuiu frequentemente com artigos sobre gênero e sexualidade em jornais anarquistas espanhóis. Para uma visão geral sobre sua vida, ver CSAPO, Anelise; SCHEMBRI, Elena; GRIGOLIN, Fernanda; VASCONCELOS, Juliana & SILVA, Thiago Lemos. "5 mulheres revolucionárias que lutaram contra o autoritarismo", em *As Mina na História*, 13 out. 2018.
3. Esse interesse tem sido revivido e motivado pela dedicação excepcional de Thiago Lemos Silva e Margareth Rago, especialmente. Ver, por exemplo, RAGO, Margareth & BIAJOLI, Maria Clara Pivato (eds.). *Mujeres Libres da Espanha: documento da Revolução Espanhola*. São Paulo: Biblioteca Terra Livre, 2017; e SAORNIL, Lucía Sánchez. *A questão feminina em nossos meios*. Seleção, tradução e preparação de textos de Thiago Lemos

Contudo, por causa dessas diferenças, o contexto do debate político e das discussões nos Estados Unidos tende a ser muito mais estreito do que nos países da América Latina, além de evitar, quase por completo, enfoques sobre classe social. Ao mesmo tempo — à diferença do Brasil, mas com algumas similaridades —, os Estados Unidos têm se reconhecido historicamente como sociedade multiétnica e multirracial. Isso não quer dizer que a diversidade cultural do país esteja isenta de problemas: como acontecimentos recentes deixam claro, os Estados Unidos estão longe de resolver desigualdades estruturais enraizadas nos "pecados originais" da escravidão negra e do deslocamento forçado e do genocídio da população indígena. Apesar de o termo "caldeirão de culturas" ter definido os Estados Unidos há muitas gerações, o questionamento acerca do que significa ser de fato uma sociedade multiétnica, multirracial e multicultural é central para as discussões da esquerda. O debate preliminar no país sobre esses temas fomentou o contexto dialógico original deste livro.

Ao mesmo tempo, organizações de esquerda contemporâneas — tanto no Brasil como nos Estados Unidos — se deparam com um clima político, econômico e cultural bastante hostil. A desigualdade econômica está aumentando quase em todos os lugares e as forças financeiras internacionais exercem grandes pressões contra programas que mitigam as piores consequências dessa desigualdade. De fato, o chamado "ressentimento populista"[4] que levou Trump e Bolsonaro ao

---

Silva. São Paulo: Biblioteca Terra Livre, 2015. Ver também o dossiê "Anarquismo: teorias, abordagens e problemas", em *Pergaminho*, n. 9, ano 9, dez. 2018.

4. De acordo com pesquisadores dos movimentos da nova direita, principalmente a europeia, o ressentimento contra o *establishment* político seria um dos elementos unificadores dos diferentes partidos de direita, além da agenda anti-imigração. Ver "O que unifica a nova direita populista é o ressentimento, diz professor alemão", em *Sul21*, 3 dez. 2018. [N.T.]

poder foi movido precisamente pela frustração com a reestruturação econômica e por um sentimento de que as elites políticas dominantes não estavam prestando atenção suficiente naqueles que mais sofrem os efeitos das transformações econômicas e tecnológicas. Há outras similaridades importantes entre os dois países: ambos dividem uma história brutal de escravidão e — de maneiras distintas — têm tido dificuldade em reconhecer os legados duradouros dessa história. Ambos também estão testemunhando um crescimento da influência de grupos religiosos radicais conservadores — sobretudo evangélicos protestantes — que usaram sua considerável influência popular para alavancar políticos de extrema direita. Ambos têm assistido a um enfraquecimento dos movimentos de trabalhadores, por meio da combinação entre corrupção, alegações de corrupção e políticas antitrabalhistas. E ambos têm observado movimentos de mulheres vigorosos, que, apesar de participarem em coalizões de oposição, não conseguiram impedir o deslocamento de seu país em direção à direita — o que ameaça avanços femininos conquistados com dificuldade, como mais igualdade e autonomia.

Em muitos desses aspectos, podemos encontrar paralelos com a situação vivenciada pelos anarcossindicalistas na Espanha e, particularmente, pela Mulheres Livres. A economia espanhola na década de 1930, como já mencionado, caracterizava-se por um desenvolvimento muito irregular e por níveis extremos de desigualdade. A vitória do governo da Frente Popular, em abril de 1936, gerou nos trabalhadores altas expectativas de mudanças e aprofundou o medo dos donos de terras e dos industriais. Enquanto isso, o capital internacional, atemorizado pelas greves e pelas ideias de revolução que emanavam do clamor popular, abandonou o governo legalmente eleito e se alinhou às forças rebeldes de Francisco Franco. A habilidade do governo em desenvolver e implementar políticas para beneficiar a classe trabalhadora, que o apoiava, ficou gravemente limitada. Em regiões onde as organizações de esquerda eram fortes — Catalunha, arredores de Madri, Valência —, os trabalhadores tomaram o controle das fábricas abandonadas pelos patrões e coletivizaram muitas propriedades rurais: tentaram atender a suas próprias necessidades por meio da ação direta.

Nesse contexto, a Mulheres Livres advogou pela incorporação completa e igualitária das mulheres na resistência, no projeto revolucionário e no planejamento da sociedade que lutava para construir. Opondo-se àqueles que diziam que o momento não era ideal para se debruçar sobre as questões das mulheres e que elas deveriam esperar pelo "dia seguinte à revolução", insistiu que a única maneira de ganhar a guerra e alcançar os objetivos revolucionários era engajar as mulheres, habilitá-las para que superassem o analfabetismo e a subordinação e para que participassem totalmente da sociedade. O grupo não dependeu — nem poderia depender — do governo para realizar suas necessidades de alfabetização, treinamentos e programas de aprendizagem e assistência à infância. Em uma guerra civil de grande escala, elas desenvolveram práticas para criar o mundo em que queriam viver.[5] Demandaram de seus companheiros reconhecimento e respeito às suas diferenças como mulheres — e às questões específicas sobre sexualidade, apoio e planejamento para a maternidade, cuidado dos filhos e educação de base generalizada —, mesmo quando insistiam em ser tratadas como membros completamente iguais da comunidade libertária.

---

5. Para entender a luta contínua da Mulheres Livres por programas revolucionários, mesmo dentro de movimentos de esquerda maiores que aceitaram a "necessidade" da redução de gastos e de construções do Estado, ver EVANS, Danny. *Revolution and the State: Anarchism in the Spanish Civil War, 1936-1939* [Revolução e Estado: anarquismo na Guerra Civil Espanhola]. Londres/Nova York: Routledge, 2018.

Espero que a história da Mulheres Livres e as histórias individuais de algumas de suas militantes possam inspirar aquelas que estão hoje em lugares muito diferentes da Espanha da década de 1930, mas que se deparam com obstáculos aparentemente gigantes, sejam políticos, culturais ou econômicos. Ainda que o mundo delas e o nosso sejam diferentes, sua luta para conquistar reconhecimento e respeito numa sociedade que lhes negou direitos pode ser esclarecedora e instrutiva. Numa época em que pressões pela homogeneidade, pela conformidade e pelo retrocesso das transformações sociais parecem estar em ascendência, podemos, talvez, aprender com aquelas que defenderam a abertura para a mudança e para novos modelos de organização social, mesmo no contexto da guerra civil. Precisamos de toda a ajuda disponível.

Martha A. Ackelsberg
Dezembro de 2018

...añera de Durruti envía a MUJERES unas cálidas palabras de aliento

Desde París, donde trabaja intensamente por nuestra causa antifascista, Emilienne Morin, la compañera de nuestro inolvidable Durruti, nos envía la magnífica carta que reproducimos a continuación.

Queridas compañeras:

Sigo con inmenso interés vuestro grandioso esfuerzo para hacer de MUJERES L[IBRES] una de las revistas femeninas más hermosas del mundo. Y creedme que no se trata d[e un] cumplimiento.

Yo no he sido nunca feminista, el sentido que las «sufragistas» le han dado [a la] palabra; pero vuestro movimiento es verdaderamente del puro feminismo, social y h[uma]no, del que tiende a cultivar en la mujer todas sus cualidades intelectuales y mor[ales] con frecuencia ignoradas por las mujeres mismas. La mayor virtud, femenina es la [sen]sibilidad, y esta virtud, hasta ahora anulada por un concepto negativo de la v[ida,] puede servir a las mujeres modernas y libres para convertir a nuestras hermanas, [es]clavas de sus propios prejuicios, en seres sanos y normales, con el valor de mira[r la] vida cara a cara y no a la sombra masculina.

Cuando tenga algunos minutos disponibles — pues el trabajo de la Delegación d[e la] C. N. T. - F. A. I. en París, me ocupa todo el día —, trataré de escribir un pequeño [tra]bajo para MUJERES LIBRES. Aunque estoy muy lejos de ser una escritora, he vivido y [su]frido tanto, que tengo mucho, mucho que decir.

Pienso también retratar a mi Colette y dedicaros la foto de «la pequeña Durru[ti».]Os quedaréis asombradas del extraordinario parecido de mi nena con nuestro gran [des]aparecido.

Termino estas cartas rogándoos, queridas compañeras, me enviéis una subscrip[ción] fija de MUJERES LIBRES y de todas vuestras publicaciones.

Desearía también que me escribieseis de vez en cuando, a fin de hacerme la [ilu]sión de que España no está tan lejos. Podéis estar seguras de que si el deber mate[rnal] y familiar no me retuviera en París, contra mi voluntad, mi mayor deseo s[ería...]

Prefácio à segunda edição estadunidense

Escrevo este prefácio[1] com certa ironia. Este não é um momento particularmente propício para as forças progressistas no mundo: a globalização capitalista está avançando rapidamente, e nem indivíduos nem grupos nem Estados são capazes de frear a homogeneização cultural ou a concentração de poder econômico que está ocorrendo mundo afora. Os Estados Unidos buscaram suas aventuras militares no Afeganistão e no Iraque, apesar das milhares de pessoas que tomaram as ruas em protesto. A crescente interdependência econômica e militar, porém, não parece ter reduzido as ameaças de violência ou de ataques terroristas nos Estados Unidos ou em qualquer outro lugar. Então, por que publicar um livro sobre o esforço de criar uma sociedade não hierárquica e igualitária numa época em que realizar essas possibilidades parece inatingível?

Existem, no entanto, sinais esperançosos: milhares participaram de protestos contra a globalização capitalista desenfreada nas reuniões da OMC, do Fundo Monetário Internacional (FMI) e do Banco Mundial em Seattle, Quebec, Gênova, Washington e Doha. Milhares de pessoas tomaram as ruas em fevereiro e março de 2003, e de novo em março de 2004, para protestar contra a ação militar estadunidense no Iraque. Nesse cenário, talvez consigamos aprender com aquelas mulheres que também en-

---

1. Prefácio escrito em 2005 e revisado em 2014.

frentaram adversidades aparentemente esmagadoras e conseguiram construir espaços livres, ainda que com duração limitada.

Originalmente, eu tinha alguns objetivos em mente quando escrevi este livro. Primeiro, queria reaver e recuperar a história de um grupo extraordinário de mulheres e do movimento do qual faziam parte. Além disso, esperava tornar acessíveis as experiências e os ensinamentos desse grupo para militantes contemporâneos dos Estados Unidos, sobretudo as feministas. Mesmo que no início do século XX tenham existido correntes anarquistas fortes no país, grande parte dessa história era — e continua sendo — desconhecida, mesmo para ativistas. Mais especificamente, acredito que, enquanto muitos dos grupos feministas da década de 1970 tentaram modificar ou adaptar a teoria socialista para acomodar suas visões e perspectivas, o anarquismo, em oposição a *todas* as formas de hierarquia, oferecia recursos potencialmente mais frutíferos e produtivos. Dessa forma, um dos meus propósitos ao escrever este livro era oferecer ao público feminista estadunidense um entendimento sobre a teoria e a prática anarquista/libertária e deixar clara sua potencial relevância para as lutas contemporâneas.

É verdade que, mesmo em 1991, o contexto cultural nos Estados Unidos era muito diferente daquele de 1970: o *mainstream* político havia se dirigido consideravelmente à direita e a noção de que governos existem, pelo menos em parte, para assegurar o bem-estar dos cidadãos já sofria sérias ameaças. Entretanto, parecia útil e importante contar a história de uma geração de militantes que aproveitaram as oportunidades com as quais se depararam, mesmo no meio de uma guerra civil, para tentar criar uma sociedade mais justa, na qual mulheres fossem consideradas integrantes completos e iguais.[2]

---

2. O contexto político ainda é diferente em 2004, mas, exceto por este prefácio, decidi não tentar reescrever ou atualizar de qualquer forma o livro para abordar essa questão.

Além disso, a situação dos Estados Unidos no fim do século xx era bem diferente da espanhola nos primeiros anos daquele mesmo século. Como discuto no capítulo 2, a Espanha nesse período apresentava uma industrialização relativamente recente e era um país caracterizado pelo que agora é chamado de "desenvolvimento desigual". Muitas regiões dependiam de uma base agrícola, pouco modernizada; os níveis de analfabetismo eram altos; as lutas relativas à sindicalização eram frequentemente violentas; e a política — sobretudo no nível nacional — havia muito tempo se caracterizava pelo autoritarismo. Mais ainda, a vida política era agudamente polarizada: organizações de esquerda eram poderosas em algumas áreas (especialmente na Catalunha, em Valência e em Madri) e bem fracas em outras. Mais significativo para essa história é o fato de que o movimento libertário tinha uma presença cultural e política poderosa. Consequentemente, como indico nos capítulos 2 e 4, as militantes que fundaram e foram ativas na Mulheres Livres não estavam agindo no vácuo, mas enraizadas firmemente no movimento libertário e num contexto social altamente politizado.

A sociedade estadunidense era — e é — bem diferente. Primeiramente, como muitos observadores já comentaram, em comparação a muitos dos países europeus, os Estados Unidos carecem de um legado socialista significativo e, mais ainda, de um anarquista/libertário. É verdade que existiram organizações socialistas e também anarquistas no país, especificamente nos primeiros anos do século xx, e que os anarquistas exerceram um grande impacto no movimento de trabalhadores (o IWW, que era ativo sobretudo em comunidades mineradoras no oeste e em fábricas têxteis no nordeste do país, era um movimento de inspiração anarcossindicalista), nos movimentos antiguerra e pela liberdade de expressão durante a Primeira Guerra Mundial e também no feminismo (nesse período, Emma Goldman, por exemplo, estava ativamente envolvida tanto nas atividades antiguerra como nas feministas). Mas as organizações anarquistas e seus militantes eram também os alvos principais da repressão governamental durante a Ameaça Vermelha:[3] muitos, inclusive Emma Goldman e Alexander Berkman, foram deportados ou forçados ao exílio, e boa parte das memórias sobre suas atividades foram deturpadas ou perdidas. Como consequência, as feministas contemporâneas estadunidenses têm menos laços com movimentos políticos de esquerda e menos raízes neles, se comparadas às feministas europeias. Além disso, mesmo quando — nas décadas de 1970 e 1980 — algumas militantes dos Estados Unidos tentaram recuperar ou explorar a relevância de outros movimentos políticos e sociais para o feminismo, esses esforços tenderam a ter como foco o socialismo marxista, e não vertentes mais anarquistas — que na Espanha eram chamadas de "libertárias". Assim, este livro pressupõe que a maioria dos leitores estadunidenses não estará especificamente familiarizada com as tradições anarquistas, seja na Espanha, seja no contexto norte-americano.

Uma segunda grande diferença entre a sociedade dos Estados Unidos e a da Espanha tem a ver com o multiculturalismo. Os espanhóis têm enfrentado questões de regionalismo por gerações, mas as diferenças políticas não foram, de maneira geral, articuladas em termos de diversidade étnica. Já a população dos Estados Unidos sempre foi multiétnica e multirracial. Ainda que o autoentendimento do país como

---

3. Esse termo se refere a períodos na história dos Estados Unidos marcados por fortes sentimentos e ideologias anticomunistas. O primeiro deles, ao qual a autora se refere, vai de 1917 aos primeiros anos da década de 1920, e foi muito influenciado pela Revolução Russa. O segundo diz respeito principalmente aos quinze anos que se seguiram ao término da Segunda Guerra Mundial, tendo sido caracterizado pela Guerra Fria e pelo macarthismo. [N.T.]

um "caldeirão de culturas" tenha frequentemente ocultado as dificuldades em integrar as diferenças, nas décadas recentes, pelo menos, questões sobre diversidade e multiculturalismo têm estado à frente de muitos debates, tanto acadêmicos quanto políticos. Tais debates formam o cenário no qual este livro foi escrito.

O livro foi traduzido e reimpresso (com algumas adições e modificações incluídas nesta edição) na Espanha em 1999. Sua publicação me deu a oportunidade de visitar algumas cidades espanholas para conversar sobre a Mulheres Livres, a história contemporânea espanhola e as semelhanças e diferenças entre a história e a cultura dos Estados Unidos e da Espanha. O que me impressionou, então, foi como nossas histórias radicalmente diferentes pareciam convergir. Muitas das pessoas que participaram das discussões indicaram que a situação espanhola nos últimos anos da década de 1990 havia sido significativamente diferente da de 1930: tinha-se pouca memória sobre as agudas divisões políticas das décadas iniciais do século XX; as organizações e os movimentos de trabalhadores estavam muito mais fracos (devido, não em pequena proporção, às complexidades do mercado globalizado); os movimentos sociais se encontravam também enfraquecidos e fragmentados; e a esquerda sentia certa desconexão com o movimento progressista mais amplo, além da desmoralização que quase se compara à experiência da esquerda nos Estados Unidos.

Também em outro sentido nossas diferentes histórias estão se repetindo em novas formas: o anarquismo parece estar reaparecendo nos Estados Unidos e em muitos outros lugares, mais especificamente no contexto dos protestos antiglobalização. Grupos que se identificam como anarquistas foram ativos nas manifestações contrárias à OMC e à Área de Livre Comércio das Américas (Alca). Mais generalizados, grupos de inspiração anarquista continuam a se formar pelo país. Feiras de livros e encontros anarquistas aconteceram recentemente em Montreal, San Francisco, Athens (Ohio) e Plainfield (Vermont), para citar somente alguns. Publicações periódicas anarquistas como *Fifth Estate*, *Perspectives on Anarchist Theory*, *Social Anarchism* e outras continuam a oferecer importantes observações e críticas à política e à cultura contemporâneas.

Mas o que podemos concluir sobre esse fenômeno? Meu entendimento é que muitos dos grupos que se autoidentificam como anarquistas e que vêm ganhando tanta atenção da mídia têm como foco a destruição de propriedades e a contestação da ordem, sem nenhum programa claro *positivo* e reconstrutivo em mente. Esses grupos podem ser considerados muito mais uma reminiscência dos niilistas russos do século XIX do que do anarquismo comunista ou coletivista que teve papel muito grande na revolução espanhola. Como notou Rebecca DeWitt alguns anos atrás, em um relatório sobre a atividade anarquista nos protestos anti-OMC em Seattle, "fiquei com a impressão da atividade anarquista como um moralismo vazio, uma prática devotada à teoria e uma energia gasta involuntariamente para alavancar políticas reformistas. Os anarquistas precisam ir além dessas armadilhas para formular uma teoria do anarquismo que possa sustentar um movimento político".[4] Cindy Milstein argumentou na mesma linha: "É o momento de ir além do caráter de oposição do nosso movimento, infundindo nele uma visão reconstrutiva. Isso significa começar, agora mesmo, a transformar a estrutura do movimento em institui-

---

4. DEWITT, Rebecca. "An Anarchist Response to Settle: What Shall We Do With Anarchism?" [Uma resposta anarquista para elaborar: o que devemos fazer com o anarquismo?], em *Perspectives on Anarchist Theory*, v. 4, n. 1, 2000, p. 2.

ções que concretizem uma sociedade melhor: em resumo, cultivar a democracia direta nos lugares que chamamos de lar".[5]

É importante lembrar que a grande mídia comercial tende a veicular em excesso a cobertura de incidentes de destruição de propriedades e a ignorar ou reportar muito pouco as organizações de base de inspiração anarquista que trabalham no cotidiano com resíduos tóxicos, meio ambiente, combate à fome e moradia popular, entre outras causas, e que estão presentes em comunidades pelo país afora. Tais atividades positivas, reconstrutivas e de ação direta tendem a ser relatadas, quando o são, apenas em boletins informativos de menor escala, circulares comunitárias e afins. Como consequência, alguns dos trabalhos mais importantes e realmente revolucionários que estão ocorrendo nos Estados Unidos são praticamente desconhecidos por quem não está diretamente envolvido com eles.[6]

Em 2004, a situação nos Estados Unidos, e também para além dele, parece ainda mais desmoralizante que há cinco anos. A reedição deste livro nos dá a oportunidade de pensar sobre o que podemos aprender com a luta das mulheres que agiram numa época que era, pelo menos, tão tensa quanto a nossa: quando o mundo estava à beira da Segunda Guerra Mundial e a Espanha, em meio a uma brutal guerra civil. As integrantes da Mulheres Livres se aproveitaram do poder do movimento anarquista mais amplo de que faziam parte — e da revolução social — para imaginar uma sociedade melhor para todos, na qual a participação e a liberação das mulheres fossem elementos centrais. Elas sabiam que a simples oposição ao que existe não é uma base eficiente para a ação revo-

---

5. MILSTEIN, Cindy. "Reclaim the Cities: From Protest to Popular Power" [Recuperar as cidades: do protesto ao poder popular], em *Perspectives on Anarchist Theory*, v. 4, n. 2, 2000, p. 4.
6. Sou grata a Lisa Sousa por me lembrar dessa questão.

lucionária: em vez disso, era necessário tentar, mesmo que nas menores escalas, construir um novo mundo, mesmo que em meio ao velho. Espero que, neste momento histórico, em que muitos progressistas estão lutando contra sentimentos de aflição, as conquistas da Mulheres Livres possam fornecer centelhas de esperança e talvez até novas direções.

· · · · ·

Além das pessoas a quem agradeci na primeira edição do livro, várias outras contribuíram especificamente para esta reedição. Como sempre, sou grata a Federico Arcos pelo apoio ao longo dos anos e pelos esforços em manter esse trabalho "no radar", tanto na Espanha como na América do Norte. Geert Dhondt, da Universidade de Massachusetts; o coletivo Food for Thought Books, em Amherst, Massachussets; Spencer Sunshine, da Universidade da Cidade de Nova York; Chuck Morse, do Institute for Anarchist Studies; e Sandy Feldheim, em Montreal, ajudaram-me — por meio de seus convites e seu interesse pelo livro — a lembrar que há uma audiência contínua para essas ideias. Gostaria também de agradecer a Ramsey Kanaan, Lisa Sousa e ao restante do coletivo AK Press por buscarem este material com a Indiana University Press e adquirirem os direitos do livro para que ele continuasse circulando. Judith Plaskow, minha companheira de vida e de luta, esteve comigo durante todas as transformações deste projeto: editora excelente, sua combinação de inteligência, apoio e estímulo me mantém em caminhos que não consigo nem descrever.

Também gostaria de reconhecer aqui os esforços daqueles que organizaram a publicação do livro na Espanha. Anna Delso e Federico Arcos fizeram contato com Manuel Carlos García na Fundación Anselmo Lorenzo, em Madri, o que finalmente levou à edição espanhola. Manuel Carlos foi um leitor entusiasta e um apoiador amável do projeto. Verena Stolcke, querida amiga e colega, que me incentivava desde antes de eu me dar conta de que estava envolvida nesta pesquisa, dedicou energia considerável para dar à luz este livro na Espanha. Tenho certeza de que não é coincidência o fato de ser ela quem fez a conexão entre mim, Patric de San Pedro e a Virus Editorial. Por isso, e por muitas outras coisas, sou profundamente agradecida. Karin Moyano passou muitas horas pesquisando, em minha biblioteca, minhas anotações e fotocópias para encontrar a versão original das citações do livro. E Antonia Ruiz foi tudo o que uma autora espera de uma tradutora: cuidadosa e entusiasmada. Sou grata a todos eles.

Finalmente, não posso terminar esta breve nota sem lembrar das mulheres cujas palavras aparecem neste livro, mas que já não estão entre nós. Conforme o tempo passa, esse número continua a aumentar. Pura Pérez Benavent Arcos, Soledad Estorach, Suceso Portales e Azucena Barba faleceram sem poder ter lido o livro em seu próprio idioma. Cada uma delas me recebeu em sua vida e em sua intimidade, compartilhou memórias e ajudou a traduzir os eventos de seu tempo em palavras e imagens que eu pudesse compreender. Sou profundamente grata por esse presente. Dedico este volume à memória dessas mulheres.

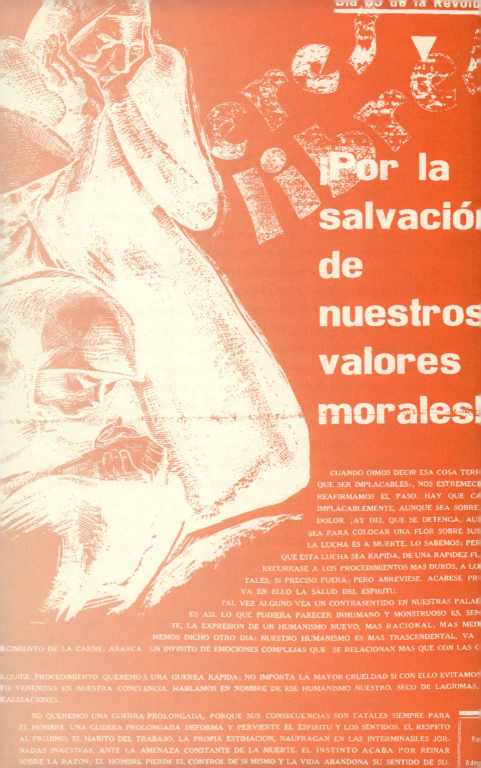

Introdução

Em 1936, grupos de mulheres de Madri e Barcelona fundaram a organização Mulheres Livres, dedicada à libertação das mulheres "de sua tripla escravidão: a escravidão da ignorância, a escravidão como mulher e a escravidão como trabalhadoras". Embora tenha durado menos de três anos (suas atividades foram interrompidas bruscamente em fevereiro de 1939, com o triunfo das forças franquistas e o fim da Guerra Civil Espanhola), a Mulheres Livres mobilizou mais de vinte mil integrantes e desenvolveu uma extensa rede de atividades concebidas para empoderar a mulher como indivíduo e, ao mesmo tempo, construir um sentido de comunidade. Assim como o movimento anarcossindicalista espanhol — no qual essas mulheres iniciaram sua prática militante —, a Mulheres Livres insistia que o desenvolvimento individual completo da mulher dependia do desenvolvimento de um forte sentimento de conexão com outros indivíduos. Nesse sentido, o grupo é uma alternativa ao individualismo que caracteriza os movimentos feministas *mainstream*, daquela época e também da nossa.[1]

---

1. Aqui a autora se refere à vertente do feminismo identificado com pautas mais liberais, com demandas relativas a direitos civis e individuais. Historicamente, a chamada "primeira onda" do feminismo não pregava uma ruptura revolucionária com a sociedade da época (meados do século XIX até as primeiras décadas do século XX), mas sim o direito ao voto e à educação e a necessidade de haver mais mulheres em posições de poder político e econômico. Ou seja, buscava-se, em linhas gerais, uma

A história de como descobri essas mulheres e suas atividades abarca muitos anos e muitos quilômetros, pesquisas em arquivos, entrevistas e conversas com militantes da organização. Minha compreensão da importância de suas aspirações e conquistas, porém, está intrinsecamente relacionada aos esforços mútuos e progressivos de nos comunicarmos, apesar das diferenças culturais, etárias, de classe social e contexto político que nos separavam. Como muitas dessas mulheres me receberam na própria casa e compartilharam suas histórias, tentei escutá-las sob suas próprias condições, além de levar em conta tanto nossas semelhanças como nossas diferenças. Já que estudei com profundidade as questões de identidade, diferença, comunidade e empoderamento — que ora deram forças, ora desmoralizaram os movimentos por direitos civis, assim como os pacifistas e as feministas nos Estados Unidos —, aprecio profundamente a perspectiva que a Mulheres Livres tem a oferecer para feministas e ativistas contemporâneas. Este volume deriva, em parte, do meu desejo de fazer com que sua história seja mais acessível.

Na primeira parte desta introdução, apresento as mulheres que são os sujeitos da história que se desenvolve no restante do livro. Na segunda parte, exponho os temas e as questões que compõem a base teórica do volume.

A primeira integrante da Mulheres Livres que conheci foi Suceso Portales,[2] que passava o verão de 1979 na pequena cidade de Móstoles, nos arredores de Madri. O caminho que

---

igualdade dentro dos moldes das instituições liberais. Ainda sobre a "primeira onda", também não podemos esquecer de mulheres que, no século XIX, lutaram pela abolição da escravidão, como Sojourner Truth e Elizabeth Cady Stanton. No início dos anos 1990, quando este livro foi originalmente publicado, é possível observar como o feminismo liberal foi incorporado pela agenda neoliberal mais ampla, com uma perspectiva individualista do sucesso e do poder femininos. [N.T.]

2. María Suceso Portales Casama morreu em 1999 em Sevilha, na Espanha. [N.E.]

me levou até ela chega a ser caricato de tão complicado. Estava pesquisando sobre o processo de coletivização rural e urbana na Espanha durante a guerra civil e conheci alguns jovens anarquistas em Madri e Barcelona. Entre eles, algumas mulheres tinham formado havia pouco um grupo chamado Mulheres Livres. Nas duas cidades, elas me disseram ter tentado entrar em contato várias vezes com as *viejas* [velhas] que pertenceram à Mulheres Livres original. Aparentemente, esses encontros aconteceram e foram caracterizados majoritariamente por discussões e mal-entendidos. Quando finalmente encontrei alguém que pudesse me dar o nome e o endereço de uma delas, Suceso Portales, as informações vieram acompanhadas de avisos: "Você não vai gostar dela", me disseram, "ela é reacionária e tem ideias muito estranhas".[3]

Apesar das advertências, Suceso, assim como quase todas as mulheres do movimento que conheci, cativou-me imediatamente. Com cerca de 65 anos, era muito animada e ativa e tinha cabelos grisalhos. Sua neta, na época com onze anos, entrava e saía do pequeno cômodo onde nos encontramos, ocasionalmente escutando a conversa e fazendo perguntas, às quais Suceso respondia com cuidado, paciência e respeito. Conversamos por horas sobre sua experiência na CNT e na FIJL;[4] sobre a necessidade que sentia de uma organização de mulheres independente e autônoma que trabalhasse nos marcos ideológicos e políticos do movimento libertário;[5] sobre

---

3. Federica Debatin, entrevista, Madri, jun. 1979.
4. Confederación Nacional del Trabajo [Confederação Nacional do Trabalho], a confederação de sindicatos anarcossindicalistas, e Federación Ibérica de Juventudes Libertarias [Federação Ibérica de Juventudes Libertárias], também chamada simplesmente de Juventudes. Praticamente todas as militantes da Mulheres Livres atuavam também em pelo menos uma dessas organizações.
5. Utilizo a expressão "movimento libertário" para me referir às complexas atividades levadas a cabo pelas organizações anarquistas e anarcossindicalistas na Espanha. Essas são fundamentalmente a CNT, a Federação Anarquista Ibérica (FAI) e a FIJL, que

sua avaliação acerca das conquistas e das decepções da Mulheres Livres; e também sobre o feminismo contemporâneo.

Suceso se filiou à Mulheres Livres na Regional Centro em 1936 e atuou como vice-secretária da organização. Ela me falou de como o movimento estava direcionado a mulheres da classe trabalhadora, da ênfase em educação e empoderamento e da relação com o movimento anarcossindicalista. Mas o que mais me fascinou e me deixou perplexa e intrigada foi sua atitude em relação ao feminismo e às feministas — a qual, em muitos sentidos, refletia a atitude das *jóvenes* [jovens] em relação à Mulheres Livres original. "Não somos — e não éramos — feministas", ela insistiu. "Não estamos brigando contra homens. Não queremos substituir uma hierarquia masculina por uma feminina. É necessário trabalhar e lutar *juntos*, porque, do contrário, nunca teremos uma revolução social. Mas precisávamos de uma organização própria para lutar por nós mesmas."

Fiquei surpresa com a suposição de que "feminismo" significava oposição aos homens ou desejo de substituir a hierarquia masculina por uma feminina. Sou produto do movimento feminista estadunidense dos anos 1970 e sempre entendi que feminismo significava oposição a hierarquias de todos os tipos. Ainda assim, estava começando a olhar para a fonte de algumas tensões e mal-entendidos entre as jovens madrilenhas que se definiam como feministas e essa veterana, para quem feminismo era um anátema. Mais tarde, descobri que essas diferenças de percepção não eram uma exclusividade de Suceso. Durante os três anos de existência

---

se uniu ao movimento libertário somente durante a guerra civil. Ainda assim, também uso a expressão para me referir de forma geral às organizações anarquistas e anarcossindicalistas e às relacionadas a elas. Os detalhes organizativos são expostos de maneira mais ampla no capítulo 2.

da Mulheres Livres, e até hoje, suas integrantes se haviam comprometido com a emancipação das mulheres sem se definirem como feministas.

Grande parte da minha fascinação pela Mulheres Livres vinha do desejo de entender essa distinção e também seu significado. O que significava o fato de essas mulheres não se identificarem como feministas? Rapidamente, comecei a suspeitar que, ainda que os contextos políticos da Espanha da década de 1930 e dos Estados Unidos da década de 1980 fossem bastante distintos, poderia haver algumas semelhanças entre a recusa de identificação com o feminismo por parte da Mulheres Livres e a hesitação de muitas mulheres da classe trabalhadora e de mulheres não brancas nos Estados Unidos em adotar o rótulo de feministas. Haveria aqui uma possibilidade de aprendizado para as militantes contemporâneas, que tanto lutam contra a acusação de que o feminismo seria um movimento de classe média branca?

Mas minha fascinação ia além. Suceso se lamentava da visão estreita das feministas contemporâneas, da falta de orientação ideológica e organizativa: "Falta-lhes muita *formación libertaria* [um termo muito usado em círculos anarquistas/libertários para se referir à base ideológica]. Nós tínhamos uma visão mais ampla". De acordo com Suceso, as *jóvenes* não entendiam o que significava ação direta ou qualquer outro princípio básico da organização libertária; elas desconfiam de organizações mais formais com medo de criar novas hierarquias, "mas assim você não consegue concluir nada".[6] Além disso, elas dão muita atenção ao aborto, ao controle reprodu-

---

6. Suceso Portales, entrevista, Móstoles (Madri), 29 jun. 1979. Essa é uma perspectiva compartilhada por muitas militantes da primeira onda feminista nos Estados Unidos, que Joreen denominou "a tirania da desestruturação" em artigo de mesmo título, "The Tiranny of Structurelessness", em *The Second Wave*, v. 2, n. 1, 1970, pp. 20-5.

tivo e à sexualidade: "É verdade que a sexualidade de uma mulher diz respeito somente a ela, mas por que é necessário converter esses temas em questão política?". Finalmente, lançou a pergunta: "Como podem se chamar de feministas se andam por aí usando cruzes?".[7]

Não tenho resposta para algumas dessas perguntas. Desconcertava-me — e ainda me desconcerta — o evidente desconforto de Suceso e de outras militantes da Mulheres Livres em abordar "politicamente" questões "pessoais", como amor e sexualidade. O feminismo me ensinou que "o pessoal é político". Por acaso o anarquismo não tem as mesmas reivindicações? As respostas às outras perguntas se mostraram mais simples, ainda que, muitas vezes, também surpreendentes. Aquilo que ela havia descrito como "mulheres que usam cruzes", por exemplo, se referia às jovens que usam símbolos ( ) para se identificar como feministas.[8]

A segunda veterana que conheci, Lola Iturbe,[9] havia sido uma grande entusiasta da Mulheres Livres, mas não chegou a ser militante. Ela e seu companheiro, Juanel (Juan Manuel Molina, antigo secretário da FAI), editaram o jornal anarquista *Tierra y Libertad* em Barcelona. Lola falou sobre ter crescido numa família pobre, como filha de mãe solo, na capital catalã na virada do século XX. Ela nasceu em 1902 e aos nove anos começou a trabalhar como aprendiz de costureira em jornadas longuíssimas muito mal remuneradas (recebia cinquenta centavos por semana). Sua mãe tinha uma pensão frequentada por "homens da organização". Por meio desses hóspedes, Lola conheceu a CNT e se sentiu acolhida, algo que nunca havia sentido em meio à sociedade em que vivia. Quando tinha en-

---

[7]. Suceso Portales, entrevista, Móstoles (Madri), 29 jun. 1979.
[8]. Ana Cases, comunicação pessoal, 10 ago. 1981.
[9]. Dolores (Lola) Iturbe morreu em 1990 em Gijón, na Espanha. [N.E.]

tre catorze e quinze anos, juntou-se à organização.[10] Foi Lola quem me contou, em uma de nossas conversas, que Mercedes Comaposada,[11] uma das três fundadoras da Mulheres Livres, ainda estava viva e morava em Paris.

Antes de conhecer Mercedes, porém, ocorreu outra coincidência. Eu estava entrevistando Eduardo Pons Prades, então jornalista do *Diario de Barcelona*, sobre suas experiências com a indústria de madeira coletivizada na Catalunha durante a juventude. Ele me orientou a ir até a cidade de Perpignan, na França, bem na fronteira com a Espanha, para conhecer Jacinto Borrás, ex-ativista da CNT e editor de um jornal que se dedicava aos coletivos rurais da Catalunha. Contei a Borrás, então, que estava interessada em conhecer mulheres que haviam participado da revolução. Primeiro, sua resposta foi entusiasmada. Mas, quando perguntei por nomes e endereços, ele não conseguiu pensar em alguém que estivesse em condições físicas e mentais de conversar comigo. Esse tipo de reação já havia se tornado familiar para mim: poucos homens militantes com quem conversei pareciam levar a sério a maioria das companheiras.

Apesar disso, pressionei-o para que mencionasse pelo menos uma mulher que estivesse disposta a conversar. Ele hesitou e então chamou sua filha, Eglantina. Ela pegou o telefone e, desde o momento em que responderam do outro lado da linha, eu soube que Azucena Fernández Barba[12] era alguém que eu definitivamente precisava conhecer. O rosto de Eglantina se iluminava enquanto ela falava. Depois de colher algumas flores no jardim — Azucena adorava flores, Eglantina me

---

10. Lola Iturbe, entrevistas, Alella (Catalunha), 3 ago. 1981; Barcelona, 4 ago. 1981.
11. Mercedes Comaposada Guillén morreu em 1994 em Paris, na França. [N.E.]
12. Azucena Fernández Barba morreu em data e local que não pudemos identificar. [N.E.]

disse —, ela me conduziu ao seu carro e saímos em direção ao apartamento de Azucena, do outro lado da cidade.

Azucena nasceu em Cuba em 1916, filha de espanhóis exilados. Ela só foi para a Espanha quando seus pais voltaram do exílio, em 1920. Quando a conheci, encontrei-a sentada em sua pequena sala de jantar, rodeada de plantas. Ela me contou, animada, suas experiências durante os anos anteriores à guerra e a história da família. Azucena, suas seis irmãs e seu irmão foram "criados no anarquismo, com o leite de nossa mãe". Seu avô, Abelardo Saavedra, um dos primeiros operários que pregaram o anarquismo na Espanha, foi preso repetidamente e depois exilado por ter cometido o crime de alfabetizar trabalhadores migrantes na Andaluzia. Como resultado, Azucena e alguns de seus irmãos nasceram em Cuba.

Fiquei muitas horas com ela, escutando como havia sido crescer numa família anarquista, lembranças sobre a entrada e a participação nas atividades anarquistas e considerações sobre como ela via a complicada situação das mulheres no movimento anarcossindicalista espanhol.[13] Ela insistiu que eu deveria conversar com sua irmã, Enriqueta: ela, sim, tinha sido militante e membro da Mulheres Livres mais ativamente.

Apenas seis meses depois tive a oportunidade de conhecer Enriqueta Fernández Rovira.[14] Eu já percebera que a simples menção de seu nome provocava a mesma reação em todas as outras mulheres com quem conversei: "Ah, Enriqueta", diziam, suspirando, com voz emocionada, tensionando os ombros e cerrando os punhos como se fossem pugilistas (dadas as devidas proporções, considerando que já se tratava então de frágeis senhoras). Mesmo com essa ideia um pouco já pre-

---

13. Azucena Fernández Barba, entrevistas, Perpignan (França), 14-15 ago. 1981.
14. Enriqueta Fernández Rovira morreu em data e local que não pudemos identificar. [N.E.]

concebida sobre Enriqueta, descobri que não estava completamente preparada para a força de sua presença.

Conheci Enriqueta em circunstâncias nada ideais. Era o feriado de Natal na França, e sua pequena casa estava agitada com a presença de quatro netos. Conseguíamos conversar quando eles iam dormir, ou entre os momentos em que interrompiam a avó para pedir-lhe um lanche no meio da manhã ou permissão para alguma brincadeira. Todas as frustrações de Enriqueta com os "maus modos" dessas crianças cheias de energia proporcionavam um contraponto agridoce às histórias de como, por exemplo, ela própria era considerada detentora de impulsos e ações escandalosos, mesmo por seus parentes anarquistas, quando ia viajar com os amigos para o campo ou à praia em excursões mistas de bicicleta, no começo da década de 1930.

Enriqueta também nasceu em Cuba, em 1915, e foi para a Espanha com o restante da família em 1920. Atividades anarquistas eram frequentes em seu círculo familiar, dentro e fora de casa, e "as ideias", parte corriqueira das conversas. Em muitos sentidos, seus pais representavam duas das diferentes vertentes do anarquismo predominantes no movimento naqueles anos. Ela me explicou assim:

> Meu pai era um homem de ideias, um anarquista, mas era também mais pacifista que minha mãe. Ele se sentia mal se visse uma única gota de sangue. Era revolucionário, mas pacifista. Acreditava que a revolução deveria acontecer pela cultura e pela educação. Odiava armas. Nunca quis nem olhar para elas. *Não era seu estilo. Ele era mais tranquilo.* Minha mãe, não. Ela era mais militante.[15]

---

15. Enriqueta Fernández Rovira, entrevista, Castellnaudary (França), 29 dez. 1981.

Enriqueta e os irmãos aprenderam desde cedo que ser membro de uma comunidade era estar disponível para cuidar dos demais e disposto a se dedicar de corpo e alma à causa em comum. As ideias que compartilhavam com outras pessoas — em especial nos grupos de jovens de inspiração anarquista nos quais Enriqueta e Azucena eram bastante ativas — estreitavam seus laços, ao mesmo tempo que os separavam de quem não fazia parte dessas comunidades:

> Naqueles dias, éramos as putas, as loucas, porque éramos aquelas que queriam mover as coisas para a frente. Lembro que, quando meu pai morreu — foi muito triste —, minha mãe disse: "Papai não queria rosas, mas eu quero. Vá e compre uma dúzia de rosas para seu pai". Então fui à florista, que me disse: "Como assim, seu pai morto e você aqui?". Respondi: "O que uma coisa tem a ver com a outra? Você acha que não estou triste só porque estou aqui? Acha que não sinto a dor da morte do meu pai? Vim comprar rosas para ele". Ela respondeu, então: "Mas não é seu papel, querida, seu papel agora é ficar em casa. Joaquín *é quem* deveria vir comprar as flores. E você não está usando preto?". Respondi: "*Não*, carrego minha dor dentro de mim, não a carrego por fora".[16]

Para Enriqueta e sua família, sempre havia existido, desde os tempos de que tinha memória, um compromisso com os valores anarquistas. A participação das crianças em grupos e atividades patrocinadas pelas organizações do movimento libertário aprofundou esse compromisso e o converteu numa parte importante de suas vidas. A comunidade lhes dava força para enfrentar a troça dos vizinhos, assim como o ceticismo de seus próprios pais — anarquistas — sobre

---

[16]. Enriqueta Fernández Rovira, entrevista, Castellnaudary (França), 29 dez. 1981.

o quão apropriado era que as jovens participassem de excursões e atividades mistas com os meninos do grupo. Essa convivência permitiu às meninas que encontrassem a própria voz, sonhassem os próprios sonhos e acreditassem nas aspirações que haviam aprendido com seus pais — as quais, com o tempo, transformaram em suas próprias. Por causa do envolvimento duradouro com o movimento, Enriqueta foi escolhida pela CNT para um trabalho muito delicado: seria operadora da central telefônica de Barcelona durante a guerra. Continuou militando no movimento libertário e na CNT e, com o tempo, afiliou-se à Mulheres Livres.

Foi também Eglantina quem me ajudou a conhecer Sara Berenguer Guillén,[17] que foi secretária de propaganda da Mulheres Livres na Catalunha. Eglantina me pegou de carro numa manhã de dezembro na casa de Azucena, em Perpignan, e me levou até a linda casa de Sara e seu companheiro, Jesús Guillén, na cidadezinha de Montady. Sara é uma mulher pequenina, que, apesar das muitas visitas de amigos e familiares naqueles dias após o Natal, arranjou tempo para me contar suas experiências. Quando retornei para uma segunda conversa, alguns anos depois, Sara me recebeu tão bem quanto da primeira vez. Passamos dias muito produtivos juntas, falando quase ininterruptamente sobre a Mulheres Livres e entrevistando outras mulheres da região que se envolveram com a organização, e também com outras do movimento libertário. Entre essas mulheres estavam Teresina Torrelles Graells, Conchita Guillén[18] e Amada de Nó.[19]

Sara não fora membro de nenhuma das organizações do movimento libertário antes da guerra. Seu pai era da CNT, e

---

17. Sara Berenguer Laosa (Guillén) morreu em 2010 em Montady, na França. [N.E.]
18. Conchita Guillén morreu em 2008 em Barcelona, na Espanha. [N.E.]
19. Amada de Nó morreu em data e local que não pudemos identificar. [N.E.]

ela começou a trabalhar na organização depois da eclosão do conflito, quando o pai foi para o front e ela quis fazer algo para "ajudar a revolução": juntou-se à Mulheres Livres em 1937. Inicialmente, ela se opunha à ideia de uma organização separada, apenas de mulheres:

> Eu não concordava com a ideia da Mulheres Livres. Pensava que a luta afetava tanto as mulheres como os homens. Todos nós estávamos lutando por uma sociedade melhor. Por que deveria haver, então, uma organização separada? Um dia, quando eu estava com um grupo das Juventudes, fomos a uma reunião que a Mulheres Livres havia organizado na sede da FIJL, que também era um escritório. Os rapazes começaram a tirar sarro das meninas que estavam conduzindo a reunião, o que me irritou profundamente. Quando a mulher que estava falando terminava, os rapazes faziam perguntas e diziam que não tinha sentido as mulheres se organizarem em separado, já que não fariam nada efetivamente. O tom desses comentários me enfureceu, e passei então a defender a Mulheres Livres. No final, me nomearam delegada de nosso bairro para a reunião da Federação Local de Mulheres Livres em Barcelona.[20]

Além da militância na Mulheres Livres durante a guerra, Sara participou do comitê revolucionário de seu bairro, Les Corts, e foi secretária do comitê regional das indústrias de edificação, madeira e decoração da Catalunha. Também trabalhou para a Solidaridad Internacional Antifascista [Solidariedade Internacional Antifascista] (SIA), organização internacional anarquista de assistência. Fugiu para a França quando os franquistas entraram em Barcelona, em janeiro de 1939, e ali viveu exilada todos esses anos, participando do movimento

---

20. Sara Berenguer Guillén, entrevista, Montady (França), 28 dez. 1981.

clandestino dos exilados espanhóis. No início da década de 1960, participou na publicação da revista *Mujeres Libres*, junto com Suceso Portales. Escreveu vários volumes de poesia e, na década de 1970, publicou suas memórias dos anos de guerra.[21]

Porém nem todas que se envolveram na organização vieram de famílias anarquistas. Os pais de Pepita Carpena,[22] por exemplo, nascida em Barcelona no fim de 1919, pertenciam à classe trabalhadora, mas mostravam pouquíssimo ou nenhum interesse por organizações ativistas de base. Ela foi apresentada às "ideias" em 1933 por sindicalistas anarquistas que iam a encontros de jovens com o objetivo de contatar possíveis novos membros.[23]

> Eles iam aos bailes e às atividades e procuravam os rapazes, sempre os rapazes, e lhes contavam sobre os encontros nos sindicatos. Eles acabavam indo. Como eu sempre andava mais com meninos que com meninas, quando eles vieram convidar meus amigos, fui também. E aí comecei a me envolver com a CNT.[24]

O sindicato dos metalúrgicos a transformou quase numa mascote, e aquele ambiente passou a ser seu segundo lar. Quando seus pais se opuseram a que fosse às reuniões noturnas, Pepita convenceu o pai a acompanhá-la. Depois de conhecer as pessoas e ver como Pepita era tratada, ele nunca mais reclamou. Ao contrário, gabava-se para seus amigos de que a filha estava libertando o proletariado.

---

21. GUILLÉN, S. B. *Entre el sol y la tormenta: treinta y dos meses de guerra (1936-1939)* [Entre o sol e a tormenta: trinta e dois meses de guerra (1936-1939)]. Barcelona: sueBa, 1998.
22. Josefa Carpena-Amat (Pepita Carpena) morreu em 2005 em Marselha, na França. [N.E.]
23. Durante a ditadura de Primo de Rivera (1923-1930), a CNT foi declarada ilegal, e operou clandestinamente desde então até os primeiros anos da República, quando o sindicato foi legalizado. Ver capítulo 2.
24. Pepita Carpena, entrevista, Montpellier (França), 19 dez. 1981.

Por causa da relação com os metalúrgicos, Pepita logo aprendeu sobre os sindicatos e o anarcossindicalismo. Com o apoio deles, organizava as jovens colegas com quem trabalhava como costureira, e, quando o chefe a demitiu com um pretexto qualquer por causa de suas atividades sindicais, os companheiros sindicalistas a ajudaram a reivindicar seus direitos e conseguiram que fosse recontratada. Pepita continuou a militância na CNT e nas Juventudes Libertárias ao longo da primeira metade da década de 1930 e também no primeiro ano da guerra. Quando seu companheiro foi morto, ainda no início do conflito, o sindicato dos metalúrgicos pagou a ela o salário dele, o que permitiu que continuasse a organizar as trabalhadoras no esforço comunitário exigido pelo combate. Pepita descreve a si mesma como alguém que sempre soube da igualdade da mulher em relação ao homem, mas no início era indiferente à criação de uma organização especificamente feminina. A experiência nas Juventudes, porém, não demoraria a despertá-la para essa necessidade. Foi assim que chegou a ser membro do comitê regional da Mulheres Livres na Catalunha durante 1937 e 1938.[25]

Pepita, mais que todas as outras, conseguiu se comunicar com as jovens militantes apesar das barreiras de tempo, classe e espaço. Ela estava informada sobre os debates feministas contemporâneos, mesmo que às vezes estivesse em desacordo com os termos sobre os quais são formulados. Como arquivista e encarregada da sucursal de Marselha do Centre Internationale de Recherches sur l'Anarchisme [Centro internacional de pesquisa sobre o anarquismo], Pepita viajava frequentemente pela Espanha e Europa, falando sobre a revolução e sobre suas atividades com a Mulheres Livres.

---

25. Pepita Carpena, entrevistas, Montpellier (França), 30-31 dez. 1981; Barcelona, 3-4 mai. 1988.

A franqueza e a disposição para conversar sobre temas que eram polêmicos na organização fizeram com que ela se transformasse em uma fonte de informação valiosa, além de uma amiga muito especial.

Conheci Mercedes Comaposada em Paris, em janeiro de 1982, em uma quitinete cheia de livros onde morava havia 43 anos. Seu companheiro, o artista e escultor Lobo, vivia no apartamento ao lado. Todo mundo a descrevera como uma mulher muito bonita, delicada e frágil. Realmente, ela era muito pequena, mas também muito vivaz, e estava em pleno controle de suas faculdades mentais. Nas ocasiões em que saímos para passear, eu me surpreendia com a rapidez com que ela parecia correr pelas ruas. Prestes a completar noventa anos, conservava essa presença "distinta" que tanto a caracterizava sob os olhos das jovens com quem teve contato na Mulheres Livres.

Mercedes nasceu em Barcelona em 1900, e seu pai era um socialista muito comprometido com a causa. Quando era adolescente, foi estudar em Madri e ali descobriu a CNT. Quando convidada pelos companheiros da organização a dar uma série de aulas na sede do sindicato, ficou espantada com a maneira como as mulheres eram tratadas e, pouco depois, junto com Lucía Sánchez Saornil,[26] que vivera experiências similares, comprometeu-se a instruir e educar mulheres para que desenvolvessem todo o seu potencial. Dentro de alguns anos, seu sonho tomou forma com a Mulheres Livres.

Mercedes insistiu no fato de que "nós nunca nos denominamos 'fundadoras', apenas iniciadoras". O rechaço ao uso do termo tem a ver com a rejeição ao poder pessoal e à autoridade. Mercedes claramente se vê como a única porta-voz legítima da Mulheres Livres. Ela vem trabalhando há alguns anos para organizar e editar os documentos do grupo e se mostra

---

26. Lucía Sánchez Saornil morreu em 1970 em Valência, na Espanha. [N.E.]

cautelosa em relação àqueles que querem publicar ou dissertar sobre o tema antes do término de seu trabalho. Além de ter recusado todos os convites para falar sobre a Mulheres Livres em encontros feministas e/ou anarquistas (aparentemente preocupada que seus comentários fossem tirados de contexto ou mal interpretados), ela também criticou as integrantes que participaram desses eventos. A justificativa era que essas mulheres eram muito novas quando participaram da organização, ou que passaram a fazer parte do grupo muito tarde para entender seu real significado e funcionamento. Sua posição acerca do tema é obviamente complicada, e por isso nossa relação foi um pouco problemática.

Mas foi por meio de Mercedes que conheci Soledad Estorach,[27] uma das pioneiras do grupo de Barcelona que se tornaria parte da Mulheres Livres no outono de 1936. Quando a encontrei, em Paris, em janeiro de 1982, ela aparentava ter muito menos que 66 anos. Passamos muitas horas em seu pequeno flat conversando sobre sua juventude, seu envolvimento com a CNT e a Mulheres Livres e sua visão sobre a situação da mulher na sociedade. Ela havia sido descrita para mim como um dínamo de energia, aquela que "era" a Mulheres Livres em Barcelona. Tudo que vi e escutei me confirmou essa impressão.

Soledad cresceu em um pequeno vilarejo localizado a aproximadamente duzentos quilômetros de Barcelona. Ainda assim, como ela explicou, "não viveu uma vida tradicional de camponesa". Seu pai morou durante muitos anos fora da Espanha, dava aulas para adultos e ensinou Soledad a ler e a escrever — habilidades praticamente desconhecidas pelas moças de sua sala de aula. Também por meio de seu pai adquiriu conhecimento político. "Ele tinha ideias muito avançadas que me afetaram profundamente — sobretudo

---

27. Soledad Estorach Esterri morreu em 1993 em Bordeaux, na França. [N.E.]

suas noções de justiça." A família materna era diferente: "Eram donos de terra e muito religiosos".

Soledad começou a trabalhar aos onze anos, quando seu pai morreu. Uma professora de seu bairro, que era amiga de seu pai, continuou a lhe dar algumas horas de aula por semana. Sua família viveu no vilarejo até os seus quinze anos, quando a jovem já sofria pressão da família materna e também da mãe para se casar, para arranjar um homem que a sustentasse. Mas, como ela mesma afirmou, "eu era fiel a meu pai, a seu mundo, a suas ideias, queria viajar como ele viajara, aprender... não queria viver dentro das quatro paredes da casa. Queria conquistar o mundo. Consegui persuadir minha mãe a me deixar ir a Barcelona, onde eu poderia trabalhar na loja de um tio, ganhar dinheiro para ajudar a família e também estudar".[28]

Ela foi, e depois foram também a mãe e a irmã mais nova. Inicialmente, Soledad trabalhou na loja do tio, mas a crise econômica o forçou a fechar o negócio, e ela teve de encontrar outro trabalho. Foi empregada doméstica, mas trabalhava durante muitas horas, em uma jornada exaustiva (das cinco à uma hora da manhã), e o salário era muito baixo. Depois de um curto período, passou a trabalhar em uma fábrica, com a esperança de conseguir ganhar mais e ter mais tempo para estudar. No final de 1930, começou a cursar a escola no período noturno e a encontrar os companheiros da CNT, que ainda funcionava clandestinamente.

Em 1931, depois da queda da monarquia, frequentava um *ateneo* (escola e centro cultural), onde conheceu Abelardo Saavedra (o avô de Enriqueta e Azucena), que a impressionou com suas crenças. "Ele era, para as pessoas jovens, como um livro que nunca fechava." Ela se juntou ao grupo jovem do *ateneo* e se tornou militante. Logo, Soledad já passava todo o

---

28. Soledad Estorach, entrevista, Paris, 6 jan. 1982; comunicação pessoal, out. 1989.

seu tempo em reuniões e na organização de encontros, empolgada com o sentimento de comunidade e com a ação coletiva que a rodeava. Em 1934, ela debatia com outras ativistas sobre as dificuldades frequentemente enfrentadas pelas mulheres na CNT, e formaram uma espécie de rede de apoio mútuo, o Grupo Cultural Feminino da CNT. Depois da formação da Mulheres Livres em Madri, em 1936, Mercedes Comaposada foi para Barcelona, e o grupo de Soledad logo se associou a ela e às suas companheiras.

Por último, devo mencionar Pura Pérez Arcos,[29] que vive com seu companheiro, Federico Arcos, em Windsor, Ontário, no Canadá. Pura nasceu em Valência em 1919 e se mudou com a família para o vilarejo de Játiva três anos depois. Seu pai e seu avô eram trabalhadores do transporte e membros da CNT, e Pura cresceu ouvindo "muita conversa sobre injustiça". Por sua insistência, os pais a mandaram para a escola primária com uma prima mais velha que morava com eles. Assim, ela ficou na escola aproveitando com avidez a possibilidade de se educar, permanecendo no ambiente escolar até mais tempo do que o esperado. Ela se sentiu afortunada quando a República foi proclamada em 1931, já que o novo governo criou mais escolas, inclusive voltadas para o ensino médio, e ela pôde continuar seus estudos. Porém, quando seu pai foi transferido para Barcelona, em 1933, o alto custo de vida na cidade fez com que Pura tivesse que abandonar a escola e arrumar um emprego. Alguns meses depois, sua família se estabeleceu no bairro de El Clot, onde Pura voltou a estudar no período noturno da Escuela Natura, de orientação racionalista. Ali conheceu jovens anarquistas, ingressou em um *ateneo* e começou a se envolver no movimento libertário. Durante a guerra e a revolução, voltou a Valência e passou um tempo

---

29. Purificación Pérez Benavent Arcos morreu em 1995 em Windsor, no Canadá. [N.E.]

morando em um coletivo. Ela também foi ativa na Mulheres Livres e trabalhou com Soledad Estorach em Barcelona e com Suceso Portales em Valência.

Depois da guerra — e de passar muitos anos no movimento clandestino antifranquista —, Federico foi para o Canadá, arrumou um emprego em uma fábrica de automóveis e se fixou em Windsor. Pura permaneceu na Espanha por alguns anos, sofrendo os horrores dos primeiros anos do franquismo. Ela se juntou a Federico em 1959 e trabalhou muito tempo como enfermeira, até a aposentadoria. A partir de então, passou o tempo lendo, participando de cursos nas universidades locais e fazendo quadros com flores secas. Durantes todos esses anos, Pura manteve contato com Sara Berenguer Guillén no sul da França e com Mercedes e Soledad em Paris, além de ter colaborado na organização e edição de publicações da Mulheres Livres. Seu discernimento e ajuda, sobretudo na adaptação das atividades e aspirações da federação para uma linguagem contemporânea, foram de valor inestimável.

Conforme estudei a bibliografia sobre a Mulheres Livres e o movimento anarquista espanhol e conversei e me correspondi com as mulheres que conheci — tentando entender a vida e as atividades delas —, três temas surgiram para dar foco a este livro: comunidade, empoderamento e diversidade. A Mulheres Livres, assim como o movimento libertário espanhol, possuía uma orientação coletivista e comunalista, ou seja, estava comprometida com uma visão de sociedade em que o desenvolvimento pessoal de cada membro está conectado com o desenvolvimento do grupo.[30] Liberdade e

---

[30]. Com "comunismo libertário" me refiro à tradição representada pelos trabalhos de Pierre-Joseph Proudhon, Mikhail Bakunin, Piotr Kropotkin, Errico Malatesta e Emma Goldman, entre outros. Estudei pela primeira vez a evolução dessas ideias em minha tese de doutorado, "The Possibility of Anarchism: The Theory and Practice of Non-

igualdade, assim como identidade individual e comunidade, eram entendidas como interdependentes, cada uma sendo precondição para a outra. As integrantes da Mulheres Livres entendiam que a conscientização e o empoderamento eram tanto processos individuais como coletivos. Acreditavam que o desenvolvimento dos indivíduos só poderia acontecer no contexto das comunidades e/ou organizações que reconhecessem e valorizassem a diversidade de seus componentes.

Sobre a concepção das relações entre indivíduos e comunidades, a Mulheres Livres e os libertários espanhóis estariam em grave dissonância com as formulações liberais clássicas que são tão comuns na cultura estadunidense contemporânea. Compartilhavam com os socialistas a opinião de que a identidade individual e a comunidade não eram opostas, mas, sim, intrinsecamente ligadas. Os marxistas, os anarquistas, as feministas e outros críticos da sociedade têm insistido na ideia de que nossas necessidades e a consciência humana são frutos das relações sociais; portanto, falar de indivíduos fora do contexto social tem pouco ou nenhum sentido. Para além disso, insistem também que aquilo que entendemos por "liberdade" é em si um produto social.[31]

Mas as investigações e teorias feministas histórico-sociais mais recentes vão mais longe, ressaltando a importância das redes coletivas/comunitárias para a formação das pessoas e para proporcionar as bases para a conscientização e o empo-

---

-Authoritarian Organization" [A viabilidade do anarquismo: teoria e prática de uma organização não autoritária], defendida na Universidade de Princeton em 1976.
31. Ver COTT, Nancy. *The Grounding of Modern Feminism* [O fundamento do feminismo moderno]. New Haven: Yale University Press, 1987; EISENSTEIN, Zillah. *The Radical Future of Liberal Feminism* [O futuro radical do feminismo liberal]. Nova York: Longman, 1981; e TAYLOR, Barbara. *Eve and The New Jerusalem* [Eva e a nova Jerusalém]. Nova York: Pantheon, 1983. Benjamin Barber aponta, em *The Death of Communal Liberty* [A morte da liberdade comunal] (Princeton: Princeton University Press, 1984), por exemplo, que as comunas suíças entendiam a liberdade como uma "confiança colaborativa".

deramento.[32] Essa ênfase nas redes e no contexto social está originando novas conceituações de política, entendida como algo arraigado não em *indivíduos* e em suas necessidades e interesses, mas naquilo que podemos chamar de "subcoletividades sociais", com o consequente foco em sua constituição, seus limites e suas relações de poder.[33] Para as pesquisadoras feministas contemporâneas, essa abordagem levou à pesquisa sobre os lugares que essas redes, a comunidade e essas relações ocupam na vida das mulheres, tanto no passado como no presente.[34]

32. Entre os primeiros artigos escritos sobre o tema estão os de KAPLAN, Temma. "Female Consciousness and Collective Action: The Case of Barcelona, 1910-1918" [Consciência feminina e ação coletiva: o caso de Barcelona, 1910-1918], em *Signs*, v. 7, n. 3, 1982, pp. 545-66; KAPLAN, Temma. "Class Consciousness and Community in Nineteenth Century Andalusia" [Consciência de classe e comunidade na Andaluzia do século XIX], em *Political Power and Social Theory*, n. 2, 1981, pp. 21-87; HYMAN, Paula. "Immigrant Woman and Consumer Protest: The New York City Kosher Meat Boycott of 1902" [Mulheres imigrantes e protesto de consumidores: o boicote à carne *kosher* de Nova York em 1902], em *American Jewish History*, n. 70, verão de 1980, pp. 91-105; ULRICH, Laurel Thatcher. "A Friendly Neighbor: Social Dimensions of Daily Work in Northern Colonial New England" [Um vizinho amigável: dimensões sociais do trabalho diário nas colônias do norte da Nova Inglaterra], em *Feminist Studies*, v. 6, n. 2, verão de 1980, pp. 392-405. Para estudos mais recentes que exploram a importância das redes na comunidade e no ambiente de trabalho para o ativismo político feminino, ver MILKMAN, Ruth (ed.). *Woman, Work and Protest: A Century of U.S. Woman's History* [Mulher, trabalho e protesto: um século de história da mulher nos Estados Unidos]. Boston: Routledge/Kegan Paul, 1985; BOOKMAN, Ann & MORGEN, Sandra (eds.). *Women and the Politics of Empowerment* [Mulheres e políticas de empoderamento]. Filadélfia: Temple University Press, 1988.
33. ANTHIAS, Floya & YUVAL-DAVIS, Nira. "Contextualizing Feminism: Gender, Ethnic and Class Divisions" [Contextualizando o feminismo: gênero, etnia e divisões de classe], em *Feminist Review*, n. 5, 1983; BARRET, Michelle & MCKINTOSH, Maureen. "Etnocentrism and Socialist-Feminist Theory" [Etnocentrismo e teoria do feminismo socialista], em *Feminist Review*, n. 20, 1985; HOOKS, bell. *Ain't I a Woman: Black Woman and Feminism*. Boston: South End Press, 1981. [Ed. bras.: *Eu não sou uma mulher? Mulheres negras e feminismo*. Rio de Janeiro: Rosa dos Tempos, no prelo.]
34. Analisei muitas dessas publicações em meu artigo "Sister or Comrades? The Politics of Friends and Families" [Irmãs ou camaradas? As políticas de amigos e familiares], em DIAMOND, Irene (ed.). *Families, Politics, and Public Policies* [Famílias, políticas

Os anarquistas espanhóis e a Mulheres Livres reconheciam a importância dessas conexões e da dimensão social da personalidade individual, e, assim como suas "irmãs" mais antigas do movimento socialista utópico britânico (embora, aparentemente, sem nenhuma menção à existência do grupo e a suas ações), tentaram desenvolver formas de organização e atividades que possibilitassem a vivência dessas concepções acerca do coletivo e do indivíduo. Como mostrarei no capítulo 2, essa perspectiva fez com que as militantes se direcionassem a diferentes grupos de pessoas, em variados contextos, incluindo comunidades rurais, bairros urbanos, fábricas e locais de trabalho. Para as militantes, essa perspectiva significava também dar ênfase à questão de gênero e a seus significados, tanto na constituição de comunidades como na criação de condições para a conscientização e a emancipação.

O segundo tema que surgiu da minha dedicação a este material diz respeito a questões de poder, dominação e empoderamento. Anarquistas espanhóis e anarcossindicalistas desenvolveram táticas para agir de acordo com seu entendimento acerca da natureza do poder e da hierarquia na sociedade, assim como das estratégias para superá-la. Suas concepções divergiam de maneira significativa das dos marxistas e também das dos liberais, as quais dialogam muito mais com as preocupações de feministas contemporâneas que teorizam sobre a interação de hierarquias de gênero, raça e classe. Em-

---

e políticas públicas]. Nova York: Longman, 1983, pp. 339-56; e, com Irene Diamond, em "Gender and Political Life: New Directions in Political Science" [Gênero e vida política: novas direções em ciências políticas], em HESS, Beth B. & FERREE, Myra Marx (eds.). *Analyzing Gender: Social Sciences Perspectives* [Analisando gênero: perspectivas em ciências sociais]. Beverly Hills: Sage, 1988. Ver também SMITH, Ruth L. & VALENZE, Deborah M. "Mutuality and Marginality: Liberal Moral Theory and Working-Class Women in Nineteenth-Century England" [Mutualidade e marginalidade: teoria da moral liberal e mulheres da classe trabalhadora no século XIX na Inglaterra], em *Signs*, v. 13, n. 2, inverno de 1988, pp. 227-98.

bora o campo do saber feminista sobre esse tema seja enorme e siga crescendo, os marcos teóricos têm apresentado a tendência de se concentrar em três categorias bem conhecidas: feministas liberais, feministas socialistas e feministas radicais. Tais categorias se diferenciam quanto à compreensão sobre a natureza das origens da subordinação das mulheres nas sociedades e sobre a relação entre desigualdade de gênero e desigualdades de classe, étnico-raciais, religiosas e outras.

Os anarquistas concordam com socialistas, feministas socialistas e feministas radicais que os fatores envolvidos na desigualdade social — e na desigualdade de gênero, em particular — vão além da simples discriminação. Ainda assim, anarquistas espanhóis ecoaram muitas das preocupações dos primeiros socialistas utópicos, diferindo de forma significativa dos marxistas (e de feministas socialistas contemporâneas, assim como de feministas radicais). Em vez de tratar as relações de classe ou as divisões sexuais como a forma básica de subordinação da qual dependiam todas as outras, os anarquistas viam a hierarquia e a autoridade formalizada como problemas igualmente cruciais. Eles reconhecem vários tipos de subordinação (a política e a sexual, por exemplo, assim como a econômica) sob a forma de relações mais ou menos independentes, que deveriam ser enfrentadas por um movimento verdadeiramente revolucionário.

Em seu estudo sobre os owenistas[35] britânicos, Barbara Taylor argumenta que aqueles primeiros socialistas utópicos desenvolveram uma análise da sociedade e da dominação que considerava as pessoas como seres arraigados na coletividade. Mais que isso, eles reconhecem a necessidade de tratar o gênero e as classes como manifestações de dominação. Ainda

---

35. Referência aos seguidores de Robert Owen (1771-1858), socialista utópico galês considerado um dos pais do cooperativismo. [N.E.]

assim, como ela mesma pontua, essa análise multifacetada da opressão durou pouco. Dentro de poucos anos, não havia mais lugar para "feminismo" dentro das noções socialistas de solidariedade. O "radicalismo da igualdade entre os sexos", que havia sido um aspecto importante do socialismo utópico, foi perdido quando o socialismo científico se desenvolveu, enfatizando as classes como a categoria central na análise. Como consequência dessa "cisão", o feminismo perdeu sua análise de classes, e o socialismo perdeu sua dimensão feminista.[36]

Ainda que a força das análises marxistas derive precisamente de sua insistência nas relações econômicas como a origem de todas as relações de dominação e subordinação na sociedade, muitas críticas feministas já insistiram que esse enfoque monolítico da opressão era também a limitação do marxismo. A análise social marxista não dava espaço para uma concepção autônoma da subordinação da mulher, que existe tanto em sociedades socialistas como em capitalistas, independentemente do modo de produção. Porém, "acrescentar mulheres" ao modelo analítico marxista apenas produz confusão, já que destrói a força que deriva especificamente da afirmação de que *todas* as hierarquias têm raízes nas relações econômicas.

Em sua insistência na necessidade de enfrentar e aniquilar a hierarquia, independentemente das relações econômicas, o anarquismo parece, ao contrário, oferecer um modelo analítico que pode acomodar as múltiplas relações de dominação e subordinação sem necessariamente insistir que uma é mais fundamental que a outra. Precisamente porque reconheceu esse caráter multidimensional da subordinação, a experiência da Mulheres Livres pode ser uma fonte muito frutífera para feministas contemporâneas que lutam para

---

36. TAYLOR, *Eve and the New Jerusalem*.

desenvolver uma concepção de subordinação e empoderamento da mulher que possa atender às diferenças étnicas, de raça e de classe. Ao localizar a identidade individual no contexto da comunidade e ao reconhecer as estruturas hierárquicas de poder (sejam baseadas em gênero, religião ou classe), assim como os limites para desenvolver tanto as comunidades como os indivíduos que as constituem, a Mulheres Livres tentou fomentar estratégias de empoderamento que permitiriam às mulheres e aos homens que estavam num estado de subordinação ganhar consciência de suas próprias potencialidades. Feministas e ativistas democráticos autênticos nos Estados Unidos estão, claramente, enfrentando questões similares: o que significa *empoderamento*? Como podemos empoderar a nós mesmos (ou aos outros) sem criar novas relações de *poder sobre* os outros? A recente análise de Starhawk sobre o poder como "poder sobre", "poder dentro de" e "poder com" representa um exemplo dessas indagações feministas contemporâneas e, especificamente, ecofeministas.[37] A experiência da Mulheres Livres pode contribuir muito com esse debate.

Por último, relacionada a tudo isso está a questão da diversidade. Mesmo que anarquistas espanhóis tenham ressaltado a interdependência entre comunidade e individualidade, eles também argumentavam que as aspirações compartilhadas não precisavam ser baseadas na semelhança dos membros de um grupo. Ao contrário, defendiam que as comunidades deveriam incorporar a diversidade, para se fortalecerem com ela.

Claro que é mais fácil aspirar a esse sonho que colocá-lo em prática. A história da Mulheres Livres é, em muitos senti-

---

[37]. STARHAWK. *Truth or Dare: Encounters with Power, Authority and Mystery* [Verdade ou desafio: debates sobre poder, autoridade e mistério]. San Francisco: Harper and Row, 1988, especialmente caps. 8-10.

dos, uma das tentativas de construir um movimento que incorporaria pelo menos um grupo de diferenças — as baseadas em gênero. As mulheres da organização, que se envolveram no movimento anarquista espanhol, pressionavam seus companheiros, homens e mulheres, a repensar o que eram suas comunidades, quem pertencia a elas, a quem serviam e como lidavam com elas. Durante esse processo, levaram a teoria e a prática anarquistas para direções novas e estimulantes.

A dimensão das atividades desempenhadas por essas mulheres constitui desafios importantes e nos abre possibilidades para o momento atual. Não é coincidência que, à medida que reconhecemos cada vez mais o poder das relações comunitárias em nossa vida, as feministas e os teóricos democratas dos Estados Unidos estejam justamente explorando o que queremos dizer quando nos referimos a "comunidade". Dentro do movimento feminista mais amplo, foram as mulheres não brancas que, de maneira pioneira e mais coerente, levantaram a questão do lugar da comunidade na identidade pessoal e insistiram que qualquer visão verdadeiramente feminista — e qualquer comunidade verdadeiramente feminista — deve ser aquela que não apenas tolera, mas que fomenta a diversidade.[38]

Mais recentemente, algumas feministas brancas começaram a debater com seriedade o significado da diver-

---

38. LORDE, Audre. *Sister Outsider*. Trumansburg: Crossing Press, 1984 [Ed. bras.: *Irmã outsider*. São Paulo: Autêntica, 2019]; LEWIS, Diane K. "A Response to Inequality: Black Woman, Racism, and Sexism" [Uma resposta para a desigualdade: mulheres negras, racismo e sexismo], em *Signs*, v. 3, n. 2, 1977, pp. 339-61; SIMONS, Margaret A. "Racism and Feminism: A Schism in the Sisterhood" [Racismo e feminismo: uma cisão na irmandade], em *Feminist Studies*, v. 5, n. 2, verão de 1979, pp. 389-410; DILL, Bonnie Thornton. "Race, Class and Gender: Prospects for an All-Inclusive Sisterhood" [Raça, classe e gênero: perspectivas para uma irmandade verdadeiramente inclusiva], em *Feminist Studies*, v. 9, n. 1, primavera de 1983, pp. 131-50.

sidade entre mulheres.[39] Cada vez mais mulheres brancas estão se dando conta de que possivelmente não exista o que chamamos de "mulher" e que a identidade individual está fundamentalmente vinculada a grupos étnicos, religiosos e culturais. É claro que muitas mulheres negras, indígenas, trabalhadoras, judias e membros de grupos oprimidos eram mais que conscientes da importância de tais diferenças e da sua pouca representatividade no chamado "movimento de mulheres".[40] Então, o que significa isso para a organização e a teoria feministas? Ao reconhecer diferenças étnicas ou de classe entre as mulheres, devemos abandonar qualquer noção de comum?

A Mulheres Livres se concentrou nas diferenças de gênero entre homem e mulher dentro do movimento libertário mais amplo, em vez das distinções de classes sociais e etnias entre as mulheres. Ainda assim, as dificuldades pelas quais passaram para reconhecer e validar as diferenças enquanto

---

39. Um dos primeiros estudos sobre as relações entre racismo e sexismo é de SMITH, Lilian. *Killers of the Dream* [Assassinos do sonho]. Nova York: Norton, 1961. Ver também SPELMAN, Elizabeth V. *Inessential Woman* [Mulher não essencial]. Boston: Beacon Press, 1988; RICH, Adrienne. "Disloyal to Civilization: Feminism, Racism, and Gynephobia" [Desleal à civilização: feminismo, racismo e ginofobia], em *On Lies, Secrets, and Silence. Selected Prose 1966-1978* [Sobre mentiras, segredos e silêncio: prosa reunida 1966-1978]. Nova York: Norton, 1979, pp. 275-310; PALMER, Phyllis Marynick. "White Woman/Black Woman: The Dualism of Female Identity and Experience in the United States" [Mulher branca/mulher negra: a dualidade da identidade e da experiência feminina nos Estados Unidos], em *Feminist Studies*, v. 9, n. 1, primavera de 1983, pp. 151-70; BULKIN, Elly; PRATT, Minnie Bruce & SMITH, Barbara. *Yours in Struggle: Three Feminist Perspectives on Anti-semitism and Racism* [A luta de vocês: três perspectivas feministas acerca de antissemitismo e racismo]. Nova York: Long Haul Press, 1984.
40. LUGONES, María C. & SPELMAN, Elizabeth V. "Have We Got a Theory for You! Feminist Theory, Cultural Imperialism, and the Demand for 'The Woman's Voice'" [Temos uma teoria para você! Teoria feminista, imperialismo cultural e a demanda por uma "voz das mulheres"], em *Women's Studies International Forum*, v. 6, n. 6, 1983, pp. 573-81; ACKELSBERG, Martha. "Personal Identities and Collective Visions: Reflections on Being a Jew and a Feminist" [Identidades pessoais e visões coletivas: reflexões sobre ser judia e feminista], conferência, Smith College, 8 mar. 1983.

insistiam na igualdade são certamente instrutivas. Ademais, acredito que parte de sua cautela em relação ao feminismo poderia ser derivada de seu autorreconhecimento como mulheres da classe trabalhadora e das diferenças com as necessidades e experiências das mulheres da classe média. Assim, mesmo que as questões abordadas por elas sejam diferentes das nossas, já que trataram principalmente das questões de gênero dentro do movimento operário, mais que das diferenças de classe ou étnicas dentro de um movimento de mulheres, suas lutas, as estratégias que desenharam, seus sucessos e seus fracassos podem ser valiosos para nós.

Nos primeiros anos do século xx e durante o período da Guerra Civil Espanhola (1936-1939), anarquistas e anarcossindicalistas espanhóis desenvolveram não só uma perspectiva teórica, mas também uma rede de atividades e organizações econômicas, políticas e culturais que proporcionavam a formação de um contexto em que essas perspectivas sobre comunidade, diversidade, dominação e empoderamento podiam ser testadas. Os libertários espanhóis se esforçaram muito para criar comunidades que respeitassem a individualidade de seus membros, ao mesmo tempo que insistiam que a individualidade só poderia ser desenvolvida e vivenciada em comunidade. As fundadoras da Mulheres Livres estavam firmemente comprometidas com as metas do movimento libertário e envolvidas em suas organizações. Todas elas haviam se nutrido daquele movimento mais amplo. Muitas se descreviam como pessoas que só haviam se conhecido plenamente por meio das atividades dos grupos aos quais se juntaram, fossem sindicatos, *ateneos*, centros culturais, clubes de excursão ou afins. A comunidade libertária se tornou essencial para que essas mulheres desenvolvessem autoconsciência.

Simultaneamente, entretanto, sentiram que faltava algo. A constatação foi dolorosa: a comunidade que vivenciavam por meio do movimento anarcossindicalista era tão importante para elas que temiam que algo pudesse minar sua unidade e integridade. Apesar disso, todas concluíram que, para seu bem, assim como para o de outras mulheres e do próprio movimento, era essencial a existência de uma organização separada, feita por mulheres e dedicada a elas.

Meu propósito aqui é fazer uma crônica sobre a luta dessas mulheres e, ao mesmo tempo, iluminar a nossa própria: revisar as tradições teóricas e militantes espanholas que originaram o movimento libertário, tentar compreender como e por que essas mulheres concluíram que uma organização autônoma era necessária, examinar como elas entendiam a relação entre seu projeto — e sua autonomia — e as metas a longo prazo da comunidade libertária e explorar como foram recebidas pelas principais organizações do movimento. Ainda que as lutas feministas e democráticas contemporâneas por uma sociedade igualitária difiram de forma significativa da delas, nós também nos esforçamos para criar relações que possam se desenvolver sem asfixiar ninguém, e comunidades que possam proporcionar valiosos contextos para esse esforço. Ao conectar nossas histórias à delas, espero não apenas que aprendamos, mas que também sejamos empoderadas.

UN ACONTECIMIENTO HISTÓRICO

    Alguien ha calificado de acontecimiento histórico la constitución d[e la] Federación Nacional. Ignoramos si la expresión es sincera o respond[e sola]mente a un tópico literario; en cualquier forma, nosotras aseguramos qu[e la] tiene, efectivamente, categoría de histórico.

    Ya hemos hablado alguna vez de lo que fué hasta el 19 de julio el m[ovimien]to femenino en España: alguna tertulia de seudointelectuales y ociosas [señoras] que afectaban interesarse por los problemas sociales, mientras fumaba[n cigarri]llos y engullían pastas regadas de té y vinos generosos. Unas cuantas re[lala]ciones mutuas y pequeños pretextos para tranquilizar su conciencia.

    En España no habían tenido apenas repercusión aquellos amplios m[ovimien]tos que, peor o mejor orientados, aunque más se conoce de ellos el ridícu[lo que] procuró cubrirlos la opinión masculina que la realidad de su contenid[o, pro]dujeron a principios de siglo en Francia e Inglaterra especialmente.

    El concepto meridional de la feminidad mantenía en nuestro país a[la mujer] en los límites impuestos de una ignorancia que le ahorraba toda inquietu[d tanto] a su porvenir, como respecto a su propia naturaleza.

    No queremos decir que España no haya producido mujeres notable[s, pero] que en otros sitios pudiera ser resultado del ambiente de progreso y [evolu]ción en que la mujer se desenvolvía, por acá era sólo la manifestación [perso]nal de una personalidad tan robusta que se imponía sobre y a pesar d[e todo]

1

A revolução anarquista e a libertação das mulheres

...ITUACIÓN SOCIAL DE LA MUJ...

...progreso humano es muy lento. Se ha... que por cada paso hacia delante, la ...nidad ha dado dos hacia la esclavitud. ...l cabo de los siglos ha ido liberándose ...actitud de adoración sumisa ante la ..., el derecho divino de los reyes y te ... de la clase dominante. En realidad, ...calamitosa trinidad impera todavía ...muchísimos millones de seres en to-... países del mundo; pero ya sólo puede ...ar con mano férrea y exigir ciega ...encia en los países fascistas. Aunque ...cismo no tiene existencia histórica ...omo manifestación fugaz, bajo sa pes-...ra se presiente cómo se aproxima la ...nta y cómo crece su furia. Es en Es-...donde hallará su Waterloo, mientras ...o el mundo va aumentando la protesta ...tra las instituciones capitalistas. ..., en general, el hombre, dispuesto ...e a luchar heroicamente por su ...ipación, está muy lejos de pensar lo ... respecto a la del sexo opuesto. ...duda alguna, las mujeres de muchos ... han hecho la verdadera revolución ...onseguir sus derechos sociales, polí-...éticos. Los han logrado a costa de ...s años de lucha y de ser derrotadas ...ad de veces, pero han conseguido ...oria. ...raciadamente, no puede afirmarse lo ... de las mujeres de todos los países. ...paña, por ejemplo, a la mu-...la considera muy inferior al ..., como mero objeto de pla-... productora de niños. No me ...dería si sólo los burgueses ...en así, pero es increíble com-... el mismo antediluviano con-...entre los obreros, hasta entre ...s propios camaradas. ...ingún país del mundo siente ... obrera el Comunismo liber-...omo lo siente la clase obrera ...la. El gran triunfo de la Re-...n que se inició en los días de ...emuestra el alto valor revo-...rio del obrero español. Debe-...onerse que en su apasionado ...or la Libertad incluye la li-... de la mujer. Pero, muy lejos ..., la mayoría de los hombres ...es parecen no comprender el ... de la verdadera emancipa-..., en otro caso, prefieren que ...jeres continúen ignorándolo. ...ho es que muchos hombres ... convencidos de que la mu-...iere seguir viviendo en su ...n de inferioridad. También se ...ue el negro estaba encantado ... propiedad del dueño de la ...ión. Pero es lo cierto que no ...existir una verdadera eman-...n mientras subsista el predo-...te de un individuo sobre otro o ... clase sobre otra. Y mucho ...realidad tendrá la emancipa-...la raza humana mientras un ...omine al otro. ...o demás, la familia humana ...gran ambos sexos y la mujer ...ás importante de los dos, ...ella perpetúa la especie, y

cuanto más perfecto su desarrollo moral y físico, más perfecta será la raza humana. Ya sería esto bastante para probar la importancia de la mujer en la sociedad y en la lucha social; pero hay otras razones. La más importante de todas es ésta: que la mujer se ha dado cuenta de que tiene perfecto derecho a la personalidad y de que sus necesidades y aspiraciones son de importancia tan vital como las del varón.

Los que pretenden todavía tener a la mujer en un puño, dirán seguramente que sí, que todo eso está muy bien, pero que las necesidades y aspiraciones de la mujer son diferentes, porque ella es inferior. Esto sólo prueba la limitación del hombre, su orgullo y su arrogancia. Debería saber que lo que diferencia a ambos sexos tiende a enriquecer la vida, tanto social como individualmente.

Por otra parte, las extraordinarias realizaciones de la mujer a través de la Historia anulan la leyenda de su inferioridad. Los que insisten en ella es

porque no pueden tolerar que su autoridad sea discutida. Ello es característico de todo sentido autoritario, sea el del amo sobre sus esclavos sea el del hombre sobre la mujer. No obstante, la mujer procura en todas partes liberarse; camina hacia delante, libremente; ocupa su puesto en la lucha por la transformación económica, social y ética. Y la mujer española no tardará mucho en emprender el rumbo de su emancipación. El problema de la emancipación femenina es análogo al de la emancipación proletaria: los que quieran ser libres deben dar el primer paso.

Los obreros de Cataluña y de toda España lo han dado ya, se han liberado a sí mismos y están derramando su sangre por

...asegur...
a vos...
vuestra...
elevar...
lidad, ...
rechos ...
bres, c...
camara...
y por ...

Uni...
de la s...
de la ...
obedie...
ser ...
fascist...
social.

Las taras de una herencia sifilítica, alcohólica y ... aun existen en los pueblos de España, son prueba ev... ticia y la miseria que han dominado siempre en nues... siéramos que este complejo atávico desapareciera del... todas las caras campesinas reflejaran plena salud físi...

> *Quando chegou a República, muitos foram às prisões para libertar os presos, e eu fui também. Alguns gritavam: "Abaixo a política! Abaixo a Guarda Civil!", todos os tipos de "abaixo!". E depois gritaram: "Viva a anarquia!", e pensei: "Arrá! Aqui tem um anarquista". Esse foi meu primeiro encontro com um anarquista, e ele não parecia ser alguém terrível. Tinha cara de gente boa.*[1]
>
> — SOLEDAD ESTORACH

> *Quando as pessoas nos perguntavam: "Vocês foram batizadas?", respondíamos: "Não, não fomos". "Que horror, meninas! Crianças tão bonitas!" Porque éramos seis irmãs bonitas e saudáveis e um irmão. "São criadas sem Deus, são como cachorros." E então respondíamos: "Não, vocês que são como cachorros, porque precisam de um amo".*[2]
>
> — ENRIQUETA ROVIRA

Para os anarquistas, a dominação, em todas as suas formas — tanto a exercida por governos e instituições religiosas como a que se desenvolve mediante as relações econômicas —, é a fonte de todo o mal social. Ainda que o anarquismo compartilhe de muitas das tradições socialistas de crítica radical à dominação econômica e de insistência na necessidade de uma reestruturação econômica na sociedade segundo bases mais igualitárias, ele vai além do socialismo marxista ao desenvolver uma crítica independente do Estado, da hierarquia e das relações de autoridade em geral. Enquanto os socialistas sustentam que a raiz de toda dominação é a divisão do trabalho, os anarquistas insistem que o poder tem sua própria lógica e não será abolido simplesmente por meio de uma mudança na economia.

---

1. Soledad Estorach, entrevista, Paris, 6 jan. 1982.
2. Enriqueta Fernández Rovira, entrevista, Castellnaudary (França), 28 dez. 1981.

O anarquismo visa a abolir os vínculos de dominação e subordinação hierárquicas. Também visa a criar uma sociedade baseada na igualdade, na mutualidade e na reciprocidade, em que cada pessoa é valorizada e respeitada como indivíduo. Essa visão se ajusta à teoria da mudança social que pontua a necessidade de os meios serem coerentes com os fins e que defende a ideia de que não se pode guiar as pessoas até uma sociedade futura, mas que elas próprias devem criar essa sociedade, conscientes de suas habilidades e capacidades. Tanto em sua visão da sociedade ideal quanto na teoria de como ela deve ser alcançada, o anarquismo tem muito a oferecer às feministas contemporâneas. A análise anarquista das relações de dominação proporciona um modelo útil para compreender a situação das mulheres na sociedade e para relacionar a condição feminina à de outros grupos oprimidos. Uma teoria de mudança social que insiste na unidade entre meios e fins e na força dos oprimidos fornece um contraste notável com muitas das teorias existentes — e também com a maioria das práticas — nos movimentos sociais revolucionários.

Alguns autores e militantes anarquistas do século XIX, tanto na Espanha como em outros lugares da Europa e dos Estados Unidos, abordaram especificamente a subordinação das mulheres em suas respectivas sociedades e ressaltaram que a emancipação humana plena requeria não somente a abolição do capitalismo e das instituições políticas autoritárias, mas também o fim da subordinação cultural e econômica das mulheres, tanto dentro como fora do lar. Já no ano de 1872, por exemplo, um congresso anarquista na Espanha declarava que as mulheres deveriam ser consideradas absolutamente iguais aos homens, em casa e no ambiente de trabalho.

Ainda assim, nem a teoria anarquista desenvolvida na Espanha e em outros países europeus durante o século XIX e início do XX nem a prática do anarcossindicalismo espanhol foram igualitárias no sentido integral do termo.[3] Ainda que muitos autores buscassem reconhecer a importância da emancipação das mulheres para o projeto anarquista e para o movimento social, poucos deram prioridade a essas questões. Assim como os movimentos socialistas pela Europa, muitos anarquistas tratavam o tema das mulheres como secundário à emancipação dos trabalhadores, como um problema que seria resolvido "no dia seguinte à revolução".

A fundação da Mulheres Livres representou o esforço das mulheres anarcossindicalistas espanholas de desafiar o movimento a cumprir suas promessas em relação a elas, e também de empoderá-las para reivindicar seus lugares. As fundadoras se sentiam frustradas pelo fracasso do movimento em incorporá-las adequadamente, mas ao mesmo tempo estavam convencidas de que essa organização assegurava o único contexto possível para alcançarem a verdadeira libertação feminina.

Meu objetivo com este livro é deixar claras as aspirações da Mulheres Livres e explorar sua relevância para feministas e militantes sociais contemporâneas. Mas, para isso, devemos primeiro entender o movimento — como elas mesmas fizeram — dentro do contexto da teoria e da prática anarcossindicalista. Neste capítulo, examino os trabalhos de autores anarquistas espanhóis e outros da tradição anarcocomunista que forneceram as bases teóricas do anarcossindicalismo espanhol. Meu propósito é ressaltar como entendiam a subordinação das mulheres, assim como suas críticas à hierarquia e à dominação e sua concepção sobre como integrar, plenamente, a questão da subordinação feminina a uma teoria da transformação social radical. Além disso, desejo explorar as evidentes ambi-

---

3. O anarcossindicalismo foi uma criação particular de teóricos e militantes espanhóis, uma mistura única das aspirações anarquistas com uma estratégia sindicalista revolucionária. Ver capítulo 2.

guidades dessas análises e como o tema das mulheres era repetidamente relegado a segundo plano em relação à opressão sofrida por trabalhadores homens — ainda que a teoria anarquista, supostamente, admitisse como fundamental o fato de as relações de dominação serem variadas e complexas. Essa contextualização dos objetivos e das atividades da Mulheres Livres constrói as bases para demonstrar como os programas do movimento trataram de modo efetivo as debilidades do anarcossindicalismo da época e constituíram tanto uma crítica como uma ampliação da teoria e da prática anarcossindicalista espanhola.

Aqui me concentro nas análises anarcossindicalistas sobre dominação e subordinação, na aspiração a uma sociedade igualitária e no processo de empoderamento relacionado, sobretudo, à situação das mulheres. A exploração dessas questões em nível teórico pode servir como panorama e também como contraponto para uma análise mais histórica das raízes da Mulheres Livres dentro do movimento anarcossindicalista, tarefa que realizo no capítulo 2. Na verdade, para os anarquistas, teoria e prática dificilmente se distinguiam nesse sentido. As posições teóricas que trataremos neste capítulo se desenvolveram no contexto das lutas históricas, ao mesmo tempo que contribuíram para o desenvolvimento dessas lutas. Aqui as separo somente com o propósito de análise.

Dominação e subordinação

As visões anarquistas são política, social e economicamente igualitárias. Política e socialmente, uma sociedade anarquista não tem governo, relações hierárquicas institucionalizadas ou padrões de autoridade. Os anarquistas afirmam que as pessoas podem se organizar e se associar com base na necessidade, que indivíduos ou pequenos grupos podem iniciar a ação social e que a coordenação política centralizada não é apenas danosa, mas desnecessária. O direito ou a autoridade para dirigir ou comandar uma situação não deveria ser inerente a cargos ou instituições aos quais algumas pessoas têm acesso privilegiado e dos quais os demais são sistematicamente excluídos. Por último, os anarquistas estão comprometidos com relações de não dominação com o meio ambiente e com as pessoas. A proposta não é conquistar a natureza, mas desenvolver, na medida do possível, novos modos de viver em harmonia com ela.[4]

Praticamente todos os grandes pensadores ocidentais pressupõem que a ordem social precisa de liderança, hierarquia e, particularmente, autoridade política. Muitos argumentam que a vida social, sobretudo numa sociedade complexa, não poderia existir sem estruturas de poder e autoridade. "Sociedade significa que existem normas que regulam a conduta humana", e normas requerem uma autoridade com poder para impô-las.[5] Por uma vertente um pouco diferente, os teóricos do contrato social argumentavam que a autoridade política é necessária

---

4. KROPOTKIN, Piotr. *Fields, Factories, and Workshops Tomorrow* [O futuro de campos, fábricas e oficinas]. Nova York: Harper and Row, 1974. Ver também BREITBART, Myrna M. "Peter Kropotkin: Anarchist Geographer" [Piotr Kropotkin, anarquista geógrafo], em *Geography, Ideology and Social Concern* [Geografia, ideologia e preocupação social]. Nova York: Oxford University Press, 1982, pp. 134-53. Para comparar com as análises ecofeministas contemporâneas, ver GRIFFIN, Susan. *Woman and Nature: The Roaring Inside Her* [Mulher e natureza: o rugido feminino interno]. Nova York: Harper and Row, 1978; CHRIST, Carol. "Finitude, Death, and Reverence for Life" [Finitude, morte e reverência pela vida], em *Laughter of Aphrodite: Reflections on a Journey to the Goddess* [O riso de Afrodite: reflexões na jornada para a deusa]. San Francisco: Harper and Row, 1987, pp. 213-28; KING, Ynestra. "Feminism and the Revolt of Nature" [Feminismo e a revolta da natureza], em *Heresies*, v. 4, n. 1, 1981, pp. 12-6.
5. DAHRENDORF, Ralf. "On the Origin of Social Inequality" [Sobre a origem da desigualdade social], em *Philosophy, Politics and Society: A Collection* [Filosofia, política e sociedade: uma coletânea]. Oxford: Basil Blackwell, 1962, p. 5.

para criar uma ordem social estável, que é precondição para a escolha moral. Teóricos de movimentos sociais argumentam que é necessário haver uma pessoa forte (ou pessoas fortes) para juntar indivíduos díspares em uma unidade coerente e direcioná-los. A organização, por sua vez, requer que algumas pessoas estejam em posição de dar ordens e que o restante — como "bons cidadãos" ou "bons revolucionários" — esteja preparado para aceitá-las e cumpri-las.[6]

Os anarquistas, pelo contrário, defendem que as hierarquias formais não apenas causam danos, mas são essencialmente desnecessárias. Além disso, haveria alternativas mais igualitárias de organizar a vida em sociedade. Algo importantíssimo é que, assim como os socialistas e, mais recentemente, as feministas, os anarquistas vêm insistindo na ideia de que a natureza humana é uma construção social: a maneira como as pessoas se comportam é mais um produto das instituições em que crescem do que criação de uma natureza inerente. As estruturas de autoridade formais podem muito bem criar as condições que presumivelmente pretendiam combater: mais que evitar a desordem, os governos estão entre suas causas primárias.[7] As instituições hierárquicas fomentam relações alienadas e exploratórias entre aqueles que delas participam, desempoderando as pessoas e distanciando-as da própria realidade. As hierarquias fazem com que

---

6. WEBER, Max. "Politics as a Vocation", em *Max Weber: Essays in Sociology* [Max Weber: ensaios em sociologia]. Nova York: Oxford University Press, 1958 [Ed. bras.: *A política como vocação*, Brasília: UnB, 2003]; MICHELS, Robert. *Political Parties* [Partidos políticos]. Nova York: Green Press, 1962, p. 326; 344-66; LÊNIN, Vladimir Ilitch. *What Is to be Done? Burning Questions of Our Movement*. Nova York: International, 1929, partes II-IV [Ed. bras.: *Que fazer? A organização como sujeito político*. São Paulo: Martins Fontes, 2006].
7. PUENTE, Isaac. "Independencia económica, libertad y soberanía individual" [Independência econômica, liberdade e soberania individual], em *Estudios*, n. 121, set. 1933, pp. 22-3.

algumas pessoas dependam de outras, culpem os dependentes por sua dependência e utilizem essa dependência como justificativa para o exercício da autoridade.[8]

Muitos anarquistas espanhóis tomaram a existência da subordinação feminina como um exemplo para demonstrar o poder das instituições sociais em criar pessoas dependentes. Ainda que entre eles existissem muitos pontos de vista sobre a natureza das mulheres e sobre o papel adequado a elas na sociedade futura, a maioria dos autores parecia reconhecer que as mulheres estavam em severa desvantagem na sociedade espanhola e que as desigualdades existentes entre homens e mulheres eram sobretudo um produto do condicionamento social e do poder masculino. Já no ano de 1903, por exemplo, José Prat afirmava que "o 'atraso' da mulher é consequência da maneira como ela sempre foi tratada. 'Natureza' não tem nada a ver com isso. [...] Se a mulher está em posição inferior, é porque desde sempre o homem a manteve nessa inferioridade, privando-a de direitos que ele mesmo ia conquistando para si".[9] Gregorio Marañón e Mariano Gallardo, ainda que reconhecessem diferenças sexuais significativas entre homens e mulheres, argumentavam que as desigualdades de gênero

---

8. TÁRRIDA DEL MÁRMOL, Fernando. *Problemas transcendentales* [Problemas transcendentais]. Barcelona: Biblioteca de "La Revista Blanca", 1930, pp. 118-21; MELLA, Ricardo. "Breves apuntes sobre las pasiones humanas" [Breves apontamentos sobre as paixões humanas], ensaio premiado, escrito originalmente em 1889, reeditado em 1890 e 1903 e reimpresso em *Breves apuntes sobre las pasiones humanas*. Barcelona: Tusquets, 1976, pp. 20-1; URALES, Federico (Juan Montseny). "Consideraciones morales sobre el funcionamiento de una sociedad sin gobierno" [Considerações morais sobre o funcionamento de uma sociedade sem governo], em *La Revista Blanca*, v. 1, n. 4 (15 jul. 1923), n. 5 (1 ago. 1923), n. 6 (15 ago. 1923), n. 7 (1º set. 1923). Para uma visão contemporânea, ver SENNET, Richard. *The Uses of Disorder* [As finalidades da desordem]. Nova York: Pantheon, 1970.
9. "A Las Mujeres" [Às mulheres], conferência no Centro Obrero de Sabadell e no Centro Fraternal de Cultura de Barcelona, 18 e 24 out. 1903. Barcelona: Biblioteca Editorial Salud, 1923, pp. 14-5.

eram resultado da negação de oportunidades às mulheres: "Essa suposta inferioridade da mulher é puramente artificial, é a inevitável consequência da civilização que, educando homens e mulheres de maneira separada e distinta, fez da mulher uma escrava e, de seu companheiro, um tirano feroz".[10]

Os anarquistas espanhóis, assim como as feministas contemporâneas, argumentavam que o exercício do poder por qualquer forma institucionalizada — seja econômica, política, religiosa ou sexual — brutaliza tanto quem exerce o poder quanto aquele sobre o qual o poder é exercido. De um lado, os detentores do poder tendem a desenvolver um desejo cada vez maior de mantê-lo. Governantes, por exemplo, podem afirmar que representam um "interesse comum" ou uma "vontade geral", mas essa pretensão é falsa e mascara o papel do Estado de preservar e manter o poder político e econômico de uns poucos sobre a maioria.[11]

Do outro lado, o exercício do poder por alguns desempodera os demais.[12] Aqueles em posição de relativa dominância

---

10. GALLARDO, Mariano. "Tendencias del instinto sexual humano" [Tendências do instinto sexual humano], em *Estudios*, n. 136, dez. 1934. Ver também "Influencia de las instituciones sociales sobre el carácter humano" [Influência das instituições sociais no caráter humano], em *Estudios*, n. 137, jan. 1935, p. 63; MARAÑÓN, Gregorio. "Sexo, trabajo e deporte" [Sexo, trabalho e esporte] e "Maternidad y feminismo" [Maternidade e feminismo], em *Tres ensayos sobre la vida sexual* [Três ensaios sobre a vida sexual]. Madri: Biblioteca Nueva, 1929, pp. 43; 80; 87; 129.
11. PUENTE, Isaac. *El comunismo libertário: sus possibilidades de realización en España* [O comunismo libertário: suas possibilidades de realização na Espanha]. Valência: Biblioteca de Estudios, 1933, p. 9; BAKUNIN, Mikhail. "The International and Karl Marx" [A Internacional e Karl Marx], em DOLGOFF, Sam (ed.). *Bakunin on Anarchism* [O anarquismo de Bakunin]. Montreal: Black Rose Books, 1980, p. 318; MALATESTA, Errico. *Anarchy*. Londres: Freedom Press, 1949 [1891], pp. 12-5 [Ed. bras.: *A anarquia*. Rio de Janeiro: Imaginário, 2001].
12. Uma parte substancial dessa análise foi desenvolvida em colaboração com Kathryn Pynne Parsons Addelson e Shawn Pyne, em um artigo lido no Philosophy Club [Clube filosófico] da Universidade Estadual da Carolina do Norte em Raleigh, 22 mar. 1978. Ver ACKELSBERG, Martha & ADDELSON, Kathryn. "Anarchism and Feminism" [Anar-

tendem a definir o caráter daqueles que estão subordinados a eles. Por meio de uma combinação de intimidação física, dominação econômica e dependência, além de limitações psicológicas, as instituições e as práticas sociais afetam a maneira como cada um vê o mundo e seu lugar nele.[13] Os anarquistas afirmam que estar sempre numa posição de sujeito passivo e nunca ter permissão para agir é estar condenado a um estado de dependência e resignação. Aqueles a quem sempre se está dando ordens e impedindo de pensar por si mesmos logo começam a duvidar de suas capacidades. Junto com as feministas contemporâneas,[14] os anarquistas insistem que aqueles que são definidos por outros têm uma grande dificuldade em definir, ou até mesmo em nomear, a si próprios e a suas experiências, e mais dificuldade ainda em agir com autoconsciência na oposição às normas, aos padrões e às expectativas sociais.[15]

---

quismo e feminismo], em *Impure Thoughts: Essays on Philosophy, Feminism and Ethics* [Pensamentos impuros: ensaios sobre filosofia, feminismo e ética]. Filadélfia: Temple University Press, 1991.
13. CHAFE, William. *Woman and Equality* [Mulher e igualdade]. Nova York: Oxford University Press, 1977; FERGUSON, Kathy E. *The Feminist Case Against Bureaucracy* [A causa feminista contra a burocracia]. Filadélfia: Temple University Press, 1984, caps. 1, 2 e 5.
14. CHRIST, Carol P. *Diving Deep and Surfacing: Woman Writers on Spiritual Quest* [Mergulhando fundo e voltando à superfície: escritoras em um desafio espiritual]. Boston: Beacon Press, 1980; PLASKOW, Judith. *Sex, Sin and Grace: Womens's Experience and the Theologies of Reinhold Niebuhr and Paul Tillich* [Sexo, pecado e graça: a experiência feminina e as teologias de Reinhold Niebuhr e Paul Tillich]. Washington: University Press of America, 1980, cap. 1. Ver também DUBOIS, W. E. B. *The Souls of Black Folk*. Chicago: A. C. McClurg, 1903, cap. 2 [Ed. bras.: *As almas da gente negra*. Rio de Janeiro: Lacerda, 1999].
15. PRAT, José. *Necesidad de la asociación* [Necessidade de se associar]. Madri: Ediciones el Libertario, p. 10; MELLA, Ricardo. *Organización, agitación y revolución* [Organização, agitação e revolução]. Barcelona: Ediciones Tierra y Libertad, 1936, p. 5; PUENTE, Isaac. "Mi concepto del apoliticismo" [Meu conceito de apolitismo], em *Solidaridad Obrera*, 8 jan. 1936, p. 8; URALES, Federico. "Consideraciones morales sobre el funcionamiento de una sociedad sin gobierno" [Considerações morais sobre o funcionamento de uma sociedade sem governo], 1926.

Os anarquistas, portanto, opõem-se a estruturas *permanentes* de autoridade em que certas pessoas parecem achar sua "vocação", argumentando que as relações de autoridade na sociedade deveriam ser mais fluidas: "As pessoas são livres. Elas trabalham livremente, mudam livremente, contratam livremente".[16]

Comunidade e igualdade

Muitos teóricos, é claro, já apontaram que, apesar dos efeitos negativos das estruturas hierárquicas de dominação e subordinação (seja no terreno político, seja no econômico ou sexual), elas são necessárias para a vida em sociedade. Em resposta, os anarquistas descrevem modos alternativos de organizar a sociedade, que incluem tanto a liberdade quanto a igualdade em seus amplos sentidos. Tais aspirações situam firmemente o indivíduo no contexto da comunidade e dão atenção às relações econômicas, à sexualidade e às relações mulher-homem. Além disso, são repensados também os sistemas de educação e socialização que tornam possível a uma sociedade se perpetuar no tempo.

Em vez da desigualdade como base para a organização social, os anarquistas oferecem mutualismo, reciprocidade e federalismo. No lugar de hierarquia e dominação, eles propõem o empoderamento das pessoas para que alcancem todo o seu potencial, eliminando assim a necessidade de desigualdade social, política ou sexual. Ressaltarei os aspectos da teoria anarquista da revolução que foram particularmente importantes para a Mulheres Livres e por meio dos quais compreenderemos com mais clareza a contribuição do

---

16. MELLA, *Breves apuntes sobre las pasiones humanas.*

grupo para o desenvolvimento da teoria e da prática da transformação social não autoritária: a natureza social da liberdade, a aspiração a uma sociedade igualitária, o processo de tomada de consciência e o empoderamento.

A liberdade era uma premissa básica na tradição anarquista espanhola. A "soberania individual" é um princípio fundamental da maioria dos escritos anarquistas. O livre desenvolvimento do potencial individual é um dos "direitos" básicos com que nascem todos os seres humanos.[17] Os anarquistas espanhóis, porém, estavam arraigados na tradição de orientação *comunalista* e libertária. Para eles, a liberdade era fundamentalmente um produto social: a maior expressão de individualidade e criatividade pode ser alcançada somente *dentro da comunidade e por meio dela*. Florentina (pseudônimo de Carmen Conde), professora que foi ativa na Mulheres Livres, descreve a relação entre individualidade e comunidade: "Eu e minha verdade, eu e minha fé e eu por você, mas nunca deixando de ser eu mesmo, para que você também possa sempre ser você mesmo. Porque não existo sem sua existência, mas minha existência também é indispensável para a sua."[18] Frequentemente eles faziam

---

17. URALES, Federico. "Comunistas y comunismos" [Comunistas e comunismos], em *La Revista Blanca*, v. 1, n. 2, 15 jun. 1923, pp. 2-4; MONTSENY, Federica. "El espíritu gregario y el individualismo" [O espírito gregário e o individualismo], em *La Revista Blanca*, v. 2, 1924, pp. 9-11; "Influencias marxistas en el anarquismo" [Influências marxistas no anarquismo], em *La Revista Blanca*, v. 10, 1932, pp. 256-7; MELLA, Ricardo. "El socialismo anarquista" [O socialismo anarquista], em *Natura*, n. 17 e n. 18, jun. 1904, reimpresso em *Breves apuntes sobres las pasiones humanas*, pp. 53-4. Entre os autores não espanhóis, ver PROUDHON, Pierre-Joseph. "Philosophie Populaire: Programme" [Filosofia popular: programa], em *De La Justice dans la révolution et dans l'Église: Oeuvres completes de P.-J. Proudhon* [Sobre a justiça da revolução e da Igreja: obras completas de Pierre-Joseph Proudhon], v. 9. Paris: Marcelo Rivière, 1930, p. 206; GOLDMAN, Emma. "Anarchism: What It Really Stands for" [Anarquismo: a que ele realmente se propõe], em *Anarchism and Other Essays* [Anarquismo e outros ensaios]. Nova York: Dover, 1969, pp. 47-67.
18. FLORENTINA. "Lo que debe decir lo que tiene fe" [O que deve dizer quem tem fé], em *Mujeres Libres*, n. 12.

referências à afirmação de Kropotkin de que a vida social era regulada não por uma luta antagonista pela sobrevivência, mas pela "ajuda mútua": "Sem associação, não há vida possível".[19] Apenas em uma sociedade completamente igualitária, livre de hierarquias econômicas e políticas ou de privilégios sexuais, todos seriam livres para se desenvolver ao máximo, e as iniciativas individuais seriam capazes de florescer.[20]

O enfoque na individualidade, na iniciativa individual e no contexto comunal que as nutre forneceu um ambiente possível para que os anarquistas espanhóis lidassem com as diferenças entre homens e mulheres. Essa perspectiva gerou uma consciência, ao menos no nível teórico, da diversidade humana, das maneiras diferentes com que as pessoas podem contribuir para o tecido social e dos benefícios obtidos pela sociedade com a incorporação de grupos distintos. Mas trabalhar esse entendimento, na teoria ou na prática, foi algo muito mais limitado. Assim como as feministas contemporâneas e militantes em favor das minorias nos ensinaram, não é sempre óbvio o modo como se assegura o respeito e a igualdade dentro de comunidades não homogêneas. Muitas formações sociais supostamente igualitárias ignoraram diferenças entre homens e mulheres, por exemplo, ou entenderam que o tema

---

19. PRAT, *Necesidad de la asociación*, pp. 1-2; 4; TÁRRIDA DEL MÁRMOL, "Los siete enigmas del universo" [Os sete enigmas do universo], em *Problemas trascendentales* [Problemas transcendentais], pp. 25-6.
20. MELLA, "El socialismo anarquista" [O socialismo anarquista], pp. 55-6. Sobre a solidariedade para Errico Malatesta, ver *Anarchy*, pp. 19-20; "El individualismo en el anarquismo" [O individualismo no anarquismo], "La anarquía" [A anarquia] e "Nuestro programa" [Nosso programa], em *Socialismo y anarquía*. Madri: Ayuso, 1977, pp. 55-67; 189-238; "Organisation" [Organização], em RICHARDS, Vernon (ed.). *Malatesta: Life and Ideas* [Malatesta: vida e ideias]. Londres: Freedom Press, 1977, pp. 86-7. Ver também ROTENSTREICH, Nathan. "Community as a Norm" [Comunidade como preceito], em GORNI, Yosef; OVED, Yaacov & PAZ, Idit (eds.). *Communal Life: An International Perspective* [Vida comunal: uma perspectiva internacional]. Efal: Yad Tabenkin/New Bruswich: Transaction Books, 1987, pp. 21-7.

era irrelevante para a política, reproduzindo assim a subordinação das mulheres.[21]

Os limites das aspirações dos anarquistas espanhóis ficam claros à medida que examinamos sua compreensão sobre os componentes básicos da organização social. A maioria dos escritores dessa vertente localizou as relações econômicas no centro de suas ideias, insistindo que o princípio básico organizativo deve ser econômico, mais que político. Relações econômicas deveriam ser o menos hierárquicas possível nas remunerações recebidas e também nas estruturas de trabalho. Entre si, discordavam sobre a igualdade na remuneração, variando entre coletivistas (cada um deveria receber o produto íntegro de seu trabalho) e comunistas (cada um produziria segundo suas possibilidades e receberia segundo suas necessidades). Todos concordavam, entretanto, que a relativa igualdade de remuneração era essencial para o funcionamento de uma sociedade justa. Isso porque as desigualdades econômicas se convertiam facilmente em poder social ou político e, mais basicamente, porque todo trabalho humano é colaborativo e é virtualmente impossível atribuir valor à contribuição individual dentro de uma tarefa coletiva.[22]

Dizer que a igualdade econômica deve ser o fundamento de uma sociedade baseada em reciprocidade e mutualismo,

---

21. Ver, por exemplo, PATEMAN, Carole. *The Sexual Contract*. Stanford: Stanford University Press, 1988 [Ed. bras.: *O contrato sexual*. Rio de Janeiro: Paz & Terra, 2008]; BRENNAN, Teresa & PATEMAN, Carole. "'Mere Auxiliaries to the Commonwealth': Women and the Origins of Liberalism" ['Meras auxiliares da comunidade': mulheres e as origens do liberalismo], em *Political Studies*, v. 27, n. 2, 1978, pp. 183-200.
22. PROUDHON, Pierre-Joseph. *What Is Property?* [O que é a propriedade?]. Londres: William Reeves, p. 57; PRAT, *Necesidad de la asociación*, pp. 20-1. Todos se inspiraram em Piotr Kropotkin. Deste autor, ver "Anarchist Communism: Its Basis and Principals" [Anarcocomunismo: bases e princípios], em BALDWIN, Roger N. (ed.). *Kropotkin's Revolutionary Pamplhets* [Panfletos revolucionários de Kropotkin]. Nova York: Vanguard Press, 1927; e *The Conquest of Bread*. Londres: Chapman and Hall, 1913, p. 34 [Ed. bras.: *A conquista do pão*. São Paulo: Rizoma, 2013].

porém, é insuficiente para definir como devem ser a estrutura e a organização dessa sociedade. Para os anarquistas libertários, ou anarcocomunistas, a sociedade seria mais bem concebida como uma série de associações voluntárias que, reconhecendo a autonomia individual, poderiam proporcionar a coordenação geral essencial para a liberdade e a justiça. A ordem social seria alcançada por meio da cooperação voluntária de unidades locais descentralizadas, em vez de estruturas políticas formais. Eles apontavam as ferrovias, os serviços de correio internacional e outras formas de comunicação como modelos de redes estruturadas por acordos voluntários que funcionavam de maneira eficaz para fornecer serviços às pessoas sem a intervenção de uma autoridade superior.[23]

Essa ênfase na estrutura econômica, entretanto, particularmente numa sociedade caracterizada por uma divisão sexual do trabalho bem marcada, levantou sérias questões para as mulheres. Como as mulheres se envolveriam? Uma nova sociedade desafiaria e superaria a divisão sexual do trabalho? Ou a deixaria intacta e se esforçaria para alcançar uma espécie de status "separadas, mas iguais" para as mulheres? Essa supremacia da estrutura econômica como raiz da organização social contradiz a crença dos anarquistas na afirmação de que a dominação e a subordinação têm muitas facetas, e que questões econômicas não eram as únicas que deveriam ser abordadas. De fato, como veremos no capítulo 2, os debates acerca das instituições e das estruturas centrais da nova sociedade produzidos no período anterior à Guerra Civil Espanhola

---

23. PROUDHON, Pierre-Joseph. *Du Príncipe fédératif et la necessité de reconstituer la Parti de la Révolution* [Do princípio federativo e da necessidade de reconstituir o Partido da Revolução]. Paris: Dentu, 1863, pp. 73-4; PUENTE, *El comunismo libertario*; MELLA, *Breves apuntes sobre las pasiones humanas*, p. 35; WOODCOCK, George. *Railways and Society: For Workers' Control* [Estradas de ferro e sociedade: o controle dos trabalhadores]. Londres: Freedom Press, 1942.

foram bastante díspares, ainda que raramente tenham se concentrado nas implicações da posição ou da participação das mulheres na sociedade.

A maior parte da discussão se centrou nos tipos de organização que formariam as bases da nova sociedade. Aqueles que se tornariam conhecidos como anarcossindicalistas (e que, por volta de 1910, representavam a posição majoritária dentro da CNT) imaginavam uma sociedade com sindicatos em sua base.[24] Eles seriam coordenados local e industrialmente por meio de federações, para as quais cada sindicato (ou grupo de sindicatos) enviaria um delegado. Essa ideia deixava disponíveis poucas oportunidades para os não trabalhadores (crianças, desempregados, idosos, doentes e mães que não trabalhavam fora de casa) participarem da tomada de decisões coletivas.

Outros, identificados como "anarquistas" — e não anarcossindicalistas —, insistiam que os sindicatos representavam uma base estreita para coordenar uma sociedade comunista libertária. Soledad Gustavo, Federico Urales e Federica Montseny, por exemplo, afirmavam que os sindicatos eram produtos do capitalismo e que não fazia sentido assumi-los como base para a organização e a coordenação de uma economia transformada. "Há trabalhadores porque há patrões. O trabalhismo há de desaparecer junto com o capitalismo, e o sindicalismo, junto com o salário."[25] Tanto Soledad Gustavo como Federica Montseny apontaram para outra tradição com uma história já longa na Espanha, o *municipio libre* [cidade livre]:

---

[24]. CORNELISSEN, Christian. *El comunismo libertario y el régimen de transición* [O comunismo libertário e o regime de transição]. Valência: Biblioteca Orto, 1936, pp. 29-30; PUENTE, *El comunismo libertário*, pp. 116-20.
[25]. GUSTAVO, Soledad. "El sindicalismo y la anarquia" [O sindicalismo e a anarquia], em *La Revista Blanca*, v. 1, n. 3, 1º jul. 1923, p. 2.

> Particularmente nas vilas agrárias, onde a solução sindicalista não é apropriada nem como transição, reservo-me o direito de prosseguir com a revolução no mesmo momento em que conseguirmos a proclamação dos *municipios libres* em toda a Espanha, na base da socialização da terra e de todos os meios de produção colocados nas mãos dos trabalhadores.[26]

É interessante apontar que essas duas mulheres, que defendiam uma base organizativa mais focada na comunidade, eram também abertamente partidárias da emancipação feminina — ainda que nenhuma delas tenha conectado de modo explícito seu interesse pela emancipação das mulheres com a ênfase na comunidade em oposição ao lugar de trabalho. Como veremos no capítulo 2, as estratégias de organização centradas na comunidade tiveram mais êxito que aquelas centradas nos centros operários quando o assunto concernia às mulheres e à sua participação.

Com o tempo, a maioria dos teóricos e militantes da CNT tentou combinar o *municipio libre* com os sindicatos, ainda que os termos dessa combinação seguissem favorecendo a solução sindical. Isaac Puente, por exemplo, defendia que o equivalente ao *municipio libre* nas cidades deveria ser a federação local dos sindicatos. Nas áreas rurais, tudo o que estivesse dentro dos limites da cidade seria propriedade comum, e o corpo comunitário de tomada de decisões seria composto por "todos os trabalhadores". Os únicos isentos seriam os jovens, os doentes e os idosos.[27] Essa resolução, claro, atrelava os di-

---

26. MONTSENY, Federica. "Sindicalismo revolucionario y comunismo anarquista: alrededor de un artículo de Pierre Besnard" [Sindicalismo revolucionário e comunismo anarquista: a partir de um artigo de Pierre Besnard], em *La Revista Blanca*, v. 10, n. 2, 1932, pp. 330; 332.
27. PUENTE, *El comunismo libertario*, pp. 29-30. Ver também "Ensayo programático del comunismo libertario" [Conteúdo programático do comunismo libertário], em

reitos sociais e políticos à produtividade *econômica*, inclusive na lógica do *municipio libre*.

Como veremos no próximo capítulo, se foi possível alcançar alguma solução entre a questão da estrutura organizativa e os ideais do movimento, foi por meio da prática, mais que pelos debates teóricos na imprensa. É importante ressaltar que o movimento espanhol diferia de outros grupos de trabalhadores europeus do fim do século XIX e início do XX na questão sobre a centralidade das atividades e das organizações ser ou não vinculada aos sindicatos. Essas diferenças tiveram importância particular para os debates acerca do "lugar da mulher".[28]

É bastante significativo o fato de nem Montseny nem Puente mencionarem as mulheres nas discussões sobre os *municipios libres*, ou, nesse caso, os homens desempregados. Sobre estes, podemos supor que, numa sociedade ordenada adequadamente, não haveria desemprego, excetuando-se situações em que as pessoas se recusassem a trabalhar, e assim essa recusa em participar nas questões comuns justificaria a perda de direitos políticos. Porém, a posição das mulheres estava muito menos clara, já que esses autores não declaravam se homens e mulheres trabalhariam (não mencionavam nenhum tipo de programa para o cuidado e a educação das crianças, por exemplo); não se manifestavam para defender o trabalho doméstico como trabalho ou não (neste caso, haveria um sindicato que se certificasse de que o trabalho em casa era feito apropriadamente pelas mulheres?); ou se simplesmente esperavam reconhecer as mulheres com filhos pequenos como cidadãs de plenos direitos. Enquanto Puente parecia pressupor que todas as mulheres seriam trabalhadoras, Mella

---

Estudios, n. 117, mai. 1933, pp. 23-9.
28. Na conclusão deste livro, comparo o anarcossindicalismo espanhol com outros movimentos de trabalhadores europeus.

se dirigia às mulheres como esposas e filhas em vez de trabalhadoras: "Trabalhadores, seu dever é se lançar sem demora na luta, e suas esposas irão com vocês, porque não são menos escravas da brutalidade burguesa."[29] Marañón argumentava que a maternidade era incompatível com o trabalho (já que era, ou ao menos deveria ser, uma ocupação de jornada completa). Ele admitia que o trabalho era importante para quem não era mãe — pessoas que parecia considerar como uma classe especial, possivelmente anormal, de mulheres.[30]

Sexualidade e a subordinação das mulheres

A falta de consenso em relação a essas questões evidencia a divergência entre os autores anarquistas não apenas sobre o lugar das mulheres nas organizações de trabalhadores, mas também sobre a natureza da subordinação feminina e o que seria necessário para superá-la. Mary Nash sugeriu que, durante o século XX, desenvolveram-se entre os anarquistas espanhóis duas correntes de pensamento acerca da natureza das relações homem-mulher.[31] Uma, inspirada nos escritos de Proudhon (e representada na Espanha por Ricardo Mella), considerava as mulheres essencialmente como reprodutoras que contribuem à sociedade a partir do lar, por meio do trabalho doméstico. De acordo com essa visão, o que era necessário para a emancipação feminina era a reavaliação do trabalho da mulher no lar: seu trabalho fora desse âmbito deveria ser sempre secundário ao executado pelos homens. A segunda

---

29. MELLA, *Organización, agitación y revolución*, p. 19; *Breves apuntes sobre las pasiones humanas*, p. 15.
30. MARAÑÓN, "Maternidad y feminismo".
31. NASH, Mary. "Estudio preliminar" [Estudo preliminar], em *Mujeres Libres España, 1936-1939* [Mulheres Livres, Espanha, 1936-1939]. Barcelona: Tusquets, 1976, pp. 10-1.

corrente (similar à perspectiva marxista), cujas origens teóricas estão nos escritos de Bakunin (e representada na Espanha, ao menos nos aspectos produtivistas, pelos trabalhos de Isaac Puente), insistia que as mulheres eram iguais aos homens e que a chave para a emancipação feminina era sua completa incorporação à força de trabalho, que deveria ser paga nos mesmos termos que a dos homens. Nesse viés, para que as mulheres superassem a subordinação, elas teriam que se juntar à força de trabalho e lutar nos sindicatos para melhorar a condição de todos os trabalhadores.[32] A posição oficial da CNT seguia essa última perspectiva, embora seja conveniente sinalizar que aceitar um compromisso *teórico* com a igualdade das mulheres no local de trabalho não era garantia de que a maioria dos membros dessa organização atuasse de acordo com tal compromisso. Como veremos no capítulo 2, a prática do movimento raramente cumpria suas crenças nesse tema.

Ainda assim, também havia quem, dentro do movimento libertário, afirmasse que organizar as mulheres em sindicatos, sempre e quando isso fosse possível, não seria suficiente por si só. De acordo com esse ponto de vista, as causas da subordinação feminina eram mais amplas e profundas que a exploração no ambiente de trabalho. Os defensores dessa ideia afirmavam que a desigualdade era muito mais um fenômeno cultural que econômico e refletia a desvalorização da mulher e de suas atividades, mediada por instituições como a família e a Igreja. Assim, em um artigo que revela sua compreensão sobre o processo de transformação revolucionária e como ela afetava as relações homem-mulher, Javierre comentava reportagens do jornal *Pravda* sobre a quantidade

---

[32]. Ver a declaração do Congresso de Zaragoza do movimento espanhol de 1870, citada em LORENZO, Anselmo. *El proletariado militante* [O proletariado militante]. Toulouse: Editorial del Movimiento Libertario Español, CNT en Francia, 1947, tomo II, pp. 17-8.

de "novos soviéticos" que haviam abandonado mulheres grávidas: "A política sozinha não torna os homens moralmente prontos para a vida em comum [...]. [Esses homens] não aprendem a ser homens por um batismo marxista nem por batismo cristão".[33] Ademais, alguns autores anarquistas espanhóis localizavam a subordinação das mulheres em seu papel reprodutivo e no duplo padrão de moral sexual. Isso também teria que mudar — pela adoção de uma nova moral sexual e pela difusão dos métodos contraceptivos — se as mulheres quisessem ser companheiras completamente iguais numa sociedade revolucionária.

Mas nem mesmo essa percepção mais ampla estava isenta de ambiguidades. Kyralina (Lola Iturbe, jornalista que se tornou apoiadora ativa da Mulheres Livres) insistia na necessidade de uma análise e de uma prática que levassem em conta os fenômenos culturais de forma mais geral. Entretanto, seu artigo "El comunismo anárquico libertará a la mujer" [O comunismo anarquista libertará a mulher] revela a crença, comum a críticas culturais anarquistas do início do século XX, na abolição da propriedade privada como caminho para o amor livre e a emancipação das mulheres:

> Somente o regime do comunismo libertário pode dar uma solução humana para a emancipação das mulheres. Com a destruição da propriedade privada, essa moralidade hipócrita também sucumbirá, e nós seremos livres. [...] vivenciaremos o amor com

---

33. JAVIERRE, "Reflejos de la vida rusa en el régimen familiar" [Reflexos da vida russa no regime familiar], em *Solidaridad Obrera*, 15 out. 1935, p. 8; ver também MONTSENY, Federica. "La tragédia familiar de la emancipación feminina" [A tragédia familiar da emancipação feminina], em *La Revista Blanca*, n. 2, 1924, p. 19.

a liberdade completa de nosso apetite, respeitando as várias formas de vida amorosa e sexual.[34]

Para muitos autores e militantes anarquistas, a reorganização da vida sexual e familiar e a reconstrução dos papéis femininos eram componentes essenciais do ideal revolucionário. Nessa preocupação com as relações "privadas" de família e sexualidade, os anarquistas espanhóis tinham muito em comum com os socialistas utópicos do século XIX e também com as feministas contemporâneas.[35] Mas existia mais de um jeito de aplicar uma análise antiautoritária às relações sexuais e familiares. Quais seriam a estrutura e a natureza das famílias e das relações familiares na nova sociedade anarquista? Como a participação social da mulher se relacionaria com seu papel familiar e reprodutivo? Seria preservada a autoridade inquestionável do marido/pai na família, como defendiam Proudhon e seus seguidores, ou essa autoridade também devia ser abolida e substituída por relações voluntárias igualitárias? Alguns anarquistas espanhóis pareciam estar de acordo com Proudhon, outros defendiam o ascetismo, opondo-se ao uso de álcool e tabaco e pregando a monogamia ou a castidade sexual. Porém, a maioria dos autores que tocavam no assunto nos primeiros anos do século XX defendia a igualdade de gêneros e

---

34. KYRALINA [Lola Iturbe]. "Temas femeninos: el comunismo anárquico libertará a la mujer" [Temas femininos: o comunismo anarquista libertará a mulher], em *Tierra y Libertad* (suplemento), v. 2, n. 11, jun. 1933, pp. 197-9.
35. Sobre os grupos britânicos, ver TAYLOR, *Eve and the New Jerusalem*; SMITH & VALENZE, "Mutuallity and Marginality" [Mutualidade e marginalidade]. Sobre Fourier e seus seguidores franceses, ver BEECHER, Jonathan & BIENVENU, Richard (orgs.). *The Utopian Vision of Charles Fourier: Selected Texts on Work, Love and Passionate Attraction* [A visão utópica de Charles Fourier: textos selecionados sobre trabalho, amor e atração apaixonada]. Columbia: University of Missouri Press, 1983; e BEECHER, Jonathan. *Charles Fourier: The Visionary and His World* [Charles Fourier: o visionário e seu mundo]. Berkeley: University of California Press, 1986.

o amor livre. Eles insistiam na ideia de que a verdadeira liberdade envolvia a plena expressão e o desenvolvimento de todas as capacidades humanas, incluindo a sexual. Ainda segundo esses pensadores, as ideias predominantes de castidade, monogamia e fidelidade refletiam um legado de repressão cristã e seriam substituídos numa sociedade anarquista ideal por amor livre e estruturas familiares igualitárias.

Essa postura ganhou força e legitimidade durante as décadas de 1920 e 1930, particularmente quando os trabalhos de Sigmund Freud, Havelock Ellis e outros estudiosos da sexualidade começaram a ficar conhecidos. Nos anos 1930, anarquistas espanhóis — escrevendo em jornais de crítica cultural como *La Revista Blanca* e *Estudios*[36] — combinavam psicanálise freudiana, retórica neomalthusiana e doutrinas de amor livre para produzir um quadro mais amplo sobre a importância da sexualidade e da emancipação sexual para o desenvolvimento humano e, em última instância, para a revolução social.

Durante os anos 1930, muitos colaboradores da revista *Estudios* reivindicavam uma nova ética sexual que fosse baseada no valor positivo da sexualidade e na oposição à dupla moral sexual para homens e mulheres. Esses escritores ridicularizavam anarquistas que advogavam pela castidade e pela repressão aos impulsos sexuais. Insistiam que, ao contrário, a abstinência forçada levava não somente à clássica dupla moral (resultando em prostituição e opressão das mulheres), mas também a vidas atrofiadas e, no limite, a um comportamento criminoso. Seguindo as ideias freudianas, defendiam que a sexualidade era uma força vital básica e um componente importante da saúde psíquica e sexual. Em vez de reprimir os

---

36. *La Revista Blanca* foi publicada pela família Montseny (Juan Montseny [Federico Urales] e Soledad Gustavo) em Madri, de 1898 a 1906, e em Barcelona, de 1923 até o fim de 1936. *Estudios* foi publicada em Valência durante as décadas de 1920 e 1930.

desejos sexuais ou desviá-los para a prostituição, concluíam os autores, as pessoas deveriam aprender mais sobre sexualidade e praticar o controle de natalidade.[37]

O doutor Félix Martí-Ibáñez, "decano" dos escritores anarquistas sobre questões de saúde psicossexual, esboçou uma nova perspectiva sobre o lugar que a sexualidade deveria ocupar na vida humana.[38] Em primeiro lugar, insistia na importância da sexualidade genital — para mulheres e homens — como um componente de crescimento e desenvolvimento humano e também de casamentos felizes. Seus artigos rejeitavam a visão da Igreja de que a única função do matrimônio era a perpetuação da espécie. Em vez disso, afirmava que o casamento deveria ser entendido como um modo de vida escolhido voluntariamente por duas pessoas. Tanto no âmbito conjugal quanto no não conjugal, o sexo envolvia não apenas procriação, mas também prazer. Relações sexuais felizes requeriam que os componentes envolvidos respeitassem e valorizassem a sexualidade de ambas as partes e reconhecessem que a união sexual e a satisfação poderiam ser fins em si mesmos, e não apenas o meio para gerar crianças. Consequentemente, casamentos felizes envolveriam conhecimento e controle de natalidade. Seus artigos tinham a intenção de articular essa nova ideia sobre o lugar da sexualidade na vida

---

37. LLAURADÓ, A. G. "Por el sensualismo" [Em favor do sensualismo], em *Estudios*, n. 134, out. 1934; HOYOS Y VINENT, Antonio de. "De, en, por, sin, sobre la moral sexual" [De, em, por, sem, sobre a moral sexual], em *Estudios*, n. 138, fev. 1935; GALLARDO, Mariano. "Experimentación sexual" [Experimentação sexual], em *Estudios*, n. 146, out. 1935; LLAURADÓ, A. G. "La marcha triunfal del sexo" [A marcha triunfal do sexo], em *Estudios*, n. 119, jul. 1933, pp. 19-20.
38. Martí-Ibáñez escreveu regularmente na revista *Estudios* sobre uma grande variedade de temas relacionados a sexo e sexualidade. Durante os anos de 1936 e 1937, publicou uma coluna de perguntas e respostas, "Consultorio Psíquico-Sexual" [Consultório psíquico-sexual], reimpressa em forma de livro com o mesmo título em Barcelona pela editora Tusquets em 1976.

humana e também colocar à disposição do proletariado informações sobre controle da natalidade.[39]

Além disso, Martí-Ibáñez acreditava que era preciso desenvolver um novo entendimento sobre sexualidade. Por muito tempo, dizia, a sexualidade se confundiu com a genitalidade. Ele criticava a prática da castidade forçada, alegando que negava necessidades humanas. Ao mesmo tempo, insistia que a energia sexual poderia ser canalizada em direções variadas, e não necessariamente precisaria se expressar pelo contato genital: "Primeiramente vamos reconhecer que o *genital* — impulsos eróticos, ato sexual — é uma pequena parte do *sexual* e que a sexualidade tem muitas outras facetas (trabalho, ideais, criações artísticas ou sociais etc.). [...] A sexualidade pode se expressar eroticamente ou por meio do trabalho, em diferentes formas."[40] Entretanto, ele afirmava que, se os esforços para redirecionar a energia sexual não fossem bem-sucedidos, nenhuma ou nenhum jovem deveria hesitar em ter experiências sexuais. Era importante, porém, que eles não assumissem como natural e intrínseca a relação entre sexo e amor, nem acreditassem que a mulher tinha que renunciar a si mesma ou a seu amor-próprio.[41]

Apesar do chamado a atitudes novas e mais livres em relação à sexualidade, praticamente todos esses autores identificavam a "sexualidade normal" com a heterossexualidade. Essa

---

39. MARTÍ-IBÁÑEZ, Félix. "Nueva moral sexual" [Nova moral sexual], em *Estudios*, n. 134, out. 1934, pp. 13-5, e "Erótica, matrimonio y sexualidade" [Erotismo, matrimônio e sexualidade], em *Estudios*, n. 136, dez. 1934, pp. 21-3.
40. MARTÍ-IBÁÑEZ, Félix. "Carta a Buenos Aires, a don Rafael Hasan" [Carta a Buenos Aires, a dom Rafael Hasan], em *Estudios*, n. 144, ago. 1935, p. 13. Comparar com LORDE, Audre. "Uses of the Erotic: The Erotic as Power" [Faces do erótico: o erotismo como poder], em *Sister Outsider*, pp. 55-7.
41. MARTÍ-IBÁÑEZ, Félix. "Carta a una muchacha española sobre el problema sexual" [Carta a uma moça espanhola sobre a questão sexual], em *Estudios*, n. 138, fev. 1935, pp. 5-6.

identificação era normalmente mais implícita que explícita. Suas discussões sobre o tema pressupunham e reafirmavam a atração "normal" ou "natural" entre pessoas de sexos diferentes. Em sua série "Eugenia e moralidade sexual", Martí-Ibáñez se expressa claramente acerca da homossexualidade. Em um artigo centrado na história das atitudes frente a pessoas homossexuais, tentou distinguir entre "inversão sexual" ("homossexualidade congênita") e "perversão sexual" (aqueles que a praticavam "voluntariamente, por esnobismo, curiosidade ou com fins utilitários"). Apesar dos esforços para delinear esses dois tipos, o artigo reconhecia que frequentemente é difícil determinar qual é a causa primária da prática. Por último, afirmava que não havia nada de imoral na homossexualidade e, portanto, que o comportamento homossexual não deveria ser castigado (da mesma maneira que não se poderia castigar um cleptomaníaco que não pode evitar roubar). Ao mesmo tempo, deixava claro sua crença na homossexualidade como desvio, e em que homossexuais eram "vítimas" da "inversão sexual".[42]

Muitos escritores reconheceram o impacto potencialmente libertador para as mulheres das novas atitudes sobre a sexualidade. O abandono de atitudes tradicionais em relação à castidade, que sempre afetou muito mais as mulheres que os homens, aparentemente até em círculos anarquistas, iria libertar a mulher para explorar e expressar a própria sexualidade. Mais especificamente, muitos autores, mulheres e homens, haviam compreendido que a atividade reprodutora feminina era a chave para sua subordinação. Enquanto as mulheres casadas estivessem sujeitas aos desejos sexuais do ma-

---

42. MARTÍ-IBÁÑEZ, Félix. "Consideraciones sobre el homosexualismo" [Considerações sobre a homossexualidade], em *Estudios*, n. 145, set. 1935, pp. 3-5. Crenças similares sobre a "naturalidade" da heterossexualidade se encontram na obra de Marañón *Tres ensayos...* e nos debates sobre sexualidade publicados na *Estudios*.

rido (aspecto das relações conjugais que raras vezes era questionado naquela época) e enquanto não houvesse maneira de regular a fertilidade, elas estariam sujeitas ao esgotamento emocional, físico e psicológico provocado por repetidos partos e pela manutenção de uma família numerosa. As desvantagens recaíam de forma especialmente dramática sobre as mulheres da classe trabalhadora. O controle da natalidade, então, poderia ser bastante libertador. Maria Lacerda de Moura,[43] colaboradora frequente da revista *Estudios* em edições dedicadas a mulheres e sexualidade, criticava os homens anarquistas que se opunham à disseminação de informações sobre o controle de natalidade na classe trabalhadora. "Para eles, uma mulher é apenas a matriz fértil e inesgotável destinada a produzir soldados burgueses ou, mais precisamente, soldados vermelhos para a revolução social." O controle de natalidade, insistia ela, deveria se tornar uma arma fundamental na luta pela libertação das mulheres.[44]

Assim como feministas e ativistas nos Estados Unidos e em diferentes contextos europeus, Lacerda de Moura, Marañón e outros anarquistas espanhóis argumentavam que tanto as mulheres trabalhadoras como suas famílias sofriam por terem mais crianças do que podiam sustentar. Além disso, defendiam que a emancipação feminina deveria envolver tam-

---

43. Maria Lacerda de Moura foi uma professora e escritora anarquista brasileira. Ver LEITE, Miriam Lifchitz Moreira. *Outra face do feminismo: Maria Lacerda de Moura*. São Paulo: Ática, 1984; e MOURA, Maria Lacerda de. Fascismo: filho direto da Igreja e do capital. Rio de Janeiro: Entremares, 2018. [N.T.]

44. MOURA, Maria Lacerda de. "El trabajo femenino" [O trabalho feminino], em *Estudios*, n. 111, nov. 1932, citado em NASH, Mary. "El estúdio del control de natalidad en España: ejemplos de metodologías diferentes" [O estudo do controle da natalidade na Espanha: exemplos de metodologias diferentes], em *Las mujeres en la historia de España (siglos XVI-XX)* [As mulheres na história da Espanha (séculos XVI-XX)]. Atas da II Conferência de Pesquisa Interdisciplinar, Madri, Seminario de Estudios de la Mujer, Universidad Autónoma de Madrid, 1984, p. 252.

bém a possibilidade de escolher se queriam ou não ser mães, além do momento e da quantidade de filhos que desejavam ter. Mas eles também insistiam nos benefícios do controle de natalidade para mulheres solteiras — ou seja, essa seria uma prática que poderia lhes tirar o peso do medo de engravidar, o que permitiria que aproveitassem as relações sexuais de maneira mais plena.[45]

Alguns teóricos levaram esses argumentos mais longe, combinando malthusianismo, controle de natalidade e análise de classe para articular um neomalthusianismo anarquista. Juan Lazarte, médico e sociólogo anarquista, afirmava que o significado e as consequências da gravidez e do nascimento variam de acordo com as classes sociais. Engravidar muitas vezes poderia ser um desastre para a saúde da mulher e também para a saúde e a estabilidade de uma família com recursos já escassos. Além disso, lembrava que, quanto mais filhos a família tivesse, mais altas também seriam as taxas de mortalidade infantil. Resumindo, conforme Malthus, os pobres são especialmente afetados pela reprodução ilimitada. Mas, com a viabilidade do controle de natalidade, trabalhadores poderiam substituir a "continência sexual" (da qual Malthus não acreditava serem capazes os pobres), utilizando esse instrumento como componente de sua estratégia para a libertação. Com famílias menores, os salários dos trabalhadores poderiam arcar com melhores condições de saúde e estrutura. Limitar os nascimentos poderia também levar a uma redução da força de trabalho disponível, a menos desemprego, a mais poder para os trabalhadores — e até ao fim das guerras.[46]

---

45. LAZARTE, Juan. "Significación cultural y ética de la limitación de nacimientos" [Significados culturais e ética da limitação de nascimentos], em *Estudios*, n. 120, ago. 1933, n. 128, abr. 1934.
46. LAZARTE, Juan. "Significación cultural y ética" [Significados culturais e éticos], em *Estudios*, n. 126, fev. 1934; ILURTENSIS, Diógenes. "Neomalthusianismo, mater-

Por último, além de possibilitar a separação entre procriação e prazer na expressão da sexualidade, essas novas atitudes em relação ao tema tiveram importantes implicações para os entendimentos anarquistas sobre amor e casamento. Muitos deles afirmavam que matrimônios permanentes e monogâmicos constituíam uma forma de despotismo cuja premissa era a renúncia quase completa de si mesmas por parte das mulheres, e que o amor livre (entendido como o direito de mulheres e homens escolherem livremente suas relações sexuais sem prestar contas à Igreja ou ao Estado, bem como terminarem essas relações quando já não forem mutuamente satisfatórias) era a única manifestação conveniente às tendências naturais de ambos os sexos. Alguns desses autores acreditavam que, mesmo numa sociedade ideal, diferenças entre mulheres e homens no âmbito da sexualidade continuariam a existir, ou que outras novas surgiriam; outros insistiam que as diferenças existentes eram produto do condicionamento social. Todos concordavam que, qualquer que fosse a origem dessa diferença, tanto mulheres como homens poderiam desfrutar mais plenamente de sua sexualidade numa sociedade que promovesse uma total igualdade de gênero.[47]

---

nidad consciente y esterilización" [Neomalthusianismo, maternidade consciente e esterilização], em *Estudios*, n. 125, jan. 1934, pp. 12-4. Para uma visão mais geral sobre neomalthusianismo anarquista, ver NASH, Mary. "El neomalthusianismo anarquista y los conocimientos populares sobre el control de la natalidad en España" [Neomalthusianismo anarquista e os conhecimentos populares sobre o controle da natalidade na Espanha], em *Presencia y protagonismo: aspectos de la historia de la mujer* [Presença e protagonismo: aspectos da história da mulher]. Barcelona: Ediciones del Serbal, 1984, pp. 307-40, e "El estudio del control de natalidad en España" [O estudo do controle da natalidade na Espanha], pp. 248-53.

[47]. MONTSENY, Federica. "En defensa de Clara, II" [Em defesa de Clara, parte 2], em *La Revista Blanca*, v. 2, n. 47, 1º mai. 1925, pp. 26-8; LEONARDO. "Matrimonio y adulterio" [Matrimônio e adultério], em *Estudios*, n. 113, jan. 1933; TRENI, H. "El amor y la nueva ética sexual en la vida y en la literatura" [O amor e a nova ética sexual na vida e na literatura], em *Estudios*, n. 118, jun. 1933; MARAÑÓN, "Maternidad y feminismo".

As críticas à castidade e ao casamento monogâmico eram comuns durante os anos de 1920 e 1930, e muitos artigos advogavam pelo amor livre ou pelo "amor plural" [poliamor]. Indo além dos argumentos favoráveis ao amor livre, muitos autores anarquistas afirmavam que a monogamia era um produto do desejo de possessão, com raízes na propriedade privada e na subordinação da mulher, e que desapareceria numa futura sociedade anarquista.[48] Amparo Poch y Gascón,[49] que seria uma das fundadoras da Mulheres Livres, escreveu na revista *Estudios*, em 1934, que, de acordo com as noções tradicionais de monogamia, "a mulher, apaixonada ou não, era uma propriedade permanente do homem, dada pela Igreja ou pelo juiz". Mas, argumentava, se propriamente interpretada, a monogamia "não significa 'para sempre', mas 'enquanto durem a vontade do casal e o amor que sentem entre si'". Assim, se as mulheres e os homens adotassem tais atitudes, todos seriam mais livres e estariam mais satisfeitos.[50]

Maria Lacerda de Moura se distanciava ainda mais das noções correntes sobre o amor e o casamento monogâmicos. "O amor sempre esteve em aberta luta contra a monogamia." Em uma sociedade verdadeiramente igualitária, em que homens e mulheres são respeitados na mesma medida, a monogamia seria substituída pelo amor plural, a única forma de expressão sexual que permitiria às pessoas (sobretudo às mulheres, a quem foi negado qualquer tipo de autonomia sexual) o crescimento, a expressão e a satisfação completos de suas necessidades sexuais. Aceitando que mulheres e homens tivessem mais de um parceiro ao mesmo tempo,

---

48. GALLARDO, Mariano. "Tendencias del instinto sexual humano"; BRAND. "El problema del amor" [O problema do amor], em *La Revista Blanca*, v. 2, 1924, p. 23.
49. Amparo Poch y Gascón morreu em 1968 em Toulouse, na França. [N.E.]
50. POCH Y GASCÓN, Amparo. "Nuevo concepto de pureza" [Novo conceito de pureza], em *Estudios*, n. 128, abr. 1934, p. 32.

escrevia a autora, o amor plural eliminaria grande parte dos problemas de ciúmes, proporcionaria às mulheres liberdade real para escolher seu companheiro (ou seus companheiros) e acabaria com a prostituição e a exploração sexual da mulher (já que solteiras sexualmente ativas não seriam mais estigmatizadas nem estariam vulneráveis).[51]

Ainda assim, nem todos os autores eram tão entusiastas dessas ideias quanto ela, e reconheciam que as doutrinas do amor livre ou plural seriam muito mais complicadas na prática. Muitos escritores, sobretudo mulheres, foram rápidos em apontar que poucos anarquistas praticavam aquilo que pregavam em relação à igualdade de gênero. Soledad Gustavo notou, por exemplo, que "um homem pode gostar da ideia de emancipação da mulher, mas não tanto de que ela a pratique. [...] no final, ele desejará a mulher do próximo e trancafiará a sua".[52]

Em resposta às críticas feitas a Clara, a heroína sexualmente emancipada de seu romance *La victoria* [A vitória], Federica Montseny afirmava que a noção de mulher frágil e devotada, protegida por um homem forte, ainda que pudesse ser atrativa para alguns homens anarquistas, dificilmente poderia ser considerada um ideal libertário. Poucas mulheres estariam dispostas a viver em uma liberdade mútua ilimitada, "mas ainda menos capazes [disso] são os homens".[53]

---

51. MOURA, Maria Lacerda de. "Amor y libertad" [Amor e liberdade], em *Estudios*, n. 132, ago. 1934, pp. 18-9. Ver também, da mesma autora, "Cuando el amor muere" [Quando o amor morre], em *Estudios*, n. 127, mar. 1934, pp. 20-1; "Qué es el amor plural?" [O que é o amor plural?], em *Estudios*, n. 128, abr. 1934, pp. 24-5; "El amor plural frente a la camaradería amorosa" [O amor plural em face da camaradagem amorosa], em *Estudios*, n. 129, mai. 1934, pp. 22-4.
52. GUSTAVO, Soledad. "Hablemos de la mujer" [Falemos sobre a mulher], em *La Revista Blanca*, v. 1, n. 9, 1º out. 1923, pp. 7-8.
53. MONTSENY, Federica. "En defensa de Clara, III" [Em defesa de Clara, parte 3], em *La Revista Blanca*, v. 2, n. 48, 15 mai. 1925, pp. 23-5; ver também "En defensa de Clara, II", p. 29, e BRAD. "El problema del amor", p. 23.

Na visão de Montseny, o fato de poucas mulheres espanholas estarem moralmente prontas para sua emancipação as tornava escravas de atitudes e crenças tradicionais e apresentava um problema mais sério que a resistência masculina à igualdade econômica e sexual. Emma Goldman pensava que as mulheres precisavam de emancipação interna para conhecer seu próprio valor, respeitar a si mesmas e recusar se tornarem escravas de seus companheiros — sexual ou economicamente. Porém, lamentava Montseny, Goldman não havia deixado uma cartilha sobre como alcançar essa libertação.[54]

No caso das relações familiares e sexuais, assim como no âmbito econômico, o ideal era a igualdade na diferença. Mulheres e homens deveriam ser livres para desenvolver e expressar sua sexualidade, dentro ou fora daquilo que agora chamamos de uma "relação sexual comprometida". Ambos devem ser livres para entrar e sair de relacionamentos dessa natureza sem atrair para si mesmos a condenação social ou o ostracismo. Famílias também deveriam ser instituições igualitárias: a autoridade inquestionável do pai deveria ser substituída pela reciprocidade e pelo respeito mútuo.

Esses são os componentes mais importantes da visão anarquista de sociedade: um espaço em que as pessoas são respeitadas igual e mutuamente, em termos sexuais, políticos e econômicos; uma sociedade organizada em torno das contribuições das pessoas à vida em comunidade, na qual não há relações de dominação e subordinação, e na qual decisões

---

54. MONTSENY. "La tragédia de la emancipación femenina" [A tragédia da emancipação feminina], pp. 20-1. Ver GOLDMAN, "The Tragedy of Womans's Emancipation" [A tragédia da emancipação feminina], em *Anarchism and Other Essays* [Anarquismo e outros ensaios], pp. 223-5. Duas biografias de Emma Goldman ressaltam sua confusão e suas frustrações. Ver WEXLER, Alice. *Emma Goldman: An Intimate Life* [A vida íntima de Emma Goldman]. Nova York: Pantheon, 1984; e FALK, Candace. *Love, Anarchy and Emma Goldman* [Amor, anarquia e Emma Goldman]. Nova York: Holt, Rinehart & Winston, 1984.

devem ser tomadas e aceitas por todos. Mas como alcançar essa sociedade? Como criar "o novo homem" e "a nova mulher" anarquistas?

Transformação revolucionária: coerência entre meios e fins

Reconhecer a origem social das relações de dominação e subordinação não é o mesmo que transformá-las. A complexidade da perspectiva anarquista sobre a transformação social se torna clara quando examinamos as tentativas de anarquistas espanhóis de superar a subordinação em geral e a das mulheres em particular. De que maneira pessoas autocentradas e desempoderadas — e os anarquistas eram os primeiros a admitir que quem vivia em sociedades capitalistas não era imune ao egoísmo fomentado por essas organizações sociais e econômicas — chegariam a descobrir suas próprias capacidades e prestar atenção nas necessidades dos demais? Como alcançariam a emancipação interior que lhes permitiria reconhecer seu próprio valor e exigir reconhecimento da sociedade? Como desenvolveriam um sentido de justiça adequado para viver numa sociedade igualitária? E de que modo essa sociedade geraria um compromisso contínuo com seus próprios valores? Mais especificamente, se a subordinação das mulheres é um produto das instituições sociais, e se as instituições sociais desempoderam aqueles que tentam derrubá-las, como seriam transformadas?

Uma das características que definem a tradição anarquista de orientação libertária é a coerência entre os meios e os fins. Se o objetivo da luta revolucionária é uma sociedade igualitária, não hierárquica, então ela deve ser criada por um movimento não hierárquico. Do contrário, seus participantes nunca serão empoderados para agir independentemente, e aqueles que lideram o movimento acabariam dirigindo a sociedade pós-revolucionária. Nas palavras de um combatente da Guerra Civil Espanhola, "a liberdade é alcançada somente por caminhos libertários".[55] Como Kropotkin havia escrito sobre os dilemas dos socialistas parlamentares, "creem que conquistariam o Estado, mas é o Estado que acabará conquistando vocês".[56]

Mas, se as práticas existentes desempoderam, como as pessoas serão empoderadas? O comprometimento anarquista com um processo revolucionário igualitário e não hierárquico parece requerer das pessoas um reconhecimento de suas habilidades para participar dele. Fazer a revolução de maneira bem-sucedida aparentemente depende de conquistar o que talvez seja a meta mais complexa do movimento revolucionário: o empoderamento popular.

A solução para esse paradoxo está na concepção anarquista do processo revolucionário. Espera-se que as pessoas se preparem para a revolução (e para viver numa sociedade comunitária) participando das atividades e das práticas que são, elas próprias, igualitárias, empoderadoras e, portanto, transformadoras. Não pode existir hierarquia estruturada dentro do processo de transformação social. A forma de criar uma nova sociedade é *criar* uma nova realidade.

---

[55]. V. R. "Por caminos autoritarios no se consigue la libertad" [Por caminhos autoritários não se alcança a liberdade], em *Acracia*, v. 2, n. 250, 13 mai. 1937. Segundo Federico Arcos (comunicação pessoal, 25 jul. 1989), é muito provável que V. R. fosse Vicente Rodríguez García (conhecido como Viroga), que, ao lado de José Pierats e Felipe Aláiz, integrou o comitê editorial do periódico *Acracia*.

[56]. Piotr Kropotkin, citado em ABAD DE SANTILLÁN, Diego. *Entorno a nuestros objetivos libertarios* [Sobre nossos objetivos libertários]. Madri: Comitê de Defesa Confederal del Centro, s./d., p. 18.

A ação direta

A melhor forma de compreender a concepção anarquista espanhola de empoderamento e do processo de conscientização é examinando seu compromisso com o descentralismo e a ação direta. O descentralismo se referia à insistência de que a revolução deveria ser, fundamentalmente, um fenômeno local que crescesse a partir da realidade concreta do cotidiano das pessoas. Um movimento revolucionário se desenvolve a partir da luta popular para superar a subordinação e deve responder às particularidades da situação. Assim, como veremos, uma das novas e importantes instituições que os anarquistas espanhóis criaram foi o *ateneo* libertário, que era ao mesmo tempo escola, grupo recreativo e ponto de encontro dos jovens da classe trabalhadora durante os anos que precederam a guerra. Enriqueta Rovira assim descreveu um desses grupos:

> Estávamos em um grupo denominado Sol y Vida, com moças e rapazes. Montávamos peças teatrais, fazíamos ginástica, viajávamos para a montanha ou para a praia. Era um grupo cultural e recreativo, ao mesmo tempo. Sempre havia uma espécie de conversa [educativa]. Assim, nossa curiosidade por novas ideias era despertada. E se criava um sentimento de companheirismo. É verdade que íamos também para as conferências do sindicato, mas as relações dentro do grupo eram mais estreitas, e as explicações, mais completas. Foi ali onde nos formamos, ideologicamente e em profundidade.[57]

A ação direta pressupunha que o objetivo de todas essas atividades era fornecer às pessoas maneiras de entrar em contato com suas forças e capacidades e de recuperar o poder de nomear a si mesmas e de definir sua vida. Deveria ser distinta de

---

57. Enriqueta Fernández Rovira, entrevista, Castellnaudary (França), 28 dez. 1981.

uma atividade política mais convencional, inclusive em um sistema democrático.[58] Em vez de tentar realizar a mudança formando grupos de pressão política, os anarquistas defendiam que as pessoas deveriam aprender a pensar e agir por si mesmas, agrupando-se em organizações nas quais a experiência, a percepção e a atividade pudessem guiá-las e provocar a transformação.[59] O conhecimento não precede a experiência, flui através dela: "Começamos decidindo fazer e, por meio do fazer, aprendemos. [...] só aprenderemos a viver o comunismo libertário vivendo-o."[60] As pessoas apenas aprendem a ser livres exercitando a liberdade. "Não vamos encontrar, de repente, pessoas prontas para o futuro. Sem o exercício contínuo e crescente de suas faculdades, não serão homens livres. A revolução externa e a revolução interna se pressupõem e têm de ser simultâneas para serem frutíferas."[61]

As atividades da ação direta que surgiram das necessidades e das experiências cotidianas representavam as maneiras pelas quais as pessoas poderiam tomar o controle sobre sua vida. Como as feministas aprenderam por meio dos grupos de conscientização ou na organização da comunidade, a participação nessas atividades teria efeitos internos e externos, o que permitiria às pessoas desenvolver um senso de competência e autoconfiança enquanto agiam para mudar sua situação. Um compromisso desse tipo empoderava as pessoas e lhes dava

---

58. ACKELSBERG, Martha & ADDELSON, Kathryn Pyne. "Anarchist Alternatives to Competition" [Alternativas anarquistas para a competição], em *Competition: A Feminist Taboo?* [Competição: uma tabu feminista?]. Nova York: Feminist Press, 1987, pp. 227-31.
59. Para formulações contemporâneas, ver CHAFE, *Woman and Equality*; PIVEN, Frances Fox & CLOWARD, Richard A. *Poor People's Movements* [Movimentos dos pobres]. Nova York: Pantheon, 1977; e EVANS, Sara M. & BOYTE, Harry C. *Free Spaces: The Sources of Democratic Change in America* [Espaços livres: as bases da mudança democrática nos Estados Unidos]. Nova York: Harper & Row, 1986.
60. PUENTE, *El comunismo libertario*, p. 15.
61. MELLA, *Organización, agitación y revolución*, pp. 31-2.

força para agir juntas. Soledad descrevia em sua vida e na de seus amigos os efeitos da participação ativa no movimento:

> Foi uma vida incrível, a vida de uma jovem militante. Uma vida dedicada à luta, ao conhecimento, à renovação da sociedade, caracterizada por uma espécie de efervescência. Era uma juventude bonita, de camaradagem. Eu estava sempre metida em todos os protestos e ações. Vivíamos com muito sacrifício material. Os homens ganhavam mais do que nós, mas não tínhamos ressentimento. Às vezes, parece-me que vivíamos só de ar.[62]

O senso de empoderamento está bem claro também nas lembranças de Enriqueta: "Pelo amor que tínhamos aos companheiros e ao ideal, teríamos lutado até contra a Virgem Maria!".[63] Além disso, a ação direta não empoderava somente aqueles que participavam dela; também afetava outra parcela da população por meio daquilo que os anarquistas chamavam de "propaganda pelo fato". Frequentemente, esse termo significava atirar bombas, tentativas de assassinato e coisas parecidas. Havia outro significado, no entanto, referente a uma espécie de ação exemplar que captava partidários graças a seu poder de modelo positivo. Exemplos contemporâneos de propaganda pelo fato são os coletivos em geral, as cooperativas, os programas de moradia popular construída coletivamente, os coletivos de assistência à saúde para mulheres e as ocupações. Se essas atividades empoderam aqueles que se comprometem com elas, também demonstram a outras pessoas que podem existir — e existem — diferentes formas não hierárquicas de organização capazes de funcionar com eficácia.

---

62. Soledad Estorach, entrevistas, 4 e 6 jan. 1982; comunicação pessoal, out. 1989.
63. Enriqueta Fernández Rovira, entrevista, Castelnaudary (França), 28 dez. 1981.

Obviamente, para essas ações terem os efeitos desejados de empoderamento, deveriam ser autogeridas, e não esquematizadas e dirigidas por uma liderança. É desse ponto que parte o compromisso anarquista com uma estratégia de "organização espontânea": as federações não coercitivas de grupos locais. O objetivo era alcançar a ordem sem coerção, mas por meio daquilo que podemos chamar de "rede federativa", que reunisse representantes dos grupos locais (sindicatos, associações de vizinhos, cooperativas de consumidores e afins). O ponto crucial era que nem os grupos individuais nem o corpo coordenador pudessem reclamar o direito de falar ou atuar pelos demais. Idealmente, eles funcionariam mais como fóruns de discussão que como organizações diretivas. A organização espontânea demonstraria na prática que os oprimidos ainda seriam capazes de pensar e atuar racionalmente, de conhecer suas necessidades e desenvolver formas de satisfazê-las.[64]

Preparação
Por último, mas muito importante, a ação direta poderia acontecer somente em um contexto de "preparação". Nas palavras de Federica Montseny, "uma revolução não se improvisa".[65] Ainda que todas as pessoas levassem dentro de si um senso de igualdade e justiça baseado na participação em relações sociais, esse sentimento quase instintivo seria insuficiente para levar à ação revolucionária. A preparação era necessária para apontar às pessoas a natureza comunal de sua situação e também a maneira como se enquadravam

---
64. MELLA, *Breves apuntes sobre las pasiones humanas*; PROUDHON, Pierre-Joseph. "Système des contradictions économiques ou Philosophie de la misère", em *Ouevres Complètes* [Ed. bras.: *Sistema das contradições econômicas ou filosofia da miséria*. São Paulo: Ícone, 2003].
65. Federica Montseny, entrevista, Toulouse (França), 1º fev. 1979.

dentro da comunidade, a fim de que reconhecessem as possibilidades de ação coletiva. Sem preparação, a revolução iria levar apenas à restituição da autoridade em novas formas. De fato, muitos anarquistas, escrevendo nos anos pós-Revolução Russa, apontaram a União Soviética como um exemplo negativo de como a hierarquia pode facilmente ser reimposta na ausência da preparação necessária.[66]

Por mais paradoxal que possa parecer, as pessoas devem estar preparadas para atuar espontaneamente em seu próprio benefício. Assim como Marx, os anarquistas acreditavam que a melhor preparação e a melhor técnica para a conscientização era a ação. "O capitalismo está ferido de morte, mas prolongará sua agonia até que sejamos capazes de substituí-lo de maneira bem-sucedida. E não alcançaremos isso por meio de frases de efeito, mas demonstrando nossa capacidade construtiva e organizativa."[67] As pessoas desenvolveriam uma consciência crítica e revolucionária por meio da reflexão sobre a realidade concreta de sua vida, reflexão que seria provocada em muitas ocasiões por suas atividades e pela dos demais.[68]

Atentar para a situação e as necessidades particulares das mulheres — sobretudo para as atividades da Mulheres Livres — pode ajudar a explicar a natureza multidimensional desse entendimento sobre o processo de tomada de consciência e

---

66. NETTLAU, Max. "La actividad libertaria tras la revolución" [A atividade libertária depois da revolução], em *La Revista Blanca*, v. 10, 15 mai. 1932; MELLA, *Organización, agitación y revolución*, pp. 10-1.
67. RUÍZ, Higinio Noja. *La revolución española: hacia una sociedad de trabajadores libres* [A revolução espanhola: em direção a uma sociedade de trabalhadores livres], Valência: Ediciones Estudios, s./d., p. 62.
68. KROPOTKIN, Piotr. "Must We Occupy Ourselves with an Examination of the Ideal of a Future System?" [Devemos nos ocupar da análise do ideal de sistema futuro?], em MILLER, Martin A. (ed.). *Selected Writings on Anarchism and Revolution* [Escritos selecionados sobre anarquismo e revolução], Cambridge: MIT Press, 1970, pp. 94-5; BAKUNIN, Mikhail. "The Policy of the International" [A política da Internacional], em *Bakunin on Anarchism*, p.167.

ressaltar sua relevância para muitos debates contemporâneos. Apontei anteriormente que os anarquistas espanhóis defendiam que um importante contexto para a preparação era participar das organizações de trabalhadores, particularmente os sindicatos. Porém, segundo Bakunin e em oposição a Marx, também insistiam que os trabalhadores urbanos industriais não eram as únicas pessoas capazes de alcançar uma consciência revolucionária. Os camponeses e os membros urbanos da pequena burguesia, assim como os operários, podiam se conscientizar da opressão a que estavam submetidos e aderir ao movimento revolucionário.[69] Muitas mulheres, em particular, criticavam a ênfase dada pelo movimento ao proletariado masculino industrial urbano. Emma Goldman, por exemplo, que apoiou ativamente tanto a Revolução Espanhola como a Mulheres Livres, já havia afirmado que "os anarquistas estão de acordo que o maior mal hoje em dia é econômico", mas "sustentam que a solução para esse mal se dará apenas se considerarmos *cada aspecto* da vida, tanto os individuais como os coletivos; tanto os internos como os externos".[70] Era claro para as mulheres, mas também para os homens, que o ambiente de trabalho não é o único em que ocorrem as relações de dominação, nem, portanto, o único âmbito possível para a conscientização e o empoderamento. Um movimento completamente articulado deveria transformar todas as instituições hierárquicas — inclusive o governo, as instituições religiosas e, talvez de maneira mais significativa para as mulheres, a sexualidade e a vida familiar.

---

69. RECLUS, Élisée. *A mi hermano el campesino* [A meu irmão, o camponês] [1873]. Valência: Ediciones Estudios, s./d.; RUÍZ, Higinio Noja. *Labor constructiva en el campo* [Trabalho construtivo no campo]. Valência: Ediciones Librestudio, s./d.; e BERNERI, Camilo. "Los anarquistas y la pequena propiedad agraria" [Os anarquistas e a pequena propriedade agrária], em *La Revista Blanca*, v. 10, nov. 1932, a v. 11, mai. 1933.
70. GOLDMAN, "Anarchism: What It Really Stands For", p. 50.

A preparação, portanto, poderia e deveria se dar em uma variedade de campos sociais, para além do terreno econômico. Tanto Enriqueta como Azucena falaram sobre como se nutriram de ideias anarquistas mais ou menos conscientemente, com o "leite de nossa mãe":

> Minha mãe nos ensinou o anarquismo, sem imposição, assim como o religioso ensina religião para seus filhos. Sem esforço, com naturalidade. Seja com seus gestos, seja com sua forma de se expressar, sempre dizendo que ambicionavam e esperavam o anarquismo. É como se ela não nos tivesse ensinado, nós vivemos aquilo, nascemos com aquilo, nós o aprendemos assim como se aprende a comer ou a costurar.[71]

Para aqueles que se integraram ao movimento em etapas mais tardias da vida, o processo de aprendizagem foi diferente, é claro. Pepita Carpena, por exemplo, foi iniciada nas ideias por sindicalistas que frequentavam as reuniões sociais dos jovens com a esperança de atrair novos membros para a causa. Soledad Estorach, que chegaria a participar muito ativamente tanto na CNT como na Mulheres Livres em Barcelona, obteve inicialmente a maior parte das informações sobre os "comunistas libertários" lendo jornais e revistas.

Os anarquistas haviam reconhecido fazia tempo a interdependência entre as práticas educativas, que estavam definidas de maneira estreita, e a participação nas instituições existentes, nas quais a aprovação e o rechaço sociais proporcionavam contínuos mecanismos de controle.[72] A noção

---

[71]. Enriqueta Fernández Rovira, entrevista, Castellnaudary (França), 29 dez. 1981.
[72]. TAYLOR, Michael. *Community, Anarchy, and Liberty* [Comunidade, anarquia e liberdade]. Cambridge: Cambridge University Press, 1982, pp. 123-9; ver também RAWLS, John. *A Theory of Justice*. Cambridge: Harvard University Press, 1970 [Ed. bras.: *Uma teoria da justiça*. São Paulo: Martins Fontes, 2016].

de Proudhon de "justiça iminente" — ou seja, o desenvolvimento de uma concepção de justiça por meio das relações com outras pessoas — foi adotada por alguns autores anarquistas espanhóis. Mella afirmava que o único regulador apropriado da sociedade é o senso de justiça que as pessoas adquirem ao participar de instituições que reconhecem e validam seu valor e o dos outros. O sentimento coletivo que se desenvolve a partir dessa participação se traduziria num senso de justiça mais poderoso e permanente que nenhum outro imposto às pessoas pela Igreja ou pelo Estado.[73] "Praticar a justiça", afirma Proudhon, "é obedecer ao instinto social." É por meio dos padrões de interação entre as pessoas que aprendemos e experimentamos tanto o que nós e os demais somos como o que é a justiça. Assim, o sistema educativo mais eficaz é a própria sociedade.[74]

Outro fator fundamental que opera no desenvolvimento de um senso de justiça é a opinião pública, aquilo a que Mella se referia como "coerção moral". Nosso entendimento acerca da moral se desenvolve por meio do "intercâmbio de influências recíprocas" que, ainda que possam inicialmente ter origem externa a nós mesmos, com o tempo se internalizam como um senso de justiça e se convertem nas bases para nossa autorregulação. Uma sociedade igualitária bem ordenada resultará em pessoas com um senso de justiça idôneo, e qualquer um que pareça carecer desse juízo será neutralizado pelas opiniões dos demais. Com o tempo, essas opiniões te-

---

73. MELLA, *Breves apuntes sobre las pasiones humanas*, pp. 24-6, e "La coacción moral", p. 62; 64. Também PROUDHON, Pierre-Joseph. *De la justice* [Sobre a justiça], em *Ouevres Complètes*, v. 12, pp. 363-4.
74. PROUDHON, *What Is Property?*, p. 221; 223, e *De la justice*, pp. 334-43.

rão um efeito educativo: a opinião pública será interiorizada como consciência.[75]

Os objetivos anarquistas, então, eram eliminar as instituições — a Igreja, o Estado, os tribunais, os juízes — que impediam o desenvolvimento desse senso moral construído nas pessoas ao se assumirem responsáveis pelos outros e por si mesmas. Uma vez eliminadas essas autoridades, a reciprocidade se converteria em norma de ação: viver em comunidade — participando das atividades, com um sistema educativo aberto e com bens e propriedades dispostos de maneira comunal — seria suficiente para fomentar e salvaguardar o desenvolvimento do senso de justiça do indivíduo, que, por sua vez, é necessário para alicerçar a comunidade.

As complexidades dessa postura se revelam com muita clareza quando observamos de forma concreta os esforços para afrontar a subordinação das mulheres. Tanto aqueles que insistiam em uma estratégia sindical como aqueles que afirmavam que a subordinação feminina era baseada em componentes culturais mais amplos reconheciam que as mulheres eram menosprezadas e estavam desempoderadas cultural e economicamente. Todos entendiam que meios e fins estavam intimamente relacionados. Mas como seriam levados à prática esses princípios e ideias? Como as mulheres espanholas do começo do século XX, que se viam como dependentes dos homens — que também as viam assim —, começariam a se comportar de um modo que percebessem suas competências e capacidades?

---

75. MELLA, *Breves apuntes sobre las pasiones humanas*, p. 66. Comparar com BARRY, Brian. *The Liberal Theory of Justice: A Critical Examination of the Principal Doctrines in "A Theory of Justice" by John Rawls* [A teoria liberal da justiça: uma análise crítica das principais doutrinas em "Uma teoria da justiça", de John Rawls]. Oxford: Clarendon Press, 1973, pp. 137-8.

Essas questões são, é claro, cruciais para qualquer movimento que se pretenda revolucionário, já que estar ciente das próprias capacidades e forças é o que os opressores tentam negar aos oprimidos. Porém, concordar com a importância dessa perspectiva não significava unanimidade com relação a suas implicações práticas. Na verdade, a questão de como enfrentar e desafiar a subordinação das mulheres da classe trabalhadora na sociedade espanhola nunca se resolveu de forma efetiva no movimento anarcossindicalista. A Mulheres Livres foi criada precisamente por causa do desentendimento entre os movimentos ativistas sobre como atingir esse empoderamento.

Esses temas apareceram de forma expressiva nas entrevistas que conduzi em 1981. Um grupo de ativistas pioneiras se encontrou para rememorar seus anos na CNT e na FIJL. Depois de um pequeno debate sobre o papel que a FIJL e os *ateneos* tiveram nas décadas de 1920 e 1930 em fazer com que os jovens fossem mais receptivos a novas ideias, a conversa se desenrolou até chegar à emancipação feminina. Foram colocadas ali duas posturas diferentes, defendidas com ardor. Uma delas foi exposta por um homem que se identificava como partidário da emancipação feminina e que expressava de maneira bastante clara a forma como até mesmo os homens anarquistas tendiam a enxergar a questão: suas companheiras estariam subordinadas a eles. Ele sustentava que, precisamente devido à subordinação cultural das mulheres, os homens anarquistas tinham a responsabilidade de tomar a liderança para mudar esses padrões. Não seria o suficiente que as mulheres realizassem trabalhos assalariados: "Muitos companheiros não querem liberar as companheiras para que possam ir às reuniões. A mulher que trabalha fora e trabalha em casa tem muito trabalho. Não tem tempo de sair com os homens". Depois de tantos anos de socialização, as mulheres já estariam muito dispostas a aceitar os papéis sociais tradicionais. Os homens, que estão cientes de suas capacidades, dizia, deviam tomar a iniciativa e encorajar suas companheiras a lutar por mais autonomia.

Outra posição foi apresentada por uma mulher que havia militado nas Juventudes durante 1930, e cuja vida mudou fundamentalmente graças à participação nessa organização. Ela também estava comprometida com a libertação feminina, mas se opunha radicalmente à postura defendida por seu interlocutor de que os homens deveriam tomar a iniciativa. Afirmava que ele se equivocava ao dar tanta importância ao que as feministas contemporâneas chamam de "a política dos afazeres domésticos".[76] O problema básico, dizia ela, não é quem lava os pratos ou limpa a casa, mas a autonomia da mulher para ir aonde quiser e dizer o que tiver vontade. A raiz da subordinação das mulheres era a ignorância. Em suas palavras, "toda mulher que se educa um pouco desenvolve armas. O que importa para mim é que a mulher possa abrir a boca. Não é uma questão de lavar pratos". Enquanto seu interlocutor afirmava que a responsabilidade total da mulher na limpeza da casa e no cuidado com a família a impedia de participar plenamente nas atividades da comunidade, essa mulher defendia que "ir às reuniões também não é a questão, ir às reuniões é como um esporte. O que é importante é trabalhar. E ler".[77]

Logo nos demos conta de que o ponto de discórdia entre eles não era a primazia do trabalho, da leitura ou do serviço doméstico, mas, sim, uma questão de iniciativa. Enquanto ele insistia que, dado o peso exercido pela subordinação cultural

---

[76]. MAINARDI, Pat. "The Politics of Housework" [Políticas do trabalho doméstico], em *Sisterhood Is Powerful: An Anthology of Writings from the Women's Liberation Movement* [A sororidade é poderosa: uma antologia de escritos do movimento de libertação das mulheres]. Nova York: Vintage Books, 1970, pp. 447-54

[77]. Debate no Centre Lleidatà, Barcelona, 6 ago. 1981.

na vida das mulheres, a iniciativa teria de vir dos homens, ela afirmava que "um companheiro nunca deve dizer a uma mulher: 'Liberte-se, e vou ajudá-la', a mulher deve libertar a si mesma. A iniciativa tem de vir dela. É uma questão dela".

A pertinência contemporânea desse debate não deveria nos surpreender. Nele participavam pessoas que, se não haviam crescido com o movimento feminista contemporâneo, obviamente haviam sido influenciadas por ele. Porém as questões que se colocavam e a maneira como foram discutidas são comparáveis aos debates ocorridos na imprensa durante os primeiros anos do século XX. Em 1903, José Prat incitou as mulheres a tomar as rédeas de sua emancipação. Alguns anos mais tarde, Federica Montseny afirmava que uma forma de as mulheres lutarem pela abolição da dupla moral sexual era se levar a sério, confrontando e punindo os homens que as haviam seduzido e abandonado em vez de ficarem envergonhadas covardemente com a situação. Soledad Gustavo, ecoando as reivindicações de Emma Goldman sobre a emancipação interna, sustentava que, se deveria existir uma nova ordem de igualdade de gênero, a mulher teria de "demonstrar por seus feitos o que pensa, e que é capaz de conceber ideais, de compreender princípios, de lutar por objetivos".[78]

As questões às quais se referiam eram precisamente o empoderamento e a superação da subordinação, ou seja, como alcançá-los em consonância com o compromisso de reconhecer tanto o impacto do condicionamento cultural como o potencial de autonomia de cada pessoa. Não obstante, o problema da importância da subordinação feminina e do lugar que as mulheres deveriam ocupar no projeto anarquista não estava

---

78. PRATT, *A las mujeres*, pp. 28-9; MONTSENY, Federica. "El ocaso del donjuanismo" [O ocaso do donjuanismo], em *La Revista Blanca*, v. 2, n. 46, 15 abr. 1925, pp. 9-11; GUSTAVO, "Hablemos de la mujer", p. 9.

resolvido, nem nos escritos teóricos dos anarquistas espanhóis nem, como veremos, nas atividades do movimento. O debate continuou dentro do movimento durante toda a década de 1930 e levou, finalmente, à fundação da Mulheres Livres.

ego sin que los hombres tengan que asustarse —Sí —le dije.
ida; y que los jueces se dedican a dar permiso El doctor Buen Humor sonrió; se ilum
las encinas den bellotas... También soñare- cielo, y en todas las farmacias del mundo
o hay jueces... de ventas del bicarbonato sódico.
las manos sobre los hombros y nos miramos. Entonces decidimos contar el fracaso p
-director me preguntó: gentes de buena voluntad tomen ejemplo.
pasado la noche con el doctor Sueño Feliz?

DRA. SALUD

ORNADAS DE LUCHA

jeres de Andalucía siguen en vanguardia

«DOS HERMANAS.—En la Casa conservera de aceitunas Lisén, quinientos operarios toneleros se habían declarado en huelga, ante la negativa del patrono a concederles la vacaciones que fija la ley. En trance de perder el movimiento, tres mil mujeres que traba industria se declararon espontáneamente en huelga de brazos caídos. Así permanecieron do sus noches, sin abandonar los lugares de trabajo hasta conseguir que las pretensiones de l fueran atendidas. Es necesario destacar que mientras los toneleros pertenecían a la U. C aceituneras están afiliadas a la C. N. T.» (De los diarios de estos días.)

recogido ese telegrama con ánimo de comentarlo; luego hemos mirado nuestra pl decepción. ¿Comentario? ¿Para qué? Entre un fárrago de palabras altisonantes n que emborronar el hecho. Así, lacónico y escueto, el telegrama conserva el senti toda de la acción.
como hoy hemos pensado en la pobreza de nuestro oficio, escribir, hilvanar p os esculpen hechos, realidades, en la materia candente que es la vida.
a y aturde, emociona, ver el paso firme con que la mujer se ha echado al camino no ser, afirma su personalidad, su concepto recién adquirido, y ya superado, de la e no es ya concepto, sino realización total: solidaridad por encima de todo, absolu que separa.
r purificará los tópicos, dará cuerpo, volumen, sentido valorable a las palabras; no s más materia de evasión, puente levadizo, sino términos, ideas en acción, hechos re remos empujando delante de nosotros como nuestra justificación más plena.
ta. Está trazado el camino: a seguirle.

erencia de las obreras del hogar

n unas cartas de mujeres, en las que la espesura de faltas de ortografía no impide acusan y la justicia que reclaman. Estas cartas proceden de muchachas de servic da para su nueva orientación.
emos que entre todas las clases de mujeres más o menos esclavizadas éstas son las o n, acogemos con el mayor interés su llamamiento.
ustitución de la clásica sirvienta—sin personalidad, sin derechos, sin consideracion e persona libre— por la obrera del hogar, mujer de carne y hueso, con unas obliga muneradas y dueña de una parte de sus horas, de su vida. Es decir, con su jorna otra obrera cualquiera, con un sueldo que le permita pagarse su habitación—porc gar no ha de tener la obligación de respirar hasta en el sueño el ambiente de las es como si el albañil durmiera en el andamio o el fogonero junto a la máquina— o trascienda a distancia de castas.
a esto tienen que perfeccionar sus organizaciones—a las que no deben ir solame nbiarse unos cuantos tópicos— y hacer de ellas no sólo un órgano de lucha, sino tan rofesional del hogar tan eficaz y bien organizada como las que ya existen en Ingla idos, en cualquier país civilizado. Sólo así desaparecerá la situación de tremenda muchacha que al llegar del pueblo tiene que entregarse a la «caridad» de la señora eña... y la explota, por todo lo cual ha de quedarle eternamente agradecida. Sólo prendizaje que tiene todo oficio la sirvienta se tr

28.000 MU...

dispuestas a todos los sacrificios ...
guerra, agrupa actualmente a...
Mujeres Libres.

Con todo el entusiasmo y con toda la responsabilidad que los momentos actuales exigen, el Congreso Nacional de Mujeres Libres tomó las siguientes resoluciones:

Frente a la guerra

Intensificación de las escuelas de adaptación al trabajo que, dentro de las Industrias y de los Sindicatos, vienen actuando desde agosto del 36 en las localidades más importantes.

Creación de escuelas técnicoprofesionales para la mujer.

Coordinación nacional de las Secciones de Trabajo organizadas por Mujeres Libres en diversas localidades.

Colaboración con los Comités pro refugiados, poniendo cuantos medios estén a nuestro

Algunas de las delegadas vistas p

Horche

Regional de Cataluña

Gerona

2
Mobilização da comunidade e organização sindical: as mulheres e o movimento anarquista espanhol

UJERES

...ecesarios para ganar la...
... Federación Nacional

...lcance con el fin de ayudar eficazmente en tan
...ngustioso problema.
   Creación de cámaras de lactancia y guarde-
...as en las fábricas y talleres que aun carezcan
...e ellas, especialmente en las de material de
...ierra.
   Ampliación de las secciones de solidaridad a
...entes y hospitales.
   Creación e intensificación de los Institutos
...ujeres Libres, donde se facilite rápidamente a
...s trabajadoras una preparación elemental, co-
...ocimientos técnicos, cursos preparatorios de
...fermeras y puericultoras, peritajes diver-
...s, etcétera.

*La más pequeña de los congresistas
res Libres», que resistió — no siemp
testa — todos los debates de cuatr
sesiones*

...or *Viejo*

Propaganda

Lérida

Barcelona

Guadalajara

Cuenca

Madrid

Valencia

Os anos entre 1868 e 1936 serviram de preparação para a revolução social que estourou em resposta à rebelião dos generais contra a República espanhola, em julho de 1936. As lutas desse período mudaram a feição da sociedade e da política da Espanha, assim como a consciência e a percepção que as milhares de pessoas que participaram dos conflitos tinham de si mesmos. Como já havia sido ressaltado pelos anarquistas espanhóis, as revoluções não surgem do nada; necessitam de uma base ampla e forte. Organizativamente, essa base foi construída durante o período de setenta anos iniciado em 1868 — ano em que o anarquismo foi oficialmente introduzido na Espanha.

Vários estudos sobre o anarquismo e o anarcossindicalismo no país afirmam que a união bem-sucedida entre as tendências "coletivistas" e "comunistas" ("reformista" e "revolucionária") do anarcossindicalismo da década de 1910 constitui o grande diferencial criativo do movimento e sua contribuição singular para a história do anarquismo social-revolucionário.[1] Ainda assim, mesmo que a resolução de

---

1. CUADRAT, Xavier. *Socialismo y anarquismo en Cataluña: los orígenes de la CNT* [Socialismo e anarquismo na Catalunha: as origens da CNT]. Madri: Ediciones de la Revista de Trabajo, 1976; BOOKCHIN, Murray. *The Spanish Anarchists: The Heroic Years, 1868-1936* [Anarquistas espanhóis: anos heroicos, 1868-1936]. Nova York: Free Life, 1977; CASAS, Juan Gómez. *Historia del anarcosindicalismo español* [História do anarcossindicalismo

tensões entre essas duas perspectivas aparentemente contraditórias tenha sido uma realização importante do movimento, eu gostaria de enfatizar o reconhecimento do fato de que uma organização revolucionária efetiva não deve envolver apenas trabalhadores organizados em sindicatos nos seus locais de trabalho. Em um país com uma economia e uma sociedade tão diversas, como a Espanha do período que vai do fim do século XIX ao início do XX, um movimento de luta pela transformação social teria de fazer uma ponte para aproximar as diferenças entre trabalhadores industriais e rurais, sindicalizados e não sindicalizados, homens e mulheres, e alcançar diferentes áreas das experiências cotidianas populares. É esse reconhecimento, inclusive mais que os compromissos estratégicos que foi capaz de forjar, que marcou o êxito do movimento libertário espanhol. Explorar essa questão nos ajuda a compreender tanto o papel das mulheres dentro do movimento quanto a fundação da Mulheres Livres como uma organização distinta de luta.

Quando estourou a guerra civil, ativistas anarquistas criaram uma vasta e complexa rede de programas e organizações, estruturada de uma forma que buscasse atender às necessidades particulares de grupos muito diferentes dentro da classe trabalhadora espanhola. Em fevereiro de 1936, a CNT tinha aproximadamente 850 mil afiliados, organizados em sindicatos estruturados de maneira não hierárquica, federados por indústria e região. Sua combinação única de objetivos revolucionários e táticas "reformistas", de alguma maneira, permi-

---

espanhol]. Madri: ZYX, 1969. Joaquín Romero Maura, em *La rosa de fuego: republicanos y anarquistas. La política de los obreros barceloneses entre el desastre colonial y la Semana Trágica, 1899-1909* [A rosa de fogo: republicanos e anarquistas. A política dos trabalhadores barcelonetas entre o desastre colonial e a Semana Trágica, 1899-1909] (Barcelona: Grijalbo, 1974), concentra-se na primeira década, mas analisa o contexto mais profundo da criação do anarcossindicalismo.

tiu ao movimento sustentar a vasta adesão enquanto mantinha o caráter revolucionário. Em contrapartida, o movimento como um todo não se limitou a organizar-se em sindicatos, no sentido estrito do termo. Durante esse mesmo período, apoiou e desenvolveu programas educativos para adultos e jovens, que incluíam uma rede de *ateneos* e centros culturais, além de uma organização nacional juvenil de base ampla e jornais e revistas que disponibilizaram para um grande número de pessoas no país as perspectivas críticas dos anarquistas em relação a cultura, política e sociedade.

A variedade de tais programas e organizações permitiu aos anarquistas falar *de* e *para* experiências variadas de grupos diferentes: de operários industriais urbanos a trabalhadores rurais por jornada (*jornaleros*), além de desempregados, donas de casa e até crianças. Não conseguirei, neste espaço, traçar uma história detalhada do movimento no período, mas gostaria de trazer para o debate as linhas mais gerais do desenvolvimento de várias formas de ativismo. Meu propósito é explorar, em particular, como o movimento anarquista espanhol estabeleceu raízes, tanto naquilo que agora chamaríamos de comunidade quanto na organização dos ambientes de trabalho, e examinar as consequências dessa estratégia organizativa de base ampla para as mulheres e os trabalhadores marginais.

Precursores: regionalismo, coletivismo e protesto

Em seu estudo sobre o desenvolvimento do movimento anarquista na Andaluzia rural, Temma Kaplan defende que a efetividade do movimento dependia do sucesso do engajamento de comunidades inteiras nas ações de protesto, incluindo aí as mulheres, em vez da presença única de homens assalariados. A estratégia comunitária permitiu ao movimento contar com aqueles cuja vida não era definida fundamentalmente pelo contexto do trabalho assalariado: "Sindicatos podem melhorar as condições de seus afiliados, mas não alteravam significativamente a vida daqueles que estavam fora deles."[2] Em estudo do fim da década de 1980 sobre o desenvolvimento da ideologia anarquista na Espanha, George Esenwein mostra concepção distinta da afirmação de que os anarquistas coletivistas (que defendiam uma visão do anarquismo baseada no sindicalismo) não respondiam às necessidades e aos interesses dos não produtores. O autor afirma, ao contrário, que os coletivistas atenderam às necessidades dos não trabalhadores em várias propostas para a distribuição de renda. Tendo a concordar com Kaplan, no sentido de que a perspectiva comunitária oferecia uma base mais ampla para a mobilização popular que a perspectiva focada na organização sindical. Meu propósito aqui é enfatizar a importância das estratégias organizativas que iam além do local de trabalho, já que este constituía um campo de ação muito estreito. Esenwein parece, efetivamente, admitir isso, tanto na discussão sobre a "vida associativa anarquista" quanto na análise de como superar essas divisões por meio do que ele chama de "anarquismo sem adjetivos".[3]

Os padrões de trabalho, comunidade e ações de protesto variam de acordo com as condições locais, é claro, particularmente se compararmos a Andaluzia rural com as zonas urbanas industriais da Catalunha, onde o anarcossindicalismo estabeleceria fortes raízes. Porém, nas próprias áreas urbanas, o movimento incluía elementos sindicalizados e não sindica-

---

2. KAPLAN, Temma. *Anarchists of Andalusia* [Anarquistas da Andaluzia]. Princeton: Princeton University Press, 1977, pp. 164-5; 161-2.
3. ESENWEIN, George. *Anarchist Ideology and the Working-Class Movement in Spain, 1868-1898* [Ideologia anarquista e o movimento da classe trabalhadora na Espanha, 1868-1898]. Berkeley: University of California Press, 1989, pp. 107-8; 128-33; e cap. 8.

lizados. Para compreender o êxito do comunismo libertário na Espanha, é importante examinar as tradições do localismo e da ação coletiva/comunitária que contextualizaram o movimento.

O apego aos vilarejos e às regiões havia sido um traço da política espanhola por gerações. O socialismo utópico das décadas de 1830 e 1840 deu mais um impulso ao regionalismo e à agitação republicana-federalista das décadas de 1860-1870. Os sentimentos locais e regionais tinham apoio — se não suas raízes — nas significativas diferenças econômicas do país. Os padrões de posse de terra diferiam substancialmente de uma região para outra e aumentavam o sentimento de desconexão entre as partes.[4] Nas regiões mais ao sul da Andaluzia e da Extremadura, por exemplo, a forma dominante de posse da terra era o latifúndio, no qual trabalhavam os *braceros*, funcionários recrutados por jornada e que constituíam o proletariado rural espanhol. Em contraste, na Galícia, o sistema predominante era o minifúndio, com propriedades que, em grande parte dos casos, não chegavam a ter um hectare. Somente na Catalunha e nas províncias de Álava e Navarra predominavam as propriedades de extensão média (de dez a cem hectares), o que resultava numa contribuição significativa de renda proveniente da agricultura.[5]

---

4. Ver MALEFAKIS, Edward. *Agrarian Reform and Peasant Revolution in Spain* [Reforma agrária e revolução campesina na Espanha]. New Haven: Yale University Press, 1970, pp. 3-15; MARTÍNEZ-ALIER, Juan. *Labourers and Landowners in Southern Spain* [Trabalhadores e donos de terras no sul da Espanha]. Londres: Allen & Unwin, 1971; BRENAN, Gerald. *The Spanish Labyrinth: The Social and Political Background to the Spanish Civil War* [Labirinto espanhol: o panorama social e político da Guerra Civil Espanhola]. Cambridge: Cambridge University Press, 1943, pp. 87-131.
5. HARRISON, Joseph. *An Economic History of Modern Spain* [Uma história econômica da Espanha moderna]. Nova York: Holmes & Meier, 1978, p. 5. Ver também FUSI, Juan Pablo. "El movimiento obrero en España, 1876-1914" [O movimento operário na Espanha, 1876-1914], em *Revista de Occidente*, n. 131, fev. 1974, p. 207.

No fim do século XVIII, a maior parte da Espanha rural estava dominada por grandes propriedades concentradas em poucas mãos, civis ou eclesiásticas, o que resultava numa população dividida nitidamente em duas classes, "uma oligarquia de grandes proprietários e uma grande massa de camponeses empobrecidos".[6] Na Andaluzia, estavam tragicamente representadas a concentração de riqueza agrária e a devastação causada pela pobreza rural. As propriedades da nobreza representavam 72% da riqueza do "reino de Sevilha". Seis antigas famílias senhoriais eram donas das terras que representavam aproximadamente 90% de todas as propriedades rurais da província. Em toda a Andaluzia, duas casas senhoriais possuíam propriedades equivalentes a 48,85% do total de latifúndios da região. As relações de posse de terra eram tão feudais que não havia nenhum tipo de incentivo para os proprietários (muitos dos quais eram absentistas, ou seja, sequer viviam na área) a fim de aumentar a quantidade de terra cultivada ou desenvolver técnicas produtivas.[7]

As guerras napoleônicas e a perda dos mercados coloniais nas Américas, porém, mostraram-se desastrosas para esse sistema, e uma pequena burguesia comercial e industrial passou a pressionar por reformas que permitissem o desenvolvimento da agricultura. Quando os liberais chegaram ao poder, em 1835, instituíram uma série de reformas agrárias a fim de arrecadar dinheiro para o governo e aumentar a produtividade econômica do país. Para tanto, venderam terras para quem

---

6. FONTANA, Josep. "Formación del mercado nacional y toma de conciencia de la burguesía" [Formação do mercado nacional e conscientização da burguesia], em *Cambio y actitudes políticas en la España del siglo XIX* [Mudança e atitudes políticas na Espanha do século XIX]. Esplugues de Llobregat: Ariel, 1973, p. 33.
7. MIGUEL-BERNAL, Antonio. *La lucha por la tierra en la crisis del antíguo régimen* [A luta pela terra na crise do antigo regime]. Madri: Taurus, 1979, pp. 302-6; 312-3; mapa 18; FONTANA, "Formación del mercado nacional y toma de conciencia de la burguesía", pp. 24-37; 41-53.

fosse mais ativo em administrá-las. A legislação de 1837 desapropriou áreas da Igreja e dos conselhos municipais, e as disponibilizou a quem pudesse comprá-las. Além disso, a nova lei aboliu a primogenitura, tornando a propriedade da nobreza acessível ao mercado.

Na Andaluzia e na Extremadura, os resultados da reforma foram, no melhor dos casos, contraditórios. A desapropriação das terras eclesiásticas fez com que o regime atraísse a antipatia da Igreja, enquanto ainda piorava a situação de muitos camponeses e pequenos proprietários.[8] Ademais, as desapropriações não chegaram a transformar o campo da maneira esperada pelos reformadores. Os trabalhadores rurais — sem-terra, na maioria — não tinham dinheiro para comprar os lotes, que foram adquiridos pelos mesmos grupos que antes os possuíam por direitos senhoriais ou por grupos de "novos nobres", homens que haviam feito dinheiro no comércio e que foram recompensados com títulos pelo novo regime. Na realidade, as reformas transformaram senhores em capitalistas, aumentaram a concentração da propriedade rural e levaram à expulsão de camponeses das terras que tradicionalmente cultivavam, assim como à consequente proletarização da população deslocada. Ainda que a estrutura de posse de terras tenha se transformado formalmente, os padrões reais de propriedade mudaram pouco ou nada. A revolução liberal apenas estabeleceu uma nova desigualdade de classes na agricultura.[9]

---

8. FONTANA, Joseph. *La revolución liberal: política y hacienda en 1833-1845* [A revolução liberal: política e fazenda em 1833-1845]. Madri: Instituto de Estudios Fiscales, Ministerio de Hacienda, s./d., p. 336.
9. MIGUEL-BERNAL, Antonio. "Persistencia de la problemática agraria andaluza durante la Segunda República" [Persistência do problema agrário andaluz durante a Segunda República], em *La propiedad de tierra y las luchas agrarias andaluzas* [A propriedade de terra e as lutas agrárias andaluzas]. Barcelona: Ariel, 1974, p. 142.

Em outras partes do país, os efeitos das reformas foram similares. Em Aragão, de acordo com Susan Harding, elas consolidaram o controle da política local nas mãos de poucos homens, os *caciques*, "obstruindo o desenvolvimento de uma agricultura capitalista intensiva nas zonas rurais" e limitando a capacidade de o governo nacional subvencionar a modernização da agricultura.[10] Em contraposição, Susan Tax Freeman encontrou resultados diferentes no vilarejo que estudou, em Castela. Ainda que as reformas inicialmente tivessem concentrado a propriedade em poucas mãos, o fato de os camponeses terem sido dispensados dos impostos servis possibilitou-lhes acumular algum excedente e, enfim, comprar terras. A relativa igualdade que passou a caracterizar esse vilarejo, porém, não foi usual no resto da Espanha.[11]

O desenvolvimento econômico desigual agravou as tensões relativas à redistribuição de terra. A economia espanhola permaneceu basicamente agrária até depois da guerra civil, ainda que antes disso houvesse alguns núcleos de industrialização.[12] No fim do século XIX, havia na Catalunha um grande número de trabalhadores têxteis, dos quais 40% eram mulheres.[13] A outra zona importante de industrialização era Astúrias, que concentrava as minas de carvão. Os centros financeiros eram Madri e Vizcaya, e nas grandes cidades da maior parte

---

10. HARDING, Susan Friend. *Remaking Ibieca: Rural Life in Aragon under Franco* [Refazendo Ibieca: vida rural em Aragão sob Franco]. Chapel Hill: University of North Carolina Press, 1984, pp. 53-5.
11. FREEMAN, Susan Tax. *Neighbors: The Social Contract in a Castilan Hamlet* [Vizinhos: o contrato social na aldeia de Castela]. Chicago: University of Chicago Press, 1970, p. 17.
12. FUSI, "El movimiento obrero en España, 1876-1914", p. 206; HARRISON, *An Economic History of Modern Spain*, p. 69.
13. FUSI, "El movimiento obrero en España, 1876-1914", p. 213. Ver também CARMONA, Álvaro Soto. "Cuantificación de la mano de obra femenina (1860-1930)" [Quantificação da mão de obra feminina], em *La mujer en la historia de España (siglos XVI-XX)* [A mulher na história da Espanha (séculos XVI-XX)]. Madri, Seminario de Estudios de la Mujer, Universidade Autónoma de Madrid, 1984, pp. 279-98.

das províncias do centro e do norte do país havia uma pequena classe média composta por comerciantes, professores, advogados, médicos e funcionários públicos.

As diferenças entre as classes eram extremas — e, talvez, mais dramáticas — no sul. No sul da Andaluzia, por exemplo, muitos trabalhadores viviam em aglomerações urbanas de cerca de quinze mil a vinte mil habitantes. A imensa maioria não tinha terras próprias: os homens trabalhavam por jornadas diárias ou semanais (quando havia trabalho disponível) em troca de salários de fome nos campos dos entornos das cidades, e a maioria das mulheres, no serviço doméstico. A alimentação era apenas suficiente para a sobrevivência, com a maioria das calorias proporcionada por azeite e pão. O trabalhador médio estava severamente desnutrido.[14] Muitos conseguiam não passar fome dedicando-se à caça, recolhendo lenha ou, então, fazendo carvão para vender. A situação piorou com as reformas da metade do século XIX, que negaram aos camponeses o uso das terras comunais num momento em que muitas instituições de caridade relacionadas à Igreja deixaram de existir.[15]

As condições de vida e de trabalho nas áreas industriais eram apenas um pouco melhores. Em meados do século XIX, por exemplo, aproximadamente metade do salário médio de um operário industrial em Barcelona era gasto em comida, e metade dessa quantia, em pão. A carne era quase completamente ausente da dieta. Na indústria têxtil catalã, de acordo

---

14. MIGUEL-BERNAL, *La lucha por la tierra en la crisis del antiguo régimen*, pp. 390-3; 414-5.
15. RIOS, Fernando de los. "The Agrarian Problems in Spain" [A questão agrária na Espanha], em *International Labour Review*, v. 11, n. 6, jun. 1925, p. 840; 844-5; MINTZ, Jerome M. *The Anarchists of Casas Viejas* [Os anarquistas de Casas Viejas]. Chicago: University of Chicago Press, 1984; MIGUEL-BERNAL, "Burguesía agraria y proletariado campesino en Andalucía durante la crisis de 1868" [Burguesia agrária e proletariado campesino na Andaluzia durante a crise de 1868], em *La propiedad de tierra y las luchas agrarias andaluzas*, pp. 107-36.

com um relatório de 1892, um operário médio trabalhava entre doze e quinze horas diárias em uma habitação mal ventilada, mal iluminada e muito quente. Aproximadamente 40% a 45% dos trabalhadores eram homens, uma porcentagem igual era de mulheres, e o restante, 10% a 20%, de crianças, muitas das quais começaram a trabalhar com seis ou sete anos de idade. A expectativa de vida média de um trabalhador era a metade da de um homem da "classe rica".[16] Com a mudança para técnicas industrias mais modernas, as tensões de classe ficaram cada vez mais evidentes devido às tradições paternalistas locais.[17]

Existiam ainda marcadas divisões de gênero. Em todas as áreas industriais, exceto nas mais avançadas, mas também nestas em grau bastante considerável, homens e mulheres viviam de maneira completamente diferente. A maioria das mulheres era economicamente dependente dos homens, pais ou maridos, e a vida delas se reduzia ao âmbito doméstico. Tal fato — devemos apontar — não significava que elas não trabalhavam. Mulheres rurais se responsabilizavam pela horta da família, ainda que isso não fosse considerado trabalho. Nas áreas industriais, cada vez mais operárias solteiras trabalhavam no serviço doméstico ou no setor têxtil, algumas em fábricas e a maioria na própria casa. É claro, mais uma vez, que os salários eram extremamente baixos.[18]

---

16. CERDÁ, Ildefonso. "Monografia estadística de la clase obrera de Barcelona en 1856" [Estudo estatístico da classe operária de Barcelona], em *Teoría general de la urbanización* [Teoria geral da urbanização]. Madri: Instituto de Estudios Fiscales, v. 2, p. 657, 1968, citado em FONTANA, "Nacimiento del proletariado industrial y primeras etapas del movimiento obrero", em *Cambio y actitudes políticas en la España del siglo XIX*, p. 85.
17. Ver, por exemplo, SABORIT, Ignasi Terradas. *Les colonies industrials. Un estudi entorn del cas de l'Ametlla de Merola* [As colônias industriais: um estudo de caso de L'Ametlla de Merola]. Barcelona: Laia, 1979.
18. MARTÍNEZ, Rosa María Capel. *El trabajo y la educación de la mujer en España (1900-1930)* [O trabalho e a educação da mulher na Espanha (1900-1930)]. Madri: Ministerio

O círculo social da maioria das mulheres estava constituído por outras mulheres: familiares, vizinhas, companheiras de trabalho ou mulheres com quem se encontravam nos mercados. Os homens, ao contrário, tendiam a operar um mundo masculino mais amplo, nas fábricas, nas reuniões do sindicato ou nos bares.

O analfabetismo agravava as divisões de classe e também as de gênero. Nas áreas rurais, em particular, existiam poucas escolas. As autoridades oligárquicas temiam os efeitos de radicalização que a educação poderia provocar, tratando "qualquer esforço de difusão cultural como algo demoníaco". Em 1860, por exemplo, 84% da população da província de Sevilha, 79% da de Cádiz e 83% da de Huelva era analfabeta.[19] Mesmo quando havia escolas, pouquíssimas famílias pobres podiam enviar seus filhos, e, se um deles chegasse a ir, normalmente era um menino. Em 1878, apenas 9,6% de todas as mulheres espanholas sabiam ler, e mesmo em 1900 o analfabetismo feminino alcançava 71% dessa população.[20] O analfabetismo

---

de Cultura, Dirección General de Juventud y Promoción Socio-cultural; e também NASH, Mary. *Mujer, família y trabajo en España, 1875-1936* [Mulher, família e trabalho na Espanha, 1875-1936]. Barcelona: Anthropos, 1983, pp. 315-62; BALCELLS, Albert. "La mujer obrera en la industria catalana durante el primer cuarto del siglo XX" [A operária na indústria catalã durante o primeiro quarto do século XX], em *Trabajo industrial y organización obrera en la Cataluña contemporánea, 1900-1936* [Trabalho industrial e organização operária na Catalunha contemporânea, 1900-1936]. Barcelona: Laia, 1974, pp. 7-121.
19. MIGUEL-BERNAL, *La lucha por la tierra en la crisis del antiguo régimen*, pp. 394-5.
20. Para 1878, ver LAFFITTE, Maria (Condessa de Campo Alange). *La mujer en España: cien años de su historia, 1860-1960* [A mulher na Espanha: cem anos de história, 1860-1960]. Madri: Aguilar, 1964, p. 26. Para anos posteriores, ver MARTÍNEZ, Rosa María Capel. "La mujer en el reinado de Alfonso XIII. Fuentes, metodología y conclusiones de un estudio histórico" [A mulher no reinado de Alfonso XIII: fontes, metodologia e conclusões de um estudo histórico], em *Nuevas perspectivas sobre la mujer* [Novas perspectivas sobre a mulher]. Madri, Seminario de Estudios de la Mujer, Universidad Autónoma de Madrid, 1982, p. 182.

aumentou as dificuldades das mulheres de todas as classes no controle da concepção e no cuidado dos filhos.[21]

Evidentemente, uma estrutura bem-sucedida deveria responder então a essa diversidade econômica, cultural e política. As perspectivas anarquistas — o compromisso com a ação direta e a organização espontânea, e o reconhecimento de que a organização devia emanar das necessidades das pessoas e dialogar com elas — eram especialmente apropriadas para essa tarefa. Mas os organizadores anarquistas podiam também se inspirar nas tradições coletivistas, que por muito tempo haviam florescido na Espanha.

O coletivismo agrário se caracteriza pela crença, nas palavras de Joaquín Costa, estudioso eminente desse campo, de que "a propriedade individual só pode se aplicar legitimamente sobre bens que foram produzidos individualmente; já que a terra é uma obra exclusiva da natureza, não pode ser legitimamente apropriada".[22] Evidências desse tipo de olhar e de tradições intelectuais e religiosas que o sustentam podem ser encontradas na Espanha desde o século XVI. Durante os três séculos seguintes, o campo espanhol foi cenário de levantes de várias intensidades e níveis de organização, que demandavam a diminuição da pobreza e a redistribuição de terras. Na metade do século XIX, em consequência dos transtornos provocados pelas desapropriações, o banditismo social

---

21. MARÍN, Juan Bosch. *El niño español en el siglo xx* [A criança espanhola no século XX]. Madri: Gráficas Gonzalez, 1974, pp. 43-50; NELKEN, Margarita. *La condición social de la mujer en España: su estado actual, su posible desarollo* [A condição social da mulher na Espanha: seu estado atual, suas possibilidades de desenvolvimento]. Barcelona: Minerva, s./d., p. 119.

22. COSTA, Joaquín. "Colectivismo agrario" [Coletivismo agrário], em PÉREZ DE LA DEHESA, Rafael (ed.). *Oligarquía y caciquismo, colectivismo agrario, y otros escritos* [Oligarquia e caciquismo, coletivismo agrário e outros escritos]. Madri: Alianza, 1969, p. 50; MORAL, Juan Díaz del. *Historia de las agitaciones campesinas andaluzas: Córdoba* [História das agitações campesinas andaluzas: Córdoba]. Madri: Alianza, 1967, pp. 39-70.

e as revoltas populares aumentaram, adotando um tom mais explicitamente político.[23] Alguns estudiosos menosprezaram essas revoltas, taxando-as de "espontâneas", "milenárias" e "pré-políticas",[24] mas Bernal sustenta que elas representavam a resistência camponesa às transformações resultantes das reformas da metade do século, e que essa resistência, que inicialmente tomou a forma de uma mera disputa pelo que percebiam como "usurpação" de terras comunais, com o tempo se transformou em ação direta pela ocupação das terras que acreditavam ser suas por direito. Segundo esse autor, 1857 é um marco do início da consciência da classe trabalhadora.[25]

A crise da agricultura das décadas de 1850 e 1860 assolou o campo com fome e desemprego no inverno e na primavera de 1868, e serviu de cenário para a revolução burguesa contra a monarquia de Isabel II. Os camponeses e os *jornaleros* se uniram ao entusiasmo republicano, tentando transformar o processo em uma revolução social para além da política, exigindo a redistribuição de terras. Os conselhos municipais revolucionários, entretanto, negaram-se a apoiar essas exigências, e a revolução social foi reprimida. Quando o emissário de Bakunin, Giuseppi Fanelli, chegou à Espanha em outubro de 1868 trazendo consigo a mensagem anarquista, ele achou terreno fértil para suas ideias entre os trabalhadores da Andaluzia.

---

23. FONTANA, "Nacimiento del proletariado industrial y primeras etapas del movimento obrero", pp. 60-2; QUIRÓS Y PÉREZ, Constancio Bernaldo de. *El espartaquismo agrario andaluz* [O espartaquismo agrário andaluz]. Madri: Reus, 1919; e "La expansión libertaria" [A expansão libertária], em *Archivos de Psiquiatria y Criminologia*, n. 5, 1906, pp. 423-38; e QUIRÓS Y PÉREZ, Constancio Bernaldo de & ARDILA, Luís. "El bandoleirismo en Andalucía" [O bandoleirismo na Andaluzia], em *El bandolerismo en España y México* [O bandoleirismo na Espanha e no México]. México: Jurídica Mexicana, 1959.
24. Ver, sobretudo, HOBSBAWM, Eric. *Social Bandits and Primitive Rebels* [Bandidos sociais e rebeldes primitivos]. Nova York: Norton, 1959.
25. MIGUEL-BERNAL, *La lucha por la tierra en la crisis del antiguo régimen*, p. 442 ss. Ver uma avaliação semelhante do modo de organização anarquista na Andaluzia em KAPLAN, *Anarchists of Andalusia*, especialmente o capítulo 8.

Anarquismo, anarcossindicalismo e mobilização popular

Os anarquistas começaram a se organizar formalmente na Espanha com a chegada de Fanelli. Durante o último quarto do século XIX e o primeiro do XX, o anarquismo espanhol cresceu e se tornou um movimento popular de massa, praticamente o único desse tipo em todo o mundo.

A visita de Fanelli coincidiu com a agitação provocada pela revolução de setembro de 1868 e pela decepção que sofreram os trabalhadores sem terra do sul da Espanha com o fracasso das Cortes Constituintes em redistribuir as terras em 1869. A história da chegada de Fanelli é fascinante e não tardou em se tornar parte do folclore do movimento.[26] Fanelli viajou como representante de uma facção de Bakunin dentro da Associação Internacional de Trabalhadores (AIT); por isso, o "socialismo" que introduziu no país em 1868 foi aquele que viria a ser conhecido como anarquismo coletivista. O socialismo marxista não seria introduzido na Espanha antes dos próximos dois anos, e nunca obteve tanta força, ao menos não entre os trabalhadores de Barcelona e da Andaluzia.[27]

Na Andaluzia, as ideias de Fanelli proporcionaram a linguagem e as imagens que transformaram a reivindicação de terras pelos *braceros* em uma visão política mais completa. Em Barcelona e Madri, ele se reuniu com membros das associações de artesãos e operários, que eram organizações de trabalhadores incipientes. O fracasso da revolução de 1868 estimulou

---

26. LORENZO. *El proletariado militante* [O proletariado militante], v. 1, pp. 22-7; TERMES, Josep. "La Primera Internacional en España (1864-1881)" [A Primeira Internacional na Espanha (1864-1881)], em *Federalismo, anarcosindicalismo y catalanismo* [Federalismo, anarcossindicalismo e catalanismo]. Barcelona: Anagrama, 1976, p. 13; NETTLAU, Max & BAKUNIN, Mikhail. *La Internacional y la Alianza en España (1868-1873)* [A Internacional e a Aliança na Espanha (1868-1873)]. Nova York: Iberama, 1971, caps. 1 e 2.

27. Ver TERMES, *Federalismo, anarcosindicalismo y catalanismo*, pp.12-3; FUSI, "El movimiento obrero en España"; e ESENWEIN, *Anarchist Ideology*.

esses grupos a se tornarem independentes do republicanismo e a adotarem uma postura antipolítica mais explícita.[28] Em junho de 1870, formou-se a Federação Regional Espanhola da AIT, o que marcou o início oficial do movimento anarquista na Espanha.

O objetivo da associação foi exposto de forma simples por Rafael Farga Pellicer: "Desejamos que se acabe o império do capital, do Estado e da Igreja para construir sobre suas ruínas a anarquia, a livre federação de associações operárias livres."[29] O congresso da Federação Regional Espanhola se comprometeu com a estratégia de resistência baseada no sindicato (ou seja, utilizando a greve como arma contra os patrões), com a solidariedade intersindical, com o federalismo e com a rejeição à ação política. Adotou o que depois chegou a ser conhecido como "anarcocoletivismo", que preconizava a derrubada do governo por trabalhadores organizados mediante a força das armas.[30]

Mas a diversidade da sociedade espanhola refletiu-se na falta de unidade dentro da própria organização: as novas políticas foram interpretadas de maneiras variadas pelos diferen-

---

28. TERMES, *Federalismo, anarcosindicalismo y catalanismo*, pp. 7-9; HENNESSEY, C. A. M. *The Federal Republic in Spain* [A República Federativa da Espanha]. Oxford: Clarendon Press, 1962; ESENWEIN, *Anarchist Ideology*.
29. Citado em LIDA, Clara E. *Anarquismo y revolución en la España del siglo XIX* [Anarquismo e revolução na Espanha no século XIX]. Madri: Siglo XXI, 1972, p. 150.
30. TERMES, *Federalismo, anarcosindicalismo y catalanismo*, pp. 17-23; MAURA, Joaquín Romero. "The Spanish Case" [O caso espanhol], em *Government and Opposition*, v. 5, n. 4, outono de 1970, pp. 462-4; MAURA, Joaquín Romero. "Les origenes de l'anarcho-syndicalisme en Catalogne: 1900-1909)" [As origens do anarcossindicalismo na Catalunha], em *Anarchici e Anarchia nel mondo contemporaneo* [Anarquistas e anarquia no mundo contemporâneo]. Turim: Fondazione Luigi Einaudi, 1971, pp. 110-2; LAMBERT, Reneé. "Les Travailleurs espagnols et leur conception de l'anarchie de 1868 au debut de XXe siècle" [Os trabalhadores espanhóis e suas concepções de anarquia, de 1868 ao começo do século XX], em *Anarchici e Anarchia nel mondo contemporaneo*, pp. 78-94.

tes grupos nas regiões do país. Os trabalhadores catalães, por exemplo, eram o maior grupo regional e o único formado por operários industriais. Ainda que fossem explicitamente leais aos objetivos revolucionários, a maioria tendia a ser reformista na prática (concentravam-se nos temas de interesse cotidiano dos operários, por exemplo) e centrava seus esforços em estruturar o sindicato e em questões internas. Na Andaluzia rural, os trabalhadores qualificados mostravam tendência ao anarcocoletivismo porque, como sugere Kaplan, o programa dessa linha "prometia rendas ganhas com o trabalho coletivo, mas tudo o que se produzisse seria propriedade do sindicato". Entre aqueles não qualificados e desempregados, a preferência era pelo "anarcocomunismo", também conhecido como "comunismo libertário", que diferia do anarquismo coletivista em sua orientação mais comunitária. "Não somente haveria a propriedade coletiva dos meios de produção como também a propriedade comum de tudo que fosse produzido. Cada pessoa, operário ou dona de casa, saudável ou doente, jovem ou velha, teria o que necessitasse do armazém comum."[31]

Essas perspectivas distintas originaram diferentes estratégias. Anarcocoletivistas entendiam que o movimento deveria ser baseado nos sindicatos, os quais, por causa da estrutura da economia espanhola, eram esmagadoramente masculinos e urbanos. Do outro lado, anarcocomunistas, que se inspiravam na tradição dos *municipios libres*, enfatizavam as táticas de ação direta e consideravam como "membros potenciais toda a comunidade de pobres, incluindo os artesãos autônomos, os camponeses arrendatários e os pequenos proprietários de terra, os proletários urbanos e rurais, as donas de casa, as crianças e os desempregados".[32]

---

31. KAPLAN, *Anarchists of Andalusia*, p. 140.
32. KAPLAN, *Anarchists of Andalusia*, pp. 135-6; ver também LIDA, Clara. "Agrarian Anarchism in Andalusia" [Anarquismo agrário na Andaluzia], em *International Review*

Por volta de 1888, o movimento espanhol tinha se comprometido formalmente com o comunismo libertário. As consequências dessa decisão tática foram contraditórias. De um lado, Temma Kaplan defende que isso permitiu ao movimento unir a organização sindical ao apoio da comunidade e delineou as bases do que mais tarde seria conhecido como uma criação espanhola excepcional, o anarcossindicalismo:

> Ao colocar mais ênfase nos centros operários, nas cooperativas, nas associações de ajuda mútua e nas seções de mulheres, coletivismo e comunismo puderam superar o localismo do primeiro e a deliberada dissociação do segundo. [...] A greve geral, na realidade uma mobilização de toda a comunidade, se beneficiaria do peso numérico [...] permitindo aos militantes sindicais e às pessoas igualmente militantes da comunidade marcharem juntas contra o sistema opressor.[33]

Por outro lado, George Esenwein afirma que a estratégia da ação direta, da "propaganda pelo fato" — princípio fundamental dos comunistas libertários —, muitas vezes se mostrava prejudicial para uma vida associativa mais ordenada.[34]

Tanto as diferenças filosóficas quanto as implicações estratégicas continuaram a ser debatidas pelas décadas seguintes. Enquanto isso, muitas ideias foram difundidas pelas zonas rurais por meio de uma combinação da "propaganda pelo fato" e do dedicado trabalho dos militantes anarquistas,

---

of Social History, n. 14, 1969, parte 3, pp. 334-7. George Esenwein argumenta que essas diferenças são exageradas em *Anarchist Ideology*, pp. 107-8.
33. KAPLAN, *Anarchists of Andalusia*, pp. 166-7; ver também seu artigo "Class Consciousness and Community in Nineteenth-Century Andalusia" [Consciência de classe e comunidade na Andaluzia do século XIX], em *Political Power and Social Theory*, n. 2, 1981, pp. 21-57.
34. ESENWEIN, *Anarchist Ideology*, pp. 110-6.

conhecidos como *obreros conscientes* [operários conscientes]. Entre esses professores viajantes estava Abelardo Saavedra, avô de Enriqueta e Azucena. Nascido em Cádiz, por volta de 1864, com pais absolutamente conservadores, "iniciou-se nas ideias" durante a universidade. Azucena falava com orgulho do trabalho realizado pelo avô no campo:

> Ele se dedicou à propagação das ideias. Pensava em provocar a revolução não com fuzil, mas com cultura. Queria levar cultura e educação aos *jornaleros*, o que hoje podemos chamar de uma campanha alfabetizadora, como a que Fidel Castro [*sic*] está fazendo em Cuba [...]. Mas sem meios, sem um Cristo que o financiasse. Estava sempre entrando e saindo da prisão. Uma vez ficou preso por três dias porque foi a um *cortijo*[35] e reuniu camponeses para iniciá-los na leitura.

Eram tempos difíceis, e os anarquistas — alvos fáceis — eram castigados com qualquer pretexto:

> Quando o rei Alfonso XIII se casou [em 1906], meu avô estava exilado e meu pai foi preso. [...] Jogaram uma bomba durante o casamento, e isso desencadeou uma severa repressão. Após um ano na prisão, meu pai também teve de se exilar, e a família toda foi para a América [Cuba].[36]

As atividades desses *obreros conscientes*, junto com o ativismo e com as greves, ajudaram a gerar um clima de expectativa e entusiasmo no campo andaluz. A repressão governamental obrigou os grevistas e o movimento a entrarem na clandestini-

---

35. Imóvel rural com moradia e outras dependências adequadas para exploração agrícola, típico de zonas amplas da Espanha meridional. [N.T.]
36. Azucena Fernández Barba, entrevista, Perpignan (França), 1º jan. 1982.

dade, da qual não saíram até a Primeira Guerra Mundial. Porém, os anarquistas haviam conseguido demonstrar a eficácia de uma estratégia baseada nas relações comunitárias e locais — desenvolvendo centros operários, *ateneos* — e que ressaltava os vínculos entre trabalho e comunidade, trabalhadores e pobres, homens e mulheres.[37]

Comparada a movimentos de trabalhadores em outros países da Europa ocidental, a atividade dos sindicatos industriais na Espanha foi tardia, fraca e de demorado desenvolvimento.[38] A atividade sindical catalã era muito mais reformista, buscava melhorar os salários e limitar horas de trabalho. Entretanto, quando a tática sindicalista de greve geral revolucionária chegou à Espanha, vinda da França no final do século, passou a coexistir com o sindicalismo reformista. Em um padrão similar ao da Andaluzia, as greves gerais catalãs incorporaram muitas pessoas para além dos operários sindicalizados das fábricas, inclusive um número significativo de mulheres. Na Catalunha, e em algum nível também em Madri e Valência, crescia também a quantidade de mulheres operárias conhecidas por sua militância, sobretudo nas fábricas de cigarro e na indústria têxtil.[39] Nesta última, por exemplo, que era um segmento que crescia com rapidez no fim do século XIX, as mulheres constituíam de 80% a 90% da força de trabalho em muitos municípios catalães. Devido ao rápido crescimento da indús-

---

[37]. KAPLAN, *Anarchists of Andalusia*, pp. 202-5. Ver também MORAL, *Historia de las agitaciones campesinas andaluces*; e DÍAZ, Victor Pérez. "Teoría y conflitos sociales" [Teorias e conflitos sociais], em *Revista de Occidente*, n. 131, fev. 1974.
[38]. FUSI, "El movimiento obrero en España"; MAURA, *La rosa de fuego: republicanos y anarquistas*.
[39]. LAFFITTE, *La mujer en España*, pp. 144-5. Ellen Gates Starr, cofundadora, ao lado de Jane Addams, da Hull House de Chicago, surpreendeu-se com a militância das operárias das fábricas de tabaco de Sevilha durante suas viagens pela Espanha, em 1888. Ver E. G. S. para os pais, 2 mai. 1888, documentos de Ellen Gates Starr, Sophia Smith Collection, Smith College, caixa 7, pasta 2.

tria, à importância do trabalho feminino e à escassa, mas crescente, sindicalização das operárias, desenvolveram-se mais ou menos simultaneamente dois tipos de ativismo: o baseado nos sindicatos e o baseado na comunidade.[40]

Estudos recentes questionam a ideia de que as mulheres espanholas eram menos abertas à sindicalização que os homens. Ainda que a Espanha possuísse uma força de trabalho feminina quantitativamente inferior à de outros países europeus, e ainda que tanto os homens quanto as mulheres espanholas se afiliassem e participassem das greves numa proporção menor que seus semelhantes da Europa ocidental, as operárias da indústria têxtil do país se afiliavam a sindicatos e participavam das greves quase na mesma proporção que os homens. Ocasionalmente, os gerentes das fábricas conseguiam utilizar mulheres — não sindicalizadas — como fura-greves em períodos de conflito com os trabalhadores, mas há poucas provas de que essa tenha sido uma prática frequente.[41]

As condições de trabalho dos operários industriais na Espanha na virada do século eram precárias, sobretudo para as mulheres do ramo têxtil. Um relatório de 1914, elaborado por um grupo de inspetores trabalhistas, mostrava que praticamente todas as fábricas que empregavam mulheres e crianças operavam ilegalmente, além de serem "sujas, sem ventilação ou iluminação adequadas, localizadas nas áreas mais insalubres dos prédios, e sem regulação — a não ser pelo capricho arbitrário do dono".[42] Uma lei de 1902 havia reduzido para

---

40. BALCELLS, "La mujer obrera en la industria catalana durante el primer cuarto del siglo XX", pp. 6-22.
41. FUSI, "El movimiento obrero", p. 204; MARTÍNEZ, *El trabajo y la educación de la mujer en España (1900-1930)*, pp. 42-3; 211-30; CARMONA, "Cuantificación de la mano de obra femenina (1860-1930)", pp. 280-1; e BALCELLS, "La mujer obrera en la industria catalana durante el primer cuarto del siglo XX", p. 45.
42. Resumido em CASTRO, José González. *El trabajo de la mujer en la industria: condiciones en que se efectúa y sus consecuencias en el porvenir de la raza. Medidas de protección*

dez horas a jornada máxima de trabalho para as operárias do ramo, mas o relatório reconhece que muitas mulheres ainda eram obrigadas a trabalhar por dezesseis horas ou mais. Além disso, todas recebiam o que podemos facilmente qualificar como salários de fome, muitas vezes menos da metade do que os homens ganhavam no mesmo ramo industrial, para realizar o mesmo trabalho ou até um mais complexo.[43]

Apesar do número crescente de operárias, entretanto, e da reconhecida situação deplorável em que se encontravam, nem anarquistas nem socialistas foram coerentes ao se dirigir aos interesses das trabalhadoras ou defender a igualdade das mulheres dentro dos sindicatos. Paralelamente aos debates sobre os papéis e o status da mulher no movimento anarquista, os socialistas utópicos espanhóis de meados do século XIX tinham atitudes ambíguas em relação à igualdade entre os gêneros e à participação das mulheres. Alguns argumentavam que o lugar da mulher era em casa, educando as crianças e mantendo a tranquilidade doméstica. Outros rejeitavam a dominação masculina sobre as mulheres e defendiam que a igualdade teria de ser conquistada tanto no local de trabalho como em casa. Com o tempo, a preocupação com as trabalhadoras foi relegada a um status secundário, se não terciário, dentro da teoria e da prática socialistas. Inclusive, socialistas chegaram a declarar, em um congresso do partido realizado

---

necesaria [O trabalho da mulher na indústria: condições em que ocorre e suas consequências para o futuro. Medidas de proteção necessária]. Instituto de Reformas Sociales, Sección Segunda. Madri: Imprenta de la sucesora de M. Minuesa de los Ríos, 1914, p. 8.
43. CASTRO, *El trabajo de la mujer en la industria*, pp. 11-2; 27; ver também NINET, José-Ignacio García. "Elementos para el estudio de la evolución histórica del derecho español del trabajo: regulación de la jornada de trabajo desde 1855 a 1931, II parte" [Elementos para o estudo da evolução histórica do direito trabalhista espanhol: regulação da jornada de trabalho de 1855 a 1931, parte II] , em *Revista de trabajo*, n. 52, 4º trimestre 1975, pp. 30-2; e PAULÍS, Juan. *Las obreras de la aguja* [As operárias da agulha]. Barcelona: Ibérica, 1913, pp. 19-25.

entre 1881 e 1882, que as mulheres deveriam ser proibidas de trabalhar.[44] A partir de 1886, porém, o Partido Socialista Obrero Español (PSOE) declarou formalmente seu compromisso com a igualdade entre os sexos — pelo menos em termos abstratos —, afirmando que tanto a emancipação feminina quanto a da classe trabalhadora requeriam a incorporação das mulheres na força de trabalho em termos iguais aos dos homens, além de sua participação nos sindicatos socialistas.

A atividade independente das socialistas espanholas foi relativamente infrutífera. Já em 1903, algumas denunciaram a dominação masculina e a divisão sexual do trabalho, tanto em casa como no ambiente profissional. Grupos de mulheres socialistas se formaram em Madri e Bilbao entre 1902 e 1906. Mas aquelas que advogavam por uma organização segundo linhas específicas de gênero nunca foram mais que uma minoria dentro do movimento. Um grupo socialista feminino, fundado em Madri em março de 1906, foi incorporado como parte do PSOE em 1908 com 75 integrantes, aumentando para 183 em 1910. Ainda assim, essas mulheres constituíam uma pequena porcentagem do total de membros dos sindicatos socialistas, ou até mesmo do PSOE — 75, entre 25 mil membros na Casa del Pueblo em Madri, em 1908; e 36, entre 2,9 mil membros do PSOE em Madri, em 1910.[45]

Mesmo a postura relativamente moderada de Virginia González[46] — de que o papel principal da mulher era o de

---

44. BIZCARRONDO, Marta. "Los orígenes del feminismo socialista en España" [As origens do feminismo socialista na Espanha], em *La mujer en la historia de España (siglos XVI-XIX)*, pp. 136-8; ELORZA, Antonio. "Feminismo y socialismo en España (1840-1860)" [Feminismo e socialismo na Espanha (1840-1860)], em *Tiempo de historia*, fev. 1975, pp. 46-63.
45. BIZCARRONDO, "Los orígenes del feminismo socialista en España", pp. 139; 144; 146; SCANLON, Geraldine. *La polémica feminista en la España contemporánea (1868-1974)* [A polêmica feminista na Espanha contemporânea (1868-1974)]. Madri: Siglo XXI, 1976, p. 234.
46. Dirigente política e feminista espanhola, foi membro do PSOE, abandonando-o posteriormente para ajudar a fundar o Partido Comunista Obrero Español (PCOE).

"companheira" do homem e socializadora da nova geração de crianças socialistas — raramente recebia atenção e respeito dentro dos círculos socialistas. A maioria dos socialistas, inclusive aqueles preocupados com a opressão sofrida pelas operárias, via a solução apenas em termos sindicais. Em geral, os socialistas demoraram para abordar as questões feministas e, de maneira geral, fracassaram em atrair militantes mulheres para os sindicatos ou para o partido.[47]

Margarita Nelken, outra socialista espanhola que se tornou deputada das Cortes (o parlamento espanhol), adotou uma postura mais militante, afirmando que a exploração das mulheres trabalhadoras atingia todos os trabalhadores. "'Trabalho igual, salário igual' é tanto uma máxima feminista como um princípio de defesa para o trabalho masculino", afirmava. Ela insistiu que o partido investisse em programas massivos de educação, assim como em campanhas salariais e de melhoria das condições de trabalho para as mulheres, e que incentivasse sua sindicalização. Assim, defendia, elas poderiam trabalhar ao lado dos homens pela transformação social que todos desejavam.[48] Margarita Nelken se pronunciou em muitas conferências, dentro e fora do PSOE, desenvolvendo sua própria versão do feminismo socialista. Mas, ainda que os socialistas tenham chegado a apoiar o sufrágio feminino, nunca prestaram a atenção que ela achava necessária para superar outros aspectos da subordinação das mulheres. Não adotaram a igualdade salarial, a licença-maternidade ou a busca por melhores condições de trabalho para a mulher como objetivos centrais do movimento, e nunca levaram

---

[47]. ALBORNOZ, Aurora de. "Virginia González, mujer de acción" [Virginia González, mulher de ação], em *Tiempo de Historia*, n. 32, jul. 1977, pp. 26-9; NASH, Mary. *Mujer y movimiento obrero en España (1931-1939)* [Mulher e movimento operário na Espanha (1931-1939)]. Barcelona: Fontamara, 1981, cap. 4.
[48]. NELKEN, *La condición social de la mujer en España*, pp. 61-2; 99; 119.

seriamente em conta a organização sindical das operárias. Finalmente, nem Nelken nem os socialistas conseguiram "aumentar o engajamento das mulheres como parte necessária da luta da esquerda para sobreviver".[49]

Os anarquistas estiveram um pouco mais atentos às necessidades específicas das trabalhadoras — fenômeno provavelmente relacionado ao fato de um número maior delas trabalhar fora de casa nas áreas em que os sindicatos anarquistas eram mais fortes. No congresso de 1881, por exemplo, a Federação Regional Espanhola da AIT declarou que a mulher "pode exercer os mesmos direitos e cumprir os mesmos deveres que o homem".[50] Os congressos anarquistas fizeram chamados repetidos à sindicalização das mulheres operárias e à igualdade de salário. Mesmo assim, como já vimos, existiam anarquistas que enxergavam as mulheres mais como "colaboradoras" revolucionárias que como revolucionárias ativas. E, ainda que as mulheres tenham se juntado ativamente aos sindicatos no fim do século XIX e tenham constituído a maioria dos membros em algumas organizações do ramo têxtil, raras vezes ocuparam cargos de direção. Teresa Claramunt, uma das oradoras e organizadoras anarquistas mais famosas do período, reclamou em um artigo publicado em 1891 do fato de os homens insistirem em dirigir e representar sindicatos ma-

---

49. KERN, Robert. "Margarita Nelken: Women and the Crisis of Spanish Politics" [Margarita Nelken: mulheres e a crise política espanhola], em *European Women on the Left: Socialism, Feminism, and the Problems Faced by Political Women, 1880 to the Present* [Mulheres europeias da esquerda: socialismo, feminismo e os problemas encarados pelas mulheres na política, de 1880 até o presente]. Westport: Greenwood Press, 1981, p. 159. George A. Collier trata o tema do fracasso dos socialistas de Huelva em incorporar as mulheres, e as consequências disso para elas durante a repressão pós-bélica, em *Socialists of Rural Andalusia: Unacknowledged Revolutionaries of the Second Republic* [Socialistas na Andaluzia rural: revolucionários desconhecidos da Segunda República]. Stanford: Stanford University Press, 1987, cap. 9.

50. Citado em MARTÍNEZ, *El trabajo y la educación de la mujer en España (1900-1930)*, p. 228.

joritariamente femininos.⁵¹ Um resultado de sua convocação às mulheres para que cuidassem dos próprios sindicatos foi a formação, em 1891, da Agrupación de Trabajadoras de Barcelona [Agrupação das Trabalhadoras de Barcelona]. Todavia, parece que o grupo não teve sucesso em remediar a situação, já que homens ainda representavam as mulheres na época da greve de La Constancia, em 1913.

Enquanto na frente sindical a organização das mulheres avançava, na comunidade e nos bairros o ativismo recebeu um estímulo com a introdução da greve geral revolucionária na Catalunha, entre 1899 e 1900. Em maio e dezembro de 1901, trabalhadores e membros da comunidade chegaram a paralisar Barcelona durante breves períodos. Mas o primeiro e legítimo ensaio da greve geral industrial na Espanha aconteceu em fevereiro de 1902, quando uma greve em apoio aos metalúrgicos mobilizou milhares de trabalhadores e praticamente paralisou toda a produção da cidade durante uma semana. Muitas mulheres participaram do movimento, algumas como grevistas e outras engrossando as manifestações. Isso estabeleceu um padrão de ativismo político feminino que se repetiria durante os quinze anos seguintes de mobilização operária em Barcelona, Madri, Valência e outras regiões. Teresa de Claramunt teve importante participação na greve de 1902, tanto como propagandista quanto como liderança das manifestantes.⁵²

---

51. *El liberal* (Madri), 30 abr. 1891, citado em BIZCARRONDO, "Los orígenes del feminismo socialista en España", p. 143.
52. Sobre as greves de 1901, ver MAURA, *La rosa de fuego: republicanos y anarquistas*, pp. 206-11; sobre a greve de Barcelona de 1902, ver BALCELLS, "La mujer obrera en la industria catalana durante el primer cuarto del siglo XX", p. 48; e também ITURBE, Lola. *La mujer en la lucha social y en la Guerra Civil de España* [A mulher na luta social e na Guerra Civil Espanhola]. México: Editores Mexicanos Unidos, 1974, pp. 52-6; MAURA, p. 215; e KAPLAN, Temma. "Female Consciousness and Collective Action: The Case of Barcelona, 1910-1918" [Conscientização feminina e ação coletiva: o caso de Barcelona, 1910-1918], em *Signs*, v. 7, n. 3, 1982, pp. 545-67.

Durante os anos seguintes, o movimento anarquista na Catalunha desenvolveu a estratégia que solucionava o dilema da oposição entre sindicalismo e comunalismo, reformismo e revolução: o anarcossindicalismo, que combinava perspectivas revolucionárias (anarquistas) em relação às metas de longo prazo com estratégias mais reformistas (sindicalistas) no curto prazo. Uma nova síntese começou a ser articulada já em 1907, com a fundação da Federación Barcelona de Solidaridad Obrera [Federação Barcelona de Solidariedade Operária], seguida da Federación Catalana de Solidaridad Obrera [Federação Catalã de Solidariedade Operária]. Nessas organizações, os trabalhadores uniam suas forças por trás de uma "liderança revolucionária, na condição de que se mantenha reformista na prática", ou seja, que não ignorasse as reivindicações cotidianas dos trabalhadores. Finalmente, em outubro de 1910, a CNT foi criada. Sua estrutura organizacional, assim como sua ideologia, combinava sindicalismo revolucionário com o comunismo libertário (anarcocomunismo), estabelecendo assim uma forte base revolucionária para o movimento ao longo dos trinta anos seguintes.[53]

Ao mesmo tempo, a nova síntese negligenciou quase completamente uma tendência do ativismo comunalista, baseado na ação direta e nas ações que envolviam mulheres, o que se manifestou nesse período de maneira mais dramática durante a Semana Trágica em Barcelona, entre 26 de julho e 1º de agosto de 1909. Cristina Piera tinha, então, doze anos de idade e trabalhava como aprendiz numa fábrica têxtil. Ela descreveu a greve desta maneira:

---

53. MAURA, "Les origenes de l'anarcho-syndicalisme en Catalogne: 1900-1909", p. 115; *La rosa de fuego: republicanos y anarquistas*, p. 498; LORENZO, Cesar. *Les Anarchistes espagnols et le pouvoir, 1868-1969* [Os anarquistas espanhóis e o poder, 1868-1969]. Paris: Les Éditions du Seuil, 1969, pp. 45-52.

Estávamos em Badalona, prontos para ir trabalhar, quando nos disseram: "Ei, hoje é feriado". Fiquei feliz, mas então eles começaram a atirar [...] a revolução aconteceu porque estavam levando muitos soldados a Melilla, onde havia uma guerra, e então as pessoas se revoltaram, começaram a ocupar a ponte que há em Badalona, conhecida como *butifarreta* [linguicinha], e bloquearam as vias para que o trem não passasse e, assim, os soldados não pudessem ir. E começou uma longa semana de batalhas e tiroteios, que é conhecida como Semana Trágica.[54]

Lola Iturbe apontou a importância das mulheres durante esse período: "Em 1909, a grande Semana Trágica [...] houve muitas ações de mulheres nos trens, nos incêndios, nas manifestações. Mulheres que se jogavam na frente dos trilhos do trem para impedir as tropas de irem para o Marrocos".[55] O estudo detalhado de Joan Connelly Ullman sobre os eventos da Semana Trágica é intercalado com diversas referências a mulheres que tiveram papéis de liderança e outras (além de crianças) que promoviam ações e eram ativistas num nível mais local, dos bairros.[56]

Particularmente interessante é a atividade antiguerra baseada nas relações e na militância das comunidades. Um dos impulsos da greve geral teve natureza sindical: o fechamento de uma fábrica têxtil havia provocado demissões em massa. A greve, por sua vez, proporcionou o ambiente para uma considerável violência anticlerical. Mas, na memória das mulheres e dos homens que participaram das marchas e

---

54. Cristina Piera, entrevista, Santa Coloma (Barcelona), 6 ago. 1981.
55. Lola Iturbe, entrevista, Barcelona, 4 ago. 1981.
56. ULLMAN, Joan Connelly. *The Tragic Week* [A Semana Trágica]. Cambridge: Harvard University Press, 1968, p. 215; 227; 232; 236; 241-4; 281; 291-3.

manifestações, o esforço coletivo foi fundamental para deter a convocação de reservistas.

Foi precisamente a combinação desses motivos na memória e na ação que constituiu a força particular das manifestações: havia aspectos que atraíam concretamente uma grande variedade de pessoas, e cada uma delas podia achar seu lugar nesse processo em resposta a suas condições de vida. Isso foi um primeiro exemplo da ação direta. Ainda assim, a lição que podemos tirar de tudo isso — a união de trabalhadores assalariados, desempregados e mulheres que se viam completamente enraizadas no âmbito doméstico — não se refletiu de imediato na política do crescente movimento anarcossindicalista.

A CNT foi fundada em Barcelona apenas um ano após esses eventos. Seu programa dava atenção aos interesses "sindicais" clássicos — salário mínimo, redução da jornada laboral (reivindicavam oito horas diárias), eliminação da remuneração por peça produzida e sindicalização — com outros objetivos mais voltados para a comunidade e, portanto, mais revolucionários, como a abolição do trabalho infantil (para crianças menores de catorze anos, de ambos os sexos), a luta por aluguéis mais baratos e pela eliminação dos depósitos de caução, a implantação de "escolas racionalistas" para os trabalhadores (noturnas para aqueles que trabalhavam e diurnas para as crianças), a superação da subordinação das mulheres e a criação de uma base de trabalhadores revolucionários e de estratégias para uma greve geral. Tais demandas eram feitas não apenas em nome dos trabalhadores urbanos industriais, mas também dos trabalhadores rurais e agricultores.[57]

---

57. PEIRATS, José (ed.). *Congreso de Constitución de la Confederación Nacional del Trabajo (CNT)* [Congresso de Constituição da Confederação Nacional do Trabalho (CNT)]. Barcelona: Cuadernos Anagrama, 1976; ver também *Congresos anarcosindicalistas en España 1870-1936* [Congressos anarcossindicalistas na Espanha 1870-1936]. Toulouse: CNT, pp. 35-40.

Com esse programa, a CNT manifestou o início do entendimento de que uma organização revolucionária bem-sucedida devia ir além dos limites do lugar de trabalho. No comprometimento em criar e manter escolas para os trabalhadores, no apoio ao controle dos aluguéis (até o ponto de considerar uma greve geral para apoiar as demandas dos inquilinos) e na atenção dada ao tema da subordinação das mulheres, tanto em casa como no trabalho, a CNT pareceu reconhecer que os interesses dos trabalhadores eram muito mais amplos que o "emprego". Isso possibilitou a formação de um contexto em que grupos rurais e agrários podiam se federar com os urbanos e industriais. Além disso, ficou claro que a CNT entendia o "sindicalismo" como um meio para um fim, e não um fim em si mesmo.

Mesmo assim, os projetos que saíram do primeiro congresso da CNT se concentraram nas questões mais tradicionais da organização da classe trabalhadora, sem considerar completamente as implicações da mobilização comunitária, que havia sido tão marcante no ano anterior. O congresso declarou, por exemplo, que a chave para "a redenção moral da mulher — hoje submetida à tutela do marido — é o trabalho, que há de elevar sua condição à independência".[58] Numa rara declaração que articulava a exploração da mulher à dos trabalhadores em geral, o congresso sustentava:

> A diminuição das horas de trabalho para muitos de nós é uma consequência indireta do difícil serviço que as mulheres estão fazendo nas fábricas; enquanto isso, muitos de nós permitimos que nossas companheiras levantem antes das cinco horas da manhã, enquanto dormimos até mais tarde. E, quando a mulher termina de dar seu sangue por doze horas, para manter os vícios

---

58. *Congreso de Constitución de la Confederación Nacional del Trabajo* (CNT), p. 65.

de seu explorador, ela volta para casa e, em vez de descansar, encontra outro burguês: seu companheiro, que espera que ela cuide de todas as tarefas domésticas.

Apesar disso, o programa de ação do congresso negligenciou completamente a questão da subordinação das mulheres aos maridos no âmbito familiar.[59]

A conferência fundadora da CNT representou assim um acordo entre os comunistas libertários e os sindicalistas em alguns aspectos das estratégias que seriam levadas a cabo, mas ainda não refletiu o reconhecimento de que a solidariedade e a ação dos trabalhadores poderiam ser fortalecidas pelas atividades daqueles que não eram definidos ou entendidos por sua posição no mercado de trabalho. Mesmo que a expressão mais plena dessa perspectiva não tenha se desenvolvido até a guerra civil, as atividades das mulheres no período intermediário e nas greves pela subsistência de 1918 e 1919 constituíram mais exemplos da potência da ação coletiva feminina e, consequentemente, dos limites da estratégia estritamente sindical.

As mulheres continuaram a ser ativas em protestos durante os anos da repressão que se seguiram à Semana Trágica. Muitas trabalhadoras têxteis se juntaram aos sindicatos durante esses anos e participaram das greves. Na verdade, os anos entre 1910 e 1920 marcaram a "decolagem" tanto da sindicalização de trabalhadoras do ramo têxtil da Catalunha quanto da sua participação nas paralisações.[60] De 1905 a 1909, os relatórios oficiais contabilizaram 7.370 homens e 1.051 mulheres grevistas em Barcelona (as mulheres representavam 28% da força de trabalho, mas apenas 12,4% dos

---

59. *Congreso de Constituición*, p. 90.
60. MARTÍNEZ, *El trabajo y la educación de la mujer en España (1900-1930)*, pp. 208-9.

grevistas); esses mesmos relatórios contabilizaram 61.918 mulheres e 72.954 homens grevistas no período de 1909 a 1914. Em 1913, as mulheres ultrapassaram os homens em número de grevistas (56.788 contra 23.286). A participação e a liderança femininas foram cruciais para a greve geral dos operários têxteis de Sabadell, em 1910, de Reus, no verão de 1915, e de Barcelona, em agosto de 1916.[61]

A greve geral dos trabalhadores da indústria têxtil de 1913, conhecida como La Constancia, com a participação fundamental das mulheres anarquistas, foi representativa em muitos sentidos. Os relatórios sobre os acontecimentos se referiam às operárias como aquelas que "atuavam como líderes conhecidas das massas". Ainda que as reuniões para tratar de temas referentes à greve fossem presididas por homens, "em muitas ocasiões as mulheres falavam como líderes de grupos mais ou menos formais". Em certo momento, a liderança masculina do sindicato recomendou a volta ao trabalho por causa de uma promessa de jornada de dez horas, mas as mulheres se recusaram, insistindo na publicação oficial da nova lei. Como disse uma filiada na reunião que discutiu a estratégia a ser seguida: "Se os homens quiserem, eles que voltem a trabalhar; as mulheres continuarão a greve!".[62]

A participação feminina levou a greve para além dos limites do local de trabalho. As manifestações de rua percorreram os bairros operários até as praças centrais de Barcelona, mantendo as questões e os eventos da greve constantemente aos olhos da população. Milhares de mulheres participaram dessas manifestações, inclusive um grande número de não

---

[61]. BALCELLS, "La mujer obrera en la industria catalana durante el primer cuarto del siglo xx", p. 46; MARTÍNEZ, *El trabajo y la educación de la mujer en España (1900-1930)*, pp. 234-5; 245.

[62]. Citado em BALCELLS, "La mujer obrera en la industria catalana durante el primer cuarto del siglo xx", p. 47.

sindicalizadas. Temma Kaplan argumenta que esse episódio foi uma demonstração do poder das redes de mulheres para minar as supostas barreiras entre local de trabalho e comunidade, e também para consolidar os múltiplos papéis femininos desempenhados como fontes de fortalecimento da comunidade. Em Madri, Valência e Vizcaya houve um envolvimento feminino parecido em ações de trabalhadores.[63]

A participação ativa nos sindicatos e nas greves, entretanto, não necessariamente levou ao reconhecimento formal das mulheres. Algumas poucas desempenharam cargos em sindicatos, mas a maioria se envolveu em ações sindicais no nível das fábricas. Ao longo da década de 1920, os sindicatos têxteis, que possuíam um número impressionante de mulheres — maior que o de homens —, eram representados por lideranças masculinas nos congressos.[64]

A maioria delas não era sindicalizada, é claro, já que grande parte não trabalhava de forma assalariada nas fábricas, e nem anarquistas nem socialistas dedicaram muitos esforços para organizar quem executava trabalhos por encomenda em casa ou realizava o serviço doméstico. As condições de trabalho dessas trabalhadoras eram inclusive mais deploráveis que as das assalariadas nas fábricas. O trabalho feito por peça, em casa, escapava a qualquer forma de legislação trabalhista com a justificativa de que o lar era sagrado e seria impossível cumprir leis de regulação nesse âmbito. Aquelas que trabalhavam em casa muitas vezes cumpriam jornadas de doze, catorze ou dezesseis horas diárias, recebendo um pagamento médio de 1,80 pese-

---

63. KAPLAN, "Female Consciousness and Collective Action: The Case of Barcelona, 1910-1918", pp. 557-9; BIZCARRONDO, "Los orígenes del feminismo socialista en España", pp. 142-53.
64. Lola Iturbe, entrevista, Barcelona, 4 ago. 1981; BALCELLS, "La mujer obrera en la industria catalana durante el primer cuarto del siglo XX", p. 49; MARTÍNEZ, *El trabajo y la educación de la mujer en España (1900-1930)*, pp. 234-42.

tas[65] por dia — descontando aquilo que gastavam com agulhas, linhas e transporte para entregar as encomendas.[66]

O livro *Las obreras de la aguja* [As operárias da agulha], de Juan Paulís, publicado em 1913, fazia um chamado à criação de um sindicato nacional de costureiras que incluísse tanto aquelas que trabalhavam nas fábricas como as que o faziam em casa, para assim lutarem juntas pela regulação de horários, salários e condições de trabalho. Ainda que muitas das mulheres que entrevistei (todas trabalharam nesse ramo) tenham citado essa obra como uma das mais influentes da época, parece que surtiu relativamente pouco efeito nas práticas existentes nas organizações sindicais. Tanto a CNT como a Unión General de Trabajadores [União Geral de Trabalhadores] (UGT) ignoraram as mulheres que trabalhavam em casa, pois, diziam, seria muito difícil organizá-las. Os sindicatos católicos, aparentemente, tiveram êxito em conseguir a adesão dessas mulheres. Porém, a visão dessas organizações sobre uma suposta harmonia entre as classes e seu objetivo de "despertar nas operárias o amor ao ofício, além do amor delas por seus patrões [...] e destes por elas", não era compatível com o sindicalismo anarquista ou socialista.[67]

Os vínculos entre as operárias fabris e as mulheres da comunidade se fortaleceram durante a chamada "guerra das mulheres de Barcelona", em 1918. Em contraste com as greves gerais citadas anteriormente, que começaram nos locais de trabalho e se espalharam para as comunidades da classe operária, a guerra das mulheres de 1918 começou e foi realizada por mulheres

---

65. A peseta foi a moeda espanhola entre 1869 e 2002, quando foi substituída pelo euro. O equivalente dessa quantia em reais, em 2019, seria quatro centavos. [N.E.]
66. CASTRO, *El trabajo de la mujer en la industria*, pp. 20-1.
67. ECHARRI, María de. *Conferencia a las señoras de Pamplona 1912* [Conferência para as mulheres de Pamplona 1912], citado em MARTÍNEZ, *El trabajo y la educación de la mujer en España (1900-1930)*, p. 223; 217-22; 258-62. Sobre o sindicalismo católico, ver BASAURI, Mercedes. "El feminismo cristiano en España (1900-1930)" [O feminismo cristão na Espanha (1900-1930)], em *Tiempo de Historia*, n. 57, ago. 1979, pp. 22-3;

de diferentes bairros com inspiração comunitária. Em reação aos aumentos no custo de vida induzidos pela Primeira Guerra Mundial, as mulheres tomaram as ruas de Barcelona no começo de janeiro de 1918, atacando os caminhões de carvão e exigindo o controle sobre os preços do produto. Ao longo das semanas seguintes, as manifestantes se moveram por áreas têxteis, chamando as operárias para aderir à greve. Elas reivindicaram suprimentos para as mercearias e matadouros municipais, manifestaram-se nos mercados e deslocaram-se às praças públicas, como haviam feito em 1913, para confrontar as autoridades políticas e demandar justiça. As greves que começaram por questões relacionadas à qualidade de vida se tornaram mais amplas nos seus objetivos, por incluir melhores condições de trabalho para as mulheres, redução dos aluguéis, recontratação de trabalhadores da estrada de ferro e ampliação das alternativas de emprego e educação para as mulheres. Eram reivindicados também o fim da guerra e a volta às preocupações dos tempos de paz, assim como o fim das hierarquias nos sindicatos e na família e o fim do apoio da Igreja ao trabalho remunerado por peça produzida — que, segundo as mulheres, contribuía para a exploração das operárias. No total, as manifestações duraram mais de seis semanas, e os empregadores e os funcionários do governo ficaram atemorizados pela força e tenacidade das mulheres e pelo radicalismo de suas demandas.[68]

---

e "La mujer social: beneficiencia y caridad en la crisis de la Restauración" [A mulher social: beneficência e caridade na crise da Restauração], em *Tiempo de Historia*, n. 59, out. 1979, pp. 28-43.

68. KAPLAN, "Female Consciousness and Collective Action", pp. 560-4; GOLDEN, Lester. "Les dones con avantguarda. El rebombori del pa del gener, 1918" [Mulheres na vanguarda: a amargura do pão de janeiro, 1918], em *L'avanç*, n. 44, dez. 1981, pp. 45-52; ACKELSBERG, Martha & BREITBART, Myrna B. "Terrains of Protest: Striking City Women" [Terrenos de protesto: mulheres nas greves gerais], em *Our Generation*, v. 19, n. 1, outono de 1987, pp. 151-75.

A CNT considerou as ações das mulheres de maneira ambivalente. Em novembro de 1916, a organização declarou um dia de greve geral para protestar contra o aumento do custo de vida, mas raras vezes relacionava os temas trabalhistas aos relativos ao status de submissão da mulher no trabalho ou na comunidade. A CNT se enfraqueceu severamente com a greve geral longa e pouco frutífera em Barcelona, em agosto de 1917, e com a repressão que se seguiu. Assim, foram as mulheres não organizadas, em geral, que iniciaram e mantiveram as greves de subsistência em janeiro de 1918.

Poucos homens da CNT reconheceram e aplaudiram as ações femininas desse período. Outros se sentiram ameaçados pela independência dessas mulheres: "A hora da justiça soou com a grandeza heroica das mulheres. Ou a aproveitamos, ou damos nossos testículos para os cachorros comerem".[69] Os que valorizaram sua importância eram minoria. Quando a Federação Regional Catalã da CNT realizou seu congresso no fim de junho de 1918, não havia uma única mulher delegada presente. Apenas algumas poucas indústrias e locais de trabalho em que a presença feminina era dominante estavam sindicalizados, e os que estavam, como La Constancia, eram representados por homens.[70] Entre os principais oradores daquele congresso, somente um mencionou o papel das mulheres nas greves de janeiro de 1918. Enric Rueda, delegado dos fabricantes de lâmpadas de Barcelona, declarou: "As mulheres claramente demonstraram sua capacidade de participar em lutas sociais. Depois de agosto, quando estávamos sendo perseguidos, rodeados pela brutalidade do regime burguês, nossas companheiras souberam tomar as ruas e exigir

---

69. Sindicalista de Badalona, citado em GOLDEN, "Les dones con avantguarda", p. 50.
70. BALCELLS, "La mujer obrera en la industria catalana durante el primer cuarto del siglo XX", p. 49.

o que de boa vontade não queriam lhes conceder: o pão dos seus, de direito [...]. Hoje, elas nos incitam a defender a liberdade, inspiram-nos a continuar com nossas lutas".[71]

A organização aprovou resoluções que advogavam pela sindicalização feminina, mas se concentrou principalmente em incorporar mulheres em sindicatos já existentes, ignorando o grande número de trabalhadoras não sindicalizadas nas fábricas têxteis, as que trabalhavam em casa e (apesar de um ímpeto organizador posterior) as trabalhadoras domésticas.

As atividades de greve continuaram durante os anos seguintes. Em 1919, por exemplo, operários têxteis de Ripoll — outra cidade do ramo na Catalunha — fizeram uma greve pela jornada de oito horas diárias que durou nove semanas. A cidade dependia quase que completamente das fábricas, e o padecimento foi geral. Dolores Prat, que tinha por volta de catorze anos naquela época, lembra-se da pobreza, da fome e da distribuição beneficente de sopa. Ela desenvolveu uma raiva intensa de fura-greves, e atribui a esse período a data de início de sua própria militância. Quando seu pai sugeriu, nos meses seguintes à greve, que já era hora de ela começar a se sustentar, rejeitou a ideia de se tornar professora ("estava farta das freiras da escola") e também a oferta de montar uma pequena venda de frutas e verduras ("para quê? No final, dividiria tudo com os trabalhadores famintos"). Decidiu se tornar operária, "para poder ir à fábrica e protestar".[72] Ela não demorou a se afiliar à CNT e a se tornar membro do comitê de sua fábrica. Durante a guerra, serviu como secretária da seção fabril do sindicato dos trabalhadores têxteis de Ripoll.

---

71. *Comicios históricos de la* CNT. *Memoria del Congreso celebrado en Barcelona los días 28, 29 y 30 de junio y 1 de julio de 1918* [Comícios históricos da CNT. Memória do congresso em Barcelona nos dias 28, 29 e 30 de junho e 1º de julho de 1918]. Toulouse: CNT, 1957, pp. 83-4.
72. Dolores Prat, entrevista, Toulouse (França), 28 abr. 1988.

Os esforços da CNT para sindicalizar mulheres e outros trabalhadores em situação desvantajosa continuou ao longo da década de 1920, prejudicados pela repressão à atividade sindical na ditadura de Primo de Rivera (1923-1929). Quando a República foi declarada, em 1931, já era possível considerar as mulheres como membros e militantes da CNT. Mas, por todas as razões já mencionadas — sobretudo o objetivo contínuo da organização de sindicalizar operários industriais e a relativa desatenção à situação específica das mulheres —, a participação nas ações sindicais e até mesmo em mobilizações de massa da comunidade foi apenas uma parte da "preparação" das mulheres. Falta-nos explorar as redes de escolas, os *ateneos* e as instituições culturais, que também se desenvolveram durante o primeiro terço do século XX, e sua importância particular nesse processo.

A educação como preparação

Os anarquistas espanhóis consideravam que a participação nos movimentos de resistência era uma experiência de aprendizado fundamental para os trabalhadores, mas também reconheciam a necessidade de uma educação mais "formal", já que acreditavam que as pessoas tinham de tomar as rédeas da própria vida. Dados os altos níveis de analfabetismo na Espanha na virada do século, era claro que um movimento comprometido com o empoderamento da classe trabalhadora por meio da ação direta e da autogestão teria de dedicar algumas energias e recursos para alfabetizar crianças e adultos. Um dos pontos fortes do movimento — e uma das conquistas das quais seus membros mais se orgulhavam — foi justamente a criação de uma rede de escolas, jornais e centros culturais para abordar essa questão.

Ensinar as pessoas a ler e a escrever era empoderá-las social e culturalmente — e tornou-se, de fato, uma ação revolucionária. Foi por essa razão que professores viajantes como Abelardo Saavedra haviam sido perseguidos e presos na Andaluzia e na Extremadura no fim do século XIX. Com essa perspectiva de valorização da educação, os anarquistas espanhóis (e, mais tarde, a Mulheres Livres) embarcaram num projeto massivo de "culturalização" da classe trabalhadora, urbana e rural. Ainda que muitos desses programas tenham sido assumidos pelos sindicatos e dirigidos inicialmente a seus afiliados, serviram a uma população bem mais numerosa.

As instituições educativas que contavam com o apoio dos anarquistas assumiram vários formatos nesse período, sempre inspiradas por perspectivas comuns. Basicamente, elas pretendiam ampliar a alfabetização e a base cultural dos operários. Especificamente, isso significa que as escolas, os centros culturais e os jornais tentavam comunicar a estudantes e leitores o entusiasmo com relação ao mundo e a mensagem de que podiam descobri-lo, para além dos contextos de opressão cotidiana. As pessoas eram encorajadas a questionar, a valorizar suas experiências e percepções e a aprender umas com as outras e com os professores. Essas iniciativas também queriam comunicar um conjunto diferente de valores morais e substituir a resignação e a aceitação da subordinação — ensinadas nas escolas dirigidas pela Igreja — por um compromisso com o desenvolvimento pessoal, em um contexto de mutualismo e cooperação. As escolas, os *ateneos*, os jornais e as revistas inspiravam as pessoas "a pensar por si mesmas e a desenvolver a responsabilidade, a convivência e a criticidade".[73]

---

73. PRADES, Eduardo Pons. *Un soldado de la República: memorias de la Guerra Civil Española, 1936-1939* [Um soldado da República: memórias da Guerra Civil Espanhola]. Madri: G. de Toro, 1974, p. 23.

Criando instituições para a alfabetização e a cultura

No começo do século, os índices de analfabetismo variavam consideravelmente na Espanha. Porém, a porcentagem de mulheres analfabetas era dez ou vinte pontos, e às vezes trinta, maior que a dos homens em todo o país. Em 1930, com maior acesso à educação, os níveis caíram para ambos os sexos, mas ainda variavam muito: aproximadamente 50% entre os homens e mais de 60% entre as mulheres, nas províncias do sul, e 25% a 30% entre as mulheres e 20% a 25% entre os homens, nas províncias bascas.[74]

A educação "estatal" oficial foi de pouca ajuda para enfrentar esses déficits. Já desde a metade do século anterior, republicanos, socialistas e anarquistas pressionaram pela criação de escolas laicas, mas suas lutas foram, em geral, pouco frutíferas até as reformas educacionais da República, em 1931. As escolas dirigidas pela Igreja se concentravam na disciplina e na memorização mecanizada. Em 1873 e 1874, durante a década de 1880 e de novo no início da de 1890, grandes esforços foram feitos para transformar a relação entre Estado e Igreja para que esta não mais controlasse o currículo. A criação de escolas não confessionais laicas foi uma das principais demandas dos manifestantes durante a Semana Trágica em Barcelona, por exemplo. Porém, como a Igreja proporcionava a maior parte da educação secundária, inclusive quando as escolas não eram oficialmente dirigidas pelo clero, os professores formados por ela reproduziam sua estrutura e função. Azucena Fernández Barba resumiu a questão: "Na escola estatal, você entrava com o rosário em uma das mãos e a bandeira na outra".[75]

---

74. MARTÍNEZ, *El trabajo y la educación de la mujer en España (1900-1930)*, pp. 370; 374-5. Ver também "La mujer en el reinado de Alfonso XIII", p. 182.
75. Azucena Fernández Barba, entrevista, Perpignan (França), 15 ago. 1981.

Clara Lida, historiadora argentina, afirma que os esforços para articular e colocar em prática uma filosofia educacional — a da *enseñanza integral* [ensino integral] — já vêm das escolas republicanas e fourieristas[76] das décadas de 1840 e 1850 e das escolas anarquistas das décadas de 1870 e 1880. Poucas dessas instituições eram acessíveis aos filhos de operários — e, mesmo que houvesse ajuda financeira, era raro que uma família de trabalhadores pudesse prescindir da renda, por mais escassa que fosse, trazida pela criança trabalhadora para a economia familiar. Além disso, essas escolas laicas enfrentavam uma batalha contínua, habitualmente perdida, com o Estado pelo direito de existirem.[77]

Como resposta à inacessibilidade da educação laica, os anarquistas fundaram as "escolas racionalistas", que foram em geral associadas ao nome de Francisco Ferrer i Guardia, mas eram também descendentes diretas das lutas por ensino integral. Ferrer nasceu em Barcelona em 1859 e passou dezesseis anos no exílio em Paris, onde teve contato com as ideias educacionais de Paul Robin, Liev Tolstói, Jean Grave e outros. Voltou à Espanha em 1901 para fundar a Escola Moderna em Barcelona. Seu objetivo era "formar uma escola para a emancipação, que se proponha a erradicar da mente tudo o que divide os homens, os falsos conceitos de propriedade, país e

---

76. Referente às ideias do socialista utópico francês Charles Fourier (1772-1837), que defendia uma sociedade baseada em associações comunitárias, socialização dos meios de produção e liberdade de comportamento. [N.E.]
77. LIDA, Clara. "Educación anarquista en la España del ochocientos" [Educação anarquista na Espanha oitocentista], em *Revista de Occidente*, n. 197, abr. 1979, pp. 33-47; 40-2; AVRICH, Paul. *The Modern School Movement, Anarchism and Education in the United States* [O movimento da Escola Moderna, anarquismo e educação nos Estados Unidos]. Princeton: Princeton University Press, 1980, p. 7.

família, e assim poder alcançar a liberdade e o bem-estar que todos desejam e ninguém realiza completamente".[78]

Coerente com os princípios anarquistas e com as teorias educacionais mais avançadas da época, Ferrer se comprometeu com a tarefa de criar uma escola que reconhecesse a educação como um ato político. Se era desejado formar crianças para viver numa sociedade livre, o sistema educacional tinha de encorajá-las à liberdade para se desenvolver e explorar. A ciência e a razão eram conceitos-chave nas escolas, e as crianças eram inspiradas a dirigir sua própria formação. Coerente também com sua concepção dos princípios libertários, Ferrer estava comprometido firmemente com a coeducação (prática quase desconhecida na Espanha à época) e com as classes mistas, que proporcionariam o ambiente para as pessoas aprenderem a viver com a diversidade.[79] Dada a rigidez do sistema espanhol então vigente e a desconfiança dos anarquistas com o Estado e a Igreja, não surpreenderia o fato de espanhóis libertários tentarem criar "escolas alternativas" — instituições que, fiéis aos ideais anarquistas de ação direta e propaganda pelo fato, não apenas educariam os estudantes, mas também serviriam como modelos para uma filosofia e uma prática educativas muito diferentes.

---

78. De uma carta de Francisco Ferrer i Guardia a José Prat, citada em AVRICH, *The Modern School Movement, Anarchism and Education in the United States*, p. 6.
79. FERRER I GUARDIA, Francisco. *La Escuela Moderna: póstuma explicación y alcance de la enseñanza racionalista* [A Escola Moderna: explicação póstuma e alcance da pedagogia racionalista]. Barcelona: Tusquets, 1976; MUSTÉ, Pedro Costa. "La escuela y la educación en los medios anarquistas de Cataluña, 1909-1939" [A escola e a educação nos meios anarquistas da Catalunha, 1909-1939], em *Convivium*, n. 44-45, 1975; SOLÀ, Père. *Las escuelas racionalistas en Cataluña (1909-1936)* [As escolas racionalistas na Catalunha (1909-1936)]. Barcelona: 1978, pp. 22-5; e CARRASQUER, Félix. *Una experiencia de educación autogestionada. Escuela Eliseo Reclus, calle Yallespir, 184. Barcelona. Años 1935-36* [Uma experiência de educação autogerida: Escola Eliseo Reclús, rua Yallespir, 184, Barcelona, 1935-36]. Barcelona: Félix Carrasquer, 1981, caps. 1 e 2.

A Escola Moderna de Ferrer foi inaugurada em Barcelona em setembro de 1901 e durou, apesar das frequentes interrupções provocadas pela censura estatal, até o fim de 1906, quando foi fechada definitivamente. Cristina Piera, que frequentou a escola por um ano, aos nove anos, descreveu a confusão: "A polícia vinha fechar a escola, e então não podíamos ir. Frequentei a Escola Moderna e aprendi muito, mas por causa desses fechamentos constantes acabei sem muita educação formal".[80] A escola se mantinha com a contribuição dos pais das crianças, de acordo com o que cada família podia pagar. As classes eram mistas em relação ao gênero e também à condição socioeconômica. Todos os estudantes passavam por um currículo "científico" que também incluía educação sexual, trabalhos manuais e artes. Ferrer identificou a necessidade de livros didáticos apropriados e começou a publicá-los em 1902. Os livros tinham uma grande demanda e foram usados em escolas racionalistas e *ateneos* pelo país. Além disso, as instalações das escolas não eram apenas lugares para as crianças passarem o dia; eram também biblioteca e centro comunitário para adolescentes e adultos, com aulas, debates e excursões, disponíveis para pessoas de qualquer idade que quisessem aprender.

Embora o nome de Ferrer seja, sem dúvida, o mais associado ao movimento das escolas racionalistas, elas certamente precederam a Escola Moderna. Centenas delas foram criadas por toda a Espanha nos primeiros anos do século XX.[81] Igualdad Ocaña, seu pai e seus quatro irmãos foram fundadores e professores de uma dessas escolas em Barcelona, entre

---

80. Cristina Piera, entrevista, Santa Coloma (Barcelona), 6 ago. 1981.
81. SOLÀ, *Las escuelas racionalistas en Cataluña (1909-1936)*, pp. 203-14; TOMASI, Tina. *Ideología libertaria y educación* [Ideologia libertária e educação]. Madri: Campo Aberto, 1978, pp. 179-86; e FERRER, Alejandro Tiano. *Educación libertaria y revolución social en España, 1936-39* [Educação libertária e revolução social na Espanha, 1936-39]. Madri: Universidad Nacional de Educación a Distancia, 1987, cap. 2.

1934 e 1935. Talvez sua descrição do que significava ensinar num ambiente livre e aberto nos dê uma ideia do sentido de "modernidade" do "movimento da Escola Moderna":

> Na escola, tentávamos entender cada criança, sua natureza, seu caráter. Contávamos histórias e por meio delas os alunos refletiam sobre si mesmos. Eles choravam e riam [...] nunca precisamos gritar com eles. As pessoas falam sobre exercer "autoridade". Mas qual autoridade elas podem ter se não sabem conversar [com as crianças] com sentimento, com carinho? [...] Você pode ajudar pequenas criaturas a serem ativas, produtivas, de uma maneira que seja verdadeira com elas mesmas, que faça sentido, porque você as conhece e sabe do que elas gostam. Ensinávamos mecânica, música, artes, tínhamos brinquedos mecânicos, por exemplo, para ver em qual das crianças, brincando com eles, poderia despertar a inclinação para essa área.[82]

Não surpreende que, dada a atenção dedicada aos alunos, os professores das escolas racionalistas foram muitas vezes reverenciados pelos estudantes e pela comunidade. Eles atuavam como modelos poderosos, do mesmo modo que os *obreros conscientes* ou os professores ambulantes (como Abelardo Saavedra) o eram para os trabalhadores rurais na Andaluzia do século XIX. Sara Berenguer Guillén, que estudou com Félix Carrasquer na Escola Eliseo Reclus, e Pura Pérez Arcos, que estudou com o reconhecido Juan Puig Elías na Escola Natura, além de outras mulheres que entrevistei, lembravam-se vividamente das experiências com os professores, a quem respeitavam muito. Igualdad Ocaña afirma que os estudantes com que se encontra hoje, quarenta anos depois, ainda falam sobre suas experiências na escola que a família dela dirigiu. E Ana Cases descobriu,

---

82. Igualdad Ocaña, entrevista, Barcelona, 14 fev. 1979.

durante sua pesquisa em 1981, que muitos dos que estudaram com Josep Torres (conhecido como Sol de la Vida) em Arbeca, um pequeno vilarejo em Lérida, ainda possuíam os cadernos e os livros de exercícios usados na década de 1920.[83]

Muitos dos jovens que militaram no movimento anarcossindicalista haviam frequentado alguma dessas escolas, mas os estudantes claramente não se limitavam a simpatizantes anarquistas e anarcossindicalistas. Oferecendo uma alternativa às estruturas rígidas e também aos métodos de aprendizagem do sistema educacional dominante, as escolas atraíram um número considerável de crianças de famílias progressistas das classes média e alta.

O movimento sindicalista anarquista e anarcossindicalista criou e financiou um grande número de *ateneos*, à parte das escolas racionalistas, que possuíam uma estrutura mais formal. Muitos centros educativos e culturais dos bairros foram fundados pelas federações locais da CNT, e quase todo bairro operário de Barcelona teve um desses centros durante os primeiros anos da República. Para os que nunca tinham ido à escola, as centenas de *ateneos* que se espalharam por todo o país ofereceram uma chance de aprender a ler e escrever. A maioria desses centros oferecia aulas durante o dia para crianças e, à noite, para pessoas mais velhas, que trabalhavam. Nas palavras de um dos participantes:

> A educação na escola era de um tipo completamente diferente, outro sistema de estudo [...] cada pessoa tinha de ler um livro, por exemplo, e explicar o que tinha aprendido com ele, e mesmo que você não tivesse entendido o significado do livro, dizia o que achou dele. Mas outra pessoa dava também sua própria interpre-

---

83. Ana Cases, comunicação pessoal, ago. 1981.

tação, e assim debatíamos. A escola e os livros foram provavelmente os grandes fatores que moldaram meu desenvolvimento.[84]

Além de ser um lugar de aprendizado de habilidades e competências básicas, o *ateneo* tinha importantes funções sociais. Era um ponto de encontro muito popular entre os jovens, sobretudo nos tempos em que não podiam gastar nem dez centavos para ir ao cinema.[85] Como eram independentes do sindicato, ao menos formalmente, muitos conseguiram continuar abertos durante os períodos de repressão política, quando os sindicatos foram forçados a fechar as portas ou funcionar na clandestinidade. Consequentemente, os *ateneos* foram importantes centros de comunicação. Ainda mais, praticamente todas as unidades organizavam atividades teatrais, recreação e excursões para fora da cidade — sobretudo aquelas instaladas nos bairros urbanos. Além de oferecer oportunidades para se exercitar e respirar ar puro, as excursões eram planejadas para trazer benefícios morais e intelectuais, dando aos jovens a oportunidade de ver os rios, os vales e as montanhas sobre os quais aprendiam nas aulas; de superar a visão de mundo estreita oriunda da vida em ambientes urbanos superpovoados; e de experimentar a "influência exercida pela natureza sobre o espírito humano". Estar na natureza, um autor explicava, "possibilitará aos jovens sentir a liberdade, para que assim queiram vivê-la e defendê-la".[86]

Assim como as organizações baseadas nas comunidades, os *ateneos* ofereciam oportunidades de preparação especialmente importantes para as mulheres trabalhadoras, que

---

84. Valero Chiné, entrevista, Fraga (Huesca), 11 mai. 1979.
85. Arturo Parera, entrevista, Barcelona, 5 jul. 1979.
86. PADRENY, Juan. *Necesidad del excursionismo y su influencia libertaria en los individuos y los pueblos* [Necessidade das excursões e sua influência sobre os indivíduos e as aldeias]. Barcelona: Ateneo Libertario del Clot, Sol y Vida, Sección Excursionismo, Barcelona, 1934, p. 32.

tinham, relativamente, menos possibilidades que os homens de viver tais experiências. Essas mulheres, que logo militariam na CNT e/ou na Mulheres Livres, declararam de maneira quase unânime que suas experiências em *ateneos*, escolas e centros culturais foram cruciais nesse processo. Elas aprenderam a ler e, igualmente importante, a construir relações significativas e de igualdade com rapazes da mesma idade — uma experiência que, fora dali, na sociedade espanhola marcada pela segregação quase total entre os sexos, seria a elas negada. Por meio dos *ateneos*, muitos jovens experimentaram essa mudança de mentalidade, que foi um passo crucial para que se tornassem militantes:

> O prédio pertencia ao sindicato dos trabalhadores têxteis e, na parte de cima, tínhamos a Escola Livre [Escuela Natura de El Clot]. Minhas irmãs e eu íamos para a escola à noite, durante o dia trabalhávamos. E lembro de um detalhe importante: para guardar dinheiro, o sindicato deixava as mulheres como responsáveis pela limpeza [...]. Depois, aconteceram reuniões do Sol y Vida [grupo cultural], e as relações ali eram mais próximas que no sindicato, as explicações, mais completas. Foi lá que nos formamos ideologicamente e em profundidade.[87]

Além das escolas e dos centros culturais, o movimento anarcossindicalista apoiava uma gama de jornais, revistas e clubes que desafiavam as normas convencionais e apresentavam essas perspectivas alternativas a um público mais amplo. Os jornais do movimento — *Solidaridad Obrera*, CNT e *Tierra y Libertad* — combinavam o comentário político com uma extensa crítica cultural. Quase todo número trazia um artigo dedicado a algum aspecto educacional, e nos anos anteriores

---

[87]. Enriqueta Fernández Rovira, entrevista, Castellnaudary (França), 28 dez. 1981.

à guerra (e também durante os combates) muitos contaram com artigos voltados especialmente às mulheres. *Tierra y Libertad*, por exemplo, publicava uma página dedicada às mulheres toda semana, em que muitas das futuras militantes da Mulheres Livres ensaiaram ideias sobre sexualidade, trabalho e relações de gênero e tiveram a oportunidade de se comunicar com a comunidade anarcossindicalista mais ampla. Revistas como *La Revista Blanca* (Barcelona), *Natura* (Barcelona), *Estudios* (Valência) e *Tiempos Nuevos* abordaram uma variedade de temas, desde política coletivista até controle de natalidade, nudismo e vegetarianismo.

Sobretudo para as pessoas que viviam em lugares relativamente distantes das atividades organizadas pelos anarquistas ou anarcossindicalistas, a imprensa se convertia em uma importante fonte de informação e em uma maneira de estar em contato com a comunidade anarquista. Soledad Estorach, por exemplo, que chegou a Barcelona aos quinze anos, sozinha e isolada por seu interesse no que ela chamou de "comunismo", lia *La Revista Blanca* e, por meio dela, começou a frequentar um *ateneo*.

Eu lia vários jornais e revistas tentando encontrar "comunistas". A primeira pessoa que conheci de fato foi a mãe de Federica Montseny, Soledad Gustavo, porque ela era mulher! Eu não sabia como entrar em contato com essas pessoas. E pensei que quem escrevia sobre comunismo vivia de uma maneira diferente. Estava lendo *La Revista Blanca* e vi que essa mulher, Soledad Gustavo, escrevia para eles, então fui ao endereço indicado na revista e perguntei por ela. Logo me apresentaram a ela, acho que pensaram que eu era uma companheira. Ela me recebeu sem entender muito [...]. Não lembro nem o que perguntei a ela, provavelmente algo sobre como conhecer as pessoas. E ela respondeu: "Tudo o que você precisa fazer é encontrar um *ateneo* no seu bairro", e depois meio que me expulsou do seu escritório. Fui ao *ateneo*, e o primeiro homem que encontrei ali foi Saavedra, o avô de Enriqueta, depois outros. Já era muito velho na época, mas me apaixonei por ele imediatamente. [...] ele me mostrou a biblioteca, e me apaixonei por todos aqueles livros. Pensei que todo o conhecimento do mundo estava, então, ao meu alcance.[88]

A educação como empoderamento

Apesar de todas as oportunidades que os *ateneos* proporcionavam aos jovens e aos mais velhos para aprender a ler e adquirir "cultura", seu efeito mais importante a longo prazo foi a criação de uma comunidade — formada por pessoas que acreditavam que poderiam mudar o mundo. A rede de amigos e companheiros garantiu aos participantes fontes importantes de apoio moral e material ao longo dos anos de luta no movimento e durante a guerra civil. Homens e mulheres que haviam participado desses grupos quando jovens se referiam a essa experiência com palavras e expressões similares àquelas que usaríamos para descrever um amor perdido. Até aqueles que se tornaram mais cínicos e/ou se isolaram do movimento, com o passar dos anos recordavam essas experiências quase com reverência. Ter participado desses grupos — em que pessoas tentavam interagir como se estivessem no "paraíso anarquista" que lutavam para criar — obviamente os marcou profundamente.

Para algumas das garotas, sobretudo, a experiência da igualdade entre os gêneros foi especialmente estimulante, fazendo com que muitas delas insistissem no tema da igualdade dentro do movimento geral. Como apontava Enriqueta,

---

88. Soledad Estorach, entrevista, Paris, 6 jan. 1982.

os *ateneos* foram tanto um incentivo como um modelo para o que veio a ser a Mulheres Livres:

> Sempre acreditei que as mulheres tinham de se emancipar. Que nossa luta era — e ainda é — mais do que a luta contra o capitalismo. A gente costumava falar muito sobre isso [nos *ateneos*], insistir na ideia de que a luta não era só nas fábricas, nas ruas ou nos *ateneos*; precisava chegar ao lar. Os meninos às vezes riam e nos ridicularizavam quando dizíamos essas coisas, diziam que era uma luta de todos e que todos deveriam fazer isso juntos. Mas eu dizia que não, não é isso. Precisávamos nos expressar por nós mesmas, ser quem e o que somos. Não estávamos tentando tirar nada deles, precisávamos nos desenvolver e exigir nossos direitos.

Os grupos formados nos *ateneos* eram compostos basicamente para os jovens, o que lhes deu a possibilidade de atuar independentemente dos pais — experiência quase inédita na Espanha de então. Mesmo as famílias anarquistas tinham dificuldades para assimilar a liberdade reclamada pelas filhas: "Todas as semanas tínhamos de pedir permissão quando havia excursão. Não pense que, por nossos pais serem libertários, podíamos ir aonde queríamos. Nada disso! Toda semana pedíamos. E se a resposta para 'aonde vocês vão?' fosse 'acampar', então, nossa! Nada disso. Eles nos controlavam muito, mesmo nas atividades no *ateneo*". Azucena e Enriqueta desenvolveram modos de escapar do controle dos pais. Em muitas ocasiões, colocavam a saia sobre os shorts, iam de bicicleta até fora da cidade, onde os adultos já não as veriam, e então tiravam a saia e continuavam com o restante do grupo até a serra ou a praia.[89]

---

89. Azucena Fernández Barba, entrevista, Perpignan (França), 1º jan. 1981.

A luta continua. Que ironia observar como, enquanto me contava algo parecido, Enriqueta travava um debate carinhoso com a neta de doze anos que passava as férias de Natal com ela. Essa batalha recapitulava as tensões que ela havia vivido durante a própria juventude: "Às vezes", refletia, "estou aqui sentada, olho para eles e penso: 'O que eu fiz?'. Mas, realmente, não se comportam bem. Acho que agora as crianças são criadas com muita permissividade".[90]

Finalmente, as experiências nos *ateneos* foram importantes para as integrantes da Mulheres Livres de uma maneira mais complexa. Como muitas delas relataram, até dentro dessas organizações persistia a mesma atitude machista, se não em pensamentos e crenças, pelo menos nas ações. Mercedes Comaposada, que seria uma das fundadoras do grupo, afirmou o seguinte sobre sua primeira experiência ao dar uma aula promovida por um dos sindicatos da CNT de Madri:

> Em 1933, fui com Orobón Fernández a uma reunião em um dos sindicatos. Eles estavam tentando ajudar com o trabalho de "preparação" dos trabalhadores e me pediram para ir junto. Lucía [Sánchez Saornil] estava lá também. Eles queriam que eu desse aula, pois não tinham professoras. Mas foi impossível por causa da atitude de alguns companheiros. Eles não levavam as mulheres a sério. Existe um ditado: "*Las mujeres, a la cocina y a coser calcetines*" [As mulheres, na cozinha ou costurando meias]. Não, era impossível, as mulheres quase não se atreviam a falar nesse tipo de ambiente.[91]

---

90. Enriqueta Fernández Rovira, entrevista, Paris, 29 dez. 1981.
91. Mercedes Comaposada, entrevista, Paris, 5 jan. 1982.

Mercedes e Lucía responderam a essa experiência começando as conversas que levaram finalmente à fundação da Mulheres Livres.

Em oposição, outros afirmavam que era difícil, muitas vezes, fazer as meninas se concentrarem para aprender a ler ou prestarem atenção numa palestra nos *ateneos*. Então, concluíram que seria necessário desenvolver programas e aulas apenas para mulheres e crianças, separadas dos meninos, para que isso as inspirasse a desenvolver seu potencial e as ajudasse a reconhecer sua própria força, para além da maternidade.

Em resumo, as instituições do movimento dedicadas à "preparação" foram uma experiência muito positiva, mas também negativa, para as fundadoras da Mulheres Livres. No aspecto positivo, participar dos sindicatos, dos *ateneos*, das escolas e dos grupos de jovens ofereceu oportunidades para o aprendizado e o empoderamento, além de criar e consolidar importantes redes de apoio. As instituições culturais e educacionais promovidas pela Mulheres Livres eram claramente baseadas nesses modelos. Já no aspecto negativo, a experiência nos *ateneos* e nas escolas demonstrou que os grupos orientados especificamente para as mulheres seriam necessários se elas consolidassem sua igualdade na comunidade libertária. Como Mercedes resumiu em suas reflexões:

> Tínhamos um milhão de pessoas contra nós. Todas as grandes revolucionárias — Alexandra Kollontai, Rosa Luxemburgo, Clara Zetkin — tentaram fazer algo pelas mulheres. Mas todas descobriram que, dentro de um partido, de uma organização [revolucionária] já existente, era sempre impossível. [...] Me lembro de ler, por exemplo, sobre uma comunicação entre Lênin e Clara Zetkin em que ele diz a ela: "Sim, tudo isso que você está falando sobre a emancipação das mulheres é muito bom. Um ótimo ob-

jetivo, mas para depois".[92] Os interesses de um partido têm sempre prioridade sobre os das mulheres.[93]

92. Mercedes Comaposada não se refere exatamente a uma citação de Lênin, mas à ideia geral que absorveu de um texto em que a marxista alemã Clara Zetkin (1857-1933) relata conversas que teve com o líder bolchevique sobre a "questão feminina". Trata-se, provavelmente, do artigo "Lênin e o movimento feminino", originalmente publicado na década de 1920 e que, no Brasil, apareceu em LÊNIN, Vladimir Ilyich. *O socialismo e a emancipação da mulher*. Rio de Janeiro: Vitória, 1956. Zetkin escreve: "Eu era uma entusiasta de tudo quanto haviam feito as mulheres russas durante a revolução, de tudo quanto ainda faziam para defendê-la e para ajudá-la a desenvolver-se. Quanto à posição e à atividade das mulheres no Partido Bolchevique, parecia-me que, por este lado, o partido se mostrava realmente à altura de sua tarefa. Só o Partido Bolchevique fornece quadros experimentados, preparados, para o movimento feminino comunista internacional e, ao mesmo tempo, serve de grande exemplo histórico. 'Exato, exatíssimo', observou Lênin com um leve sorriso. 'Em Petrogrado, em Moscou, nas cidades e nos centros industriais afastados, o comportamento das mulheres proletárias durante a revolução foi soberbo. Sem elas, muito provavelmente não teríamos vencido.'" Mais adiante, Zetkin escreve: "Fiz notar [a Lênin] que as questões sexuais e matrimoniais, no regime de propriedade privada, suscitavam múltiplos problemas, que eram causa de contradições e de sofrimentos para as mulheres de todas as classes e camadas sociais. A guerra e suas consequências, disse eu, agravaram ao extremo para a mulher as contradições e os sofrimentos que existiam antes, nas relações entre os sexos. Os problemas, ocultos até então, foram agora revelados aos olhos das mulheres, e isso na atmosfera da revolução recém-começada. O mundo dos velhos sentimentos, das velhas ideias, desmorona por toda parte. Os vínculos sociais, de uma só vez, enfraquecem-se e se rompem. Veem-se surgir os germes de novas premissas ideológicas, que ainda não tomaram forma, para as relações entre os homens. O interesse que essas questões suscitam exprime a necessidade de uma nova orientação." Ao registrar que, ao ouvi-la, "Lênin sorria e fazia com a cabeça sinais de aprovação", Zetkin atribui as seguintes palavras ao líder russo como parte da resposta a suas colocações: "O sábio Salomão já dizia: cada coisa a seu tempo. Peço-vos responder: é precisamente este o momento de manter ocupadas as operárias, meses inteiros, para falar-lhes do modo como se ama ou se é amado, do modo como se faz a corte ou se aceita a corte entre os vários povos, tanto no passado, como no presente e no futuro? E é isso que se denomina orgulhosamente de materialismo histórico! Neste momento, todos os pensamentos das operárias, das mulheres trabalhadoras devem estar voltados para a revolução proletária. Ela é que criará inclusive base para as novas condições de casamento e novas relações entre os sexos. Agora, realmente, devem passar para primeiro plano outros problemas [...]". Disponível em <https://www.marxists.org/portugues/zetkin/1920/mes/lenin.htm>. [N.E., após consulta à autora.]

93. Mercedes Comaposada, entrevista, Paris, 3 jan. 1982.

INCITACION A LA VIDA

...una vez, en aquel tono ponderado y grave que adoptamos en principio. Algo del que nos ha conmocionado la entraña de las cosas y ha hecho que todo revista aspectos que las expresiones de ayer han envejecido bruscamente, se han hecho estrechas, agotables.

, pues, tu MUJERES LIBRES, renovada en lo externo, ya que su entraña, la sustancia re, es eterna.

lo de nuestra ponderación, digamos un día: «No se entienda por esto que nos situamos las cosas y de los acontecimientos.» «Deseamos que nuestra Revista tenga sangre y na cosa viva y estremecida, donde hallen resonancia todos los afanes cotidianos», a propósito, recogemos hoy estos afanes del día y hacemos de MUJERES LIBRES el mecido, caliente y vibrante que pueda reflejar en toda su intensidad la imponente momento.

ntecimientos se han precipitado, y aunque hubiéramos querido para nuestra obra un os días serenos, no hemos de lamentarnos de que no sea así, sino que procuraremos nuestro empeño más decidido en ajustar nuestro tono y nuestra expresión al ritmo ace- e la vida se desenvuelve.

na deserción ni una rectificación. Mantenemos firmemente el propósito que nos dió vida; o en absoluto nuestro objetivo. Nacimos con un propósito de captación y lo mante- momentos nos obligan a cambiar de táctica; ya no tenemos que ir a buscar a la mujer e los hogares; ya no es preciso predicarle la conveniencia de que se incorpore al mo-. La guerra civil ha empujado a la mujer española, como un día la guerra mundial las mujeres, violentamente, brutalmente, a la calle, y, apresurada y acosada por la el instinto de la propia conservación, se ha visto impelida a acogerse bajo el escudo cualquiera. No se ha parado—no tuvo tiempo tampoco—para preguntarse qué signi- ompensaciones hallaría o se le exigirían en cambio; la mujer está aún aturdida por el tableteo de los fusiles, obsesionada únicamente por la idea de vivir. Pero este vivir into, no una conciencia, y aquí nuestro deber, que aceptamos con toda su responsa- n conciencia ese instinto.

hemos dicho, la táctica de ayer no nos sirve; ya no podemos elaborar teorías más gadas; ya no es hora de barajar ideas mientras miramos a un horizonte lejano; hoy erar con hechos y laborar con realidades prietas de contenido; y son estos hechos, las que han de formar aquella conciencia que apetecemos.

se ha dado a recorrer, aturdida y con los ojos ciegos aún, caminos que ignora, en de conducen; se ha acogido, como decíamos antes, a una enseña cualquiera sin co- cado; estos trapos de color, aquellos anagramas, han fascinado su imaginación exci- empeño de vivir, este trapo o aquel anagrama que ha convertido para ella en un ra de MUJERES LIBRES ha de ser ésta: convertir esos emblemas en hechos vivos rancarles su fascinación misteriosa y que cada mujer tenga delante de sus ojos un un propósito definido.

nto, el antifascismo ha aglutinado todos los esfuerzos y todas las voluntades; pero el solo una negación, la negación del fascismo y las negaciones tienen una vida limi- Luego es necesario cimentar nuestra vida en afirmaciones.

scista es bien poco; se es antifascista porque se es previamente algo más; porque a emos una afirmación que oponer, y nuestra afirmación—la nuestra, la de MUJERES densa en tres letras, en uno de esos anagramas inscritos hoy en un poco inocentemente e muchas mujeres: C. N. T. (Confederación Nacional del Trabajo), que quiere decir onal de la vida sobre bases de trabajo, igualdad y justicia social.

por esto el antifascismo sería para nosotras una palabra sin sentido.

esa se llama Genara de los Monteros.
y brava.
a--nos dice--que regaba este trozo de tierra de los señores pasaba muy cerca de enteraron de que nosotros la utilizábamos para beber la desviaron dos kilóme- de tierra se quedó de secano, pero nosotros teníamos que hacer un viaje para recia como si les doliese hasta el agua...

---

suelo. Y nos encanta recoger las estampas pintadas de remilgos y escrúpulos. Las estampas-corazones María—¡corazones!—contienen almibaradas frases dulces párrafos de enamorados. Todo el ímpetu, todo de las pobres mujeres enclaustradas en el error, Cristo, amante resignado e impotente; y las flores la carne de mujer han estirado en vano sus tallos h

Pero, además, hay algo terrible. Algo abandon tirado en un rincón, como una pobre cosa rota. Un cilicio. Agudas puntas sobre el cuero que ha de ceñirse al cuerpo. Agudas puntas que man- cillarían de sangre seca la piel, olvidada de su feliz temblor bajo la mano amada. Con el cuero maldito entre los dedos, algo triste con- mueve mi corazón. En vano quiero reconocer el odio; no es eso. Es la profunda pena de las cosas perdidas lo que siento. Una profunda pe- na por esas inútiles vidas contemplativas que pa- saron como el agua que no riega a la lámpara que no enciende.

¡Pensad! ¡Pensad! Hay que tener fe en el rescate; hay que creer en la conquista. Hay que sacarlas de sus visiones egoí Hay que descorrer las nubes y enseñarles la verdad d

Decidles que su cielo está aquí. Se sube al por el la Sonrisa, por el Amor. El Trabajo es el esfuerzo sereno de todos los días que da sabor y gracia al pan; y el rep de las noches con la luna sobre la frente. La Sonrisa e el aire de los violines; el acorde de la fraternidad sin la satisfacción sin caciques. El Amor es un ala sobre el Sonrisa; una cosecha grata y abundante de fortunas síntesis de la vida franca.

Decidles que su cielo está aquí. Cielo de liberta manifestarse a la Vida sin imposiciones, bajo el signo d individual que por vez primera comienza a reconocer

---

UNTARIAS, CON LA VOCACI

ON ES LLAMADA Y ES CAMINO A SEGUIR. LLAMADA QUE SOBREPASA A LA PERSONALIDAD Y CAMINO A SEGUIR QUE LA EXI AD SE INCLUYEN. SON RELACION DE CAUSA A EFECTO Y DE EFECTO A CAUSA. SON RELIEVE ANIMICO QUE EL PREFERIR ACU ES SUPERARSE; ES CAMBIAR LA PERSONALIDAD EXISTENTE HEREDADA POR OTRA MEJOR QUE HA DE CREARSE; ES PARTIR DE RA HACERLA Y PARA DIFUNDIRLA.

ARIAS, CON LA VOCACION. CAMARADAS ENFERMERAS, VOLUNTARIAS QUE HABEIS SIDO MOVIDAS POR CUALQUIER INCIDENTE O ECONOMICO, COMPRENDED LA VOCACION. COMPRENDEDLA EN SEGUIDA, PARA QUE EL TRIUNFO SEA ILIMITADO DE ALCAN R QUE CUIDA A UN ENFERMO NO PUEDE HACERLO, NO DEBE HACERLO, CON LA PREOCUPACION DEL «RIMMEL» EN LOS OJO JILLAS, NO SE TRATA DE UNA CUESTION DE CONTRASTES EN EL COLOR DEL ROSTRO, SE TRATA DE ALGO MAS HUMANO: DE UN EXIGE TODA CLASE DE CUIDADOS, TRANSIDOS DE SENSIBILIDAD. A LA VEZ QUE UNA INYECCION QUE LE LIBRE DE LA GANGRE YA EL CARIÑO DE UNA MADRE, DE UN HERMANO, Y NECESITA, SOBRE TODO, UNA LIMPIA PRESENCIA LLENA DE SINCERIDAD QU ACION, DE UN DECAIMIENTO, DE UNA FIEBRE.

ERES DE VOCACION DESCONOCEN LA FALSA INOCENCIA—ESCONDRIJO QUE AMPARA TANTAS ATRACCIONES SENSUALES—, FON DRES DE SIGLOS PASADOS, LAS MUJERES DE VOCACION DESCONOCEN LA FALSA INOCENCIA, PORQUE SABEN QUE SU PRESTACIO E ADITAMENTOS EQUIVOCOS Y PORQUE SIENTEN QUE ACENTUAR LA APARIENCIA DE SU FELIZ NATURALEZA SANA ES UNA NTE EL ENFERMO QUE LA CONTEMPLA Y QUE LA MIDE CON LA DRAMATICA INFERIORIDAD DE SU PROPIA NATURALEZA HERI ERES DE VOCACION, LAS MUJERES DE NUESTRA LUCHA, TIENEN QUE ENCARNAR TODA LA VERDAD DE NUESTROS IDEALES Y

ARIAS, CON LA VOCACION.

LOS HOMBRES, AL FRENTE

LAS MUJERES, AL TRABAJO

CAMPESINOS!:

LOS QUE OS ESCLAVIZABAN OS HAN
[OB]LIGADO A VIVIR FUERA DEL TIEM[PO]
[...], EN EL RETRASO DEL TIEMPO. VUES[TRAS]
[...]AS VIDAS ERAN ENTORPECIDAS POR
[LA] INJUSTICIA, LA MISERIA, LA IGNO[RA]NCIA,
MIENTRAS OTRAS VIDAS SE[GU]IAN
EL CURSO DE LOS AÑOS DE [BIE]NESTAR,
DE LOS SIGLOS DE PRO[GR]ESO.

[A]HORA PODEIS RECUPERAR EL TIEM[PO].
AHORA SERA SIGLO XX PARA [TO]DOS.

[C]AMPESINOS: TENEMOS DOS LUCHAS
[DEF]INITIVAS QUE GANAR. LA PRIMERA
[L]A PROVOCADA POR NUESTROS TI[RAN]OS,
A LA QUE NOS HAN OBLIGADO
[A RE]SPONDER CON SUS ARMAS. LAS
[JUG]AMOS DE VIDA O MUERTE POR
[NUES]TRO ANHELO VITAL MAXIMO: LA
[LIBE]RTAD.

[ES] LA LUCHA DE DOS EDADES DEN[TRO]
DE UN MISMO SIGLO. EDAD MEDIA
[DECA]DENTE CONTRA EDAD MODERNA.
[SIGL]O XX CON PRIVILEGIOS CONTRA
[SIGL]O XX COMUN. CAMPESINOS, ESTA
[LA] GANAMOS. TENEMOS CON NOS[OTRO]S,
SOMOS, PUEBLO QUE LUCHA
[POR] SU PROPIA CAUSA; PUEBLO QUE
[LUCH]A CON SUS PROPIOS HOMBRES.
[FUER]ZA DEL VENCER. DEL VENCER
[QUE N]O RECURRE A EXTRAÑOS NI A
[TRAIDO]RES. ESTA, CAMPESINOS, LA
[GANAM]OS.

[LA] OTRA LUCHA, LA PROXIMA, LA
[GRAN] Y CONSTRUCTIVA, ES LA QUE
[ACT]UARA REALMENTE EN EL TIEM[PO].
HOY CON SOLO ORGANIZAR
[NUEST]RO SIGLO. SUSTITUIREMOS EL
[VIVIR] ANIMAL POR UN VIVIR HUMANO.
[HAR]EMOS LAS GRANDES CIUDA[DES],
AMPLIAREMOS LOS PEQUEÑOS
[PUEBL]OS. HAREMOS EL INTERCAMBIO
[DE CAM]PO A CIUDAD Y DE CIUDAD A
[CAMPO]; DE AIRE Y TECNICA, DE TEC[NICA Y]
AIRE. NUESTROS PUEBLOS-CIU[DADES]
CONSTARAN DE CASAS CON CA[LEFACCI]ON Y PARARRAYOS; DE CA[MARAS] FRIGORIFICAS; DE AGUA CA[LIENTE]
CENTRAL Y DE ARMARIOS
[EMPOTR]ADOS EN LA PARED. TENDRE[MOS CIN]E INSTRUCTIVO, CONCIERTOS,
[TEATROS,] PISCINAS. SUPRIMIREMOS EL
[«DO]MINGO»; TODOS LOS DIAS DE
[SEMA]NA SERAN IMPORTANTES.
[EXPERI]MENTOS, LAS INVESTIGACIO[NES,] LOS ENSAYOS, ENTRARAN EN
[NUESTRO] CAMPO; NO HABRA SECRETO
[EL LABO]RATORIO NOS SERA FAMILIAR.
[EL PRO]GRESO DEL HOMBRE ALCAN[ZARA A] TODOS LOS HOMBRES. ENTON[CES HAB]REMOS CONQUISTADO EL SI[GLO].

[CAMPE]SINOS: LA PRIMERA LA GA[NAMOS; E]STA LA GANAREMOS.

Intelectuales

[...] días, y a toda prisa, los intelectuales se ofre[cían a las] organizaciones obreras para cooperar en la lucha [de re]construcción social. Hasta ahora, la mayoría de [ellos no ha]bían sentido esta apremiante necesidad; pero [desde] que desde este momento comienzan a sentirla [...] [Ra]món Jiménez ha marchado a América. José [Ortega y Gas]sset, a Francia. No es ahora cuando se han ido, [ellos y] otros muchos, estuvieron siempre lejos, fuera [...] Crearon «las masas» y la «inmensa minoría.» [...] surge cuando el intelectual, por capacidad [o por] ambición de destacarse, se aleja del rest[o para em]prender sólo el camino del infinito. Al infinito, [hay] que abrir caminos de humanidad, a través [de los cua]les acompañar por los demás, con toda la [prisa, sin] marchar lento de los demás — «la masa» —

[La inme]nsa minoría» estaba constituida por un redu[cido grupo] de intelectuales que intercambiaban sus [... en un] secreto más riguroso. «La inmensa minoría» [era el] verdadero y quizá el más abusivo, inhu[mano] monopolio de la literatura y del arte de [... E]llos se lo escribían, ellos se lo leían, ellos se [lo editaban,] ellos se lo comentaban.

[Ramón] Jiménez, José Ortega y Gasset, Ramón [Gómez de la] Serna y tantos otros estuvieron siempre en

pero sí la estimamos y nos parece muy lógico que el que la tiene la utilice; es decir, la dé a los demás. El intelectual tiene un concepto de la personalidad raquítico y malvado. Se queda en el entreteniendo de la potencialidad indi[vi]dual. En el estricto yo de las tres dimensiones. Sólo tres dimensiones, por muy extensas que ellas sean.

El intelectual pone más interés en cuidar su estilo que en darle a «la masa», que en ayudar a que «la masa» se supere, y si lo da, es a condición de que «la masa» le siga y le imite, con lo que impide su desarrollo espontáneo. No sabe de la generosa necesidad de sugerir otros estilos.

La personalidad del intelectual y de su inmensa minoría es cobarde; teme perderse al extender a los demás lo que fué y debe ser energía sugeridora.

El intelectual tiene su apartadito, su propiedad, con registro y todo y con un rótulo que ellos dicen: «ex libris» y los propietarios de Aravaca «Villa Rosario».

Conferencias de exquisitos: Eugenio d'Ors, Jarnés, en la Residencia de Señoritas; música del siglo XVII en el «Auditorium» de la Residencia de Estudiantes; poesía esco[g]idísima con el sello de una rigurosa invitación sólo ase[q]uible a la inmensa minoría y a los familiares de la in[...] mensa minoría. Misiones Pedagógicas de [...]

lo que se les dice, lo que se les re[cita,] una copia de Velázquez o una poesí[a ...] enseñar a leer, a escribir, a conoce[r...] rales. Hay que «entretenerse» en l[a obra que] le puede exigir que de repente, po[r sí solo,] tenga la comprensión de quienes [le dedican] su esfuerzo.

Los intelectuales no comprenden [el odio que] despertaron en «la masa» — odio qu[e tiene] su objetivo recayendo en un pobre estu[diante,] profesional, maestro, ingeniero, médic[o...] odia por razones bien hondas: porque [los que] no han contribuído a su desarrollo le [...] en la división del trabajo en manual e intel[ectual] le ha tocado la peor parte; porque in[tuye] que la superioridad intelectual corres[ponde] a la superioridad de medios económic[os].

Para el intelectual, «revolución» [es mi]núscula. Se reduce a problemas de [...] pistolas y fusiles. Tiene el sentimient[o inopor]tunatorio y el que tiene hambre [está] por encima de todas estas considerac[iones] y de razón es su propia obra como ra[zón de] que la Revolución es el conjunto de [... de] todos. Y es que el [...]

3

Guerra civil
e revolução
social

A República e a Frente Popular

Já no início da década de 1930, muitas das profundas diferenças que dividiam a sociedade espanhola — econômicas, sociais, religiosas e de gênero — haviam encontrado maneiras de se expressar politicamente, em movimentos regionalistas, sindicatos de trabalhadores, associações patronais ou organizações associadas à Igreja. Quando estourou a guerra civil, em julho de 1936, a CNT e a UGT (a federação socialista de sindicatos) contavam cada uma com cerca de novecentos mil membros, todos partidários da organização baseada no local de trabalho e, no caso dos anarcossindicalistas, de organizações alicerçadas na comunidade como meio de alcançar uma sociedade mais igualitária. A existência desses grupos, dados o número expressivo de filiações e o alcance de suas intervenções e atividades, foi percebida como uma ameaça para a autoridade tradicional de empresários e proprietários de terra, assim como para o Exército e a Igreja.

Depois de muitos anos de monarquia "constitucional" autoritária, seguida pela ditadura de Primo de Rivera, a Espanha se tornou uma República em 1931. Essa República, entretanto, não possuía base social sólida e se devia apenas à abdicação do rei Alfonso XIII depois que candidatos republicanos ganharam as eleições municipais de forma acachapante. De 1931 a 1933, o país foi liderado por uma coalizão fraca de republicanos de centro e centro-esquerda, que desejavam acabar com o poder da Igreja, do Exército e dos grandes proprietários de terra, mas ainda estavam relutantes em iniciar uma política ativa contra esses grupos com medo de aliená-los totalmente e assim sofrer um golpe de Estado. Foi aprovada uma série de reformas moderadas, entre as quais um projeto de reforma agrária na Andaluzia e na Extremadura (que, porém, serviu mais como ensaio do que como redistribuição de fato). Além disso, facilitou-se o estabelecimento de uma educação laica e restringiu-se o número de nomeações para comissões militares. Mas os operários e os trabalhadores rurais que viviam num estado de quase total miséria se frustravam cada vez mais com a falta de mudanças, enquanto as forças tradicionais (militares, Igreja e proprietários de terra) resistiam, irritadas, às restrições que lhes eram impostas. De 1933 a 1935, uma nova administração, de centro-direita, tomou as rédeas do governo e acabou com as medidas contrárias aos poderes tradicionais. Contudo, e apesar de instituir uma repressão mais severa para a atividade revolucionária de esquerda, foi incapaz de assegurar a paz social.[1]

---

1. JACKSON, Gabriel. *The Spanish Republic and the Civil War, 1931-1939* [A República espanhola e a guerra civil, 1931-1939]. Princeton: Princeton University Press, 1965; BEN-AMI, Shlomo. *The Origins of the Second Republic in Spain* [As origens da Segunda República na Espanha]. Oxford: Oxford University Press, 1978; ROBINSON, Richard A. H. *The Origins of Franco's Spain: The Right, the Republic and Revolution, 1931-1936* [As origens da Espanha de Franco: a direita, a República e revolução, 1931-1936]. Pittsburgh: The University of Pittsburgh Press, 1970; PRESTON, Paul. *The Coming of the Spanish Civil War: Reform, Reaction and Revolution in the Second Republic 1931-1936* [Antecedentes da Guerra Civil Espanhola: reforma, reação e revolução na Segunda República 1931-1936]. Nova York: Barnes & Noble Books, 1978, caps. 3-7; FONTANA, Josep. "La Segunda República: una esperanza frustrada" [A Segunda República: uma esperança frustrada], em *La II República: una esperanza frustrada* (Atas da conferência sobre a República Espanhola, abr. 1986, Valência). Alfons el Magnànim, Institució Valenciana d'Estudis i Investigació, 1987, pp. 9-22; e TUÑÓN DE LARA, Manuel. "Crisis de la Segunda República?" [Crise da Segunda República?], em *La II República: una esperanza frustrada*, pp. 23-36.

As eleições de fevereiro de 1936 levaram ao poder um governo da Frente Popular que incluía em seu programa a libertação de presos políticos e a mudança deliberada para uma sociedade mais igualitária. Entretanto, a coalizão por trás da Frente Popular era, na melhor das hipóteses, tênue. A lista de candidatos refletia a pressa com que a aliança foi formada, com uma plataforma que era muito mais uma "aceitação do programa republicano pelos partidos dos trabalhadores" do que um compromisso entre os distintos pontos de vista existentes no interior da aliança.[2] O que unia os diferentes grupos era algo de natureza negativa, ou seja, o desejo de derrotar os grupos de centro-direita. Mas a vitória da esquerda dependia do apoio de um eleitorado operário consideravelmente mais revolucionário, unido pela lembrança da luta conjunta durante os levantes em Astúrias, em particular em 1934.[3]

As eleições revelaram e mascararam as profundas divisões no país. Partidos de esquerda, juntos, haviam vencido — por muito pouco — os da direita. Os partidos de centro tiveram uma queda notável em número de apoiadores. A Espanha estava cada vez mais polarizada, mas o sistema eleitoral constituiu um parlamento — as Cortes — com uma forte maioria de centro-esquerda.

Os limites dessa situação se manifestaram nos meses que se seguiram. Ainda que a coalizão da Frente Popular

---

2. BROUÉ, Pierre & TÉMIME, Emile. *The Revolution and the Civil War in Spain* [A revolução e a Guerra Civil Espanhola]. Cambridge: MIT Press, 1970, pp. 75-8. Ver também JACKSON, Gabriel. "The Spanish Popular Front, 1934-37" [A Frente Popular espanhola, 1934-37], em *Journal of Contemporary History*, n. 5, 1970, pp. 21; 28; e PAYNE, Stanley. *The Spanish Revolution* [A revolução espanhola]. Nova York: 1970.
3. Para mais informações sobre essas lutas, ver SHUBERT, Adrian. *The Road to Revolution in Spain: The Coal Miners of Asturias, 1860-1934* [A estrada para a revolução na Espanha: mineiros de carvão de Astúrias, 1860-1934]. Urbana: University of Illinois Press, 1987; BRENAN, *The Spanish Labyrinth*, pp. 284-94; e PEIRATS, José. *La CNT en la revolución española* [A CNT na revolução espanhola], v. 1. Paris: Ruedo Ibérico, 1971, pp. 93-104.

tenha ganhado a eleição, nem socialistas nem anarquistas aceitariam cargos num governo que, segundo eles, continuava sendo "burguês". O novo governo republicano tentou promover um programa de reformas liberais, que incluía a reforma agrária e a recuperação das políticas regionais, a reforma do Exército e da educação e também a secularização da sociedade, pautas que haviam preconizado o governo republicano-socialista de 1931-1933. Enquanto isso, operários e camponeses organizaram esforços para empreender transformações mais revolucionárias, expropriando latifúndios na Extremadura e na Andaluzia e fazendo greves e paralisações nas áreas urbanas industriais. Assassinatos tanto na esquerda quanto na direita contribuíram para a atmosfera de crescente agitação social.[4] Assim, quando os generais Franco, Mola, Quiepo de Llano e Goded encabeçaram uma tentativa de golpe militar nos dias 17 e 18 de julho de 1936, poucas pessoas se surpreenderam. Os vínculos que uniam a sociedade já estavam bastante frágeis.

Rebelião e revolução

As organizações operárias estavam esperando o golpe havia muito tempo. Muitas das pessoas com que conversei, homens e mulheres, contaram que, durante a semana anterior à sublevação, dormiam nos sindicatos para estar preparados para pegar em armas quando fosse necessário. O governo, entre-

---

[4] FRASER, Ronald. *Blood of Spain: An Oral History of the Spanish Civil War* [Sangue da Espanha: uma história oral da Guerra Civil Espanhola]. Nova York: Pantheon, 1979, pp. 83-104; 513-74; BOOKCHIN, *The Spanish Anarchists*, caps. 9-10. Sobre a reforma agrária, ver MALEFAKIS, *Agrarian Reform and Peasant Revolution in Spain*; e MALEFAKIS, "El problema agrario y la República" [O problema agrário e a República], em *La II República: una esperanza frustrada*, pp. 37-48.

tanto, estava mal preparado. Tanto o governo nacional como o catalão se recusaram a ceder às demandas da UGT e da CNT de armar os trabalhadores, com medo de que pudessem se levantar contra a República espanhola em vez de defendê-la do golpe militar. Ainda assim, quando os quatro generais se revoltaram — no Marrocos, no dia 17, e na península, dia 18 —, a resposta da população foi rápida e contundente, sobretudo nas áreas com grande número de trabalhadores sindicalizados, como Catalunha, Madri e Astúrias. Mulheres e homens, meninas e meninos tomaram de assalto os quartéis para pegar as armas e munições que lhes tinham sido negadas pelo governo. O povo tomou as ruas com aquilo que pôde encontrar e enfrentou o Exército rebelde.

Nas semanas e meses seguintes, ativistas anarquistas e socialistas se apoiaram sobre as experiências prévias que haviam tido em sindicatos, grupos comunitários e centros culturais e educacionais para mobilizar milhões de pessoas e ganhar o controle de vastas áreas da economia e da sociedade. Especialmente nas regiões onde os anarquistas eram mais fortes, como na Catalunha, os operários tomaram fábricas e outros locais de trabalho. Nas áreas rurais, as organizações trabalhadoras expropriaram grandes fazendas, pequenos proprietários comunalizaram suas terras e seu gado, e municípios instituíram um novo sistema cooperativo de cultivo. Logo, milhares de pessoas estavam vivendo ou trabalhando em coletivos (rurais e urbanos) anarquistas ou socialistas, comercializando por meio de cooperativas e reestruturando suas relações interpessoais.

Os testemunhos dos participantes desses eventos talvez possam nos dar uma ideia do entusiasmo que pairava sobre a militância. Pela primeira vez, um grande número de trabalhadores se sentiu no comando de seu próprio mundo, participantes num processo total de transformação. Como Pepita Carpena (que tinha quinze anos na época) descreveu,

> Grandes feitos aconteceram na Espanha. [...] É uma experiência que precisa ser vivida para ser compreendida. Eu via como os companheiros criavam os coletivos, organizavam a socialização, responsabilizavam-se sem nenhum benefício próprio, trabalhavam para que o povo tivesse o que precisava. [...] Quando eu tinha catorze e quinze anos, tive experiências que ficariam comigo por toda a vida. O florescimento de ideias que eram transformadas em realidade. [...] Mesmo que eu tivesse morrido, não escolheria não ter vivido essa experiência.[5]

Milhares de pessoas se envolveram nos eventos dos primeiros dias. Enrique Cassañes participou com seus amigos da FIJL do assalto ao arsenal de San Andrés, acompanhado de outros militantes anarquistas, para conseguir armas e sufocar a rebelião militar. Sua mãe, Cristina Piera, acordou nesse dia com o barulho das sirenes e seguiu a multidão até os quartéis. Foram as organizações sindicais que fizerem soar os alarmes para avisar que a rebelião havia começado e para convocar a população à greve geral. A história de Cristina é provavelmente bem típica entre as pessoas que não eram militantes de nenhum movimento social, mas que se viram imersas no entusiamo popular: "Levantei pela manhã e ouvi que as pessoas estavam entrando no quartel. [...] Fui para lá, quando cheguei todos já estavam ali, peguei uma pistola e dois carregadores, o que pude. Todos pegavam armas".[6]

Soledad Estorach e quatro ou cinco integrantes de um grupo feminino de Barcelona estavam reunidas na noite

---

5. Pepita Carpena, entrevista, Montpellier (França), 30 dez. 1981.
6. Cristina Piera, entrevista, Badalona, 6 ago. 1981.

de 18 de julho num quarto emprestado pelo sindicato dos construtores, na Rua de Mercaders, atrás da Via Layetana, no centro de Barcelona. Marianet (Mariano Vázquez) e o restante do "alto-comando" da CNT haviam partido para participar do assalto ao quartel de Atarazanas, no final das Ramblas. "Eles nos deixaram ali sozinhas às cinco horas da manhã, quando as sirenes começaram a tocar. Havia gente por toda a Plaza de Macià, e todos foram pegar armas — porque a Generalitat,[7] até aquele momento, recusava-se a armar as pessoas. Também me uni à massa por um tempo", disse.

Ainda cedo pela manhã, ela voltou ao sindicato com o restante de suas companheiras.

> Escutávamos disparos para todo lado... foi bem assustador. Não sabíamos o que estava acontecendo ou o que deveríamos fazer. Pensamos que, se o pior acontecesse, e os companheiros não tivessem sucesso em Atarazanas, podíamos nos refugiar. Então fomos até a Casa Cambó, um dos prédios mais bonitos em Barcelona, na Via Layetana. Tínhamos uma pistola pequena e alguns pedaços de pau. Havia uma construção no outro lado da rua e um monte de escombros e tijolos ao redor. Pegamos aquilo para fazer barricadas, então levamos alguns para dentro, para fortificar o prédio. O porteiro foi muito gentil: deixou-nos entrar, mas disse para não sujarmos o elevador, senão ele podia perder o emprego. Então levamos todas as coisas para o andar de cima e fizemos barricadas e fortificações. Quando os companheiros voltaram — vitoriosos, é claro — e viram que o prédio era muito bonito, resolveram tomá-lo como a Casa CNT-FAI.[8]

---

7. Generalitat de Catalunya é a maneira como os catalães se referem ao governo da Catalunha. [N.E.]
8. Soledad Estorach, entrevista, Paris, 4 jan. 1982.

Depois, Soledad falou sobre as horas e os dias seguintes e sobre o papel que as mulheres tiveram na resposta à rebelião: "A coisa mais importante que as mulheres fizeram — além, é claro, de todos os atos heroicos que realizaram com todo mundo que participava — foi subir nos telhados dos edifícios com megafones de papel e chamar os soldados para que viessem para nosso lado, para que tirassem o uniforme e se juntassem ao povo".

Enriqueta Rovira, que tinha por volta de vinte anos, estava de férias com amigos em Blanes, na Costa Brava.[9] Companheiros do comitê em Barcelona telefonaram para o comitê em Blanes para avisar do que estava acontecendo, e Enriqueta pegou o primeiro trem de volta para a cidade.

> O foco da ação foi o centro de Barcelona. Consegui uma pistola. Eu nunca tinha tocado numa arma, nem de brinquedo, minha mãe não gostava disso, mas eles me deram uma pistola, e eu estava pronta para usá-la. Mas logo eles disseram que não, que aquele não era lugar para uma mulher. Eu não sabia usar a arma, e havia alguns companheiros desarmados. Então me mandaram, junto com todas as outras mulheres e crianças, construir barricadas. Também cuidamos das provisões. Em cada bairro, as mulheres se responsabilizaram para que não faltasse alimento para os homens. Todo mundo fazia sua parte.[10]

Rebelião revolucionária: as milícias

Ainda assim, algumas mulheres empunharam armas e inclusive participaram de milícias populares. Por exemplo, Concha

---

9. Nome turístico de um trecho de duzentos quilômetros do litoral catalão, na província de Girona. [N.E.]
10. Enriqueta Fernández Rovira, entrevista, Castellnaudary (França), 29 dez. 1981.

Pérez, filha de um militante anarquista, começou seu ativismo aos catorze anos, quando se juntou a um grupo anarquista e ao Ateneo Libertario Faros, no centro da cidade. Pouco tempo depois, ajudou a organizar um grupo das Juventudes, e então ela e outros voltaram sua atenção ao seu bairro, Les Corts, e criaram ali um *ateneo*, que batizaram de Humanidad. Logo organizaram também um grupo da FAI, Inquietud, ao qual pertenceram Félix Carrasquer e sua companheira, Matilde Escuder, e criaram uma escola racionalista, a Eliseo Reclus. Esses anos foram repletos de atividades intensas para Concha, incluindo alguns meses passados na prisão pela participação nos levantes de janeiro e dezembro de 1934. Porém, as semanas e os meses anteriores à rebelião dos generais, em julho de 1936, representaram para ela um nível completamente distinto de envolvimento com "as ideias". Um mês antes da rebelião, todos já estavam em alerta: "Sabíamos que era quase certo, haveria uma tentativa de golpe de Estado, e estávamos em alerta". Durante a última semana antes da revolta, a tensão estava elevada, e a vida cotidiana, particularmente intensa: "Nos encontrávamos todas as noites, prontos para a ação, até que nos avisassem de que havia tiroteios nas ruas". Logo veio o chamado, e era a hora de agir. "Disseram-nos para conseguir colchões, porque estávamos todos dormindo no chão do lugar onde estávamos ficando." Aonde foram? Aos bordéis! Reuniram colchões, levaram e os colocaram no chão. Eles ficaram de guarda por dois dias, dormindo no chão em turnos e enfrentando os franco-atiradores.

> Logo veio o aviso de que em Pedralbes as pessoas estavam nas ruas, armadas. Então pegamos um caminhão que havia ali, cobrimos com os colchões e com as poucas armas que tínhamos (eu tinha uma pequena pistola) e fomos assaltar o quartel. Quando chegamos ali, vimos companheiros que vinham de

Sants. Enchemos o caminhão com armas — fizemos duas viagens —, carregando-as para o bairro. Ficamos ali por alguns dias [...] libertamos os prisioneiros da Prisão Modelo.

Depois de alguns dias de luta nas ruas de Barcelona, voltaram para Pedralbes, "e ali nos concentramos para ir até o front".[11]

A história de Concha exemplifica o comentário de Mary Nash sobre o "perfil típico da miliciana [...] uma mulher jovem, com laços políticos, familiares ou emocionais com os companheiros nas milícias. Elas eram motivadas pela consciência social e política".[12] Essa consciência era o fator-chave que diferenciava as milícias de um exército tradicional. Como apontou H. E. Kaminski, "a milícia é um grupo armado que tem consciência de fazer a guerra civil não por valores abstratos, nem pela conquista de territórios, muito menos pela conquista de colônias, [...] mas pela existência pessoal de cada um". Seu propósito é "defender a Revolução".[13]

Concha foi uma das poucas mulheres que realmente lutaram no front, mas muitos outros — mulheres e homens — responderam ao chamado inicial de defender a República e, especificamente, a revolução e de formar as milícias. Assim as descreveu Kaminski: "A primeira impressão que um estrangeiro tem da Catalunha é a milícia. É possível vê-la por todas as partes, com seus uniformes variados e suas insígnias multi-

---

11. Concha Pérez, entrevista, Barcelona, 3 mai. 1988.
12. NASH, Mary. "Las mujeres en la guerra civil" [As mulheres na guerra civil], texto introdutório do catálogo da exposição *Las Mujeres en la Guerra Civil. Salamanca, 1989.* Madri: Ministerio de Cultura, Dirección General de Bellas Artes y Archivos, 1989, p. 27. Ver também NASH, Mary. *Defying Male Civilization: Women in the Spanish Civil War* [Desafiando a civilização masculina: mulheres na Guerra Civil Espanhola]. Denver: Arden Press, 1995, pp. 105-6.
13. KAMINSKI, Hanns-Erich. *Los de Barcelona* [Os barcelonetas]. Barcelona: Ediciones del Cotal, 1976, pp. 197-8.

coloridas. Seria possível fazer os livros ilustrados mais pitorescos com os retratos dos milicianos e das milicianas".[14]

Depois de vários dias em Pedralbes, Concha partiu para o front de Aragão com o grupo de Les Corts, no qual ia também seu companheiro. Nos primeiros dias de luta, poucas mulheres chegaram realmente a pegar em armas; muitas das que estiveram nos fronts atuavam como "pessoal de apoio", ocupando-se das "tarefas femininas tradicionais, como cozinhar, costurar e limpar".[15] Entretanto, algumas milicianas — Concha Pérez, Rosario Sánchez, Casilda Méndez, Pepita Vázquez Núñes, entre outras — atuaram "como homens". No front, designada à Coluna Hilario Zamora, Concha foi enviada a Azaila e chegou a participar do primeiro ataque ("desastroso") a Belchite. Ela conta que "eles nunca me trataram de maneira diferente ou me mantinham apartada do grupo. [...] Havia verdadeiramente muito respeito. [...] Ajudávamos os homens em tudo o que não podiam fazer. E, além disso, atuávamos como milicianas, ficávamos de guarda". Antes do ataque a Belchite, Concha fez parte de uma patrulha de reconhecimento, "andando não sei quantos quilômetros. Eu calçava alpargatas e fiquei descalça pelo caminho".[16]

---

14. KAMINSKI, *Los de Barcelona*, pp. 195-6.
15. KAMINSKI, *Los de Barcelona*, p. 210. Ver também NASH, *Defying Male Civilization*, pp. 108-9.
16. Concha Pérez, entrevista, Barcelona, 3 mai. 1988. Ver também MARÍN, Dolors. "Concha Pérez, algo más que una miliciana" [Concha Pérez, mais que uma miliciana], em STROBL, Ingrid. *Partisanas: la mujer en la resistencia armada contra el fascismo y la ocupación alemana (1936-1945)* [Partisanas: a mulher na resistência armada contra o fascismo e a ocupação alemã]. Barcelona: Virus, 1996, pp. 354-6. Ver também ABERASTURI, Luis María Jiménez de. *Casilda, miliciana: historia de un sentimiento* [Casilda, miliciana: história de um sentimento]. San Sebastián: Txertoa, 1985; e MASSOT I MUNTANER, Josep. "Diari d'una miliciana" [Diário de uma miliciana], em *El desembarcament de Bayo a Mallorca, agost-setembre de 1936* [O desembarque de Bayo a Mallorca, agosto-setembro de 1936]. Barcelona: Publicacions de l'Abadia de Montserrat, 1987.

Concha esteve no front de Aragão durante vários meses, até que chegaram notícias sobre a militarização das milícias. Nesse momento, decidiu ir embora, e voltou a Barcelona em novembro de 1936. Mas a vida civil pareceu-lhe vazia depois da intensidade vivida na frente de batalha. "Aqui [em Barcelona] não encontrava nada para mim, fiquei um pouco desmoralizada." Assim, ao encontrar companheiros que estavam de licença e que iriam a Huesca, decidiu voltar com eles para o front, onde se uniu a um grupo italiano das Brigadas Internacionais, o grupo Carlo Roselli. Os víveres eram extremamente escassos, e as condições de vida, miseráveis. "Pegamos sarna porque vivíamos em condições muito ruins. Não trocávamos de roupa, vivíamos em cima da palha. Tiveram que nos enviar à retaguarda. Então me dei conta de que podia fazer um trabalho melhor em Barcelona." Ao voltar a Barcelona, encontrou trabalho numa fábrica de armamento, onde se afiliou ao comitê de trabalhadores até o fim do conflito.

Ainda que Concha e outras mulheres tenham lutado lado a lado com homens — algumas permaneceram nos fronts até muito tempo depois da militarização —, parece claro que as milicianas nunca foram plenamente aceitas pela maioria dos elementos da sociedade, inclusive nos círculos revolucionários.[17] Fotos de milicianas nas linhas de frente apareceram em cartazes e na imprensa, principalmente nas primeiras semanas de guerra, mas a realidade das mulheres soldados provou-se mais difícil de aceitar. Mary Nash argumenta que, "ainda que uma mulher estivesse armada, não era encorajada a empunhar [a arma] como um soldado; na verdade, as milicianas não são um exemplo representativo da resistência feminina durante a guerra civil", que, na maioria dos casos, estava centrada em atividades em outro front, o do lar.[18] A imagem da miliciana tinha como propósito es-

---

17. Ver NASH, "Las mujeres en la guerra civil", pp. 25-7.
18. Ver NASH, *Defying Male Civilization*, p. 101.

timular a mobilização popular, mas, passado o entusiasmo dos primeiros dias e das primeiras semanas da revolução, a maioria das organizações de mulheres parecia ser partidária do seguinte slogan: "Homens no front, mulheres no trabalho."

O que explica esse retrocesso no entusiasmo pela participação feminina que marcou os primeiros dias? Mary Nash afirma que, com poucas exceções, nem a população nem as organizações revolucionárias estavam preparadas para esse desafio tão extraordinário à divisão tradicional de papéis. Quando ficou claro que aquilo era uma guerra e que era necessário lutar, quase nenhuma organização estava preparada para sustentar que as mulheres deveriam participar dos combates em pé de igualdade com os homens. No front do lar, sim, ali as contribuições das mulheres eram aceitáveis, quando não essenciais; mas nas frentes de batalha, não.[19]

Na verdade, quase desde o princípio houve esforços para distanciar a mulher do front. Essas tentativas se intensificaram quando a rebelião se transformou em uma guerra em grande escala, e é possível dizer que a militarização foi acompanhada de uma campanha de desdém contra as milicianas. Nas palavras de Mary Nash: "Em seguida, começou um movimento de descrédito da figura da miliciana, e a atitude inicial de entusiasmo popular passou a um tom mais crítico, inclusive de zombaria, que, surpreendentemente, nunca foi contestado abertamente pelas organizações femininas".[20] Em

---

19. Inclusive Mika Etchebéhère, que ocupou um cargo de comando no Exército da República durante a maior parte da guerra, reconheceu que as mulheres nos fronts eram claramente consideradas anomalias, e que inclusive ela mesma tinha de parecer "superforte" e não mostrar nenhum traço de fragilidade. Ver STROBL, *Partisanas*, pp. 47-8; Rosario Sánchez (outra miliciana, de afiliação socialista) manifestou ter passado por uma situação similar, p. 72. Ver também as memórias de ETCHEBÉHÈRE. *Ma Guerre d'Espagne à moi* [Minha guerra espanhola]. Paris: Denöel, 1976.
20. NASH, "Las mujeres en la guerra civil", p. 27; ver também *Defying Male Civilization*, pp. 109-12.

alguns lugares, e na maior parte da imprensa, as milicianas foram acusadas de terem ido aos fronts com o único propósito de se prostituírem e, assim, terem comprometido a saúde e o moral dos homens.[21] Algumas organizações de mulheres e sobretudo a imprensa comunista se dedicaram a desenvolver uma postura clara, que pregava que o lugar das mulheres não era na linha de frente, mas no trabalho na retaguarda.[22] No melhor dos casos, tais argumentos se inspiravam nos estereótipos de gênero tradicionais, ao sustentar que as mulheres eram menos aptas para a ação militar e que serviriam melhor à causa ocupando os postos que os homens deixavam vagos ao irem para a guerra.

De fato, como veremos no capítulo 5, a resposta da Mulheres Livres foi um pouco mais ambígua. Nem na revista nem nos artigos de suas militantes a organização se opôs diretamente à retirada das mulheres do front, mas a publicação contava regularmente com textos apontando a participação feminina tanto nas lutas dos primeiros dias como nas milícias. Como exemplo, a edição número 13 da revista *Mujeres Libres* continha o artigo "La capitana de Somosierra" [A capitã de Somosierra], no qual se narra a história de Pepita Vázquez Núñez, miliciana que esteve no front desde o princípio.[23]

---

21. Ver NASH, *Defying Male Civilization*, pp. 112-6.
22. Ver, por exemplo, comitê local: "A les dones de Catalunya: organitzem els grups de Reraguarda!" [As mulheres da Catalunha: organizem grupos de retaguarda], em *Treball*, 12 set. 1936, citado em NASH, *Defying Male Civilization*, p. 214.
23. "La capitana de Somosierra" [A capitã de Somosierra], em *Mujeres Libres*, n. 13, outono de 1938. Ver também "Nuestro sentido humano" [Nosso sentido humano], em *Mujeres Libres*, n. 5, dia 65 da Revolução, out. 1936: "Destacamos o braço forte da mulher que carrega um fuzil"; ou a capa de *Mujeres Libres*, n. 7, oitavo mês da Revolução, que proclamava: "Com o trabalho e as armas defenderemos as mulheres e a liberdade do povo." De modo similar, "La Lucha en Barcelona" [A luta em Barcelona], em *Mujeres Libres*, n. 10, segundo ano da Revolução, tratava com entusiasmo das proezas das "camaradas Concha e Palmira, e da *compañerita* Pilar Negrete", que lutaram em Barcelona durante os primeiros dias de guerra.

Especialmente interessante é o tom quase apologético de muitos desses artigos, como se fossem conscientes de que a participação das mulheres nas ações de guerra seria vista, no melhor dos casos, com ceticismo. Assim, por exemplo, um artigo da revista *Mujeres Libres* de outubro de 1936 afirmava: "Não é nossa culpa se não pudemos conter, com delicadeza feminina ou razão humanitária, agressores organizados para nos exterminar, com canhões, metralhadoras, bombas e fuzis. Estamos lutando pela vida e não é nossa culpa se, nessa luta, temos de lidar com a morte".[24]

Assim, ainda que algumas mulheres permanecessem nas frentes de batalha, a maioria optou por ou foi obrigada a voltar à vida civil e a continuar suas atividades no lar. Lá havia muito a fazer. E, como veremos, a Mulheres Livres dedicaria grande parte de seus esforços a apoiar a militância revolucionária nesse campo.

Revolução popular e coletivização

Uma revolução popular massiva seguiu-se aos impetuosos primeiros dias, tanto nas zonas rurais como nas industriais e urbanas. Uma vez reprimida a rebelião em algumas das principais cidades e estabelecidas as frentes de batalha, ficou claro que haveria uma guerra civil. O vazio político que resultou dessa situação requereu e possibilitou de uma só vez a experimentação social em grande escala. De algum modo a ordem social devia ser restabelecida e a economia, mantida, inclusive sob um novo sistema administrativo — o que era necessário,

---

24. "Nuestro sentido humano"; ver também "Las mujeres en los primeros días de lucha" [As mulheres nos primeiros dias de luta], em *Mujeres Libres*, n. 10, segundo ano da Revolução. E "Mujer de Iberia" [Mulher ibérica], em *Mujeres Libres*, n. 12, mai. 1938.

porque os proprietários de terras e os industriais tinham fugido para as áreas controladas pelos rebeldes.

Os operários industriais da Catalunha responderam à rebelião tomando as fábricas e dirigindo-as de acordo com diferentes tipos de "controle operário". Em muitas das áreas rurais, os camponeses assumiram as terras dos proprietários absentistas, e os pequenos proprietários destinaram suas terras e animais para cooperativas e coletivos agrícolas. Municípios de toda a Espanha republicana instauraram novos sistemas de gestão de obras públicas, transportes e distribuição de alimentos e outros itens de primeira necessidade. E, durante um tempo, a milícia substituiu o Exército, as "patrulhas" locais substituíram a polícia, e os tribunais populares tomaram o lugar do sistema de justiça penal.[25]

Nem toda coletivização foi voluntária, nem aconteceu em toda a Espanha republicana: predominaram nas zonas industriais da Catalunha e de Valência e nas áreas rurais de Aragão e Valência, e em menor grau nas zonas rurais de Castela e da Catalunha. Nem todas as coletivizações tiveram inspiração anarquista. Os socialistas coletivizaram propriedades em algumas regiões, especialmente no centro do país, e na Catalunha muitas fazendas foram coletivizadas pela Unió de Rabassaires i Altres Cultivadors del Camp de Catalunya [União de arrendatários e outros cultivadores do campo da Catalunha]. Mas a iniciativa tinha origens num nível local, mesmo que te-

---

[25]. ORWELL, George. *Homage to Catalonia*. Boston: Beacon Press, 1955, caps. 3-6 [Ed. bras.: *Lutando na Espanha: Homenagem à Catalunha, Recordando a Guerra Civil Espanhola e outros escritos*. Rio de Janeiro: Globo, 2006]. O estudo mais completo e recente sobre a coletivização é o de BERNECKER, Walther L. *Colectividades y revolución social: el anarquismo en la Guerra Civil Española, 1936-1939* [Coletividades e revolução social: o anarquismo na Guerra Civil Espanhola]. Barcelona: Crítica, 1982; ver também BOSCH, Aurora. *Colectivistas (1936-1939)* [Coletivistas (1936-1939)]. Valência: Almudín, 1980; e "Las colectivizaciones: estado de la cuestión e aspectos regionales" [As coletivizações: estado da questão e aspectos regionais], em *La II República*, pp. 147-68.

nha sido reforçada, em muitos casos, pela pressão das colunas anarquistas estabelecidas nos arredores.

Os anos de participação nas lutas sindicais e a atenção dada ao problema da coordenação alertaram os ativistas nas cidades para a necessidade de cooperação com seus companheiros das outras indústrias e também do campo. Uma das necessidades imediatas foi a alimentação. Como coloca o historiador anarquista José Peirats, que era jovem na época do estopim da guerra,

> nós nos demos conta de que talvez faltasse comida, já que tudo estava fechado por causa da greve, e que sem se alimentar talvez as pessoas não apoiassem a revolução. Então montamos centros de distribuição com aquilo que tínhamos disponível. Nós mesmos enchíamos os caminhões com utensílios de cozinha, bens manufaturados e artigos domésticos, e íamos ao campo fazer a troca desses produtos por alimentos.[26]

A descrição de Soledad Estorach, que também participou dessas atividades, revela outra face do fervor revolucionário.

> Solicitamos ao movimento os grandes cinemas e os transformamos em restaurantes populares. De onde tirávamos a comida? De onde conseguíssemos! Pedíamos às mercearias, e os pobres comerciantes tinham de nos dar tudo o que tinham. Eles não gostavam muito, é claro. Alguns se queixavam de que nós os estávamos arruinando, mas não era possível evitar, eram os primeiros dias da revolução, tínhamos de conseguir comida para as pessoas. Depois íamos com caminhões aos grandes mercados e pegávamos comida de lá.[27]

---

26. José Peirats, entrevista, Montady (França), 22 jan. 1979. Comparar com KROPOTKIN, *The Conquest of Bread*.
27. Soledad Estorach, entrevista, Paris, 4 jan. 1982.

Os sinais da transformação social estavam por todos os lados. Edifícios públicos e privados foram expropriados e enfeitados com bandeiras da UGT e da CNT, assim como os táxis e os bondes foram pintados com as insígnias dessas duas instituições. Cinemas foram transformados em restaurantes públicos. George Orwell, que visitou Barcelona pela primeira vez em dezembro de 1936, relatou que, "aparentemente, era uma cidade em que as classes endinheiradas tinham deixado de existir".[28]

As energias criativas encontraram formas de expressão para todos os gostos. Os militantes descobriram que podiam concretizar ideias com as quais tinham sonhado durante anos. Soledad, por exemplo, era fascinada por livros havia muito tempo. Ainda que o precário salário que ganhava como operária têxtil fosse suficiente apenas para manter a subsistência da família, ela não tinha se esquecido de seu objetivo de obter educação e "ver o mundo". Não tardou a se unir aos companheiros das Juventudes e começar a realizar esse sonho. "Começamos a Universidad Popular. Tomamos um convento francês muito bonito e pegamos livros de toda a cidade. Fiquei extasiada com os livros. Os companheiros eram mais cultos que eu, então escolheram os livros. Eu teria pegado todos eles!"[29]

A revolução transformou profundamente a educação. Na Catalunha, no dia 27 de julho de 1936, foi criado o Consell de l'Escola Nova Unificada [Conselho da escola nova unificada] (CENU). Seus objetivos eram bastante radicais: proporcionar educação pública e gratuita para todos, da básica à superior, inclusive a Universidad Obrera e a Universidad Autónoma de Barcelona. Seus propósitos eram muito influenciados pela teoria educacional anarquista, e na organização e no funcionamento os educadores anarquistas ocupavam um lugar de

---

28. ORWELL, *Homage to Catalonia*, p. 5.
29. Soledad Estorach, entrevista, Paris, 6 jan. 1982.

destaque. Juan Puig Elías, por exemplo, presidente do departamento de cultura da CNT e diretor da Escola Natura, foi presidente do comitê executivo do CENU. O texto do decreto que promulgava sua criação nos dá uma ideia da natureza do órgão: "Está na hora de uma nova escola, inspirada nos princípios racionalistas de trabalho e fraternidade, que irão criar uma nova vida escolar, inspirada no sentimento universal de solidariedade, de acordo com as preocupações da sociedade e com a eliminação de todas as formas de privilégio".[30]

Emma Goldman, convidada pela CNT para visitar a Espanha e sua revolução, ficou fascinada pela experiência, particularmente nesses estágios iniciais. Mesmo antes de ir ao país pela primeira vez, em setembro de 1936, ela escreveu a amigos que era justamente o aspecto construtivo da revolução que lhe parecera mais importante. "Pela primeira vez nossos companheiros não estão apenas lutando contra um inimigo comum. Estão comprometidos em construir algo. Estão expressando concretamente o pensamento de nosso grande professor Mikhail Bakunin, de que o espírito da destruição é também o da construção."[31] Quando ela chegou a Barcelona, não se desapontou. Escreveu a Rudolf e Milly Rocker: "Já visitei todas as indústrias que estão sob controle da CNT, geridas pelos próprios trabalhadores: as ferroviárias, de transportes, de petróleo e gás, de aviação e algumas têxteis. É impressionante ver como tudo funciona bem. Fiquei especialmente impressionada com os camponeses de uma vila coletivizada. Nunca pensei que houvesse tanta inteligência entre os camponeses".[32]

---

30. "Decret: Creació del Consell de l'Escola Nova Unificada", 27 jul. 1936, reproduzido em PEIRATS, *La CNT en la revolución española*, v. 1, p. 191.
31. Emma Goldman, correspondência para um amigo, 9 set. 1936, NYPL-EG.
32. Emma Goldman a Rudolf e Milly, 1º out. 1936; ver também Emma Goldman a Stella (Ballantine), 19 set. 1936, NYPL-EG.

Os sentimentos de empoderamento — ou de possibilidade — que acompanharam a participação nessas atividades permaneceram com seus membros durante anos. Como se lembra Enriqueta Rovira, "o que sentíamos era algo muito especial, muito bonito. Era um sentimento... como dizer? De poder, não no sentido de dominação, mas no de sentir que as coisas estavam sob nosso controle. De possibilidade. Um sentimento de que, juntos, poderíamos fazer alguma coisa".[33]

Coletivização industrial

As estruturas de organização operária preexistentes possibilitaram aos trabalhadores assumir o controle da maior parte da economia industrial, sobretudo na Catalunha. Ao mesmo tempo, porém, essas estruturas definiram e limitaram quem participaria mais ativamente da tomada de controle dos meios de produção.

Em Barcelona e nos arredores, as organizações sindicais coletivizaram praticamente toda a produção: de barbearias a fábricas têxteis, de geração de energia a padarias, de extração madeireira à venda de móveis. Comitês foram formados nas fábricas para dirigir a produção e se articular com outras unidades do mesmo setor industrial. As organizações sindicais coordenaram tanto a produção como a distribuição de produtos manufaturados, atividade que implicava diferentes indústrias e regiões. Em alguns desses segmentos — madeira, cabeleireiros e panificação, por exemplo —, a reorganização significou não apenas mudanças na direção, mas também o fechamento de lojas e oficinas pequenas e mal equipadas, para a construção de locais de trabalho maiores, e o desenvolvimento de técnicas produtivas mais eficazes. Os sindicatos dos ramos de edificação e madeireiro, por exemplo, coorde-

---

[33]. Enriqueta Fernández Rovira, entrevista, Castelnaudary (França), 28 dez. 1981.

naram toda a produção e a distribuição de produtos, desde a extração nos bosques até as lojas de móveis. Além disso, construíram um centro recreativo com piscina na Rua de Tapiolas, perto de um dos novos centros de trabalho em Barcelona. Também tomaram uma igreja da redondeza para servir de creche e escola para os filhos dos trabalhadores.[34] Na Catalunha, um comitê conjunto CNT-UGT tomou o controle operacional de todas as centrais de energia, criando um comitê central de controle operário de gás e eletricidade que reorganizou as relações de produção e os salários, coordenou a distribuição e a troca de recursos energéticos com outras partes do país e, inclusive, tentou comprar carvão da Alemanha — ocultando a identidade dos compradores, é claro.[35]

Na maioria das indústrias coletivizadas, as assembleias gerais de trabalhadores decidiam a política a ser seguida, e os comitês eleitos se ocupavam dos assuntos do dia a dia. Nos coletivos industriais, muitas das tarefas eram executadas pelos comitês de fábrica. Antes da guerra, já haviam existido co-

---

34. Eduardo Pons Prades me acompanhou até o número 10 da Rua de Tapiolas, em Barcelona, e me explicou o que restava da fábrica e do centro recreativo. É possível encontrar informações sobre os sindicatos da construção em AHN/SGC-S, P.S. Barcelona: 1411, 1419, 628, 174, 855, 889 e 1323; ver *Memoria del primer congreso regional de sindicatos de la Industria de la edificación, madera y decoración de Cataluña, celebrado en Barcelona, los días 26, 27 y 28 de junio de 1937* [Memória do primeiro congresso regional de sindicatos da indústria de edificação, madeira e decoração da Catalunha, ocorrido em Barcelona, de 26-28 de junho de 1937] (CNT-AIT, s.p., s.f.), AMB A.M. entid. 259-4.8; *Memoria del primer congreso de sindicatos de la industria de la edificación, madera y decoración*, CNT, València, 1937; *Memoria del primer pleno de comarcales de la industria de la edificación, madera y decoración de Cataluña, celebrado los días 5, 6, 7 de marzo de 1938 en Barcelona* [Memória do primeiro pleno de comarcas da indústria de edificação, madeira e decoração] (AHN/SGC-S, seção propaganda, n. 242). Sou muito grata a Rafael Pujol por haver me proporcionado cópias das atas dos comitês locais, pasta 108, documentos 882 e 883.
35. É possível encontrar as atas dessas reuniões em AHN/SGC-S, P.S. Barcelona: 182: 29 set. 1936 (salário unificado); 20 out. 1936 (disciplina operária); 23-30 out. 1936 (tentativas de compra de carvão da Alemanha).

mitês de trabalhadores em todas as indústrias sindicalizadas. A participação nesses comitês fez com que muitos operários conhecessem bem as empresas em que trabalhavam e desenvolvessem um senso de sua própria competência.[36] Esses comitês se adaptaram facilmente à situação revolucionária, coordenando e organizando a produção e — nas palavras de Dolores Prat, que havia pertencido ao comitê da fábrica onde trabalhava, em Ripoll — "cuidando para que todos trabalhassem, para que não houvesse injustiça e para que todos os trabalhadores estivessem felizes". Os comitês de empresa constituíam outro nível de organização. Eram compostos por representantes dos sindicatos e geriam a fábrica coletivizada.[37]

Nos primeiros dias da revolução, por exemplo, o conselho coordenador do sindicato têxtil de Badalona, cidade nos arredores de Barcelona, pediu aos comitês que assumissem o controle e cuidassem da produção e do rendimento. Dentro de uma semana, outro comunicado pediu aos membros que criassem um comitê central de trabalhadores em cada fábrica.[38] Esses comitês, eleitos por uma assembleia geral dos trabalhadores, com representantes de cada seção, tornaram-se as unidades básicas do "controle operário". Os comitês eram responsáveis pelos registros, delegavam tarefas dentro das

---

36. Um dos livros de atas do Sindicato Único de Metalurgia, Barcelona, CNT. A Seção Caldereros del Cobre, por exemplo, começa com um informe sobre uma reunião em 26 de setembro de 1931 e continua até dezembro de 1936. AHN/SGC-S, P.S. Barcelona: 1428.
37. Dolores Prat, entrevista, Toulouse (França), 28 abr. 1988.
38. "Copia del texto que como manifiesto lanzó a los trabajadores la Junta Central del Sindicato de Industria Fabril y Textil de Badalona y su radio el día 22 de julio de 1936, aplastado el movimiento de las Fuerzas Armadas producido el día 19 en Barcelona" [Cópia do texto que, como manifesto, lançou aos trabalhadores o comitê central do Sindicato da Indústria Fabril e Têxtil de Badalona e sua rádio, no dia 22 de julho de 1936, contido o movimento das Forças Armadas no dia 19 em Barcelona] e "Comunicado", comitê do sindicato da indústria fabril e têxtil de Badalona e sua rádio, Badalona, 29 de julho de 1936, ambos documentos da coleção de Josep Costa.

fábricas e controlavam a articulação com outras empresas e entre todo o setor industrial.

Era por meio deles que o sindicato coordenava a produção em toda a indústria têxtil.[39] Havia estruturas e procedimentos similares em outras indústrias, porém Albert Pérez Baró, que trabalhou para a Generalitat como observador dos coletivos, criticava o funcionamento prático desses comitês. Segundo ele, muitos militantes da CNT confundiam o *controle operário* com o *controle sindical* e tendiam a negar ou rechaçar qualquer conflito de interesses que pudesse surgir. Alguns desses conflitos envolviam a decisão sobre quais objetivos de produção eram designados a quais fábricas, ou sobre a regulação da competição entre elas e suas condições de trabalho, por exemplo.[40]

De maneira geral, essas estruturas se provaram extraordinariamente eficazes, não apenas em manter a produção, mas também em transformá-la, assim como as políticas de pessoal. Por exemplo, os operários têxteis que fabricavam tecidos e uniformes para as milícias desenvolveram novos processos produtivos que permitiram a substituição do algodão, que era difícil de conseguir, por fibra de cânhamo. Na gestão de pessoal, uma das mudanças implementadas na indústria têxtil coletivizada foi a abolição do trabalho remunerado por peça produzida e a incorporação à fábrica de mulheres que antes trabalhavam em casa. A CNT começou a levar a sério a sindicalização de mulheres. Além disso, ao menos em algumas áreas, os comitês operários puderam colocar em prática ideias muito arraigadas havia tempos, como o "direito ao trabalho". Dolores Prat, por exemplo, que era secretária-geral na

---

39. Josep Costa, entrevistas, 12-19 fev. 1988.
40. Pérez-Baró, entrevista, Barcelona, 14 jul. 1979. Sobre o controle operário dos bondes, ver TRAUBER, Walter. "Les Tramways de Barcelone collectivisés pendant la révolution espagnole (1936-1939)" [Os bondes coletivizados de Barcelona durante a revolução espanhola (1936-1939)], em *Bulletin d'Information F.I.E.H.S.*, n. 2, mar. 1977, pp. 8-54.

seção fabril têxtil da CNT em Ripoll, relatou que, quando diminuíram os pedidos vindos do exterior, após maio de 1937, as horas de produção foram reduzidas e se adotou uma jornada de três dias de trabalho, com as tarefas todas divididas entre os trabalhadores, que recebiam o salário-base, evitando assim o desemprego.[41]

Em muitos ramos industriais, especialmente o metalúrgico e o químico, muitas mulheres ocuparam novos postos de trabalho. Muitos sindicatos cooperaram com a Mulheres Livres para instituir programas de formação técnica para as trabalhadoras recém-inseridas no mercado. Em Barcelona e Madri, as mulheres eram a principal força de trabalho do transporte público. Muitas revistas de sindicatos da CNT dedicaram colunas a temas femininos, com o foco na integração das mulheres à força de trabalho. Além disso, ofereciam uma perspectiva que valorizava as contribuições femininas na produção fabril e nos sindicatos.[42]

Mesmo assim, não seria exato dizer que as mulheres alcançaram de fato a igualdade em relação aos homens nesses coletivos industriais. Se analisarmos qualquer critério possível de avaliação — igualdade de salário, de participação nas atividades de gestão operária ou divisão sexual do trabalho —, observamos que os coletivos ficaram muito aquém da meta da igualdade.

Em relação aos salários, por exemplo, a CNT claramente se comprometeu, na teoria, com o propósito da igualdade. Ainda que a organização tenha se comprometido com a ideia do *sueldo único* [salário único], ou seja, a uniformização do

---

41. Dolores Prat, entrevista, Toulouse (França), 28 abr. 1988.
42. Por exemplo, *Sidero-Metalurgia*, jornal do sindicato dessa indústria da CNT de Barcelona, e *Espetáculo*, revista publicada pelo sindicato do ramo do entretenimento, também da CNT de Barcelona, publicaram com frequência artigos sobre essas questões.

salário para todos que trabalhassem na mesma fábrica, isso raramente se concretizou. Os comitês de fábrica, na maioria das indústrias, mantiveram ou reintroduziram as diferenças salariais entre diferentes "níveis" de atividades, num esforço de conservar a cooperação de diretores, supervisores e pessoal técnico, ainda que tenham tentado igualar os salários entre diferentes "ex-empresas" de uma mesma indústria coletivizada.[43] Uma história que ouvi em diversas ocasiões se refere aos trabalhadores do teatro da Ópera de Barcelona. Parece que um grupo deles propôs que todos os trabalhadores, dos porteiros e contrarregras aos atores, ganhassem o mesmo salário. Os cantores concordaram, mas apenas se os porteiros e contrarregras os substituíssem num sistema de turnos, cantando quando fosse preciso. A proposta foi rapidamente abandonada.

As diferenças entre os salários de mulheres e homens também foram mantidas. Segundo Pepita Carnicer, que trabalhou durante a guerra em uma fábrica têxtil coletivizada em Igualada, município da província de Barcelona, a maioria dos trabalhadores dessa empresa era mulher, e havia três níveis salariais. Os mais altos correspondiam aos "homens responsáveis": o diretor, o contramestre e os eletricistas. O segundo nível era pago às funcionárias regulares "mães de família" — as mestras e as tecelãs. E o terceiro nível se aplicava às aprendizes.[44] Ainda que as mulheres constituíssem a maioria dos

---

43. As atas do comitê central de controle operário de gás e eletricidade, da Catalunha, por exemplo, refletem os debates frequentes que se produziram sobre a igualdade de salários nessa indústria. "Reunión del Pleno del Comité Central de Control Obrero, celebrada a las 11h15, del día 29 de septiembre de 1936..." [Reunião do Comitê Central de Controle Operário, ocorrida às 11h15, do dia 29 de setembro de 1936], AHN/SGC-S, P.S. Barcelona: 182. Ver também AHN/SGC-S, P.S. Barcelona: 626 (sobre o têxtil); e TRAUBER, "Les Tramways de Barcelone", p. 29; ver também entrevistas com Federica Montseny, Toulouse (França), 1º fev. 1979; José Peirats, Montady (Fança), 22-23 jan. 1979; Josep Costa Font, Barcelona, 12 fev. 1979; e Magi Mirabent, Barcelona, 8 fev. 1979.
44. Pepita Carnicer, entrevista, Paris, 7 jan. 1988.

empregados na indústria têxtil, continuaram desempenhando os trabalhos mais mal pagos. Os salários baixos eram justificados com o argumento de que o trabalho feminino não era tão pesado nem tão difícil como o dos homens. E a afirmação de que o trabalho "masculino" era realmente "pesado" justificava também a exclusão das mulheres dos postos de trabalho mais bem remunerados.

A situação era um pouco diferente nas áreas em que já havia certa atividade organizada por mulheres no período pré-guerra. Teresina Graells relatou que, no começo da década de 1930, um grupo de mulheres começou a se reunir no sindicato do ramo têxtil da CNT de Terrassa e conseguiu, antes da guerra, que o sindicato incluísse na pauta de reivindicações a igualdade de salários e a licença-maternidade. Esse tipo de situação, no entanto, era pouco frequente.[45]

As estruturas de participação e liderança também ficaram distantes das aspirações igualitárias. A CNT imaginava uma sociedade anarcossindicalista estruturada principalmente em torno das organizações sindicais. Ainda que a participação e a liderança nessas organizações de controle operário estivesse oficialmente aberta a todos, na prática os homens participavam com mais regularidade dos comitês de fábrica e tendiam a monopolizar as posições de liderança.[46]

Havia algumas exceções, particularmente nas indústrias maciçamente femininas. Pepita Carnicer relatou que a maioria dos membros do comitê da fábrica onde trabalhava era

---

45. Teresina Graells, entrevista, Montady (França), 29-30 abr. 1988.
46. Sobre esse ponto, é muito instrutivo o trabalho de Mercedes Vilanova sobre uma indústria siderúrgica coletivizada de Barcelona; mostraram-se de acordo com suas elaborações, ao menos em parte, alguns militantes anarquistas como Pons Prades (entrevista, Barcelona, ago. 1981), Andrés Capdevila (entrevista, Perpignan, França, jul. 1979), Igualdad Ocaña (entrevista, Barcelona, fev. 1979) e Pepita Carpena (entrevista, Montpellier, França, dez. 1981).

mulher — sua mãe, inclusive, era uma delas. Teresina Graells era membro ativo e líder da organização de mulheres no sindicato têxtil em Terrassa, e Dolores Prat era secretária-geral de um sindicato em Ripoll. Mas suas experiências foram incomuns, aparentemente. Sobretudo nos lugares em que mulheres e homens trabalhavam juntos, as mulheres permaneciam relativamente sub-representadas nas posições de liderança.

Ainda, a visão sindical da organização social excluía da participação ativa na tomada de decisões as pessoas não sindicalizadas. Na teoria, a "federação local de sindicatos" (que incluía representantes de todas as indústrias e empresas de uma comunidade específica) deveria tratar de questões mais gerais, que eram de interesse de toda a comunidade, mas não existia representação específica nessas reuniões de trabalhadores não sindicalizados, ou, com algumas exceções, de organizações anarquistas não sindicais, como os *ateneos*. Assim, tanto a determinação de quais eram as questões de interesse para a comunidade quanto as decisões que deveriam ser tomadas sobre elas recaíam sobre os membros dos sindicatos.

Dados os níveis relativamente baixos de participação feminina em posições de liderança nos sindicatos, o domínio na tomada de decisões relativas a questões econômicas e sociais perpetuava a exclusão efetiva das questões importantes para as mulheres do rol de prioridades. As organizações do movimento, predominantemente masculinas, continuavam analisando a situação das mulheres partindo do que hoje chamaríamos de divisão entre o público e o privado. Se acaso se reivindicava a emancipação das mulheres, eles a entendiam como algo que teria de acontecer dentro do local de trabalho. Não eram capazes de enxergar como os papéis domésticos reservados às mulheres poderiam influenciar sua participação "pública" — em um sindicato, por exemplo.

De fato, a abolição do trabalho remoto e a incorporação das mulheres nas fábricas têxteis — consideradas pelos homens que a instauraram como uma das conquistas mais importantes da coletivização, já que possibilitava a inserção das mulheres à força de trabalho como "iguais" aos homens — revelam os problemas de uma análise que não atende à complexidade da vida feminina. Ainda que os homens que pressionaram para que essa incorporação acontecesse acreditassem genuinamente que ela ajudaria as mulheres, as que a viveram nem sempre estiveram de acordo. O trabalho pago por peça dava às mulheres a oportunidade de decidir a quantidade de horas e o ritmo em que cumpririam a tarefa — e, o que era mais importante, permitia a elas cuidar dos filhos e da família ao mesmo tempo. O horário e os salários melhoraram de modo notável com sua incorporação às fábricas, mas, para muitas mulheres, isso lhes custou que se adaptassem a uma nova disciplina. Se a isso somarmos a ausência de serviços de assistência e o cuidado com as crianças, pode ter sido ainda mais difícil para elas conseguir equilibrar seus múltiplos papéis.[47]

A "dupla jornada" continuou existindo, pois havia mulheres que trabalhavam nas fábricas e, quando chegavam em casa, tinham de cozinhar, limpar, cuidar dos filhos ou se ocupar dos pais e irmãos. Mesmo que muitas pessoas reconhecessem a carga que isso representava para as mulheres, poucas sugeriram mudanças.[48] Ao mesmo tempo, entretanto, a vida de muitas delas mudou substancialmente por causa das

---

[47]. Tanto Albert Pérez-Baró como Andrés Capdevila me contaram que houve muitos problemas para que essas mulheres se submetessem à "disciplina". Elas relutaram em trabalhar sob o novo sistema. Mas nenhum dos dois sugeriu que a resistência das mulheres podia ser devida a outros fatores que não a preguiça e a teimosia.

[48]. Ver, por exemplo, a carta de uma operária ao sindicato têxtil de Reus (Catalunha), em que diz que se vê obrigada a se demitir de sua posição no sindicato e como delegada do comitê de fábrica devido ao casamento. AHN/SGC-S P.S. Barcelona: 875.

oportunidades de participação extraordinárias e novas que o acesso à maior variedade de atividades econômicas lhes permitiu. O desenvolvimento da Mulheres Livres assegurou que existissem outras oportunidades para as mulheres expandirem sua participação para além da esfera econômica.

Coletivos rurais

Nas zonas rurais aconteceram transformações ainda mais profundas. Em muitos povoados pequenos, especialmente em Aragão, os anarquistas criaram coletivos municipais aos quais todos os agricultores podiam pertencer. Nos locais maiores, os camponeses expropriaram e coletivizaram as terras dos grandes proprietários, permitindo-lhes continuar trabalhando, mas assegurando que todos os antigos meeiros e *jornaleros* se convertessem em membros plenos do coletivo. Em outras zonas, o processo de coletivização misturou características diversas: enquanto alguns camponeses e meeiros se integraram aos coletivos, outros ficaram de fora como "individualistas", participando apenas em alguns casos nas cooperativas de produtores e de consumidores.

Soledad Estorach viajou durante os primeiros meses da guerra com representantes da CNT, da FAI e da FIJL para Aragão, Catalunha e parte de Valência. Descreveu assim o papel desses militantes no processo de coletivização:

> Quando chegávamos a um povoado, íamos primeiro ao comitê provisional e convocávamos uma assembleia geral. Explicávamos nosso paraíso com muito entusiasmo. Então havia um debate, ao estilo dos camponeses, que perguntavam, discutiam etc. No dia seguinte, começavam a expropriar a terra, a formar grupos de trabalho. Nós ajudávamos a formar um sindicato e a criar os grupos de trabalho. Às vezes, ninguém no povoado sabia ler ou escrever, então tudo isso podia levar um tempo. Também

nos assegurávamos de que nomeassem um delegado para assistir à próxima reunião da comarca ou da região. Enquanto isso, íamos também ao campo para trabalhar, para demonstrar a eles que éramos gente normal, e não estranhos que não sabiam o que estavam fazendo. Eles nos recebiam sempre com os braços abertos. Para eles, Barcelona era como Deus. As pessoas nos perguntavam: "Assim é que se faz em Barcelona?". Se respondíamos que sim, pronto, era o suficiente![49]

Um coletivo de Lérida (localizada a 175 quilômetros de Barcelona) chamado Adelante! expropriou algumas fazendas relativamente grandes, e os meeiros e *jornaleros* que trabalhavam nessas propriedades passaram a ser membros do grupo. Na zona de Lérida, a terra estava bem distribuída, muitas pessoas tinham algum pedaço de terra pequeno e poucos possuíam grandes extensões. Embora as terras expropriadas não tenham sido as maiores, o total representava uma extensão importante.[50] Ainda assim, apenas poucos membros do coletivo estavam afiliados à CNT antes da guerra. Parece que foi a iniciativa deles que possibilitou o estabelecimento do coletivo, em outubro de 1936.[51]

Em Aragão, onde o padrão de posse de terra era diferente, o processo de coletivização também foi distinto. Nessa região, foram comuns casos de pequenos proprietários que formaram coletivos para coletivizar as terras que possuíam e em que

---

49. Soledad Estorach, entrevistas, 4 e 6 jan. 1982.
50. O material sobre o coletivo de Lérida está baseado nos documentos do AHN/SGC-S, especialmente, Sindicato Único de Campesinos, Colectividad, AIT, CNT, *Libros de Actas*, 15 de outubro de 1936 a 2 de novembro de 1937, P.S. Lérida: 3; outros documentos do mesmo coletivo, P.S. Lérida: 3, 5, 14 e 57. A informação sobre a distribuição das propriedades agrícolas provém tanto de entrevistas como de *Reparto Rústica, Lérida*, AMHL, 35, n. 2, p. 433.
51. Entrevistas, Lérida, mai. 1979. Ver também Juan Domenech a Juan García Oliver, mai. 1938, IISG/CNT: 35.

sempre haviam trabalhado. Esses coletivos atuaram de dois modos distintos em relação aos latifúndios vizinhos: ou os obrigaram a formar parte da coletividade, ou lhes permitiram trabalhar em suas terras apenas o suficiente para a subsistência das famílias, "liberando-os" do resto. Em algumas comarcas de Aragão, a maior parte dos membros dos coletivos não possuía terras antes da guerra. Uma lista dos que entraram para o novo sistema na vizinhança de Gelsa, por exemplo, indica que a maioria eram meeiros com pouca ou nenhuma terra de sua propriedade.[52] Evidentemente, o processo e os resultados da coletivização variavam de um município para outro e eram influenciados pela proximidade das unidades da milícia da CNT. Os testemunhos quanto à força empregada para a criação dos coletivos variam muito; muitos militantes anarquistas reconheciam que a marcha das milícias da CNT ajudava a criar um "clima" favorável à coletivização.[53] Susan Harding ressaltou as ambiguidades:

> A coletivização anarquista durante a guerra foi uma experiência intensiva e inescapavelmente contraditória. Na maior parte das vilas aragonesas existia um núcleo de partidários da revolução anarquista, e muitos vizinhos se uniram aos coletivos com entusiasmo. [...] Em oposição, muitos camponeses participaram contra a vontade, e, para todos, o clima de coerção criado pelas execuções e ameaças tornou impossível uma escolha real.[54]

---

52. AHN/SGC-S, P.S. Aragón: 113.
53. Por exemplo, Arturo e Luzdivina Parera, entrevistas, Sitges, 22-23 jul. 1979; ver também FRASER, *Blood of Spain*, pp. 347-72. Para conhecer outros pontos de vista, ver CARRASQUER, Félix. *Las colectividades de Aragón: un vivir autogestionado, promesa de futuro* [As cooperativas de Aragão: uma vida autogerida, promessa de futuro]. Barcelona: Laia, 1986, pp. 27-8; e LEVAL, Gaston. *Espagne libertaire 36-39: l'ouevre constructive de la révolution espagnole* [Espanha libertária 36-39: a obra construtiva da revolução espanhola]. Paris: Éditions du Cercle, Édition de la Tête de Feuilles, 1971.
54. HARDING, *Remaking Ibieca*, p. 72. Sobre a questão do coletivo de Ibieca, ver pp. 61-4.

Em Valência, com a exceção de poucas cidades com uma história longa de militância da CNT, a situação foi parecida com a da Catalunha. Nas semanas que se seguiram à ameaça de rebelião (em Valência as tropas haviam permanecido nos quartéis, leais à República), tanto a UGT quanto a CNT tentaram coletivizar os latifúndios e as terras abandonadas pelos proprietários partidários do levante contra o governo republicano. Mas os latifundiários eram poucos, e pouca terra cultivada pertencia aos "desleais". Porém, por iniciativa da CNT, os camponeses de muitos povoados tomaram o controle da terra em que trabalhavam e tentaram estabelecer coletivos. Assim como aconteceu em Aragão e na região central, a CNT organizou federações regionais para atender às coletividades individuais em suas necessidades de produção e coordenação, mas até as federações tinham seus limites. Segundo Aurora Bosch, professora de história da Universidade de Valência, pouquíssimos líderes e militantes da CNT na região sabiam o que significava "coletivizar". Muitos desses grupos não eram mais que cooperativas de produtores e consumidores.[55] Entre os coletivos que funcionaram de forma eficaz estava El Porvenir, em Tabernes de Valldigna, onde Pura Pérez Arcos viveria durante os últimos meses de guerra.

Independentemente do modo como começaram os coletivos, o trabalho era feito, em geral, em grupos e de maneira cooperativa. Nos menores, todos os trabalhadores se reuniam diariamente para discutir sobre o trabalho a ser feito e sobre como distribuir as tarefas. Nos maiores, os representantes de cada grupo de trabalho se reuniam a intervalos regulares. As assembleias gerais eram semanais, quinzenais ou mensais, e tratavam

---

[55]. BOSCH, "Las colectivizaciones: estado de la cuestión y aspectos regionales", pp. 147-68.

desde sobre questões de horários e salários até a distribuição de alimentos e roupas.[56]

As conquistas desses coletivos foram muito importantes. Em muitas zonas, a produção agrícola se manteve e até mesmo aumentou, muitas vezes com a introdução de novos sistemas de cultivo e fertilização. Em Valência, a UGT e a CNT formaram o Consejo Levantino Unificado de Exportación Agrícola [Conselho levantino unificado de exportação agrícola] (CLUEA), que coletivizou o setor de exportação de cítricos. Ainda que suas operações se vissem limitadas pelas exigências da guerra, pela falta de experiência dos trabalhadores que a dirigiam e pelo fechamento dos mercados estrangeiros, esse órgão coordenou tanto a produção como a exportação da indústria agrícola, que era a maior fonte de divisas do país. Em outras partes, os coletivistas construíram galinheiros, estábulos e outros aparatos para a criação de animais da comunidade. As federações de coletivos coordenaram a construção de estradas,[57] escolas, pontes, canais e barragens. Algumas dessas construções ainda se conservam e representam as contribuições duradouras dos coletivos à infraestrutura da Espanha rural. Os coletivistas também organizaram a transferência do excedente de produção dos coletivos mais ricos para aqueles que padeciam de escassez, o que era feito diretamente de povoado para povoado ou mediado por mecanismos criados pelos comitês regionais. A redistribuição não foi total: os

---

56. Ver, por exemplo, as atas do Sindicato Agrícola Coletivo de Alcañiz, 4 dez. 1936, 4 set. 1937, AHN/SGC-SC, P.S. Aragão: 136.
57. BREITBART, Myrna. "The Theory and Practice of Anarchist Decentralism in Spain, 1936-39" [Teoria e prática do anarquismo descentralizado na Espanha, 1936-39]. Tese de doutorado do Departamento de Geografia. Clark University, 1977; e *Problèmes de la construction et du logement dans la rèvolution espagnole, 1936-39* [Problemas da construção e de instalações na revolução espanhola, 1936-39]. Saillagouse, 1976. Gonzalo Mata e Antonio Alcázar me mostraram durante uma entrevista (16 ago. 1981) alguns dos canais construídos pelos coletivos da CNT de Vilanova i la Geltrú.

transportes e as comunicações eram insuficientes em muitos casos, e o compromisso com o processo de redistribuição estava longe de ser unânime. Mas, como dizia Félix Carrasquer, a conscientização era um processo contínuo:

> Havia aqueles que queriam compartilhar e os que diziam que cada coletividade tinha de se arranjar por conta própria. Mas, normalmente, no decorrer das assembleias, se convenciam do contrário. Tentávamos falar de forma que todos entendessem. Perguntávamos: "Você acha justo que o cacique [chefe local] deixe as pessoas morrerem de fome quando não há trabalho para todos?". E respondiam: "Claro que não". Finalmente, mudavam de opinião. Não podemos esquecer que havia trezentos mil coletivistas, e apenas dez mil entre eles que haviam sido membros da CNT. Tínhamos muito a ensinar.[58]

O problema não era simples. Exceto nas zonas onde havia ocorrido uma experiência prévia de comunismo libertário, a coletivização representava uma mudança drástica em relação aos modos de organizar a vida — e, evidentemente, muitos camponeses tinham dificuldade para se adaptar ao novo sistema. *Solidaridad Obrera*, *Nuevo Aragón*, *Acracia*, *Castilla Libre* e outros jornais dirigidos pela CNT publicavam artigos sobre o funcionamento dos coletivos, apelando ao pequeno-burguês rural para que não tivesse medo da revolução e aos camponeses para que não se prendessem a modos antigos de fazer as coisas, por mais familiares que fossem.[59]

---

58. Félix Carrasquer, entrevista, Barcelona, 16 fev. 1979. Ver também DE JONG, Rudolf. "El anarquismo en España" [O anarquismo na Espanha], em *El movimiento libertario español: pasado, presente, futuro*. [O movimento libertário espanhol: passado, presente e futuro]. Cuadernos de Ruedo Ibérico, 1974, pp. 14-5; e BOSCH, *Colectivistas*.
59. Ver, por exemplo, "En Motril, em vez de dinero existen bonos de ración" [Em Motril, em vez de dinheiro, existem cupons de alimentação], em *Solidaridad Obrera*, 27 set.

Em geral, e previsivelmente, os coletivos rurais alcançaram os objetivos anarquistas em maior medida que os coletivos industriais, pelo menos em relação aos salários. Parece que existiram fundamentalmente dois sistemas de remuneração. Um deles era pagar a todos os membros uma quantia fixa por dia. O outro era o chamado salário familiar, que ajustava a quantidade do provento ao tamanho da família para se aproximar do objetivo do comunismo libertário de "a cada um conforme suas necessidades".

Alguns coletivos pagavam a todos os trabalhadores o mesmo salário, sem diferenciar o tipo de serviço que realizavam. Por exemplo, os de Monzón e Mirambel, em Aragão, pagavam a mesma quantia a homens e mulheres. Mas a maioria estabeleceu diferenças importantes entre os salários femininos e masculinos.[60] Até os sistemas de remuneração familiar incorporaram essa valoração desigual. Os coletivos Adelante!, em Lérida, e El Porvenir, em Valência, pagavam salários ao "chefe de família" conforme o número, o sexo e a idade dos membros da família. Em El Porvenir, o chefe de família recebia quatro pesetas por dia por si mesmo, uma peseta e cinquenta centavos pela companheira, 75 centavos referentes a cada filho maior de dez anos e cinquenta centavos a cada um com idade inferior a essa.[61] Alguns coletivos de Aragão operaram com uma

---

1936, p. 3; "Los pequeños-burgueses no deben alarmarse" [Os pequenos-burgueses não precisam se alarmar], *Solidaridad Obrera*, 29 ago. 1936, p. 1.

60. Sobre Monzón e Mirambel, ver entrevistas com Matilde Escuder e Félix Carrasquer, Barcelona, 16 fev. 1979. Para uma visão geral da questão dos salários nos coletivos de Catalunha, ver "L'enquesta de la Conselleria sobre la collectivització de la terra" [A questão dos conselhos para coletivização da terra], em *Bulletí del Departament d'Agricultura*, v. 1, n. 3, dez. 1936, pp. 21-30; e n. 4, jan. 1937, pp. 75-8.

61. A informação sobre os salários em Lérida provém de "Certificats de Treball", AHN/SGC-S, P.S. Lérida: 5. Sobre Tabernes de Valldigna, Valência, ver "Colectividad productora El Porvenir, de Tabernes de Valldigna", (UGT-CNT), CLUEA, n. 4, jul. 1937, pp. 11-3, reproduzido em BOSCH, *Colectivistas*, p. 29.

combinação desses dois sistemas. Em Fraga, por exemplo, as mulheres que trabalhavam fora de casa nas tarefas tradicionalmente femininas de selecionar e embalar figos recebiam o mesmo salário que os homens. Durante os meses em que "simplesmente se ocupavam da casa ou da horta familiar", não recebiam. Era entendido que o salário familiar pago ao marido ou ao pai refletia sua contribuição ao coletivo de modo indireto.[62]

Ademais, a divisão sexual tradicional do trabalho parece haver prevalecido. As atas do coletivo de Lérida, por exemplo, sugerem o endosso geral da proposta de que as normas que afetassem o trabalho feminino fossem diferentes das do masculino.[63] Os dados existentes sobre outros coletivos revelam perspectivas similares. Em todas as partes, as tarefas domésticas recaíam automaticamente sobre as mulheres. Exceto nas cooperativas pequenas ou muito pobres, as mulheres trabalhavam fora de casa apenas em circunstâncias especiais, como durante a colheita, quando toda mão de obra disponível era necessária.[64]

Enfim, a divisão sexual do trabalho tradicional parece haver prevalecido também na natureza e no nível de participação nas lideranças e na tomada de decisões dentro dos coletivos. Tanto as atas do Adelante! quanto as entrevistas com homens anarquistas de outros coletivos sugerem que a participação das mulheres nas decisões das comunidades foi bastante li-

---

62. Sobre Fraga, Valero Chiné, entrevista, Fraga, 11 mai. 1979. Parece que um plano similar foi executado em Alcañiz. Ver atas do Sindicato Agrícola Colectivo de Alcañiz, 21 nov. 1937, AHN/SGC-S, P.S. Aragão: 136.
63. *Libro de actas* [Livro de atas], entradas de 20 dez. 1936 e de 18 jul. 1937.
64. Ver as normas de um coletivo em Binéfar, *Realizaciones revolucionarias y estructuras colectivistas de la Comarcal de Monzón (Huesca)* [Realizações revolucionárias e estruturas coletivistas da comarca de Monzón (Huesca)]. Confederación Nacional del Trabajo de España, Regional de Aragón, Rioja y Navarra, Cultura e Acción, 1977, p. 85. Susan C. Bourque e Kay B. Warren descrevem padrões similares de divisão do trabalho segundo o gênero em *Women of the Andes* [Mulheres dos Andes]. Ann Arbor: University of Michigan Press, 1981, pp. 114-26.

mitada. Dada a desvalorização da mulher, esses relatos não devem ser necessariamente entendidos como indicativos dos níveis de participação feminina. Algumas entrevistadas declararam que, com certa frequência, as mulheres permaneciam caladas nas reuniões — atitude que atribuíam ao fato de que a maioria quase não tinha a prática de falar em público. Como veremos, essa seria outra das questões pela qual a Mulheres Livres se interessaria.

É possível, é claro, que as mulheres tenham trabalhado muito e recebido pouco ou nenhum reconhecimento por isso. Segundo Soledad Estorach, houve vários coletivos de Aragão em que mulheres foram os primeiros delegados do comitê do povoado. Por quê? Porque os homens passavam períodos longos fora de casa cuidando do rebanho. Quem se ocupava verdadeiramente dos assuntos cotidianos do povoado eram as mulheres. Mesmo assim, todas as fontes indicam que a liderança feminina nesses locais era uma exceção ao padrão geral.

Apesar de tudo, os coletivos alcançaram grandes conquistas. As mulheres participaram ativamente em algumas cooperativas rurais e inclusive ocuparam postos de responsabilidade. A amplitude de liberdade pessoal aumentou extraordinariamente. Em muitas zonas, o matrimônio formal desapareceu, mesmo que a família nuclear seguisse sendo a norma.[65] As mulheres da classe trabalhadora começaram a atuar de maneira autônoma.

Consolidação política e contrarrevolução

Nenhum estudo sobre a revolução social seria completo se não levasse em consideração o contexto político no qual ela

---

65. Ver PRADES, *Un soldado de la República*, p. 93; e AHN/SGC-S, P.S. Barcelona: 1392 e 626.

ocorreu, tanto nacional como internacional, e o impacto que as transformações tiveram, dentro desse contexto, sobre o rumo da própria revolução. Já mencionei que a rebelião marcou o colapso efetivo do poder governamental oficial. Nos principais redutos republicanos, as organizações operárias vitoriosas assumiram rapidamente a responsabilidade pelo estabelecimento da ordem pública. Na maioria das cidades, as instituições formais de governo foram substituídas pelos comitês de milícia antifascista, compostos por representantes de diferentes partidos e organizações operárias ativos na comunidade. O resultado dessa situação foi uma tentativa de refletir nas instituições *políticas* a unidade de propósito e de luta que havia se dado nas ruas.

Ainda assim, a transformação política não foi total. Enquanto esses comitês tomaram a direção formal da comunidade em nível local, as instituições anteriores não foram completamente destruídas. Na Catalunha, por exemplo, a Generalitat continuou a funcionar como Poder Executivo formal da região, enquanto as forças populares organizaram o Comitè Central de Milícies Antifeixistes de Catalunya [Comitê central de milícias antifascistas da Catalunha], com representantes dos partidos socialista, comunista e republicano regionalista, e as organizações operárias principais, a UGT e a CNT, em número aproximadamente proporcional à população que os apoiava.[66] Em Aragão, formou-se o Conselho de Aragão, e em Valência, o Comitê Executivo Popular. Em Aragão, entretanto, diferentemente da Catalunha ou de Valência, não havia outra estrutura de gestão formal. O comitê revolucionário go-

---

[66]. OLIVER, Juan García. *El eco de los pasos* [O eco dos passos]. Barcelona: Ruedo Ibérico, 1978, p. 171; ABAD DE SANTILLAN, Diego. *Por qué perdimos la guerra?* [Por que perdemos a guerra?]. Barcelona: Plaza y Janés, 1977, pp. 88; 124-5; e LORENZO, *Les anarchistes espagnols et le pouvoir, 1868-1969*, pp. 102-10.

vernou a região durante toda a guerra civil. Esse breve período de "poder dual" serviu finalmente para reconsolidar o poder nas mãos do governo.[67]

Essas transformações políticas foram muito influenciadas pelo contexto internacional em que se desenvolveu a Guerra Civil Espanhola. O conflito começou no verão de 1936, quando Hitler já havia se estabelecido no poder na Alemanha, e terminou na primavera de 1939, pouco antes de a Alemanha invadir a Polônia, fato que marcou o início da Segunda Guerra Mundial. Os países considerados como aliados naturais da República espanhola — Inglaterra, França (que tinha um governo de frente popular) e Estados Unidos — adotaram uma política de "neutralidade", temendo ofender Hitler e Mussolini ou demonstrar apoio ao governo "vermelho" espanhol. Não apenas se negaram a vender armas à República como também proibiram o comércio de todo material que tivesse valor estratégico. Essa política foi aplicada com notável incoerência: o governo "nacionalista" de Franco conseguiu comprar das companhias petrolíferas estadunidenses, apesar do embargo. De outro lado, ainda que Hitler e Mussolini também tivessem assinado um "pacto de não intervenção" em agosto de 1936, deixaram claro que não tinham a intenção de respeitá-lo. Nos anos seguintes, eles forneceram armas, material de guerra, tropas e apoio aéreo em grande escala aos rebeldes, sendo o exemplo mais notável desse abastecimento o último bombardeio da Luftwaffe [força áerea da Alemanha nazista] na cidade basca de Guernica. A República estava efetivamente isolada e abandonada. Se não fosse pelo apoio da União Soviética e do

---

67. Emma Goldman comunicou seus temores sobre essa situação a muitos amigos e companheiros. Ver carta de Emma Goldman ao amigo Mark (My dear Mark), 3 out. 1936, NYPL-EG.

México, no início de outubro de 1936, muito provavelmente teria caído nas mãos dos rebeldes antes do fim do ano.[68]

Se o apoio soviético foi crucial para que a resistência continuasse, também influenciou os rumos da revolução social — e mesmo da guerra. Stálin apoiou decididamente a estratégia da Frente Popular numa tentativa de construir uma aliança com o Ocidente capitalista contra o fascismo. Assim, tinha interesse em minimizar (se não reprimir) o aspecto revolucionário da Guerra Civil Espanhola e apresentá-la ao Ocidente como um simples embate entre a democracia e o fascismo.

À medida que a guerra se prolongava e o apoio da União Soviética se tornava cada vez mais essencial para a sobrevivência da República, a influência do Partido Comunista de España (PCE) — que não tinha mais de três mil filiados quando estourou a guerra — sobre a política republicana ganhou reforço. A política da Frente Popular, que se definia pelo empenho em ganhar a guerra e defender a República democrática, foi crescendo a ponto de substituir e, mais tarde, dominar as alianças revolucionárias operárias. O PCE e o Partit Socialista Unificat de Catalunya [Partido socialista unificado da Catalunha] (PSUC) se converteram nos representantes da pequena burguesia e dos pequenos proprietários rurais em oposição às organizações operárias revolucionárias. Rapidamente, adotaram uma política contrarrevolucionária explícita, opondo-se às milícias e aos coletivos e advogando pela proteção da propriedade privada.[69]

---

68. BOLLOTEN, Burnett. *The Spanish Revolution* [A revolução espanhola]. Chapel Hill: University of North Carolina Press, 1979; BROUÉ & TÉMINE, *The Revolution and The Civil War in Spain* [A revolução e a Guerra Civil Espanhola]; e LITTLE, Douglas. *Malevolent Neutrality: The United States, Great Britain and the Origins of the Spanish Civil War* [Neutralidade maléfica: os Estados Unidos, a Grã-Bretanha e as origens da Guerra Civil Espanhola]. Ithaca: Cornell University Press, 1985.
69. Para mais detalhes, ver ACKELSBERG, Martha. "Women and the Politics of the Spanish Popular Front: Political Mobilization or Social Revolution?" [Mulheres e

As organizações do movimento libertário lutaram para resistir a essas políticas, mas a pressão foi intensa. Já em setembro de 1936, a CNT enfatizava a importância da unidade antifascista. Por exemplo, Federica Montseny, falando a uma rádio em Madri, declarou: "Agora não somos nem socialistas, nem anarquistas, nem republicanos, somos todos antifascistas, porque sabemos o que representa o fascismo".[70] Até o fim desse mesmo mês, três membros da CNT ingressaram no conselho da Generalitat da Catalunha, que já contava com representantes de todas as organizações operárias, assim como dos partidos políticos. Alguns dias mais tarde, o comitê central de milícias antifascistas se dissolveu. Pertencer a um quadro político era, evidentemente, um claro abandono dos princípios anarquistas tradicionais. O jornal *Solidaridad Obrera* justificava a medida baseando-se nas necessidades da guerra: "Em uma guerra deve haver direcionamento. Um comitê precisa ser criado para ser o único responsável pela tomada de medidas de caráter militar. E ao lado dos técnicos militares deve coexistir um conselho que se encarregue de todos os trabalhadores, para que eles realizem as tarefas correspondentes".[71]

Durante o mês de outubro, o *Solidaridad Obrera* publicou reiterados chamados à criação de um conselho de defesa nacional que unificasse todas as forças antifascistas em um organismo não governamental. Argumentava que uma política de partidos não era adequada para a tarefa que teriam de

---

políticas da Frente Popular espanhola: mobilização política ou revolução social?], em *International Labor and Working-Class History*, n. 30, outono de 1986, pp. 1-12.

70. "Federica Montseny habla en Madrid ante el micrófono de Unión Radio" [Federica Montseny fala na Rádio Unión em Madri], em *Solidaridad Obrera*, 2 set. 1936, p. 7.

71. "Es necesario que los trabajadores cooperen en la obra de los camaradas que ocupan los puestos de responsabilidad" [É necessário que os trabalhadores cooperem com o trabalho dos camaradas em cargos de responsabilidade], em *Solidaridad Obrera*, 30 set. 1936, p. 1; artigos relacionados ao tema apareceram nos dias 29 de setembro e 2 de outubro.

enfrentar.[72] Porém os chamados não encontraram nenhuma resposta de Largo Caballero, o líder socialista que então ocupava o cargo de primeiro-ministro. Finalmente, pressionada para juntar-se ao governo ou perder acesso às armas e à coordenação da luta, a CNT cedeu.

Quatro representantes da CNT e da FAI aceitaram cargos ministeriais no governo de Caballero, no dia 2 de novembro, em troca da promessa de armas para a Catalunha e com a esperança de poder preservar as conquistas da revolução. Emma Goldman compartilhava com a maioria dos anarquistas não espanhóis a preocupação com as consequências dessa medida. Ela escreveu a Rudolf Rocker, por exemplo, que esse passo, "longe de ajudar, prejudicou incrivelmente nossos companheiros e seu trabalho".[73] De fato, como temia Goldman, os anarquistas começaram a perder terreno quase imediatamente, à medida que as forças contrarrevolucionárias ganhavam mais controle sobre a política governamental, em nível local e nacional. No dia 24 de outubro de 1936, a Generalitat promulgou um Decreto de Coletivizações e Controle Operário, formalmente pensado para "normalizar" as coletivizações, que limitava o poder dos comitês de controle operário. Em novembro, os representantes das indústrias coletivizadas de gás e eletricidade se queixavam de que a Generalitat havia proibido o comitê central de controle operário de retirar fundos sem sua autorização prévia.[74] Em dezembro de 1936, as milícias populares já tinham se militarizado; em seguida, foram estabelecidas normas estritas sobre as atividades dos coletivos industriais e rurais, o que limitou o con-

---

[72]. "Importantísimo manifiesto de la CNT" [Importantíssimo posicionamento da CNT], em *Solidaridad Obrera*, 1º out. 1936.
[73]. Emma Goldman para Rudolf, Barcelona, 3 nov. 1936, NYPL-EG.
[74]. Atas do comitê central de controle operário, gás e eletricidade, 18-19 nov. e 5 dez. 1936. AHN/SGC-S, P.S. Barcelona: 182.

trole operário. Como Emma Goldman apontou, os anarquistas se viram diante de um dilema: tentar impor sua vontade (como em uma ditadura) ou participar do governo — ambas, opções "repreensíveis". Consideraram que a participação era um mal menor.[75]

Dentro de poucos meses, os interesses políticos venceram os objetivos revolucionários, e a aliança política derrotou a aliança revolucionária. Em Barcelona, as forças comunistas tomaram a iniciativa contra os anarquistas e o Partido Obrero de Unificación Marxista [Partido Operário de Unificação Marxista] (POUM), no que depois veio a ser conhecido como as "jornadas de maio" de 1937, atacando o prédio da central telefônica, que estava sob controle da CNT, e prendendo (e fazendo "desaparecer") os principais dirigentes do POUM. Os ministros da CNT lançaram um chamado por meio do rádio a seus seguidores para que baixassem as armas e assim não dessem mais justificativas aos comunistas e ao governo para que recrudescessem a violência. Mas essa foi, no máximo, uma ação de controle temporário da situação, já que eles não tinham poder para reverter a direção da política. Mais tarde naquela semana, os quatro ministros se demitiram em protesto.

O governo adotou, então, um papel cada vez mais contrarrevolucionário. Impôs restrições a muitos coletivos industriais, limitando o controle operário em nome da produção de guerra. Em agosto, as tropas dominadas por comunistas, lideradas por Enrique Lister, marcharam por Aragão para reverter a coletivização e devolver as terras aos proprietários "originais". O governo não demorou a adotar uma política

---

75. Emma Goldman a Senia Flechine, Londres, fev. 1937; Emma Goldman a um companheiro, Barcelona, 7 dez. 1936, NYPL-EG; Emma Goldman a Rose Pesotta, 1º fev. 1938, NYPL-EG, correspondências especiais, caixa 10.

explícita de "primeiro a guerra, depois a revolução".[76] Muitos coletivos continuaram funcionando até que foram invadidos pelas tropas franquistas no fim da guerra, mas os eventos de maio de 1937 marcaram o fim efetivo do período expansivo da revolução social. O sentimento de que "o mundo estava em nossas mãos" havia chegado ao fim.

Os historiadores e os contemporâneos desse período continuam debatendo a validade das posturas antagônicas de anarquistas e comunistas sobre a guerra e a revolução. Muitos dos partidários das forças revolucionárias sugeriram que a política do PCE sobre a militarização e a centralização — considerar a guerra como prioritária — minou o entusiasmo do povo para a luta e os deixou com o sentimento de que não havia muito mais pelo que lutar. Goldman descreveu o que denominou de "traição" comunista em termos mais duros: "Apenas sei que tenho de gritar contra essa gangue assassina dirigida por Moscou que não está apenas tentando espremer a vida da revolução e da CNT-FAI. Ela deliberadamente sabotou, e continua sabotando, a frente antifascista. Não conheço exemplo maior de traição. Judas só traiu Cristo, os comunistas traíram todo um povo".[77]

Outros criticaram a política colaboracionista da CNT com o governo e sugeriram que qualquer esforço de lutar uma guerra revolucionária por meios convencionais estaria fadado ao fracasso. Os anarquistas deveriam ter se empenhado numa guerra de guerrilhas, em vez de aceitar a política de militariza-

---

76. Para informações mais detalhadas sobre essas transformações, ver BORKENAU, Franz. *The Spanish Cockpit* [O campo de batalha espanhol]. Ann Arbor: University of Michigan Press, 1963, cap. 2; ORWELL, *Homage to Catalonia*, caps. 5, 7-12; CHOMSKY, Noam. "Objectivity and Liberal Scholarship", em *American Power and the New Mandarins*. Nova York: Random House, 1969, pp. 72-158 [Ed. bras.: *O poder americano e os novos mandarins*. Rio de Janeiro: Record, 2006, pp. 41-189]; BOLLOTEN, *The Spanish Revolution*.
77. Emma Goldman a Ethel Mannin, 18 nov. 1937, NYPL-EG.

ção do PCE.[78] Em grande parte de sua correspondência privada, Emma Goldman se mostra de acordo com tais críticas à CNT, ainda que publicamente tenha defendido suas ações como as melhores entre as opções "repreensíveis". De fato, ela escrevia com frequência a seus camaradas na Europa e nos Estados Unidos, encorajando-os a moderar críticas públicas à política da CNT.[79] Um dado interessante é que Mariano Vázquez e Pedro Herrera, secretários-gerais da CNT e da FAI, respectivamente, escreveram a ela em janeiro de 1938 pedindo que atenuasse as críticas ao comportamento do partido comunista e do governo. "Falar sempre sobre as más atitudes e ações tomadas pelos comunistas e pelo governo de Negrín", escreveram, poderia criar "uma atmosfera de indiferença [...] o proletariado internacional vai se perguntar: por que devemos ajudar os espanhóis antifascistas se o seu governo promove perseguições [...] piores que as de qualquer outro governo burguês?".[80]

Enfim, aqueles condescendentes com a postura do PCE argumentaram que as forças que investiam contra a República eram tão poderosas que a postura do POUM, da CNT e dos socialistas de esquerda sobre a revolução e a guerra era fantasiosa: era necessário mobilizar todos os recursos e esforços

78. FRASER, *Blood of Spain*, pp. 321-47; RICHARDS, Vernon. *Lessons of The Spanish Revolution* [Lições da revolução espanhola]. Londres: Freedom Press, 1953; OLIVER, *El eco de los pasos*, cap. 3; e "Actas del plano nacional de regionales, CNT, septiembre 1937" [Atas do plano nacional de comitês regionais, CNT, setembro 1937], p. 21, IISG/CNT, pacote 48 A.
79. Emma Goldman a Wim Jong, 10 fev. 1937, NYPL-EG; Emma Goldman a Mollitchka [Mollie Steimer], 19 jan. 1937, IISG/EG, n. 20094; discurso de Goldman no Congresso Extraordinário de Paris da AIT, dez. 1937, NYPL-RP, correspondência especial, caixa 10; e Emma Goldman a Max Netlau, 9 mai. 1937, Labadie Collection, University of Michigan (Federico Arcos, que doou esse material à Labadie Collection, proporcionou-me uma cópia).
80. Mariano R. Vázquez, pelo comitê nacional da CNT, e Pedro Herrera, pelo comitê peninsular da FAI, a Emma Goldman, 11 jan. 1938, IISG/EG. Agradeço a Alice Wexler por ter chamado minha atenção para essas cartas. Ver WEXLER, Alice. *Emma Goldman in Exile* [Emma Goldman no exílio]. Boston: Beacon Press, 1989, cap. 9.

para a guerra, para que houvesse alguma esperança de derrotar as forças rebeldes.[81] De fato, no fim do conflito, Vázquez escreveu a Emma Goldman que, se a CNT cometera algum erro, foi ter sido "muito revolucionária". "Se, no dia 19 de julho, em vez dos coletivos e da Revolução, tivéssemos nos concentrado na República burguesa, o capitalismo internacional não teria se assustado e apoiaria a República. Precisamente, o que era preciso era não fazer a Revolução antes de ganhar a guerra".[82]

Porém, não está claro se a política contrarrevolucionária do PCE e do governo fez uma diferença definitiva no resultado da guerra. Na verdade, nenhum dos argumentos anteriores dá o suficiente valor ao contexto internacional em que o conflito se desenvolveu. Franco e os rebeldes podiam contar com o apoio direto de Hitler e Mussolini e, indiretamente, com o dos Estados Unidos, da Grã-Bretanha e da França, que se recusaram a intervir pela República e faziam vista grossa quando suas corporações vendiam produtos de valor estratégico aos rebeldes. Para a República, a ajuda soviética foi crucial; mas, deixando de lado o preço que os republicanos pagaram por ela — monetária e estrategicamente —, nunca poderia se igualar à assistência que chegava aos rebeldes. Em muitos aspectos, a Guerra Civil Espanhola foi decidida realmente no âmbito internacional, ainda que tenha sido o povo espanhol que pa-

---

81. THOMAS, Hugh. *The Spanish Civil War* [A Guerra Civil Espanhola]. Nova York: Harper & Row, 1961; JACKSON, *The Spanish Republic and the Civil War, 1931-1939* [A República espanhola e a guerra civil, 1931-1939]; MALEFAKIS, Edward. "Revolutions and Counterrevolution" [Revolução e contrarrevolução], painel na conferência "1936-1986: From the Civil War to Contemporary Spain: Perspective on History and Society" [1936-1986: da guerra civil à Espanha contemporânea: perspectivas de história e sociedade], Center for European Studies, Harvard University, 14-16 nov. 1986.
82. Vázquez a Emma Goldman, Paris, 21 fev. 1939; 5 mar. 1939, IISG, Rocker Archives, pasta 107.

deceu física e emocionalmente a violência da luta e dos anos de repressão que se seguiram.[83]

Em resumo, a revolução e a guerra ofereceram a mulheres e homens oportunidades drasticamente novas para a participação social, em muitos casos contribuindo para um sentido mais amplo de suas capacidades e das possibilidades de transformação da conjuntura. Ainda assim, os efeitos a longo prazo da guerra em si minaram muitas dessas conquistas. Além da carência de alimentos e matérias-primas e dos transtornos sociais e econômicos causados pelo conflito, a contínua "guerra civil dentro da guerra civil" colocou limites à revolução social.

Sobretudo nos primeiros meses de guerra, muitas organizações e indivíduos vislumbraram a criação de uma sociedade verdadeiramente revolucionária e igualitária. Esses objetivos impulsionaram as atividades das organizações do movimento anarquista em geral e também da Mulheres Livres. Mas a situação bélica também restringiu aquilo que seriam capazes de conseguir. Nos capítulos seguintes, exploro como a Mulheres Livres se desenvolveu a partir desse contexto revolucionário mais amplo e como o influenciou e foi influenciada por ele.

---

83. Sobre o período franquista, ver STEIN, Louis. *Beyond Death and Exile: Spanish Republicans in France* [Além da morte e do exílio: republicanos espanhóis na França]. Cambridge: Harvard University Press, 1979; FALCÓN, Lidia. *Los hijos de los vencidos, 1939-1949* [Os filhos dos vencidos, 1939-1949]. Barcelona: Pomaire, 1979; O'NEILL, Carlota. *Trapped in Spain* [Preso na Espanha]. Toronto: Solidarity Books, 1978; TUSELL, Javier. *Los hijos de la sangre: la España de 1936 desde 1986* [Os filhos do sangue: a Espanha de 1936 a 1986]. Madri: Espasa Calpe, 1986.

¡eres libre!

Nuestro sentido humano

En este instante decisivo en que las [...] de modo fulminante en hechos y las [...] das, la definición y la posición de las [...] de las que afirman su resuelta voluntad [...]

[...]os y acciones que estas páginas recogen lo más plásticamente posible. Junto a la mano suave de [...] niños u ofrecen un sorbo de agua a la ardiente sed del combatiente, destacamos el brazo fuerte [...] No significa esto en modo alguno la renuncia a un sentido humano que queremos proclamar so[...] sentido humano es integral, activo y beligerante. Y es transcendente. Es decir, alcanza a más q[...] [...]ediato. Aspira a la eliminación radical del dolor, al menos del dolor social —de la fuente de do[...] [...]esión política y de la injusticia económica. Y no es culpa nuestra si, ahora, la lucha se nos pla[...] a una insistencia terca de duelo definitivo, en el estruendo mortífero de las armas. No es culpa [...]ada para nuestro exterminio y armada de cañones, ametralladoras, bombas y fusiles, no la pod[...] [...]mento con ternuras femeninas y razonamientos humanitarios. Luchamos por la vida y no es cu[...] [...]gamos que operar con la muerte.

Nuestra proclamación de piedad para luego. Para cuando el cañón enemigo cese de cantar [...] [...]oz del fascismo. Para cuando sobre nuestras cabezas no se proyecte la sombra trágica del ha[...] [...]ente a nuestra aspiración a una vida ascendente, no se cierna la inminente amenaza de las má[...]

Entre tanto, nuestro sentido humano, precisamente nuestro sentido humano, nos obliga a la [...] [...]ontra un enemigo implacable. A través de la muerte, por encima de la muerte, defendemos la vi[...] [...]efendida: la vida en plenitud de libertad.

C.N.T.   A.I.T.

4

A fundação da Mulheres Livres

CONFERENCIA NACIONAL DE MUJERES LIBRES

Recientemente se ha celebrado en Barcelona la Conferencia Nacional de Mujeres Libres, a la que han asistido delegaciones de todas las Regionales, y en la que se han discutido problemas y se han tomado acuerdos constructivos respecto a las actividades y posiciones de nuestra Federación, que han de facilitar a las Agrupaciones el estudio de los problemas que se han de plantear en el próximo Pleno Nacional.

REGIONAL CATALANA

Mujeres Libres de Cataluña ha celebrado un nuevo Pleno Regional, con la asistencia e intervención de sesenta delegaciones locales.

Tanto en los informes de éstas, como en las discusiones y en los acuerdos, se ha puesto de manifiesto una vez más la sinceridad revolucionaria y el afán constructivo de esta organización femenina.

Se destaca la labor llevada a cabo en los diversos aspectos que abarca la actuación de Mujeres Libres. En el cultural, mediante las escuelas, cursos y clases diversas organizadas por todas las Agrupaciones. En el de aportación a la guerra, facilitando equipos de enfermeras para los hospitales de vanguardia y de retaguardia y puericultoras para el cuidado de los niños cuyas madres justifican su aportación activa a la lucha, desempeñando eficazmente puestos de trabajo que abandonan los combatientes, organizando brigadas de compañeras para las tareas del campo, etc. En el de la solidaridad hacia los combatientes, entendiéndola y practicándola de un modo peculiar, que no se limita a pequeños obsequios materiales, sino que radica sobre todo en un profundo sentido de comprensión del sacrificio de nuestros luchadores y en la defensa desde la retaguardia de la verdadera causa a que ellos ofrecen su vida.

Las conclusiones del Pleno tienden a la ratificación e intensificación de esta línea seguida por Mujeres Libres.

[Delegada del Comité Regional]

[Delegada de Castellar del Vallés]

[Delegada de Esparraguera]

[Delegada de Reus]

Apuntes del natural por Latorre

As ações revolucionárias alcançaram seu apogeu na Espanha antifascista nos primeiros meses da guerra civil, florescendo no terreno que havia sido preparado pelos movimentos anarquistas e socialistas durante os setenta anos anteriores. A Mulheres Livres nasceu dessa preparação e das agitações sociais da República. Ainda que a federação nacional não estivesse formada oficialmente até 1937, a revista do grupo foi publicada pela primeira vez em maio de 1936, precedida de mais de dois anos de organização ativa entre as mulheres anarquistas, sobretudo em Madri, Barcelona e áreas periféricas dessas cidades. As fundadoras da Mulheres Livres eram todas militantes do movimento anarcossindicalista. Apesar disso, acreditavam que as organizações eram inadequadas para abordar os problemas específicos das mulheres, dentro do próprio movimento ou na sociedade em geral. Este capítulo explora suas experiências no movimento, nos esforços estruturais iniciais e no estabelecimento de uma organização que lutasse de forma direta pela emancipação feminina.

O movimento anarcossindicalista e a subordinação das mulheres

> Todos os companheiros, por mais radicais que sejam nos cafés, nos sindicatos e até nos grupos [da FAI], costumam deixar suas

roupagens de amantes da libertação das mulheres na porta de casa. Quando entram, comportam-se com suas companheiras como maridos comuns.[1]

Apesar dos fortes vínculos e dos sentimentos de comunidade que as militantes desenvolveram graças à participação em sindicatos, *ateneos* e grupos de jovens, até mesmo aquelas mais ativas e engajadas declararam que seus amigos homens nem sempre as tratavam com respeito. As experiências variavam, mas a mensagem era a mesma: apesar do compromisso com a igualdade, os meninos/homens não tratavam as meninas/mulheres como iguais. "É verdade que lutamos juntos", Enriqueta recordava dizer a seus companheiros das Juventudes e do *ateneo*, "mas são vocês que levam sempre a batuta, que sempre são os líderes, e nós somos as que os seguem. Seja nas ruas, seja em casa. Somos apenas um pouco melhores que escravas!"[2]

As mulheres que militaram nos sindicatos da CNT ou que participaram dos *ateneos* ou dos grupos da FIJL eram sempre minoria. Seus esforços para incorporar outras mulheres ao ativismo nunca pareceram chegar muito longe, seja por causa do sexismo dos homens, seja pela desconfiança que grande parte das mulheres apresentava em relação ao movimento ou por uma combinação de ambos. Algumas de suas histórias podem ajudar a reconstruir o ambiente da época.

1. KYRALINA [Lola Iturbe]. "La educación social de la mujer" [A educação social da mulher], em *Tierra y Libertad*, v. 1, n. 9, 15 out. 1935, p. 4.
2. Enriqueta Fernández Rovira, entrevista, Castellnaudary (França), 28 dez. 1981. Para uma visão contemporânea, ver EVANS, Sara. *Personal Politics: The Roots of Women's Liberation in the Civil Rights Movement and the New Left* [Políticas de identidade: as raízes da libertação feminina no movimento pelos direitos civis e a nova esquerda]. Nova York: Knopf, 1979; TRIMBERGER, Ellen Kay. "Women in the Old and New Left: The Evolution of a Politics of Personal Life" [Mulheres na velha e na nova esquerda: a evolução das políticas da vida privada], em *Feminist Studies*, n. 5, outono de 1979, pp. 432-50.

Azucena Fernández Barba, neta de Abelardo Saavedra, crescera numa casa com pais profundamente comprometidos com o movimento. Ela, as irmãs e o irmão ajudaram a fundar o *ateneo* Sol y Vida, em Barcelona. Mas, como dizia ao relatar suas experiências, "dentro de casa, [os homens] esqueciam-se completamente da luta das mulheres".

> É o mesmo que — para usar uma analogia — um homem obcecado com um jogo de cartas. Saem para jogar, sem se importar com o que se passa dentro de casa. A mesma coisa conosco, mas não eram cartas, e sim ideias. Eles lutavam, faziam greves etc., mas, dentro de casa, era pior que nada. Penso que devíamos dar exemplos com nossa própria vida, viver de modo diferente, de acordo com o que dizíamos que queríamos. Mas não. [Para eles] A luta estava do lado de fora. Dentro de casa, [nossos desejos] eram puramente utópicos.[3]

Pepita Carpena, que havia tempos era ativa na CNT e nas Juventudes de Barcelona, descreveu uma de suas experiências com um companheiro. Seu relato é bastante representativo de todos que escutei:

> Vou lhe contar uma história porque, para mim, o que sempre me salvou foi que tenho um caráter bastante expansivo e não tenho vergonha de responder a quem quer que seja. Uma vez, um companheiro das Juventudes chegou até mim e disse: "Você, que diz que é tão emancipada, você não é tão emancipada". (Estou contando isso para que você veja a mentalidade desses homens.) "Porque, se eu te pedisse para me dar um beijo, você não daria." Fiquei lá parada, encarando-o e pensando: "Como vou sair dessa?". Então eu disse: "Olha, quando quero ir para a cama

---

3. Azucena Fernández Barba, entrevista, Perpignan (França), 27 dez. 1981.

com um cara, quem escolhe sou eu. *Não vou para cama com qualquer um. Você não me interessa como homem, não sinto nada por você.* Por que você quer que eu me 'emancipe', como você disse, dormindo com você? Isso não é emancipação. É fazer amor por fazer". Disse não, e continuei. "O amor é como se alimentar: se você tem fome, você come, e se você quer ir para a cama com alguém, então...". Aí falei uma coisa de propósito, para deixar ele bravo: "Sua boca não me atrai. E não gosto de fazer amor sem beijar". Ele ficou sem resposta. Falei tudo isso com uma intenção dupla, porque queria demonstrar que não é assim que se educa as companheiras. Assim foi a luta das mulheres na Espanha — mesmo com os homens do mesmo grupo. E nem estou falando dos outros homens...[4]

A convicção de que o interesse pela igualdade entre homens e mulheres não se refletia nas relações pessoais e íntimas era generalizada entre as mulheres com quem conversei. Mas o que as preocupava era também o fato de que muitos homens não pareciam levá-las a sério nem no âmbito político-público. Pura Pérez Benavent Arcos, por exemplo, que frequentou a escola racionalista dirigida por Puig Elías no bairro de El Clot, em Barcelona, e se juntou às Juventudes na mesma região, notou que, quando meninas iam às reuniões, os meninos sempre riam antes mesmo que elas começassem a falar. Pura conheceu Soledad Estorach em Barcelona e contou-lhe sua experiência. Soledad achou que o relato devia estar exagerado, então ela própria foi a uma reunião e pôde comprovar com seus olhos e ouvidos: também riram dela.[5]

Essas atitudes e comportamentos refletiam alguns dos diferentes pontos de vista que se desenvolveram no movimento

---

4. Pepita Carpena, entrevista, Montpellier (França), 30 dez. 1981.
5. Pura Pérez Arcos, entrevista, Windsor (Canadá), 19 dez. 1984.

anarquista espanhol sobre o lugar adequado às mulheres na sociedade e nas organizações revolucionárias. Como vimos, essas opiniões iam desde a aceitação proudhoniana do status secundário das mulheres à ênfase da corrente alinhada a Bakunin, que defendia que as mulheres deviam ser iguais aos homens e tratadas como tais em todas as instituições sociais. Ainda que esta última postura tenha sido adotada pelo movimento anarquista espanhol já em 1872, a contribuição efetiva das mulheres na luta social raramente era reconhecida, e a CNT se mostrou, no melhor dos casos, negligente em seus empenhos para organizar as operárias. A situação era pior nos lares. Praticamente todas as entrevistadas se queixaram dos homens. Não importava o quão militantes eram nas ruas, os anarquistas mais comprometidos esperavam ser os "senhores" de suas casas. Essa queixa ecoou em muitos artigos em jornais e revistas do movimento durante o período.

Aparentemente, a crença de que a função própria às mulheres era a maternidade e o matrimônio era compartilhada por algumas anarquistas. Matilde Piller, por exemplo, em um artigo da revista *Estudios*, em 1934, afirmava que a emancipação da mulher era incompatível com seu papel de mãe: "Não se pode ser uma boa mãe — no sentido estrito da palavra — e boa advogada ou química ao mesmo tempo. Talvez se possa ser intelectual e mulher, mas mãe, não".[6] Esse ponto de vista era certamente comum entre os homens. Em 1935, por exemplo, em um artigo no qual lamentava a falta de interesse das mulheres na própria emancipação (e que afirmava que o movimento pelas reivindicações femininas não fazia o suficiente para debater a subordinação de gênero), Montuenga afirmava

---

6. PILLER, Matilde. "Adónde va la mujer?" [Para onde vai a mulher?], em *Estudios*, n. 133, set. 1934, pp. 18-9. Mary Berta expôs um argumento parecido em "La verdadera madre" [A verdadeira mãe], em *Estudios*, n. 121, set. 1933, pp. 40-1.

que "as mulheres serão sempre o lado bonito da vida, e isso é o que é, o que ela deve ser: a companheira adorável, que nos fortifica e consola na luta da vida, e uma mãe amorosa para nossos filhos".[7]

Porém a visão oficial da CNT era que as mulheres eram iguais aos homens e deveriam ser tratadas assim, tanto em casa quanto no movimento. O Congresso de Zaragoza, em maio de 1936, articulou claramente sua posição igualitária. No *Dictamen sobre "Concepto confederal del comunismo libertario"* [Ditames sobre o conceito confederal do comunismo libertário], que foi a explicação mais detalhada da visão construtiva da CNT até aquele momento, encontramos o seguinte:

> Como a primeira medida da revolução libertária consiste em assegurar a independência econômica de todos os seres, sem distinção de sexo, a interdependência entre o homem e a mulher, criada por razões de inferioridade econômica no regime capitalista, desaparecerá com o capitalismo. Entendemos, portanto, que os dois sexos serão iguais, tanto em direitos quanto em deveres.[8]

Entretanto, aceitar a visão de que as mulheres eram exploradas economicamente e que sua subordinação deveria ser um foco da atenção anarquista revolucionária não significou um acordo acerca da natureza da exploração ou de como ela seria superada. Muitos argumentavam que as mulheres deveriam contribuir para sua emancipação apoiando os homens revolucionários. Alguns, provavelmente refletindo a maioria dentro

---

7. MONTUENGA, "Consideraciones sobre la mujer" [Considerações sobre a mulher], em *Solidaridad Obrera*, 4 set. 1935, p. 4.
8. CNT. *El congresso confederal de Zaragoza. 1936* [O congresso confederal de Zaragoza. 1936]. Madri: Zero, 1978, p. 237.

do movimento, negavam que as mulheres eram oprimidas de maneira particular e que isso necessitasse uma atenção especial. Federica Montseny reconhecia que "a emancipação das mulheres [era um] problema crítico do tempo presente". Mas ela argumentava que a opressão era uma manifestação de fatores culturais (inclusive a baixa autoestima feminina) que não seria resolvida pela luta organizada.[9] Paralelamente aos argumentos de Emma Goldman, ela insistia na natureza *interna* da luta: apenas quando as mulheres respeitassem *a si mesmas* é que seriam capazes de efetivamente demandar o respeito dos homens. Ela concordava com outros escritores anarquistas, homens e mulheres, sobre o objetivo apropriado na relação homem-mulher: não a igualdade sob o sistema dominante, mas uma sociedade reestruturada que libertaria a todos. "Feminismo? Nunca! Humanismo, sempre."[10]

O feminismo, é claro, representava ainda outra perspectiva de como alcançar a igualdade para as mulheres. Ainda que o feminismo tenha tardado bastante a se arraigar na Espanha (a primeira organização feminista independente, a Asociación Nacional de Mujeres Españolas [Associação nacional de mulheres espanholas], foi fundada em 1918 e teve muito pouco ou nenhum impacto entre as mulheres da classe

---

9. MONTSENY, Federica. "La mujer: problema del hombre" [A mulher: problema do homem], em *La Revista Blanca*, fev-jun 1927; ver também NASH, Mary. "Dos intelectuales anarquistas frente al problema de la mujer: Federica Montseny y Lucía Sánchez Saornil" [Duas intelectuais anarquistas diante do problema da mulher: Federica Montseny e Lucía Sánchez Saornil], em *Convivium*. Barcelona: Universidad de Barcelona, 1975, pp. 74-86.
10. MONTSENY, Federica. "Feminismo y humanismo" [Feminismo e humanismo], em *La Revista Blanca*, v. 2, n. 33, 1º out. 1924; ver também "Las mujeres y las elecciones inglesas" [As mulheres e as eleições inglesas], em *La Revista Blanca*, v. 1, n. 18, 15 fev. 1924. Para uma interpretação diferente das opiniões de Montseny, ver FREDERICKS, Shirley. "Feminism: The Essential Ingredient in Federica Montseny's Anarchist Thought" [Feminismo: o ingrediente essencial no pensamento anarquista de Federica Montseny], em *European Women on the Left* [Mulheres europeias à esquerda], pp. 125-45.

trabalhadora),¹¹ as análises feministas da subordinação das mulheres e as estratégias para a emancipação atraíram muitas críticas por parte dos anarquistas. Federica Montseny foi, talvez, entre os anarquistas espanhóis, a mais explícita nas críticas ao feminismo. Sustentava que esse movimento advogava pela igualdade da mulher, mas não desafiava as instituições existentes: "Feminismo, palavra aplicável somente a mulheres ricas, porque as pobres nunca foram feministas, nem as deixariam ser".¹² Se os privilégios "são injustos quando os homens tiram vantagem deles, continuarão injustos se as mulheres tirarem proveito deles".¹³

Além disso, as feministas espanholas reivindicaram — assim como as de outros países — que as mulheres eram mais pacíficas que os homens e que, se lhes fosse dada a oportunidade, governariam de maneira mais justa que eles. Mas Montseny e outros anarquistas espanhóis criticaram essa perspectiva: "Nem a crueldade nem a doçura são patrimônio de um sexo. É a força da autoridade e da dominação que torna o homem irascível e arrogante. E as mesmas causas irão produzir os mesmos resultados [nas mulheres]".¹⁴ As mulheres não eram por natureza mais afeitas à paz do que os homens, assim como os homens não eram mais agressivos que elas por natureza. Ambos os temperamentos eram produtos

---

11. Ver SCANLON, Geraldine. *La polémica feminista en la España contemporánea*, pp. 195-209; CALBET, Maria Teresa González. "El surgimiento del movimiento feminista, 1900-1930" [O surgimento do movimento feminista, 1900-1930], em *El feminismo en España: dos siglos de historia* [O feminismo na Espanha: dois séculos de história]. Madri: Pablo Iglesias, 1988, pp. 51-6.
12. MONTSENY, Federica. "La falta de idealidad en el feminismo" [A falta de ideais do feminismo], em *La Revista Blanca*, v. 1, n. 13, 1º dez. 1923, p. 3.
13. MONTSENY, "Feminismo y humanismo".
14. MONTSENY, "La falta de idealidad en el feminismo", p. 4; ver também GOLDMAN, "Woman Suffrage", pp. 198-201; 208-11, e "The Tragedy of Woman's Emancipation", pp. 215-7.

de um condicionamento social. O único modo de acabar com a dominação masculina sobre as mulheres era considerá-la parte da luta mais ampla para acabar com todas as formas de dominação. O feminismo como estratégia para a emancipação feminina tinha um enfoque muito estreito: a luta dos sexos não podia ser separada da luta de classes ou do projeto anarquista como um todo.

Uma pequena minoria dentro do movimento afirmava que as mulheres enfrentavam formas específicas de subordinação, sobretudo sexuais, que requeriam atenção especial. Muitos dessa minoria, tanto homens como mulheres, defendiam que a luta para superar a subordinação havia começado a ser abordada dentro da CNT, da FAI, das Juventudes, dos *ateneos* e de outras organizações, e que era necessário que continuasse nesses ambientes. Aqueles que tinham essa opinião interpretavam que o compromisso do movimento com a ação direta e a ordem espontânea implicava que essas organizações eram o lugar propício para que tais lutas se desenvolvessem até suas conclusões lógicas, uma vez que nelas se experimentavam esses dilemas. Dessa forma, Igualdad Ocaña, que era bastante consciente da desvalorização das contribuições das mulheres dentro do movimento, ainda assim defendia que "estamos empenhadas na criação de uma nova sociedade, e o trabalho deve ser feito em união. Devemos participar das lutas sindicais junto com os homens, reivindicando nossos lugares, exigindo que sejamos levadas a sério".[15] Opunham-se à existência de uma organização separada para as mulheres que tivesse como objetivo afrontar tais problemas e fundamentavam sua posição com a máxima anarquista acerca da unidade de meios e fins.

---

15. Igualdad Ocaña, entrevista, Hospitalet (Barcelona), 14 fev. 1979.

Quem se manifestava contrariamente à organização autônoma de mulheres alegava que o anarquismo era incompatível não apenas com formas hierárquicas de dominação, mas também com qualquer núcleo independente que minasse a unidade do movimento. Já que o objetivo do anarquismo era a criação de uma sociedade igualitária também na questão de gênero, a luta para alcançá-la exigia a participação de ambos os sexos como companheiros sem distinção. Temiam que uma estrutura dedicada especificamente a pôr fim à subordinação feminina ressaltasse as diferenças entre homens e mulheres, em vez de suas similaridades, e dificultasse a consecução de um objetivo revolucionário igualitário.

Organizando as mulheres: primeiros passos

Lentamente, mulheres de diferentes âmbitos do movimento começaram a discutir a subordinação específica que sofriam dentro dele e a dar os primeiros passos para se organizar a fim de superá-la. Em alguns municípios industriais da Catalunha, grupos de mulheres começaram a se formar, inclusive nos últimos anos da ditadura. Em Terrassa, por exemplo, um grupo de operárias, todas filiadas ao sindicato têxtil da clandestina CNT (a organização foi ilegalizada durante a ditadura de Primo de Rivera), começaram a se reunir em 1928 no centro cultural e cooperativista da FAI. O propósito era se acostumarem a falar em público e discutir os temas (como trabalho e salário) que desejavam que fossem tratados nas assembleias do sindicato. Como resultado dessas reuniões, relatou Teresina Torrelles, membro do grupo, já em 1931 o sindicato incorporou as reivindicações sobre o direito da mulher a um salário igual ao do homem e a oito semanas de licença-maternidade. Ainda que esse grupo tivesse poucos recursos para "preparar" as mulheres integralmente, contribuiu em grande medida para o desenvolvimento ideológico das trabalhadoras. Quando a guerra e a revolução tiveram início, em 1936, as mulheres de Terrassa estavam prontas para atuar, e montaram uma clínica e uma escola de enfermagem durante os primeiros dias de luta.[16]

Em Barcelona, o Grupo Cultural Femenino CNT começou a se formar no fim de 1934, depois da abortada revolução de outubro.[17] Essa organização reuniu mulheres que pertenciam aos sindicatos da CNT e tinha como objetivo fomentar a solidariedade entre elas e permitir que adotassem papéis mais ativos, tanto no sindicato como no movimento. Lucía Sánchez Saornil, escritora e poeta, e Mercedes Comaposada, advogada, levaram a cabo uma tarefa parecida em Madri. Lucía tinha sido ativa nos círculos libertários de Barcelona e queria organizar um núcleo para educar as mulheres. Ela levou a ideia a sindicatos, mas todos pareceram desinteressados. Então ela foi para Madri, onde conheceu Mercedes Comaposada.[18]

Mercedes havia se iniciado na política de esquerda muito jovem. Seu pai emigrou ainda adolescente da região rural de Aragão para Barcelona, para fugir da pobreza extrema, apren-

---

16. Teresina Torrelles, entrevista, Montady (França), 29 abr. 1988.
17. A CNT e a UGT haviam tentado um levante coordenado em outubro de 1934, em protesto contra a política reacionária do governo. Na maioria das regiões, a revolta fracassou sobretudo por causa da falta de comunicação e cooperação. Nas comunidades de mineradores de Astúrias, entretanto, os trabalhadores tomaram várias vilas e cidades antes de serem reprimidos pelas tropas africanas enviadas pelo governo. [Na época, a Espanha detinha grandes possessões coloniais no atual Marrocos, como o Rif e o Saara Ocidental, e mantinha um exército de legionários recrutados localmente que foi utilizado tanto na repressão aos revolucionários asturianos quanto no levante militar liderado por Franco, ele mesmo comandante da Legião Espanhola, e que resultou na guerra civil — N.E.] A revolução de outubro se converteu, nos anos posteriores, em modelo para a unidade do proletariado e em um chamado à organização da classe trabalhadora. Ver SHUBERT, *The Road to Revolution in Spain*.
18. Entrevista com Pura Pérez Arcos, Windsor (Canadá), 16 dez. 1984, e com Mercedes Comaposada, Paris, jan. 1982 e abr. 1988.

der um ofício e encontrar trabalho. Virou sapateiro, mas foi principalmente um "trabalhador cultural". Aprendeu sozinho francês e alemão e foi correspondente espanhol do jornal *L'Humanité*. Mercedes recordava que ele se levantava às quatro ou cinco horas da manhã para estudar, e que caçoava dos filhos por dormirem tanto. Sempre havia gente entrando e saindo de sua casa. "Coitada da minha pobre mãe... Nunca sabia quem ia ou quem vinha, nem quando."

As atividades de seu pai marcaram Mercedes profundamente. "Meu pai, que era socialista, passou-me um grande senso de humanidade. Fui a uma *escuela graduada*, que era bastante especial na época. Tive uma professora maravilhosa. Um dia, ela me olhou e disse: 'Um dia você vai escutar que seu pai foi preso. Quero que saiba que, se isso acontecer, não é porque ele seja um ladrão, mas porque realmente se importa com os trabalhadores'."

Mercedes aprendeu a datilografar quando tinha doze anos. Então começou a trabalhar numa companhia cinematográfica, onde aprendeu a editar e montar filmes. "Eles eram todos membros da CNT, então também me filiei. Minha primeira carteirinha sindical foi a do cinema." Entre 1916 e 1917, ela estudou em Madri, e foi nesse momento que começou a se conscientizar da situação das mulheres e dos trabalhadores.

> Eu vivia em Madri, onde a condição das mulheres era muito ruim, muito pior que na Catalunha. E fiquei muito impressionada com a CNT. Era tão direta, tão sensata. Além disso, trabalhava com um proletariado que estava — perdoe-me a expressão, não a digo de maneira pejorativa — menos preparado que o da UGT. Então me filiei.

Em 1933, enquanto cursava a faculdade de direito em Madri, Orobón Fernández a convidou para dar aulas a operários.

Numa reunião da qual Lucía Sánchez Saornil também participou, Mercedes se deparou com a maneira negativa como, inclusive os militantes da CNT, viam as mulheres. As duas ficaram muito frustradas e abismadas.[19]

> Lucía e eu saímos de lá. Tivemos um entendimento mútuo imediato. Durante meses, nós nos encontrávamos no Parque del Retiro, sentávamos em um banco, conversávamos, passeávamos um pouco. Então, em 1935, começamos a enviar algumas circulares. Lucía trabalhava para o sindicato dos ferroviários e tinha acesso às listas de todos os "grupos de mulheres" de filiação anarcossindicalista (tanto os que operavam dentro dos sindicatos como os independentes). Escrevemos a todos os grupos da lista e a todos que conhecíamos. Perguntávamos quais questões lhes pareciam importantes, sobre quais delas queriam se informar. Claro que nossa maior alegria foram as respostas. Estavam entusiasmadas. Chegavam cartas de todas as partes, de Astúrias, do País Basco, da Andaluzia... e sempre chegava mais.[20]

Essas duas mulheres, ao lado de Amparo Poch y Gascón, fundaram a Mulheres Livres e foram as editoras da revista da federação. Ainda que viessem de ambientes diferentes e cada uma possuísse uma história e um estilo pessoal, as três estavam profundamente comprometidas com o movimento e a educação das mulheres. De fato, eram pessoas instruídas — característica que as distinguia da maioria das "irmãs" espanholas — e procuraram compartilhar os frutos de sua educação com as demais mulheres. Décadas depois, aos 88 anos, Mercedes ainda desejava educar e comunicar o valor

---

19. Ver capítulo 2.
20. Mercedes Comaposada, entrevistas, Paris, 3 e 5 jan. 1982 e 22 abr. 1988.

e a amplitude da cultura e as possibilidades que ela oferece para as mulheres.

Quanto a Lucía — que desapareceu de modo um tanto misterioso após a guerra —, praticamente todos lembram-se dela como uma verdadeira agitadora. Era uma mulher pequena, que fazia com que as pessoas se lembrassem de Louise Michel, a heroína da Comuna de Paris, pelo físico e pela personalidade. Ainda que muito tímida, Lucía apresentava rara habilidade como oradora e organizadora. Era sempre quem resumia os debates nas reuniões e exercia autoridade, sem, no entanto, ser autoritária.

A terceira era a médica Amparo Poch y Gascón. Mercedes recordava que, se ela e Lucía estavam sempre de acordo politicamente, com Amparo era diferente. Ela havia sido *treintista*, ou seja, partidária de uma facção mais reformista da CNT que se separou da corrente dominante em 1932. Os dois grupos se reuniram um pouco antes de começar a guerra.[21] Ela também foi uma mulher vigorosa, com uma capacidade de trabalho extraordinária. Soledad lamentou nunca ter conhecido Amparo muito bem e não se lembrar com clareza de seu rosto, porque, nas poucas ocasiões em que a viu, Amparo estava muito envolvida em suas tarefas.[22] Como médica, e muito empenhada no desafio de romper as barreiras do pudor e da ignorância que rodeavam a sexualidade e que haviam mantido as mulheres subordinadas por muito tempo, escreveu muitos artigos e folhetos educativos nos quais advogava por maior liberdade sexual para as mulheres e desafiava a monogamia e a dupla

---

21. BRADEMAS, John. *Anarcosindicalismo y revolución* [Anarcossindicalismo e revolução]. Barcelona: Ariel, 1974, caps. 5-7; CASAS, Juan Gómez. *Historia de la FAI* [História da FAI]. Madri: Zero, 1977; *Historia del anarcosindicalismo español* [História do anarcossindicalismo espanhol]. Madri: ZYX, 1968, pp. 167-91; BOOKCHIN, *The Spanish Anarchists: The Heroic Years*, pp. 241-51.
22. Soledad Estorach, entrevista, Paris, 27 abr. 1988.

moral sexual. Aparentemente, ela era coerente com esses princípios em sua própria vida. Uma de suas colegas recordou com um sorriso que, além de ser muito capaz no trabalho, Amparo tinha uma tremenda propensão para o amor. Ela tivera muitos amantes (algumas vezes, pensavam, mais de um ao mesmo tempo) e frequentemente brincava com as outras operárias por serem monogâmicas. "Vocês não ficam entediadas de sempre compartilhar o pão com a mesma pessoa?", provocava. Lucía e Mercedes tiveram papéis fundamentais no início da Mulheres Livres em Madri. Amparo se juntou a elas no conselho editorial da revista e mais tarde foi ativa em Barcelona, como diretora do instituto de educação e formação da Mulheres Livres, a Casa de la Dona Treballadora [Casa da mulher trabalhadora]. Todas elas foram impulsionadas à ação por suas experiências prévias em núcleos do movimento libertário, que eram dominados por homens. Mas as bases da organização foram construídas também por mulheres de todo o país, muitas das quais não eram conscientes da existência das demais.

Em Barcelona, por exemplo, Soledad Estorach, que participava tanto de um *ateneo* como da CNT, também pensava que as organizações do movimento eram inadequadas para incorporar as operárias em termos de igualdade com os homens.

> Pelo menos na Catalunha, a postura dominante era que deviam participar homens e mulheres. Mas o problema era que os homens não sabiam como integrar as mulheres. Os homens e muitas das mulheres continuavam a nos considerar como sendo de segunda ordem. Para a maioria deles, acho, a situação ideal era ter uma companheira que não se opusesse a suas ideias, mas que, na vida privada, fosse mais ou menos como as demais. Queriam ser militantes 24 horas por dia e, nessas condições, era impossível que houvesse igualdade. Os homens estavam tão envolvidos que as mulheres ficaram para trás, quase que por neces-

sidade. Por exemplo, quando os homens eram presos, as mulheres deviam cuidar dos filhos, trabalhar para sustentar a família, visitar o marido na prisão. Nisso, as companheiras eram muito boas, mas para nós não era suficiente. Isso não era militância.[23]

O primeiro grupo de mulheres de filiação anarquista começou a se formar em Barcelona no fim de 1934, a partir da experiência de Soledad e outras militantes em grupos mistos. Ela explicava assim:

> O que acontecia era que as mulheres vinham uma vez, até se filiavam, mas logo não as víamos mais. Então muitas companheiras chegaram à conclusão de que era uma boa ideia formar um grupo separado para essas mulheres. Em Barcelona, o movimento era amplo e poderoso, e havia muitas mulheres nos sindicatos de alguns ramos, em especial o têxtil e de confecção. Mas, inclusive nesse sindicato, era raro ver uma mulher falando. Começamos a nos preocupar com a quantidade de mulheres que estávamos perdendo. No fim de 1934, um pequeno grupo começou a se encarregar dessas questões. Em 1935, fizemos um chamado a todas as mulheres do movimento libertário. Não conseguimos convencer as militantes mais velhas, que ocupavam posições de honra entre os homens — veteranas como Federica ou Libertad Ródenas —, para que se unissem a nós, então nos centramos nas companheiras mais jovens. Chamamos nosso grupo de Grupo Cultural Femenino CNT.[24]

---

[23]. Soledad Estorach, entrevista, Paris, 6 jan. 1982.
[24]. Soledad Estorach, entrevista, Paris, 4 jan. 1982. Para mais informações sobre Federica Montseny e Libertad Ródenas, ver ITURBE, Lola. *La mujer en la lucha social y en la Guerra Civil de España* [A mulher na luta social e na Guerra Civil Espanhola]. México: Editores Mexicanos Unidos, 1974, pp. 64-71.

A resposta ao chamado na Catalunha foi similar à recebida por Mercedes e Lucía em Madri: entusiasmo de uns e ambivalência de outros, tanto da parte de homens como de mulheres. Muitos dos membros das organizações libertárias temiam o desenvolvimento de um grupo "separatista". Outros defendiam que as mulheres corriam o risco de cair no "feminismo", ou seja, de que concentrassem sua atenção no acesso à educação e à profissionalização. Efetivamente, durante muito tempo essas questões haviam constituído a preocupação e o interesse das feministas de classe média, na Espanha e em todas as partes, mas haviam sido rechaçadas pelos anarquistas como irrelevantes para os interesses dos operários, homens e mulheres, porque reforçavam estruturas com as quais eles se propunham a acabar. A acusação de "feminismo" confundiu muitas dessas anarquistas. Como explicou Soledad,

> Muitas de nós nunca tinham ouvido sobre "feminismo". Eu não sabia que havia grupos de mulheres no mundo se organizando por nossos direitos. Em nosso grupo, havia uma ou duas que já tinham escutado sobre o feminismo, porque estiveram na França, mas eu não tinha nem ideia de que algo assim existisse. Nós não importamos isso de nenhum lugar, nem sabíamos que existia.

Cientes de que seus objetivos não eram "feministas", no sentido pejorativo do termo, elas ignoraram as críticas e continuaram a trabalhar. No início de 1936, organizaram um encontro no Teatro Olimpia, no centro de Barcelona, para tornar públicas suas atividades e dar uma oportunidade para que outras mulheres se unissem a elas. Mesmo que a reunião tenha sido praticamente ignorada pela imprensa anarquista, o local ficou abarrotado. O encontro formou as bases para uma organização regional que incluía várias associações de bairro em Barcelona e núcleos de municípios e cidades próximas.

Foi apenas em 1936 que os grupos de Madri e Barcelona ficaram sabendo da existência um do outro. Mercedes Comaposada recordou que foi Lola Iturbe a primeira a comentar sobre a existência de um grupo em Barcelona. Mas quem realmente as colocou em contato foi um jovem chamado Martínez, o companheiro de Conchita Liaño — que mais tarde seria a secretária do comitê regional da Catalunha da Mulheres Livres. Martínez disse a Mercedes que ela devia ir a Barcelona para conhecer "essas mulheres". Em setembro ou outubro, ela visitou a cidade e participou de uma reunião regional do Grupo Cultural Femenino para falar sobre o trabalho da Mulheres Livres. Os grupos de Barcelona e Madri haviam começado suas atividades com objetivos diferentes. O de Barcelona queria encorajar as mulheres filiadas à CNT a serem mais militantes, enquanto a Mulheres Livres, em Madri, queria, nas palavras de Mercedes, "formar mulheres que pudessem experimentar a vida em toda a plenitude. Mulheres com consciência social, sim, mas também que soubessem apreciar a arte, a beleza".[25] Não demorou, porém, para que as catalãs reconhecessem suas afinidades com a Mulheres Livres. Na mesma reunião, votaram pela filiação e trocaram seu nome para Agrupamento Mulheres Livres. Assim começou o que viria a ser uma federação nacional.

Durante os primeiros meses, os grupos se dedicaram a uma tarefa combinada de conscientização e ação direta. Criaram redes de mulheres anarquistas que tentavam satisfazer as necessidades de apoio mútuo em sindicatos ou em outros âmbitos do movimento. Reuniam-se, analisavam relatos de comportamento machista de seus companheiros e pensavam estratégias para enfrentar o problema.

---

25. Mercedes Comaposada, entrevista, Paris, 22 abr. 1988.

Além dessas formas de apoio mútuo, a atividade mais concreta na qual se empenhou o grupo de Barcelona durante esse período foi a criação das *guarderías volantes*, as creches ambulantes. No intuito de incorporar mais mulheres às atividades sindicais, deparavam-se com o fato constante de que, por terem de cuidar dos filhos, essas mulheres não podiam ficar no trabalho até tarde ou ir às reuniões. Decidiu-se, então, enfrentar esse problema com a oferta de um serviço de creche às mulheres que estivessem interessadas em atuar como delegadas sindicais. Integrantes do grupo iam até a casa delas para tomar conta de seus filhos enquanto elas participavam dos encontros.

É claro que, como ressaltava Soledad, com um brilho típico nos olhos, o projeto não era pensado simplesmente para oferecer um serviço: "Quando chegávamos lá, fazíamos um pouco de propaganda. Falávamos sobre comunismo libertário e outras coisas. Coitadas, elas iam às reuniões e, quando chegavam em casa, outra lição as esperava... Às vezes, àquela hora, os maridos já estavam em casa e também se juntavam à discussão".[26]

Quando a revolução começou, em julho de 1936, o Grupo Cultural Femenino e a Mulheres Livres de Madri já tinham se reunido havia um tempo, estabelecido uma rede de mulheres militantes anarquistas e começado o trabalho de conscientização. Estavam bem preparadas para participar das conquistas revolucionárias de julho e reorganizar sua própria educação e a de outras mulheres, com vistas a trabalhar na construção de uma nova sociedade.

---

26. Soledad Estorach, entrevista, Paris, 4 jan. 1988.

A organização decola

Enquanto grupos separados se reuniam na Catalunha e em Madri, muitas dessas mesmas mulheres se ocupavam de sua organização nas páginas da imprensa anarquista. *Tierra y Libertad*, *Solidaridad Obrera* e *Estudios*, em particular, publicaram vários artigos sobre a "questão da mulher". Mercedes Comaposada, Amparo Poch y Gascón e Lucía Sánchez Saornil eram colaboradoras habituais.

Os debates alcançaram o auge na segunda metade de 1935, quando Mariano R. Vázquez, secretário da CNT, publicou dois artigos no jornal *Solidaridad Obrera* sobre o papel da mulher no movimento anarcossindicalista. Lucía Sánchez Saornil respondeu com uma série de cinco artigos intitulada "La cuéstion femenina en nuestros medios" [A questão feminina em nossos meios], seguida por "Resumen al margen de la cuestión femenina: para el compañero M. R. Vázquez" [Um resumo da questão feminina: para o companheiro M. R. Vázquez], em que desenvolveu as bases do que viria a ser a Mulheres Livres — tanto a revista como a organização. Essa troca merece detalhamento, pois construiu o cenário para o debate que se desenvolveu na imprensa e no movimento anarquista na época em que se fundou a Mulheres Livres.[27]

Em seu artigo inicial, Vázquez se mostrava compreensivo com os problemas enfrentados pelas mulheres dentro do movimento anarquista. Começava afirmando que elas eram

---

[27]. VÁZQUEZ, Mariano. "Mujer: factor revolucionario" [Mulher: fator revolucionário], em *Solidaridad Obrera*, 18 set. 1935; "Avance: por la elevación de la mujer" [Avanço: pela elevação da mulher], *Solidaridad Obrera*, 10 out. 1935, em resposta aos primeiros três artigos de Lucía Saornil. "La cuestión femenina en nuestros medios" [A questão feminina em nossos meios], publicado em cinco partes (26 set. e 2, 9, 15 e 30 out.1935); "Resúmen al márgen de la cuéstion femenina" [Síntese à margem da questão feminina], 8 nov. Os artigos de Lucía foram incluídos na importante antologia de NASH, *Mujeres Libres España 1936-1939*, pp. 44-66.

elementos ativos na História, ainda que muitas vezes tenham sido esquecidas e suas contribuições, ignoradas. Na Espanha contemporânea, as mulheres eram de fato as escravas dos escravos: os homens acreditavam que era seu direito dominá-las. Perguntava-se por que elas permitiam isso e deduzia que era pela dependência econômica a que estavam submetidas. Para superar o problema, dizia, seria necessário que as mulheres se unissem aos homens na transformação da sociedade. Lutando para criar uma nova conjuntura que garantisse a independência econômica de todos, as mulheres também se libertariam da tirania masculina.

Lucía começou sua resposta afirmando que a maioria dos anarcossindicalistas parecia estar muito pouco interessada em estimular a plena participação feminina. Existiam muitos ambientes e contextos para a organização das mulheres: fábricas, escolas, *ateneos*, lares. Que tão poucas tivessem se engajado indicava a falta de interesse dos homens. A verdadeira propaganda sobre a questão feminina devia ser feita entre os homens, e não entre as mulheres. "É necessário dizer-lhes que, antes de reformar a sociedade, é preciso reformar a própria casa."[28] Além disso, os anarcossindicalistas que tentaram organizar as mulheres o fizeram do ponto de vista do movimento, e não do delas.[29] Se as mulheres tinham de ser integradas ao movimento, era necessário fazê-lo nos seus próprios termos e tratá-las como companheiras iguais e capazes.

Os artigos posteriores desenvolviam o tema da personalidade feminina, da mulher como pessoa, e abordavam a sua subordinação econômica. Lucía desafiou a noção de que o

---

28. SAORNIL, Lucía Sánchez. "La cuestión femenina en nuestros medios", em *Solidaridad Obrera*, 26 set. 1935.
29. Ver GARCÍA, Miguel Benjumea. "La mujer ante la revolución" [A mulher diante da revolução], em *Solidaridad Obrera*, 6 out. 1935; PETER. "Una proposición a la mujer" [Uma proposta à mulher], em *Solidaridad Obrera*, 10 out. 1935.

papel feminino apropriado era o de mãe e esposa. As mulheres ganhavam salários menores que os dos homens (e que desvalorizavam os salários de todos os trabalhadores) porque os homens, incluindo os da CNT, tratavam-nas como inferiores.[30] Sustentava, além disso, que as mulheres tinham sido reduzidas a nascer, parir e morrer. "O conceito de mãe está absorvendo o de mulher, a função está anulando o indivíduo. Para um anarquista, antes do trabalhador existe o homem, e antes da mãe deve existir a mulher. Porque, para um anarquista, antes de tudo e acima de tudo, está o indivíduo."[31]

O artigo final da série abordava a questão sexual e repreendia os "dons juans" anarquistas que pareciam interpretar a maior liberdade sexual como uma licença para dominar as mulheres.[32] Era preciso comunicar-se com os jovens sobre as ideias anarquistas de sexualidade e de amor livre, e quem deveria fazer isso eram pessoas que compreendiam de verdade sua importância e que não se aproveitassem da ocasião para aumentar suas possibilidades de conquistas pessoais.

Entretanto, em 10 de outubro de 1935, Vázquez respondeu aos primeiros três artigos de Lucía com o texto "Avance: por la elevación de la mujer" [Avanço: pela elevação da mulher]. Ele concordava com ela sobre a alta incidência de homens que eram tiranos no lar e repetia que as mulheres eram igualmente culpadas ao não reclamar seus direitos. Ainda afirmava que, embora fosse verdade que os homens não tratavam as mulheres como iguais, era "apenas humano" querer agarrar-se aos privilégios. Não se podia esperar que os homens renun-

---

30. Surpreendentemente, o jornal *Solidaridad Obrera* publicou alguns dias depois, em 25 de outubro de 1935, um artigo que ilustrava essa questão: "Crónica del día: el trabajo de la mujer" [Crônica do dia: o trabalho da mulher].
31. SAORNIL, Lucía Sánchez. "La cuestión femenina en nuestros medios", p. 2.
32. O artigo de Saornil inspirou o de COBOS, María Luísa. "A la mujer, no; a vosotros, proletarios" [À mulher, não; a vocês, proletários], em *Solidaridad Obrera*, 8 out. 1935, p. 3.

ciassem a seus privilégios voluntariamente, do mesmo modo que não se esperava que a burguesia cedesse voluntariamente o poder ao proletariado.[33] Como sempre defenderam os anarquistas, "a emancipação do proletariado há de ser obra dos próprios trabalhadores. [Então] Podemos gritar que a emancipação da mulher há de ser obra da mulher".[34] Para fomentar esse objetivo, propunha que o jornal *Solidaridad Obrera* enxergasse a imprensa burguesa como exemplo e dedicasse uma página semanal à mulher.

A resposta de Lucía foi certeira. Ela atacou os homens anarquistas que pareciam não ter paciência com as mulheres. Não bastava dizer que "a revolução está logo na esquina, não temos tempo para organizar as mulheres". Esperar pela revolução podia ter seu valor, mas "é ainda melhor buscá-la, construindo-a minuto a minuto no coração e na mente das pessoas". "Preparar" as mulheres para a revolução social é parte da revolução. O recrutamento feminino devia ser uma preocupação fundamental, e não secundária, para aqueles que desejam transformar a sociedade. Mas Lucía guardou todo o seu poder de fogo para criticar Vázquez e sua analogia entre burguesia e proletariado. Em primeiro lugar, argumentava que não bastava dizer que era "apenas humano" o desejo do homem de conservar seus privilégios de dominação — ainda mais se ele pede o apoio das mulheres. Em segundo lugar, esses não eram homens quaisquer, mas, sim, supostamente,

---

33. Ver também JUNCO, José Alvarez. *La ideología política del anarquismo español 1868-1910* [A ideologia política do anarquismo espanhol 1868-1910]. Madri: Siglo XXI, 1976, p. 302; KAHOS. "Mujeres, emancipaos!" [Mulheres, emancipem-se], em *Acracia*, 26 nov. 1937, p. 4.
34. VÁZQUEZ, "Avance: por la elevación de la mujer". Afirmações parecidas apareceram periodicamente em várias publicações anarcossindicalistas. Ver, por exemplo, "Femeninas" [Femininas], em *Obrero Balear*, Órgano de la Confederación Regional del Trabajo de Baleares y Portavoz de la CNT (7 jan. e 14 fev. de 1935). Agradeço a Neus por ter-me proporcionado cópias desses documentos.

anarquistas, que lutavam pela igualdade e pela abolição das hierarquias. "Pode ser 'apenas humano' que o homem deseje conservar sua hegemonia, mas então ele não será anarquista." Ademais, a analogia era falsa: os interesses da burguesia e os do proletariado eram fundamentalmente contrários, mas os dos homens e os das mulheres, não. "Sendo [o homem e a mulher] diferentes, suas qualidades se complementam e formam um todo harmônico. Não haverá harmonia na vida futura se todos esses elementos não entrarem proporcionalmente em sua formação."

Em resumo, o que estava em jogo, afirmava ela, não era simplesmente a emancipação das mulheres, mas a criação de uma nova sociedade, tanto para os homens como para as mulheres. Nessa tarefa, todos deviam participar igualmente. As mulheres haviam começado a reivindicar seus plenos direitos; já era tempo de os homens reconhecerem a importância dessa luta e se unirem a elas de igual para igual.

Por último, rechaçou a sugestão feita por Vázquez de que o *Solidaridad Obrera* dedicasse uma página às mulheres todas as semanas e, pela primeira vez, declarou sua ideia sobre o que viria a ser a revista *Mujeres Libres*. "Não aceitarei sua sugestão sobre uma página para as mulheres no *Solidaridad Obrera*, por mais interessante que seja, porque tenho ambições maiores. Tenho o plano de criar uma revista independente para servir exclusivamente aos objetivos propostos por você."[35]

Seu sonho, que serviu de projeto original às atividades da Mulheres Livres nos anos seguintes, obviamente tocou um ponto sensível a seus leitores. A série de artigos e as cartas que ela e Mercedes enviaram a militantes de todo o país geraram um grande apoio. Em abril, já haviam comunicado sobre a

---

35. SAORNIL, Lucía Sánchez. "Resúmen al márgen de la cuestión femenina", em *Solidaridad Obrera*, 8 nov. 1935.

publicação da revista *Mujeres Libres* a imprensa anarquista, os sindicatos, os *ateneos* e os grupos das Juventudes de toda a Espanha, e haviam começado a organizar os interessados no projeto em uma rede de correspondentes e distribuidores da revista. As cartas que receberam tanto de homens quanto de mulheres denotavam entusiasmo. Muitos afirmavam que estavam esperando aquele momento desde que Lucía anunciara seu plano no outono anterior, nas páginas do *Solidaridad Obrera*.[36] O primeiro número da *Mujeres Libres*, publicado no dia 20 de maio de 1936, esgotou-se quase imediatamente. Um segundo número foi publicado em 15 de junho. No total, foram catorze edições. A última estava na gráfica quando a batalha chegou a Barcelona, e nenhum exemplar foi conservado.[37]

Como explicavam as editoras aos potenciais colaboradores e assinantes, a revista seria mensal, dirigida às mulheres da classe trabalhadora — cuja educação havia sido negligenciada por parte do movimento — e teria como objetivo "despertar a consciência feminina para as ideias libertárias".[38] Entendiam a missão da revista em termos políticos e culturais. Significativamente, a revista não se identificaria como anar-

---

36. As cartas, tanto as do coletivo editorial *Mujeres Libres* quanto a dos possíveis distribuidores e de admiradores da revista ao conselho editorial, podem ser consultadas no AHN/SGC-S, P.S. Madri: 432. Agradeço a Mary Nash por ter me facilitado a localização desses documentos.
37. O primeiro número foi publicado no fim de maio de 1936. Segundo uma lista elaborada por Mercedes Comaposada, foram publicados quatro números antes da guerra (dos quais dois tinham características de boletim). O segundo número foi publicado em junho. O quarto, ao que parece, estava sendo produzido quando a guerra começou, em 19 de julho, mas não chegou a ser lançado. O segundo número que foi conservado (oficialmente, o quinto), datado do dia 65 da revolução, foi publicado em outubro de 1936. Agradeço a Pura Pérez Arcos por ter me enviado essa lista.
38. Carta das editoras da *Mujeres Libres* a Emma Goldman, Madri, 17 abr. 1936, AHN/SGC-S, P.S. Madri: 432. Goldman mencionou ter recebido essa correspondência em nota a um companheiro, em 24 de abril. A carta foi reproduzida em PORTER, David (org.). *Vision on Fire: Emma Goldman on the Spanish Revolution* [Visão em chamas: Emma Goldman na revolução espanhola]. New Paltz: Commonground Press, 1983, p. 254.

quista, algo destacado em toda a sua correspondência, "pelo receio que essa palavra poderia causar na maioria das mulheres do país [...]. [Porém, a revista] se encarregaria de iniciá-las no debate sobre os problemas sociais e elevar seu nível cultural".[39] Entretanto, Lucía recordava constantemente aos destinatários de suas cartas que, mesmo que a palavra "anarquista" não fosse mencionada, qualquer pessoa inteligente que lesse a revista reconheceria facilmente a "orientação libertária em todo o seu conteúdo".[40]

Alguns traços dessa correspondência merecem ser mencionados, particularmente porque levantavam questões que acompanhariam a revista e o grupo durante os anos seguintes. Primeiramente, parece que as editoras da *Mujeres Libres* haviam confiado nas redes existentes do movimento libertário para publicar a próxima edição da revista. Quase todas as pessoas que lhes escreviam indicavam que souberam do periódico por meio da imprensa anarquista ou pelos panfletos distribuídos nas reuniões dos sindicatos e das Juventudes e nos *ateneos*. Muitas dessas cartas foram escritas por homens, sobretudo membros dos grupos das Juventudes, que faziam pedidos significativos para seus bairros.

Entretanto, ainda que tivessem dependido das organizações do movimento para chegar ao público, as editoras ressaltavam frequentemente que eram independentes dessas organizações, financeiramente e em todos os sentidos, e que estavam sozinhas à frente do projeto. Assim, por exemplo, Lucía agradecia a María Luísa Cobos por oferecer ajuda nas vendas e na distribuição, "porque a revista não recebe subsídio ou ajuda econômica, e nos propusemos a editá-la nós mesmas,

---

39. De uma carta de María Luísa Cobos, 20 abr. 1936, AHN/SGC-S, P.S. Madri: 432.
40. Lucía Sánchez Saornil para Federica Montseny, Madri, 24 mai. 1936; também Mulheres Livres para Hernández Domenech (La Unión), Madri, 27 mai. 1936.

com nossas forças".[41] Em muitas ocasiões, as queixas adotavam um tom mais urgente. Lucía começava uma carta aos companheiros das Juventudes de Sória desculpando-se pelo atraso na resposta à oferta de ajuda e apontando que "vocês podem imaginar o quanto estamos trabalhando para organizar isso sem ajuda de ninguém".[42]

Não surpreende que a maioria dos pedidos por ajuda material fosse dirigida a homens e às organizações do movimento. Como esperado, eram os únicos que podiam dispor de meios financeiros (por mais escassos que fossem) na Espanha daquela época. Tanto homens como mulheres se ofereciam voluntariamente para distribuir a revista utilizando qualquer meio que estivesse ao alcance. Por exemplo, Lucía pediu a Diego Abad de Santillán — conhecido escritor e teórico anarquista, membro do comitê regional da CNT e do conselho editorial da revista anarquista *Tiempos Nuevos* — que recorresse a seus contatos nessa publicação para providenciar a distribuição da *Mujeres Libres* em Barcelona.[43]

Elas expressaram sua gratidão a homens e mulheres, sindicatos e grupos das Juventudes de todo o país pela ajuda oferecida. Algumas cartas, porém, expressavam também a frustração das editoras pela falta de interesse dos periódicos anarquistas mais importantes, sobretudo o *Solidaridad Obrera*. Esse padrão de conduta — apoio de núcleos locais, mas não da organização principal — acompanharia a Mulheres Livres durante toda a sua existência. No dia 28 de maio de 1936, Lucía escreveu uma carta muito severa ao diretor do *Solidaridad Obrera*, queixando-se de que a publicação não

---

41. Carta de Lucía Sánchez Saornil para María Luísa Cobos, 20 abr. 1936, AHN/SGC-S, P.S. Madri: 432.
42. Mulheres Livres para Celedonio Arribas (Sória), Madri, 14 mai. 1936; e comitê editorial para Camarada Morales Guzmán (Granada), 7 mai. 1936.
43. Lucía Sánchez Saornil para Abad de Santillán (Barcelona), Madri, 6 mai. 1936.

havia prestado nenhuma atenção ao número inaugural da *Mujeres Libres*. Ainda que suas editoras tivessem pagado anúncios para divulgar o lançamento da revista e enviado cópias do primeiro número a fim de que fosse resenhado ou ao menos citado no jornal, o influente diário do movimento anarcossindicalista não fez menção alguma a elas.

> Não se trata de desconhecidas; somos companheiras que colocamos nossos conhecimentos a serviço das organização e das ideias, e não achamos que vocês estejam procedendo de maneira solidária; por camaradagem, por cordialidade entre companheiros, já que trabalhamos para uma causa comum e não para os interesses particulares de ninguém, o melhor, o mais indicado, seria nos dizer claramente se vocês pensam que nosso trabalho não é válido, e não esse absoluto silêncio.[44]

Em outros aspectos, entretanto, esses primeiros meses foram um período de grande expectativa e satisfação. A *Mujeres Libres* recebia cartas de todos os cantos do país, escritas por mulheres entusiasmadas com a revista, ainda que mal fossem alfabetizadas. Muitas dessas cartas revelavam uma falta de familiaridade com a linguagem escrita, com muitos erros de ortografia e frases com sentidos imprecisos. Esse aspecto leva a crer que a *Mujeres Libres* estava ao menos chegando até as pessoas a quem desejava se dirigir — claramente, não as mulheres mais bem instruídas da Espanha.

Também fica claro, graças a essa correspondência, que uma das metas do grupo era que as mulheres, e também os homens, chegassem a conhecer o que as mulheres estavam fazendo e o que poderiam fazer dentro de um contexto mais

---

44. Lucía Sánchez Saornil, em nome do comitê editorial, para o diretor do *Solidaridad Obrera* (Barcelona), Madri, 28 mai. de 1936.

amplo das concepções anarquistas sobre a natureza da transformação social. Por exemplo, Lucía pedia a Josefa de Tena, que havia aceitado cobrir as notícias sobre a cidade de Mérida, que enviasse informações sobre a greve de mulheres em curso na região. Essa informação devia incluir notas sobre os antecedentes, as exigências e o impacto da greve, assim como fotografias, se fosse possível ("uma foto do interior da fábrica ou da oficina em conflito, uma do grupo de companheiras e, se possível, de alguma assembleia").[45] De maneira parecida, em uma carta para María Luísa Cobos, em que ressaltava o que desejavam que fizesse como correspondente da revista *Mujeres Libres* em Jerez de la Frontera e pedia fotografias que acompanhassem sua reportagem, Lucía aponta:

> Temos um grande interesse em criar uma corrente de compreensão mútua entre as mulheres da cidade e do campo, fazendo com que conheçam os ambientes em que vivem, respectivamente. Você poderia nos enviar uma reportagem que abarcasse os seguintes pontos: qual é o trabalho agrícola mais importante da região, quais tarefas ele demanda e em quais épocas do ano cada uma delas é feita e, sobretudo e fundamentalmente, qual é o papel das mulheres em cada um desses trabalhos.[46]

Por último, ressaltamos que muitos dos remetentes das cartas eram homens — entre eles, alguns eruditos do movimento anarquista, como Eduardo Morales de Guzmán e Mariano Gallardo, assíduos colaboradores da *Estudios* e sinceros partidários da emancipação da mulher — que se voluntariavam para distribuir a publicação ou colaborar com artigos. A todos

---

45. Do comitê editorial para Josefa de Tena (Mérida), Madri, 25 mai. 1936; e a resposta de De Tena, 3 jun. 1936.
46. Lucía Sánchez Saornil para María Luísa Cobos, 20 abr. 1936.

eles, as editoras responderam agradecendo o apoio, mas assegurando que se propuseram a fazer uma revista escrita e produzida inteiramente por mulheres. A Morales de Guzmán, por exemplo, escreveu Lucía:

> Como vê, recebemos seu trabalho, que lhe devolvemos por termos estabelecido como norma que a revista seja feita exclusivamente por mulheres. Entendemos que a orientação da mulher é uma coisa exclusivamente nossa, de mulheres. Por mais que vocês façam, por mais que tenham boa vontade — e reconhecemos que você tem bastante, além de ser um dos mais atenciosos —, *não conseguem encontrar o tom necessário*.[47]

Muitos desses temas e preocupações se refletiram no conteúdo do primeiro número da revista, publicado em maio de 1936. O editorial de apresentação afirmava que seu propósito era

> encorajar a ação social feminina, dando às mulheres uma nova visão das coisas, evitando que a sensibilidade e o pensamento se contaminem pelos erros masculinos. E entendemos por erros masculinos todas as noções atuais de relação e convivência, [chamamos de] erros masculinos porque rechaçamos energicamente toda a responsabilidade em eventos passados nos quais a mulher nunca foi autora, mas testemunha silenciosa.

Porém, mais que culpar alguém pelo passado, as editoras sublinhavam a necessidade de se preocupar com o futuro — e ressaltavam que não pretendiam fazer uma "declaração de guerra" entre os sexos. "Não, não. Mutualidade de interesses, fusão de angústias, entusiasmo na busca pelo destino comum."

---

47. Lucía Sánchez Saornil, em nome das editoras, para Morales Guzmán [sic] (Granada), Madri, 14 jun. 1936.

Essa abordagem, reiteravam, não era "feminismo", que seria simplesmente o avesso do masculinismo ao qual se opunham. Bem ao contrário disso, sua meta era o "humanismo integral", que se alcançaria mediante o equilíbrio entre os elementos masculinos e femininos da sociedade. Não surpreende o fato de que a tentativa de formular o que eram esses elementos "masculinos" e "femininos" resultasse nos mesmos estereótipos e equívocos dos quais muitas análises feministas estadunidenses contemporâneas se tornaram reféns. Continuavam argumentando, por exemplo, que o "excesso de virtudes masculinas, como audácia, brutalidade e inflexibilidade, deram à vida esse sentido feroz pelo qual uns se alimentam da miséria e da fome dos outros. [...] A ausência da mulher na história acarretou a falta de compreensão, ponderação e afetividade, que são suas virtudes, e em cujo contrapeso o mundo teria encontrado a estabilidade de que necessita". Mesmo que os termos tenham sido expressos de maneira crua, a afirmação de que o comportamento feminino era diferente do masculino e que ambas as perspectivas eram necessárias para o equilíbrio do mundo foi ecoada em nossos tempos pela filósofa e psicóloga nova-iorquina Carol Gilligan, entre outras, e é parte importante dos argumentos de alguns grupos pacifistas feministas, assim como de algumas teóricas da escola do "pensamento maternal".[48]

Os parágrafos finais do editorial confirmavam as declarações das editoras de que o conteúdo da revista seria claramente libertário; afirmavam que a revista *Mujeres Libres* se propunha a amplificar a voz das mulheres e a "evitar que a

---

48. Ver, por exemplo, GILLIGAN, Carol. *In a Different Voice* [Em uma voz diferente]. Cambridge: Harvard University Press, 1982; e RUDDICK, Sara. *Maternal Thinking: Toward a Politics of Peace* [Pensamento maternal: em direção a uma política de paz]. Boston: Beacon Press, 1989. Para uma revisão crítica dessa bibliografia, ver ACKELSBERG & DIAMOND, "Gender and Political Life: New Directions in Political Science", pp. 515-8.

mulher, outrora submetida à tirania da religião, caia, ao abrir os olhos à vida plena, em outra tirania, não menos refinada e ainda mais brutal, a política". Essa análise é quase uma cartilha da abordagem anarquista da transformação social; sustenta, por exemplo, que a política e toda forma de poder corrompem, e oferece como alternativa a estratégia da ação direta: *"Mujeres Libres* luta pelo objetivo final da ação direta de multidões e indivíduos. Temos de construir o mundo novo por instrumentos novos".[49]

Os artigos da revista elucidavam as intenções das editoras. O primeiro número trazia uma combinação de comentários políticos e culturais, assim como reportagens sobre cuidado infantil, saúde e moda. Todos pressupunham um público de mulheres trabalhadoras conscientes de sua condição de classe e das desvantagens sociais e econômicas que a caracterizavam. O conteúdo da publicação pressupunha que as leitoras gostariam de saber como agir nesse contexto e maneiras de mudá-lo. Em resumo, a orientação da revista não era negar as diferenças de classe nem fomentar a resignação a essas diferenças. Qualquer que fosse o tema abordado, os artigos apontavam possíveis vias de transformação em dois níveis, o individual e o coletivo.

Alguns dos artigos eram explicitamente políticos: uma carta de Emma Goldman descrevendo o quão abertos se mostravam os trabalhadores galeses às ideias anarquistas; uma crítica do fracasso tanto da Liga das Nações quanto das organizações operárias internacionais em atuar de maneira efetiva contra a invasão italiana na Abissínia; e uma análise da lei como inimiga da natureza fluida da vida e como especificamente subordinadora das mulheres (análise que poderia ser

---

49. *Mujeres Libres,* mai. 1936.

entendida como "puramente anarquista" pelo tom e conteúdo, mas que em nenhum momento menciona essa palavra).

Além disso, a revista apresentava uma série de artigos sobre temas culturais: uma discussão sobre as teorias educacionais de Pestalozzi, pedagogo suíço pioneiro da reforma educacional, e sua pertinência para a educação dos filhos da classe trabalhadora; uma resenha do filme *Tempos modernos*, de Charles Chaplin, feita por Mercedes Comaposada, que ressaltava os temas anticapitalistas da obra; um ensaio exaltando o valor dos esportes e do exercício para a saúde e a vitalidade; e um artigo de Lucía Sánchez Saornil sobre a vida dos trabalhadores agrícolas em Castela (principalmente destinado ao leitor urbano, para iniciá-lo no modo de vida das áreas rurais).

Finalmente, havia artigos sobre assuntos que esperaríamos encontrar em uma revista feminina, ainda que sempre a partir de um ponto de vista crítico/político. "Vivienda" [Morada], escrito por Luisa Pérez, discutia a necessidade da higiene do lar — o valor da instalação de gás e de ter um banheiro dentro de casa (nessa época, considerados luxos desnecessários para a casa de operários), a importância de lidar adequadamente com o lixo e a advertência de que escarradeiras eram um foco de doenças. Um artigo de Amparo Poch descrevia os cuidados adequados com os recém-nascidos, desde instruções sobre o quanto o bebê deveria dormir e como deveria ser banhado e cuidado até discussões sobre a importância do amor e da atenção para seu desenvolvimento e crescimento apropriados.[50] A revista trazia, inclusive, um artigo sobre a estética no vestir. Apontava que as mulheres de classe média e alta pareciam ter mais liberdade para escolher roupas práticas, enquanto as trabalhadoras, que não podiam

---

50. Esse artigo seria depois desenvolvido para se tornar seu livreto *Niño* [Criança]. Barcelona: Mujeres Libres, 1937.

bancar essa atitude, permaneciam fiéis às vestimentas tradicionais, que demandavam mais gastos e não eram nem confortáveis nem atrativas.

O mais surpreendente sobre o conteúdo da publicação era a tentativa de se dirigir às leitoras "onde estivessem", e também aproveitar todas as oportunidades ao alcance para a conscientização política e cultural. Era possível que uma mulher não filiada ao movimento anarcossindicalista e com pouca consciência de classe pegasse a revista e a lesse como qualquer outra dedicada ao público feminino. Entretanto, certamente era diferente da maioria: insistia na importância da mulher como pessoa e em suas experiências e seu potencial como sujeito histórico, ao mesmo tempo que tratava seus problemas mais imediatos como mãe e esposa. As editoras conseguiram dar à *Mujeres Libres* um tom respeitoso com as leitoras, mas também educativo. Não tinha o traço de "culpar a vítima", tão comum entre os artigos dos jornais anarquistas mais importantes que lamentavam a falta de mulheres no movimento, nem apresentava a condescendência típica das revistas de classe média (inclusive feministas de classe média) ao abordar questões relacionadas à mulher da classe trabalhadora.[51]

Enfim, a revista *Mujeres Libres* foi bem recebida por muitos indivíduos e grupos do movimento. Nos meses seguintes, o *Acracia*, o jornal da CNT em Lérida, e o *Boletín de Información*, da CNT-FAI, republicaram editoriais da *Mujeres Libres*, mencionando artigos específicos e incentivando os leitores a apoiar a nova revista. Durante maio e junho, as editoras receberam numerosas cartas de mulheres e homens anarquistas com mensagens de apoio e encorajamento, agradecendo por levantar questões importantes e elogiando a qualidade dos artigos.

---

51. Um exemplo desse tipo de revista, mas do século anterior, é *La Mujer: Periódico Científico, Artístico y Literario*, publicada em Barcelona em 1882.

Muitas dessas cartas incluíam contribuições de apoio e também para assinaturas.[52] Assim, mesmo que não tenha sido recebida com todo o entusiasmo e a ajuda financeira das outras organizações do movimento, a revista tampouco foi ignorada: a *Mujeres Libres* encontrou um público entusiasmado.

O desenvolvimento da revista e da organização mudou drasticamente após julho de 1936. A guerra civil e os meses de crescente agitação que a precederam haviam trazido muitas oportunidades novas às mulheres, ao mesmo tempo que impuseram limites ao que poderiam realizar. O próprio desenvolvimento da Federação Mulheres Livres não escapou a esse contexto.

No aspecto mais imediato, as mulheres mais comprometidas com a organização de Madri e com o Grupo Cultural Femenino de Barcelona saíram às ruas ao lado dos homens em resposta à rebelião. Forneceram comida aos milicianos, fizeram funcionar restaurantes populares e passaram a organizar a vida na retaguarda. Depois desse primeiro momento, os grupos de mulheres começaram a reformular e redirecionar suas atividades. Soledad Estorach, Pepita Carpena e outras viajaram pela Catalunha e por Aragão, ajudando a estabelecer os coletivos rurais. Muitas acompanharam representantes da CNT e da FAI a áreas próximas das frentes de batalha com megafones improvisados a fim de chamar os trabalhadores rurais e os camponeses para que "viessem para o nosso lado". Outras organizaram comboios para enviar comida e suprimentos a Madri. Formaram-se grupos da Mulheres Livres em toda a zona republicana. Com o propósito concreto de empoderar as mulheres para superar sua tripla servidão — "escravidão da ignorância, escravidão como mulher e escravidão como tra-

---

52. Por exemplo, AHN/SGC-S, P.S. Madri: 432.

balhadora"[53] —, desenvolveram programas de alfabetização e, com a colaboração dos sindicatos, cursos técnicos.

As transformações provocadas pela guerra e pela revolução se refletiram de imediato no tom e no conteúdo da revista. Mercedes Comaposada descreveu a mudança num artigo publicado no jornal *Tierra y Libertad* em maio de 1937: "Aquela serena 'revista de orientação e documentação social' não desapareceu: ela se transformou em um periódico mais vibrante, que, em sintonia com as circunstâncias atuais, faz uma crítica construtiva e dá orientação para agora e para depois."[54] A edição de número cinco ("Día 65 de la Revolución" [Dia 65 da Revolução]), publicada em outubro de 1936 em resposta à nova realidade, refletia essa transformação. A revista continuava trazendo conteúdo de suposto interesse para as mulheres, mas pautado pelo contexto de guerra: uma crítica aos partidos políticos por organizar desfiles de crianças uniformizadas, uma discussão sobre as filas de racionamento, além de perfis de milicianas nos fronts e de operárias. Também constavam artigos dedicados à conscientização política: reportagens sobre os primeiros dias de luta em Barcelona, as expropriações de edifícios e o estabelecimento de coletivos em Terrassa, e uma variedade de textos explicando a postura do movimento anarcossindicalista diante da guerra e da revolução.

As editoras reconheceram a transformação de contexto e o que isso significava para a revista. "Ainda que preferíssemos trabalhar em tempos mais tranquilos, colocaremos nosso empenho em ajustar o tom e a expressão ao ritmo acelerado com que a vida se desenvolve." Anteriormente, era preciso buscar

---

53. "Estatuto de la Agrupación Mujeres Libres" [Estatuto da Agrupação Mulheres Livres], artigo 1.
54. COMAPOSADA, Mercedes. "Origen y actividades de la Agrupación Mujeres Libres" [Origens e atividades da Agrupação Mulheres Livres], em *Tierra y Libertad*, n. 11, 21 mar. 1937, p. 8.

as mulheres em casa e convencê-las da necessidade de participar da vida social, mas, agora, a guerra havia manifestado essa realidade. As mulheres haviam se engajado, haviam respondido ao chamado. "Mas essa resposta é somente instintiva, não consciente. Agora, nosso dever, que aceitamos com toda a responsabilidade, é converter esse instinto em consciência." De um modo talvez bastante dramático, as editoras identificaram suas metas com as do movimento anarcossindicalista:

> Ser antifascista é bem pouco; alguém é antifascista porque é, antes de tudo, algo mais. Temos uma afirmação para opor a essa negação [...] [que] pode ser condensada em três letras: CNT (Confederação Nacional do Trabalho), que quer dizer organização racional da vida sobre as bases do trabalho, da igualdade e da justiça social. Se não fosse por isso, o antifascismo seria para nós uma palavra sem sentido.[55]

Já então é possível ver algumas diferenças notáveis na abordagem da *Mujeres Libres* e na de outras publicações da época dirigidas às mulheres. No número de outubro de 1936, *Mujeres*, a revista do PCE, identificava-se como "Mulheres contra a guerra e o fascismo", inicialmente um núcleo feminino da Frente Popular. Em oposição às aspirações revolucionárias da *Mujeres Libres*, a *Mujeres* declarava que a principal responsabilidade das mulheres de Madri era substituir os homens nos centros de trabalho para que eles pudessem lutar, e "aprender a portar armas em caso de necessidade".[56] Um artigo de

---

55. "Henos aquí outra vez..." [Aqui estamos nós outra vez...], em *Mujeres Libres*, n. 5, out. de 1936.
56. "Mujeres de Madrid. Preparaos a vencer", em *Mujeres Libres*, n. 12, 29 out. 1936, p. 3; ver também GÓMEZ, Aurora Morcillo. "Feminismo y lucha política durante la II República y la Guerra Civil" [Feminismo e luta política durante a Segunda República e a guerra civil], em *El feminismo en España*, pp. 75-6.

Dolores Ibárruri (La Pasionaria) argumentava que "a vitória tornará o trabalho acessível para todos: homens e mulheres". Mas o assunto dominante de seu artigo era que o trabalho feminino devia ser entendido como contribuição ao esforço de guerra. "As mulheres cumprem com sua obrigação; cumprem com um dever sagrado ao exigir um posto na fábrica, na oficina, nos trens, nos bondes, no comércio. Podem e devem trabalhar."[57]

De acordo com a estratégia da Frente Popular preconizada pelo PCE, praticamente todos os artigos na *Mujeres* focavam um objetivo: ganhar a guerra. O único que não era diretamente relacionado ao conflito ou à defesa de Madri se intitulava "Preparemos la nueva generación: Lo que era la maternidad y lo que debe ser" [Preparar a nova geração: o que era a maternidade e o que deve ser]. Esse artigo propunha que as mulheres vencessem seus medos em relação à maternidade, tratava das mudanças que se produziram como resultado na nova gestão laica dessas instituições e encorajava que dessem à luz em hospitais, em vez de parir em casa.

Companya, revista dirigida às mulheres publicada pelo PSUC a partir de março de 1937, abordava de maneira mais explícita a subordinação *como mulheres* e sustentava que "o trabalho de emancipação feminina pertence à mulher". Mas sua formulação do processo de emancipação e seu enfoque na questão dos papéis de gênero continuavam a enfatizar a importância da participação feminina no esforço bélico.[58]

No outono de 1936, apenas alguns meses depois do início da guerra e da revolução social que a acompanhou, a Mulhe-

---

57. IBÁRRURI, Dolores. "Vivan las mujeres heroicas del pueblo!" [Vivam as mulheres heroicas da cidade!], em *Mujeres*, out. 1936, p. 4.
58. *Companya*, v. 1, n. 1, 11 mar. 1937. Ver também ACKELSBERG, "Women and the Politics of the Spanish Popular Front".

res Livres havia começado a se estabelecer como grupo independente, com metas e programas que a diferenciavam dos demais núcleos femininos de esquerda e, até certo ponto, do restante das organizações do movimento anarcossindicalista. Ainda que as fundadoras da revista vissem que seus programas e estratégias eram coerentes com a teoria e os objetivos do movimento anarquista, acreditavam que, abandonado a seus próprios recursos, o movimento seria incapaz de mobilizar de maneira eficaz as mulheres para a revolução social e a reconstrução da sociedade.

Era necessária uma organização dirigida por mulheres e para as mulheres, comprometida com a superação da subordinação feminina em todas as suas facetas: no lar, no trabalho ou no próprio movimento anarcossindicalista. Os programas que desenvolveram, prefigurados nos artigos de Lucía Sánchez Saornil publicados no *Solidaridad Obrera* em outubro de 1935, deviam ser criados e colocados em prática pelas mulheres, para as mulheres. Esses programas incluíam aulas para erradicar a ignorância e o analfabetismo, cursos técnicos nas áreas industrial e comercial, assim como grupos de conscientização articulados para empoderar as mulheres e propiciar o conhecimento e a confiança necessários para que participassem como cidadãs de plenos direitos na sociedade revolucionária. Tais projetos deviam ser organizados de maneira federada e não hierárquica, e seriam um exemplo da capacidade feminina de agir autonomamente com o objetivo de contribuir para a transformação social.

5

A educação para o empoderamento

...tudiantes y obreros!
...delante la Revolución!

...tudiantes!
...ando no empuñéis el ...
...combatid en la Cruza-
...ntra el analfabetismo.

Estudia

EL VERDADEI

Con la dictadura Primo de Rivera, se creó en España un auténtico espíritu revolucionario estudiantil. Primero fué una minoría llena de inquietudes sociales la que emprendió el camino; después, una gran parte de nuestra juventud.

...es hemos visto en la Universidad Popular enseñando ...obreros, sacrificar títulos y bienestar familiar, vender ...icos, estudiar y trabajar socialmente de día y de no-...les vimos morir unidos a sus hermanos obreros con ...dero heroísmo, antes del 14 de abril; luchar sin des-...durante el Gobierno Gil Robles. Ahora están en la ...ardia de todos los frentes, como luego – estamos se-...– lucharán con nosotros por una reconstrucción neta-...revolucionaria.
...ero nos falta, compañeros estudiantes, trabajadores ...antes, ganar a la juventud que, por pobreza de espíritu ...etidos por el terror, luchan con la España negra.
...Unidos trabajadores intelectuales y trabajadores ma-..., lo lograremos todo.

En esta guerra de clases, una se ha aniq... absurda: los «estudiantes». Es decir, los estu... grosera; desfigurada, para hurtar a la más ... mances embusteros.
Es decir, también, los «estudiantes» desc... graciada, en el espejo hipócrita de una amañ... literatura de LA CASA DE LA TROY... monio al final, para rematar la inmoralidad y ...
Se acabaron los «estudiantes» del albo... Los «estudiantes» ladrones de pitillos y de f... dicha a los ciegos de la calle para que compus... vaja de Albacete y echaban a la suerte si se ... sin perjuicio de llorarle luego, en discos de gra...
Afortunadamente, esa palabra ESTU... de su verdadero sentido, separó de su verda... ba, mal por cierto, una clase social, artificia... la palabra sobre el hecho; ajusta verdad a ver... rrompidos y viejos, enormemente viejos, han d...

. . .

Ahora, ya sabemos. Estudiante será ... comerciante es el que comercia. «Estudiant... atropella reposo y derecho para sentar plaza ... fresco, gracioso y sincero de gentes en la avanz... ciencia, del pensamiento, de la aspiración. Ser ... rándose para diverger en actividades; abanico ... sus direcciones en el complejo ambiente social. ... ses dentro de una fervorosa ambición de noveda...
Nosotros queremos que la palabra, mano... brar su merecido lustre. Es necesario que ... sólo los jóvenes de las Universidades, sino ta... rando las inagotables canteras de la vida, sepa... que en ella se encierra: estudiante -- hombre ... hela, que espera, que busca...
¡Hombre de renovada inquietud y de ... de bondades!

HECHOS Y ANÉCDOTAS

En Salamanca fueron muertos por la Guardia Civil va... Universidad. — ¡De muerte de bala! — decía el profesor.
En la Facultad de Medicina de Madrid, las balas de la ... castigado aquellas paredes, mataron a varios enfermos.
Y en Valencia. Y en Valladolid. Y en Barcelona. Siempre lo mismo.

Una controversia en el Ateneo de Madrid durante la dict... Presentación:
—Don N. N., catedrático de la Universidad de Filadelfia, Internacional de Estocolmo, p... de Investigaciones Científica... escritor insigne...
—José X., expulsado d... Universidad en quinto d... Medicina, por revolu... cionario.

Estudiantes en mayo, en la cama y con sol, ¡caracol!

Remedita Mor... estudiantil. Mor... tito, perdía los libros ... vista los libros ... aunque sólo fuera ... por unas horas. Se ... rompían las mesas y se ... levantaban adoquines. Desde ... la terraza se luchaba a pedrada ... limpia, durante toda la mañana, ... contra los cristales vecinos ... día o catedrático, a los dos en ... por entonces jefe de poli... cía, el popular dicho en la miseria, ... desde la fachada de enfrente, excla... maba a grandes voces: —¡Chicos a ... comer! Nunca le fallaba.

ro?... Bachiller ... asignaturas ... cuándo o ... chiller ...

A preparação como ato revolucionário

A necessidade de enfrentar tanto a guerra como a revolução levou a Mulheres Livres a desenvolver uma série de programas com dois objetivos distintos, apesar de relacionados: capacitação (*capacitación*),[1] ou seja, a preparação das mulheres para o compromisso revolucionário, e captação (*captación*), isto é, sua incorporação ativa ao movimento libertário. Essa dupla orientação foi claramente expressa na declaração de princípios da organização:

> a) criar uma força feminina consciente e responsável que atue como vanguarda do progresso; b) para isso, [seu objetivo] é criar

---

1. Na edição original, a autora oferece a seguinte explicação: "*Capacitación* é uma palavra que não tem equivalente exato em inglês. Uma combinação entre conscientização e empoderamento (no sentido de se desenvolver e se sentir confiante nas próprias habilidades) é provavelmente o mais perto que podemos chegar do significado em espanhol" (ACKELSBERG, Martha. *Free Women of Spain: Anarchism and the Struggle for the Emancipation of Women*. Oakland: AK Press, 1991, p. 147). No Brasil, "capacitação" tem usualmente um sentido mais profissional e profissionalizante. Contudo, o *Dicionário Houaiss* oferece também outros significados ao verbo "capacitar": "1. bit. e pron. (prep.: a, para) tornar(-se) apto a; habilitar(-se): 'o estudo capacitou-o para o cargo', 'conseguiu capacitar-se para a vaga de emprego'; 2. bit. (prep.: de) fazer compreender ou compreender; persuadir: 'capacitou-os de seus assuntos'; 3. t.d. e pron.; p.us. ter entendimento de; compreender, inteirar-se: 'a maioria não capacita o assunto'; 'capacitou-se do motivo de sua saída'; 4. pron. (prep.: de) ficar certo de; convencer-se, persuadir-se: 'os alunos capacitaram-se da necessidade de estudar'". Nesta edição, portanto, decidimos traduzir *capacitación* por capacitação. [N.E.]

escolas, institutos, ciclos de conferências, cursos especiais etc., articulados para empoderar a mulher e emancipá-la da tripla condição de escravidão na qual tem estado e à qual continua a ser submetida: a escravidão da ignorância, como mulher e como trabalhadora.[2]

A capacitação consistia em conscientizar e fortalecer as mulheres, empoderá-las, tornando-as confiantes em suas habilidades. Representava o compromisso da Mulheres Livres em fazer com que as mulheres superassem a subordinação, reconhecessem seus potenciais e atuassem de acordo com eles. A capacitação foi a maneira de a Mulheres Livres se apropriar do conceito de preparação voltada especificamente para as mulheres espanholas. O conceito é mais bem entendido quando pensamos o conteúdo das atividades da organização — superar o analfabetismo feminino, preparar as mulheres para a participação ativa e efetiva na força de trabalho, proporcionar-lhes informações sobre si mesmas, sobre maternidade, cuidado dos filhos e sexualidade, e, por último, dar-lhes a oportunidade de se sentir como sujeitos históricos competentes.

A captação, objetivo que adquiriu maior importância à medida que a contrarrevolução ganhava força, referia-se ao âmbito organizativo e ideológico da capacitação. Já apontei que uma das preocupações das fundadoras da Mulheres Livres foi a escassez de militantes do sexo feminino. Elas haviam se comprometido a estimular essa militância na CNT e na FAI. Aumentar a participação de mulheres no movimento era importante porque, justamente, elas o enxergavam como a maior

---

2. "Estatutos de la Agrupación Mujeres Libres" [Estatutos da Federação Mulheres Livres], 4 pp., Alfáfar (Valência), s.f., AHN/SGC-S, P.S., Madri: 432, arquivo 3270; também Federação Nacional "Mulheres Livres", comitê nacional: "A todos los Comités Regionales y Provinciales de la Federación Nacional Mujeres Libres" [A todos os comitês regionais e provinciais da Federação Nacional Mulheres Livres], Barcelona, 12 jul. 1938, p. 1, HSG/FAI: 48.C.1.a.

esperança de transformação a favor de ambos, mulheres e homens. Com o avanço da guerra civil, o interesse da Mulheres Livres pela captação passou a significar não apenas o compromisso de ampliar a participação feminina na CNT, mas também a competição com a Associação de Mulheres Antifascistas (e com os partidos comunista e socialista) pela lealdade das militantes recentemente mobilizadas.

A Mulheres Livres rejeitava tanto o feminismo — que era entendido por elas como tratar os homens como o inimigo e empenhar-se para conseguir igualdade para as mulheres dentro do sistema de privilégios existentes[3] — como a atitude de relegar as mulheres a uma posição secundária dentro do movimento libertário:

> Estamos cientes dos precedentes estabelecidos por organizações feministas e por partidos políticos. [...] Não podíamos seguir nenhum desses caminhos. Não descolaríamos os problemas da mulher dos problemas sociais, tampouco negaríamos o significado do primeiro transformando as mulheres em meros instrumentos para qualquer organização, nem mesmo para o próprio movimento libertário.
>
> A intenção que impulsionava nossas atividades era mais ampla: servir a uma doutrina, não a um partido; empoderar a mulher para fazer dela um indivíduo capaz de contribuir para a estruturação da sociedade futura, um indivíduo que aprendeu a se autodeterminar e a não seguir cegamente indicações de uma instituição.[4]

---

3. "Mujeres Libres tiene una personalidad" [Mulheres Livres tem uma personalidade], em *Mujeres Libres*, n. 8; e FEDERN, Etta. *Mujeres de las revoluciones* [Mulheres das revoluções]. Barcelona: Mujeres Libres, 1938, p. 58.
4. "Anexo al informe que la federación Mujeres Libres eleva a los comités superiores del movimiento libertario y al pleno del mismo" [Anexo à circular que a federação Mulheres Livres direciona aos comitês superiores do movimento libertário], 2, Federação Nacional Mujeres Libres, comitê nacional, Barcelona, out. 1938, IISG/CNT: 40.C.4.

Na prática, entretanto, como sugere o tom defensivo da citação anterior, esses objetivos se tensionavam algumas vezes. Por exemplo, tanto a CNT como a FAI (das quais a Mulheres Livres necessitava de apoio moral e econômico) estavam mais interessadas na captação que na capacitação, ou seja, em apoiar a organização das mulheres nos sindicatos, mas não se mostravam tão entusiasmadas em apoiar os programas gerais de empoderamento. Nunca aceitaram a capacitação como objetivo independente que requeria uma autonomia organizativa. Do ponto de vista da Mulheres Livres, a captação sem a capacitação não tinha sentido, já que as mulheres não estavam ainda preparadas para entrar no movimento como iguais.

O anarquismo proporcionou as bases para as análises e os programas do grupo. Seu objetivo final era uma sociedade igualitária não hierárquica em que as pessoas respeitassem a si mesmas e fossem respeitadas pelas demais. Porém, dada a negligência com que haviam sido tratadas as mulheres e as suas questões dentro do movimento anarcossindicalista, o maior interesse da Mulheres Livres foi abordar as desigualdades e as hierarquias da estrutura social que afetavam sobretudo as mulheres. Tratar a subordinação feminina como parte do sistema de hierarquias dominante situava seu projeto firmemente dentro do contexto anarquista, enquanto o foco nas consequências específicas dessas desigualdades para as mulheres as diferenciava da corrente dominante do movimento libertário da época.

A autonomia organizativa era crucial para essa perspectiva. As mulheres precisavam de um núcleo separado, argumentava a Mulheres Livres, não pela impossibilidade de confiar nos homens ou pela falta de comprometimento deles com a emancipação feminina, mas porque, no fim das contas, apenas por meio de suas próprias ações autodirigidas é que poderiam se ver como competentes e capazes de participar como iguais no movimento libertário. Como havia escrito Lucía Sánchez Saornil em 1935: "Não acho que a função do homem seja estabelecer o papel da mulher na sociedade. O caminho anarquista deve ser deixar a mulher agir em favor de sua liberdade, sem tutelas nem coações; deixar que ela se mova na direção de suas habilidades e inclinações".[5]

Este capítulo explora a natureza e o funcionamento dos programas de capacitação da Mulheres Livres, sobretudo seus esforços para adaptar os princípios anarquistas de preparação ao contexto das mulheres na Espanha. Para entender esses programas, é central a análise que a federação faz da diferença das mulheres — tanto da natureza quanto das origens da subordinação feminina ao homem na sociedade espanhola, além das contribuições que as mulheres podiam trazer à revolução e à construção de uma sociedade nova. Ainda que essas opiniões tenham sido expostas raras vezes de modo direto, muito pode ser extraído dos registros escritos e dos programas da organização.

A Mulheres Livres centrou sua atenção nas relações entre a subordinação econômica, cultural e sexual. Em seus artigos, podemos encontrar uma análise da subordinação das mulheres que, resumidamente, seguiria este raciocínio: as mulheres que se dedicavam ao trabalho doméstico seriam economicamente (e, portanto, sexualmente) dependentes dos homens. Essa dependência reforçava e contribuía para suas carências educacionais, as quais, por sua vez, impulsionavam a subvalorização social das mulheres e a falta de amor-próprio. A situação era pouco diferente para as assalariadas, fosse no serviço doméstico ou nas fábricas. Seus baixos salários eram "justificados" porque as consideravam trabalhado-

---

5. "Resumen al margen de la cuestión femenina", *Solidaridad Obrera*, 2 nov. 1935. Ver também GOLDMAN, Emma. "La situación social de la mujer" [A situação social da mulher], em *Mujeres Libres*, n. 6.

res secundários, ou seja, que não mantinham a família por conta própria. Os baixos salários, por sua vez, contribuíam para a subordinação e para a baixa autoestima. Finalmente, a subordinação econômica e o relativo atraso cultural tornavam as mulheres especialmente vulneráveis à exploração sexual, dentro ou fora do casamento.[6]

Coerentes com as análises anarquistas sobre as relações de dominação e subordinação, a Mulheres Livres nunca atribuiu a subordinação feminina a um único fator. A educação seria crucial para superar isso, mas não seria suficiente para transformar as mulheres em participantes plenas na economia ou na sociedade em geral. O emprego também seria essencial, mas sozinho não superaria a exploração cultural e sexual. Consequentemente, os programas de capacitação deveriam ser focados em superar cada um dos aspectos da "escravidão" feminina e suas diferentes interações. As atividades teriam de ser direcionadas a muitas frentes.

A postura da Mulheres Livres a respeito das contribuições femininas específicas à revolução ou à nova sociedade era ambígua. Enquanto muitas das atividades e a propaganda eram dirigidas à superação da subordinação que impedia as mulheres de ocuparem seus postos ao lado dos homens na criação da nova sociedade, alguns escritos ressaltavam explicitamente que elas eram diferentes dos homens e que era importante incorporá-las, com todas as suas diferenças, ao processo revolucionário. Um editorial que celebrava a fundação da Federácion Nacional de Mujeres Libres [Federação Nacional de Mulheres Livres], em agosto de 1937, afirmava:

---

6. "El problema sexual y la revolución" [O problema sexual e a revolução], em *Mujeres Libres*, n. 9, e "Liberatorios de prostitución" [Liberatórios de prostituição], em *Mujeres Libres*, n. 5. Comparar com ARANGUREN, José Luís. "La mujer, de 1923 a 1963" [A mulher, de 1923 a 1963], em *Revista de Occidente* (segunda época), n. 8-9 (nov.-dez. 1963), pp. 231-43.

> E, ao identificar suas aspirações com a CNT e a FAI, [a Mulheres Livres] soube recolher os aspectos mais genuinamente espanhóis e mais autenticamente revolucionários para enriquecê-los com o conjunto de suas "características próprias", de suas características femininas. [...] A Mulheres Livres quer que, na nova Sociedade, os dois pontos de vista — masculino e feminino — convirjam e estabeleçam o equilíbrio necessário sobre o qual se assentará os fundamentos da nova justiça. Não pode haver sociedade justa na qual o masculino e o feminino não existam em iguais proporções.[7]

Aqui, a autora parece advogar pela incorporação da perspectiva única com a qual as mulheres contribuem para a vida social e política, prefigurando o chamado de Carol Gilligan para que a "voz diferente" da mulher fosse ouvida. Mas não fica claro no que exatamente consistia essa perspectiva. A questão sobre quais são as características femininas e o que as mulheres teriam a oferecer para a sociedade, motivo de debate e discussão entre as feministas contemporâneas,[8] também foi levantada pela Mulheres Livres. Como veremos, a ambiguidade sobre o que constituía a natureza feminina era evidente em muitos de seus programas.

Programas educativos

A educação foi o centro de atenção dos programas de capacitação da Mulheres Livres e ocupou o lugar principal nos debates

---

7. "Un acontecimiento histórico" [Um acontecimento histórico], em *Mujeres Libres*, n. 11.
8. [A autora se refere a debates em curso nos anos 1980 e 1990 — N.E.] Ver, por exemplo, GILLIGAN, *In a Different Voice*; RUDDICK, *Maternal Thinking*; BELENKY, Mary Field *et al*. *Women's Ways of Knowing: The Development of Self, Voice, and Mind* [Formas de conhecimento feminino: o desenvolvimento do eu, da voz e da consciência]. Nova York: Basic Books, 1986; e, para perspectivas críticas, DIETZ, Mary G. "Citizenship with a Feminist Face" [A face feminista da cidadania], em *Political Theory*, v. 13, n. 1, 1985, pp. 19-37; e ACKELSBERG & DIAMOND, "Gender and Political Life".

sobre suas conquistas. A educação era essencial para libertar o potencial das mulheres e para permitir que se transformassem em membros totalmente participativos no movimento e na nova sociedade. "A cultura pela cultura? A cultura em abstrato? Não. A capacitação da mulher com um fim imediato, urgente: ajudar de maneira positiva a ganhar a guerra. Capacitar a mulher para libertá-la de sua tripla escravidão: da ignorância, como mulher e como trabalhadora. Capacitá-la para uma ordem social mais justa."[9]

Os programas educativos foram uma das primeiras atividades da Mulheres Livres e contavam com diferentes componentes. O mais básico e difundido foi a cruzada contra o analfabetismo. A vergonha que sentiam de seu "atraso cultural" impedia que muitas mulheres se comprometessem ativamente com a luta pela transformação revolucionária. A alfabetização seria um instrumento para desenvolver a confiança em si mesmas e para ampliar sua participação.[10]

Além das aulas de alfabetização básica, os institutos locais ofereciam cursos de orientação mais técnica e programas de "formação social" — que consistiam em debates e orientações sobre o universo social e político. No outono de 1936, a Mulheres Livres de Barcelona oferecia cursos intensivos de

---

9. Instituto Mujeres Libres, *Actividades de la F. N. Mujeres Libres* [Atividades da Federação Nacional Mulheres Livres]. Barcelona: Mujeres Libres, 1938. Ver também "Realizaciones de Mujeres Libres: organización, cultura, trabajo, maternidad" [Realizações da Mulheres Livres: organização, cultura, trabalho e maternidade", em *Tierra y Libertad*, 30 jul. 1938; e ESTORACH, Soledad. "Caracteres de nuestra lucha" [Características da nossa luta], em *Tierra y Libertad*, 3 dez. 1938.

10. Ver o anúncio "Mujeres Libres" [Mulheres Livres], em *Tierra y Libertad*, n. 27, 10 dez. 1938, p. 3. Sobre a campanha de alfabetização em um sentido mais geral, ver "Salvemos a las mujeres de la dictadura de la mediocridad: labor cultural y constructiva para ganar la guerra y hacer la revolución" [Salvemos as mulheres da ditadura da mediocridade: trabalho cultural e construtivo para ganhar a guerra e fazer a revolução], em *Ruta*, v. 2, n. 29, 30 abr. 1937, p. 8; também "Realizaciones de 'Mujeres Libres': la mujer ante el presente y futuro social" [Realizações da 'Mulheres Livres': a mulher diante do pre-

cultura geral, história social, economia e direito em seu centro da Catalunha. No fim desse mesmo ano, o grupo ganhou o Instituto Mujeres Libres na Rua Cortes; poucos meses depois, o Casal de la Dona Treballadora [Casa da mulher trabalhadora] abria suas portas. Em outubro de 1937, esse centro anunciava cursos nas seguintes áreas:

- Aulas básicas (alfabetização e três primeiras séries): leitura, escrita, noções de aritmética, geografia, gramática, fenômenos naturais.
- Aulas complementares ao ensino básico: história universal, francês, inglês, russo, datilografia e estenografia.
- Aulas complementares profissionalizantes: enfermaria, puericultura, mecânica, elétrica, atividades comerciais, corte e costura, noções de agricultura e avicultura.
- Formação social: cursos de organização sindical, sociologia, noções de economia e cultura geral.[11]

Independentemente do nível do curso, o material incluía uma nova concepção sobre ser mulher. Os cursos de "formação social" eram matéria obrigatória para as futuras militantes. Como novatas na organização, Pepita Carpena, Conchita Guillén e Amada de Nó estudaram com Mercedes Comaposada durante 1937 e 1938. A essência do curso era a ideia de que as mulheres deviam assumir o controle da própria vida: "Deve haver igualdade entre o companheiro e a companheira, ou seja, independência e personalidade. A companheira é capaz de se desenvolver sem que o compa-

---

sente e do futuro da sociedade], em *Siderometalurgia* [revista do sindicato da indústria siderúrgica e metalúrgica de Barcelona], n. 5, nov. 1937, p. 9.
11. Reproduzido da maneira anunciada na revista *Mujeres Libres*, n. 11, 1937.

nheiro lhe diga o que fazer. Elas explicavam que as mulheres precisavam ter iniciativa e independência".[12]

A Mulheres Livres também oferecia cursos de formação de professoras de educação básica com o objetivo de preparar uma nova geração de docentes para educar as crianças para a nova sociedade. Também havia cursos sobre agricultura e avicultura. A Mulheres Livres criou fazendas-escolas para jovens que haviam chegado à cidade vindas das áreas rurais para trabalhar no serviço doméstico. Seu propósito era ensinar-lhes habilidades que lhes permitissem participar de maneira mais eficaz das fazendas coletivizadas de suas cidades e vilarejos de origem.

Nas grandes cidades, a Mulheres Livres organizou atividades nos bairros centrais e periféricos. Os centros comunitários ofereciam aulas noturnas para que as mulheres que trabalhavam durante o dia pudessem frequentá-las. Nas comunidades urbanas e rurais, as aulas de alfabetização básica eram as mais disponíveis, suplementadas por cursos de educação básica, conhecimentos básicos de mecânica, cuidado com crianças e enfermagem. Esses cursos permitiam às mulheres obter titulações que lhes possibilitavam ensinar em novas escolas ou trabalhar em clínicas e hospitais, dentro ou fora de seus bairros. Com o aumento no número de refugiados por causa da guerra, formaram-se núcleos da Mulheres Livres para recebê-los, oferecendo amplos programas educativos que atendiam às necessidades de adultos e crianças.[13]

Os objetivos dos programas educativos da Mulheres Livres ultrapassavam a mera transmissão de habilidades. Em julho de 1937, a Generalitat catalã criou o Institut d'Adaptació

---

12. Pepita Carpena, entrevistas, Montpellier (França), 30 dez. 1981, e Barcelona, 3 mai. 1988; Conchita Guillén e Amada de Nó, entrevistas, Montady (França), 29-30 abr. 1988.
13. DELSO, Anna. "Demarche Évocatrice" [Abordagem evocativa], em *Trois cents hommes et moi* [Trezentos homens e eu]. Montreal: Éditions de la Pleine Lune, 1989, pp. 48-55; entrevistas.

Professional de la Dona [Instituto de adaptação profissional da mulher], com a participação da UGT e da CNT. Formado quando a Generalitat assumiu a Escuela de Adaptación Profesional de la Mujer [Escola de adaptação profissional da mulher] (uma parceria entre a Mulheres Livres e a CNT de Barcelona), o instituto se propunha a dar formação necessária às mulheres para que entrassem na força de trabalho e substituíssem os homens que haviam marchado para as frentes de batalha.[14] Aparentemente, esse instituto complementava a Escola Professional de la Dona [Escola profissional da mulher], criada em 1883 a fim de dar formação técnica para as meninas da classe trabalhadora que começavam a exercer funções na indústria têxtil. Seu programa se expandiu significativamente depois de julho de 1936, quando a Generalitat ampliou a oferta de cursos.[15]

Mas a Mulheres Livres achava que esse novo instituto estava oferecendo apenas uma resposta parcial às necessidades das mulheres: "Esses institutos não poderiam alcançar seus objetivos sem uma preparação prévia, não só no sentido de uma facilitação no acesso a conhecimento básicos e indispensáveis, mas também da formação espiritual e social".[16] Os objetivos da Mulheres Livres eram mais amplos. Como explicou Soledad

---

14. "Reglament per a l'Aplicació del Decret del 10 de julio de 1937 que Crea l'Institut d'Adaptació Professional de la Dona" [Regulamento para a aplicação do decreto de 10 de julho de 1937 que cria a escola de adaptação profissional da mulher], IISG/CNT: 001.A.3.
15. "Informes. Instituto de Adaptación Profesional de la Mujer", IISG/CNT: 001.A. 3; Federación Local de Sindicatos Únicos: "Acerca del Instituto de Adaptación Profesional" [Sobre o instituto de adaptação profissional], em *Boletín de Información*, CNT-FAI, n. 393, 24 set. 1937); Generalitat de Catalunya: Escola Professional de la Dona — Reglament, Casa d'A. F. Maciá, Barcelona, 1937; e Generalitat de Catalunya, Departament de Cultura. *Les noves institucions juridiques i culturals per a la dona* (Setmana d'Activitats Femenines, fev. 1937) [As novas instituições jurídicas e culturais para mulheres (Semana de atividades femininas, fev. 1937]. Barcelona: Gráficas Olivade Vilanova, 1937.
16. "Realizaciones de Mujeres Libres" [Realizações da Mulheres Livres], em *Tierra y Libertad*, 30 jul. 1938.

Estorach, "as escolas de formação profissional [dirigidas pela Generalitat] abriam as portas para as mulheres e lhes davam treinamento *técnico* para capacitá-las para os trabalhos masculinos. Mas nós [no Casal de la Dona Treballadora] juntávamos formação técnica com uma espécie de preparação social. Era como uma escola de militantes".[17] A Mulheres Livres não era, obviamente, a única organização que tentava usar os programas técnicos para fins políticos mais amplos. De fato, como veremos no capítulo 6, uma das principais queixas relacionadas à Escuela de Adaptación Profesional de la Mujer era que estava sendo utilizada com objetivos propagandísticos por outras organizações.

Esses programas de serviços educacionais diretos alcançaram milhares de mulheres; em dezembro de 1938, entre seiscentas e oitocentas assistiam às aulas do Casal de la Dona em Barcelona diariamente.[18] Além disso, as iniciativas de divulgação e de imprensa da Mulheres Livres difundiram suas mensagens de forma ainda mais ampla, complementando a revista com livros e folhetos sobre diversos temas, desde o cuidado com os filhos a biografias de revolucionárias (ver Apêndice A). Nos primeiros meses de revolução, a Mulheres Livres de Barcelona montou um quiosque nas Ramblas para facilitar o acesso das possíveis leitoras a essas publicações.[19] Também montou exposições que destacavam as atividades e as conquistas das mulheres durante o período revolucionário.

A Mulheres Livres ainda organizou, nacional e regionalmente, comitês para a difusão de cultura e propaganda, tanto

---

17. Soledad Estorach, entrevista, Paris, 4 jan. 1982. Ver também ESTORACH, Soledad. "Escucha, compañera" [Escute, companheira], em *Acracia*, 6 fev. 1937.
18. Lucía Sánchez Saornil, do comitê nacional da Mulheres Livres para os comitês nacional ou peninsular da CNT, FAI e FIJL (13 dez. 1938) e para Juan Negrín, presidente do conselho de ministros (21 dez. 1938), IISG/FAI: 48.C. I.a.
19. Amada de Nó foi responsável por esse quiosque durante muitos meses. Entrevista, Montady (França), 30 abr. 1988.

presencialmente como por meio da palavra escrita. Um núcleo em Barcelona produzia regularmente programas de rádio. Outros viajavam pela região rural da Catalunha para dialogar com mulheres que talvez não fossem alcançadas pela propaganda radiofônica ou escrita. Pepita Carpena, por exemplo, após concluir o curso com Mercedes Comaposada, passou a participar regularmente das viagens de propaganda como membro do comitê regional da Mulheres Livres na Catalunha, responsável por cultura e propaganda. Em nível local, algumas agrupações concordaram em criar bibliotecas circulantes.[20] Em novembro de 1938, um informe orçamentário do comitê regional da Mulheres Livres na Catalunha mostrava que, de suas doze integrantes, sete ocupavam postos relacionados a cultura e propaganda.[21] Esse era um padrão no restante do país.

O trabalho trazia satisfação e estímulo. A descrição de Pepita Carpena sobre suas experiências nessas viagens expressa muito bem seu entusiasmo:

> Fazíamos reuniões para explicar que há um papel bem definido para as mulheres, que elas não devem perder sua independência, que podem ser mães e militantes ao mesmo tempo. As meninas

---

20. "Acta de la Segunda Sesión de la Conferencia Nacional de 'Mujeres Libres' Celebrada em Valencia el día 21 de agosto de 1937" [Ata da segunda sessão da conferência nacional da Mulheres Livres, em Valência, no dia 21 de agosto de 1937], e "Acta de la Tercera Sesión de la Conferencia Nacional de Mujeres Libres Celebrada em Valencia el 21 de agosto a las Cuatro de la Tarde" [Ata da terceira sessão da conferência nacional da Mulheres Livres, em Valência, em 21 de agosto, às quatro da tarde], pp. 6-8, AHN/SGC-S, P.S. Madri: 432.

21. Essa lista de nomes incluía Sara Berenguer (mais tarde, Guillén) (Barcelona), propaganda; Angela Colomé (Badalona), Pepita Margallo (Mataró), Angelina Cortez (Guixols) e Pepita Carpena (Barcelona), cultura; e María Luísa Cobos (Barcelona) e Agueda Abad (Barcelona), propagandistas e organizadoras. "Presupuesto de los gastos mensuales del Comité Regional 'Mujeres Libres' de Cataluña" [Orçamento das despesas mensais do comitê regional da Catalunha da Mulheres Livres]. Barcelona, 3 nov. 1938, IISG/CNT: 40.C.4.

vinham até nós e diziam: "Que interessante, nunca ouvi falar sobre essas coisas. Sentíamos isso, mas não conhecíamos...". As ideias que mais chamavam a atenção eram as relativas ao poder que os homens tinham sobre as mulheres. Formava-se um burburinho quando dizíamos: "Não podemos permitir que os homens se sintam superiores às mulheres e que tenham esse domínio". Acho que a mulher espanhola esperava ansiosamente por esse despertar.[22]

Em muitos sentidos, essas conversas eram importantes tanto para as palestrantes quanto para as ouvintes. Sara Berenguer Guillén, Conchita Guillén e Amada de Nó, por exemplo, fizeram suas primeiras aparições em público como oradoras da Mulheres Livres, incentivando outras mulheres a estudarem e se prepararem. A exaltação e o sentimento de realização que sentiam eram palpáveis, mesmo ao descreverem essas atividades cinquenta anos depois.

O trabalho cultural era importantíssimo, pois, se a Mulheres Livres se propunha a criar "uma força [revolucionária] consciente e responsável", essa força devia ser educada. Os programas se desenvolviam em diferentes níveis de maneira simultânea. Enquanto as mulheres assistiam às aulas para desenvolver suas habilidades e a autoconfiança, elas também participavam de atividades em que necessariamente já aplicavam tais aspectos. Já que quase todas as militantes do movimento libertário eram autodidatas, a Mulheres Livres tinha de colocar em prática os conceitos teóricos anarquistas de ação direta e do "aprender fazendo". O alcance de suas realizações é um testemunho eloquente das possibilidades desse enfoque educativo.

22. Pepita Carpena, entrevista, 30 dez. 1981.

Emprego e programas de aprendizagem profissional

Intimamente relacionados com os programas de cultura geral e educação, foram articulados projetos e atividades para facilitar a entrada das mulheres na força de trabalho de maneira qualificada, com salários dignos, o que significava treiná-las para ofícios que sempre foram entendidos como masculinos. Os programas de aprendizagem que formaram o núcleo dessa agenda da Mulheres Livres foram elaborados em parceria com as federações locais dos sindicatos. Entretanto, as relações eram difíceis e refletiam todos os níveis de desacordo relacionados ao tema da subordinação feminina e aos entendimentos acerca da diferença entre os sexos.

> As seções de trabalho eram provavelmente as atividades mais importantes. Começamos nessa área imediatamente, porque era essencial fazer com que as mulheres saíssem de casa. Com o tempo, havia grupos da Mulheres Livres em quase todas as fábricas. Muitos deles provavelmente centravam-se em questões pouco relacionadas com a emancipação das mulheres, mas serviam como um espaço para que elas falassem sobre os problemas do trabalho nas fábricas [...] era preciso ter cuidado para não invadir o terreno de outras organizações, especialmente os sindicatos, e para não fomentar o antagonismo entre homens e mulheres.[23]

Ainda que a colaboração dos sindicatos nesses programas se justificasse principalmente pela vontade de ocupar os postos de trabalho que ficaram vagos com a ida dos homens para o front, o empenho da Mulheres Livres na participação feminina também se devia à crença de que salário digno e condições razoáveis de trabalho eram tanto um direito da mulher

---

23. Soledad Estorach, entrevista, 4 jan. 1982.

como do homem, quer em tempos de guerra, quer em tempos de paz. Em um artigo publicado em 1938, defendia: "Não estamos falando de incorporar a mulher à força de trabalho como um presente ou uma necessidade. É um direito conquistado por ela nos dias em que a luta foi mais sangrenta".[24]

> Ao lado da educação, o trabalho era a chave para o autodesenvolvimento da mulher. Queríamos apresentar o mundo às mulheres, permitir que se desenvolvessem como desejassem.
> A primeira coisa era fazer com que elas saíssem de casa. É verdade que até mesmo as trabalhadoras não tinham independência financeira plena — isso teria sido impossível, dada a situação da classe operária naqueles anos. Mas tirar as mulheres de casa para cumprir um trabalho assalariado fazia diferença: permitia que desenvolvessem um sentido social. Além disso, os maridos sentiam certo respeito quando suas esposas trabalhavam. Então, para nós era importante que as mulheres saíssem de casa, ainda que não fossem financeiramente independentes.[25]

A revista *Mujeres Libres* abordou as questões da mulher e do emprego de modos distintos, embora relacionados. Alguns artigos analisavam a história do trabalho e da participação das mulheres nessa esfera; os programas organizacionais atendiam às necessidades específicas das mulheres em tempo de guerra e na situação revolucionária.

A maior parte da produção teórica do grupo tratava o trabalho a partir de seu contexto histórico. Mercedes Comaposada escreveu que o trabalho foi tradicionalmente concebido como uma punição ou uma necessidade, e até

---

24. "Realizaciones de 'Mujeres Libres'" [Realizações da Mulheres Livres], em *Tierra y Libertad*, 30 jul. 1938, p. 4.
25. Mercedes Comaposada, entrevista, Paris, 5 jan. 1982.

mesmo como uma combinação de ambos. As pessoas trabalhavam para sobreviver. Mas, com o advento do capitalismo, o aspecto punitivo do trabalho se fortaleceu. Para alcançar o progresso industrial, o capitalismo (e a gestão científica) se "esqueceram do ser humano". A mudança revolucionária teria de enfrentar o dano espiritual e físico causado pelo trabalho monótono e repetitivo.[26]

Vários artigos exploravam como a ideologia do que agora chamamos de "esferas separadas" e a expectativa de que o lugar da mulher fosse o lar afetavam de forma distinta as mulheres do campo e da cidade, da classe operária e da classe média. Com a industrialização, por exemplo, muitas mulheres da classe trabalhadora migraram para as cidades, esperando se manter por meio do serviço doméstico ou do trabalho nas fábricas. Mas elas encontraram "apenas mais uma forma de escravidão". As mulheres de classe média também foram afetadas pela industrialização e pelo aumento de expectativas que se seguiu à Primeira Guerra Mundial. Muitas aceitaram empregos em lojas e escritórios, mas, também para elas, a promessa de "riqueza por meio do trabalho" era na maioria das vezes mais um sonho que uma realidade.[27]

Ainda que a Mulheres Livres se mostrasse crítica às condições de trabalho — de mulheres e homens — na economia primitiva feudal e capitalista, as autoras expunham sua visão do que significaria o trabalho e como ele funcionaria em uma nova sociedade. Primeiramente, ele seria necessário e parte indispensável da vida. Humanos teriam a capacidade de usar a tecnologia para mitigar o fardo do trabalho, estruturando a produção de uma forma que as máquinas estivessem a ser-

---

26. "El trabajo" [O trabalho] e "El accidente espiritual" [O imprevisto espiritual], em *Mujeres Libres*, n. 6.
27. "La mujer como productora" [A mulher como produtora], em *Mujeres Libres*, n. 11.

viço das pessoas, e que a exploração de alguns grupos sobre outros acabasse.[28] O trabalho seria a expressão da capacidade e da criatividade humanas e requisito prévio para a liberdade: "O trabalho é criação ou não é nada: a criação é superação progressiva, e o objetivo da superação é a liberdade".[29] A concepção do trabalho como parte de uma vida plena era especialmente importante para as mulheres, que até então haviam sido julgadas como inaptas para atividades produtivas. A Mulheres Livres insistia que o trabalho contribuía tanto para o progresso social geral como, mais especificamente, para a emancipação feminina, permitindo que ela também fosse e se sentisse um membro produtivo da sociedade.[30]

Um segundo aspecto dessa concepção era que as mulheres deveriam ser tratadas como iguais na força laboral — com o mesmo acesso a empregos e remuneração. Mercedes Comaposada chegou a afirmar que todas as diferenças salariais, inclusive as existentes entre trabalho manual e técnico, deveriam ser eliminadas imediatamente.[31] Já que a exploração da mulher estava enraizada na dependência econômica, essa situação só seria superada com a independência feminina, ou quando a mulher fosse, ao menos, tão dependente quanto o homem. "Salário igual para trabalho igual" era, então, uma necessidade urgente. Durante um debate da plenária do movimento libertário, em outubro de 1938, a Mulheres Livres desafiou a CNT: "Se os sindicatos não querem consentir que as

---

28. GRANGEL, Pilar. "El trabajo intelectual y manual de la mujer" [Os trabalhos intelectual e manual da mulher], em *Mujeres Libres*, n. 12; ver também "Mujeres con carga" [Mulheres sobrecarregadas], em *Mujeres Libres*, n. 10, e "Campesina" [Camponesa], em *Mujeres Libres*, n. 13.
29. "Trabajo: redoblemos el esfuerzo" [Trabalho: redobremos o esforço], em *Mujeres Libres*, n. 6, dez. 1936.
30. "El trabajo", em *Mujeres Libres*, n. 13.
31. COMAPOSADA, Mercedes. "Nivelación de salarios" [Equiparação salarial], em *Tierra y Libertad*, 27 fev. 1937, citado em NASH, "Mujeres Libres", pp. 150-2.

mulheres que exercem funções iguais ganhem o mesmo salário que os homens, que o digam com clareza".[32]

Mas, se as mulheres deveriam ser integralmente incorporadas à mão de obra disponível, necessitavam de preparação, e isso variava conforme as circunstâncias. Nos primeiros meses de luta, a organização encorajou as mulheres a se envolverem da maneira que fosse, argumentando que a falta de preparação não deveria impedi-las de trabalhar.[33] Porém, no transcurso da guerra, com o avanço das frentes de batalha e a diminuição das exportações, o trabalho se tornou mais escasso. A Mulheres Livres, então, ainda que continuasse ressaltando a necessidade de incorporar a mulher à força de trabalho, insistiu ainda mais sobre a importância da educação. "A Mulheres Livres não faz promessas demagógicas nem apelos falsos. A Mulheres Livres não lhes assegura uma colocação imediata. A Mulheres Livres lhes oferece a possibilidade de se preparar para servir de maneira eficaz à nossa luta."[34] Ainda nos estágios finais da guerra, o grupo continuou a defender que trabalhar era um direito das mulheres, exercido com entusiasmo e vontade ao terem sido incorporadas à mão de obra desde os primeiros dias de revolução. "A mulher colocou toda a sua fé na revolução. Que egoísmos atávicos não a defraudem."[35]

Ainda que a maioria dos artigos sustentasse que o trabalho é um direito da mulher, alguns sugeriam que incorporá-las à mão de obra assalariada seria apenas temporário, uma neces-

---

32. "Actas del Pleno Nacional de Regionales del Movimiento Libertario" [Atas da plenária nacional das regionais do movimento libertário]. Barcelona, out. 1938, p. 160, IISG/CNT: 92.A.3. Ver também "Hasta cuándo?" [Até quando?], em *Mujeres Libres*, n. 10.
33. "Hay sitio para todas" [Há lugar para todas], em *Mujeres Libres*, n. 7.
34. "Mujeres de España" [Mulheres da Espanha], em *Mujeres Libres*, n. 12. Ver também, no mesmo número da revista, GRANGEL, "El trabajo intelectual y manual de la mujer" e "La mujer y la técnica" [A mulher e a técnica].
35. "El trabajo", em *Mujeres Libres*, n. 13.

sidade da guerra.[36] Porém, mesmo esses artigos insistiam que as mulheres deveriam aprender a pensar e a agir coletivamente. "A mulher deve produzir para a coletividade, ela não pode se voltar à produção egoísta, doméstica e familiar."[37] Outro artigo criticava aquelas que enxergavam sua entrada na força laboral como um triunfo pessoal: "Essa não é a hora de lutar por ganhos individuais; estamos lidando com a defesa de nosso modo de vida, com a defesa coletiva do povo. Ninguém pode achar, quando pega um instrumento de trabalho, que está resolvendo uma situação pessoal, mas que o manuseio desses equipamentos equivale ao manuseio de um fuzil nos fronts."[38]

A ambiguidade dessas concepções estava relacionada ao entendimento da Mulheres Livres sobre a "diferença" das mulheres. Alguns textos enfatizavam as qualidades especificamente femininas — "elas sabem imprimir ao ambiente rude da guerra a delicada suavidade da psicologia feminina" — ou se concentravam nas várias formas com que as mulheres poderiam contribuir com os esforços de guerra: "No front, algumas combatem, outras velam por aqueles que combatem. Na retaguarda, elas trabalham incessantemente e contribuem para o crescimento de uma cultura que até agora faltava à luta feminina. A mulher está resgatando a si própria".[39] Em outras ocasiões, a Mulheres Livres parecia menos preocupada com aquilo especificamente "feminino" e se ocupava mais em superar o que as impedia de se inserir na força de trabalho como iguais. Mesmo que seus programas de capacitação parecessem partir do pressuposto de que mulheres deveriam tra-

---

36. "La mujer como productora", em *Mujeres Libres*, n. 11.
37. "La mujer como productora", *Mujeres Libres*, n. 11.
38. "La incorporación de la mujeres al trabajo" [A incorporação das mulheres no mercado de trabalho], em *Mujeres Libres*, n. 12.
39. "Las mujeres en los primeiros días de lucha" [As mulheres nos primeiros dias da luta], em *Mujeres Libres*, n. 10.

balhar — para se sustentar e sustentar as famílias, e também como esforço de guerra —, alguns artigos continuavam a se dirigir às mulheres principalmente como mães ou "pessoal de apoio". É evidente que a questão sobre a "natureza" feminina e o que poderia se esperar da mulher não estava resolvida.

O ensino técnico e os outros programas relacionados com o mundo do trabalho desenvolvidos pela Mulheres Livres refletiam tanto as exigências da situação bélica como as ambiguidades em torno da subordinação feminina nos locais de trabalho. A maioria desses programas consistia em treinamentos técnicos e de habilidades, mas eram sempre acompanhados da "formação social", dirigida a outros aspectos da subordinação.

Começando no nível local e então se difundindo para as unidades regionais e nacionais, a Mulheres Livres organizou departamentos dedicados a ofícios e setores específicos, que cooperaram com os respectivos sindicatos da CNT. Por exemplo, em julho de 1937, a Mulheres Livres de Madri dirigia uma escola de mecânica, aulas de costura, programas de treinamento para serviço doméstico, administrativo, de motoristas e metalúrgicos, e uma oficina para operárias têxteis. A Mulheres Livres de Barcelona tinha departamentos de trabalho em transporte, metalurgia (formação para trabalhar na indústria bélica), serviços públicos, indústria têxtil, serviço doméstico, assistência de saúde, no comércio e em tarefas administrativas.

A maioria dos sindicatos locais participou com entusiasmo e disposição desses programas. Pura Pérez Arcos, por exemplo, que fez em Barcelona um curso na área de transporte e participou do primeiro grupo de mulheres que obteve a permissão de conduzir bondes, descreveu o sindicato do transporte como "fantástico": "Pegavam aprendizes em mecânica e condução e realmente nos ensinavam o que tínhamos de fazer. Se você pudesse ver a cara das pessoas [quando as mulheres começaram a conduzir os bondes]... acho que os companheiros do transporte, que foram tão gentis e nos trataram tão bem, realmente gostavam de ensinar."[40]

A Mulheres Livres também preparava trabalhadoras para áreas rurais, estabelecendo centros experimentais de agricultura e avicultura que funcionaram em Barcelona, Aragão e Valência. Muitas mulheres vinham de comunidades dos arredores para frequentá-los.[41] Assim, ofereciam às alunas os conhecimentos necessários para participar da produção agrícola.

Os departamentos encorajavam as mulheres a se envolver com seus locais de trabalho, tanto no contexto urbano quanto no rural, e promoviam visitas educativas frequentes às fábricas.

> Nós nos dividíamos em pequenos grupos e íamos de fábrica em fábrica, a produção era suspensa durante quinze ou vinte minutos, às vezes até uma hora, para conversarmos com os trabalhadores e termos aulas breves. Claro que tudo isso era feito com a permissão do comitê de fábrica; o sindicato nos apoiava. Fizemos isso em Barcelona, em indústrias bélicas, fábricas têxteis, de transportes, centrais elétricas, metalurgia, madeireiras, e também em alguns povoados. Em alguns dias visitávamos até cinquenta lugares diferentes![42]

Essas visitas, assim como as que ocorriam nos coletivos rurais, tinham um duplo propósito, que refletia o compromisso da organização com a capacitação e a captação: destinavam-se a

---

40. Pura Pérez Arcos, entrevista, Windsor (Canadá), 16 dez. 1984; e comunicação pessoal, 5 jun. 1989.
41. Como informava giménez, María. "Una colectividad: Amposta" [Uma cooperativa: Amposta], em *Mujeres Libres*, n. 11; ver também, no mesmo número, pérez, María. "Utiel revolucionario" [Utiel revolucionário]; e também giménez, María. "Aragón revolucionario" [Aragão revolucionário], n. 10, e "Campesina", n. 13.
42. Soledad Estorach, entrevista, 4 jan. 1982.

falar com as mulheres sobre suas responsabilidades no trabalho (formação social) e a encorajá-las a se filiar à Mulheres Livres ou aos sindicatos. Outro objetivo era conseguir representantes em todas as fábricas e em todos os comitês sindicais.[43]

Enfim, os departamentos funcionais também se interessavam pelo cuidado com os filhos. Se as mulheres deviam se incorporar à força de trabalho, precisavam ser liberadas dessa tarefa durante grande parte do dia. Essa responsabilidade correspondia à comunidade em geral. Em seu primeiro congresso, a Mulheres Livres advogou pela criação de creches em fábricas e oficinas, com dependências onde as mães pudessem amamentar. A organização se comprometeu a criar esses centros e também a escrever sobre eles, para que grupos de todo o país pudessem se orientar quando fossem criar os próprios estabelecimentos.[44]

Conscientização e apoio à militância feminina

Por meio desses programas educativos, a Mulheres Livres tentou conscientizar sobre a militância da mulher. Quase todos os números da revista continham ao menos um artigo sobre militantes sociopolíticas ou sobre as conquistas de mulheres excepcionais da Espanha contemporânea e de outros contex-

---

43. Comitê nacional da Mulheres Livres: "Circular a los Comités regionales" [Circular aos comitês regionais], 10 mai. 1938, fragmento em IISG/FAI: 59; também citado em "Informe que esta federación eleva a los comités nacionales del movimiento libertario y a los delegados al pleno del mismo" [Informe da federação aos comitês nacionais do movimento libertário e a seus delegados]; 6, IISG/CNT: 40.C.4. Para uma convocação direta às mulheres, ver "La mujer en el sindicato" [A mulher no sindicato], em *Acracia*, 19 nov. 1937, p. 2.
44. "Actas" [Atas], 21 ago. 1937, p. 6; e CUADRADO, Áurea. "Adaptación profesional de la mujer" [Adaptação profissional da mulher], em *Mujeres Libres*, n. 11.

tos geográficos e históricos.[45] Na tentativa de alcançar as não filiadas e os homens anarquistas, a Mulheres Livres enviava artigos para outras publicações anarquistas, tais como *Acracia*, *Ruta*, CNT e *Tierra y Libertad*, nas quais tratava da participação feminina na luta revolucionária. Uma série de folhetos e panfletos, assim como exposições de arte em Madri e Barcelona, destacavam as conquistas e as atividades das mulheres.

Além disso, a Mulheres Livres apoiou ativamente a participação feminina no âmbito militar da luta. A revista publicou artigos sobre milicianas no front e sobre as poucas mulheres que desempenhavam funções militares importantes. Pelo menos algumas dessas soldadas apreciavam esse apoio. Amada de Nó recordou que, quando estava na sede de Barcelona da organização, chegou um "soldado muito bonito" e perguntou se aquele era o escritório da Mulheres Livres. Quando ela respondeu que sim, o soldado disse que queria se inscrever e participar. A princípio, Amada pensou que fosse uma piada ou que estivesse sendo assediada. Logo se deu conta de que não era um homem, mas uma mulher, a argentina Mika Etchebéhère, uma das poucas que ocupavam uma posição de comando no Exército republicano.[46] A Mulheres Livres de Madri criou um campo de tiro onde aquelas "dispostas a defender a capital" praticavam, e a sede da Catalunha estabeleceu um departamento de "esporte de guerra", que tinha como objetivo a "preparação pré-militar das mulheres, para que, no

---

45. Os artigos de Etta Federn foram depois publicados como *Mujeres de las revoluciones* [Mulheres das revoluções]; os de Kyralina (Lola Iturbe) apareceram em *La mujer en la lucha social* [A mulher na luta social].

46. Amada de Nó, entrevista, Montady (França), 30 abr. 1988. A Mulheres Livres publicou um artigo pequeno sobre a 70ª Brigada, acompanhado de uma foto de Mika Etchebéhère, capitã da 14ª Divisão, no número 10. Ver também ETCHEBÉHÈRE, *Ma guerre d'Espagne à moi*.

caso de as circunstâncias o exigirem, pudessem intervir com eficácia no campo de batalha".[47]

A Mulheres Livres reiterava que a militância feminina não deveria ser vista como anomalia, uma vez que elas faziam parte da esfera pública:

> É um equívoco muito grande e generalizado acreditar que as atividades intelectuais e espirituais matam o caráter feminino e maternal da mulher. O contrário é mais certo. Tarefas que se aprofundam nos ideais da vida dão mais ternura, mais carinho, mais sensibilidade e generosidade à mulher que a preocupação vulgar com assuntos materiais.[48]

Alguns autores afirmavam que a militância feminina possuía um caráter bem distinto da do homem. Federica Montseny, em sua única contribuição para a revista *Mujeres Libres*, declarou que as mulheres se destacavam pelo "esforço coletivo de um sexo, sacrificando-se, lutando como lutam na Espanha as operárias das fábricas de munição, desafiando a morte durante muitas horas diárias", mais que por atos individuais de heroísmo. A contribuição concreta da mulher na luta, em sua opinião, era a "resignação heroica" aos transtornos da guerra e da revolução.[49]

---

47. Sobre as mulheres nas frentes de batalha, ver "La capitana de Somosierra" [A capitã de Somosierra], em *Mujeres Libres*, n. 13. As práticas de tiro para mulheres em Madri estão reunidas em *Actividades de la F. N. Mujeres Libres* [Atividades da F. N. Mulheres Livres], 2; e a seção sobre "esporte de guerra" da Catalunha em "Actividades de Mujeres Libres" [Atividades da Mulheres Livres], em *Mujeres Libres*, n. 12.

48. FEDERN, *Mujeres de las revoluciones*, p. 5; também SAORNIL, Lucía Sánchez. "El día de la mujer, conmemorado por el Comité de Mujeres contra la Guerra y el Fascio" [O dia da mulher, comemorado pelo comitê de mulheres contra a guerra e o fascismo], em *Horas de revolución* [Horas de revolução]. Barcelona: Mujeres Libres, 1937, p. 52.

49. MONTSENY, Federica. "Acción de la mujer en la paz y en la guerra: el progreso es la obra de todos" [Ação feminina na paz e na guerra: o progresso é tarefa para todos], em *Mujeres Libres*, n. 13.

Porém nem todas as autoras seguiam essa linha. Igualmente comum era o tipo de afirmação feita por Áurea Cuadrado, no mesmo número da revista, de que as mulheres eram capazes dos mesmos níveis de autocontrole e desenvolvimento pessoal que os dos homens. Afirmava que as mulheres pitagóricas da Grécia Antiga "ocuparam lugares preeminentes nas reuniões públicas, na legislatura, na intimidade e na vida pública". As espanholas não deveriam esperar menos, a não ser por uma importante exceção: "Se a norma das antigas pitagóricas foi a superação, criando uma aristocracia na qual os escravos não tinham direitos, a superação da mulher contemporânea há de se basear na esperança de fazer germinar um espírito aristocrático que relegue toda a memória da escravidão ao esquecimento". Essa insistência na necessidade do desenvolvimento espiritual, somado à capacitação cultural, era parte importante da mensagem da Mulheres Livres, que se manifestava sobretudo nos escritos de Mercedes Comaposada e Lucía Sánchez Saornil.[50]

A Mulheres Livres tentou formular como seria a vida para as cidadãs plenamente autoconscientes e autoempoderadas. A situação feminina era diferente da masculina, pois, ainda que homens e mulheres devessem lutar juntos para superar as relações de dominação que lhes foram impostas — sobretudo pelo capitalismo —, as mulheres tinham de enfrentar um desafio adicional por sua "liberdade interior", pela autoconsciência. Deveriam enfrentar esse obstáculo sozinhas, confrontando, com muita frequência, a oposição dos companheiros ou dos familiares. Porém, "quando pertencerem a si mesmas,

---

50. CUADRADO, Áurea. "Superación" [Superação], em *Mujeres Libres*, n. 13; COMAPOSADA, Mercedes. *Esquemas*. Barcelona: Mujeres Libres, e Comitê Nacional da Mulheres Livres, "Cómo organizar una agrupación Mujeres Libres" [Como organizar um núcleo Mulheres Livres]. Barcelona: Mujeres Libres. Os dois últimos foram incluídos na antologia de NASH, *Mujeres Libres Espanã, 1936-1939*, pp. 115-8, pp. 75-85.

automaticamente passarão a ser pessoas com livre-arbítrio e igualdade de direitos sociais, mulheres livres na sociedade livre que construirão ao lado dos homens, como suas verdadeiras companheiras. A vida será mil vezes mais bonita quando a mulher for realmente uma 'mulher livre'".[51]

A importância dessa abordagem nunca deve ter sua ênfase desgastada; era um dos aspectos nos quais a Mulheres Livres diferia significativamente de outros grupos femininos na Espanha da época. Muitas de suas publicações encorajavam as mulheres a se educarem e a se incorporarem na força de trabalho como forma de contribuir com o esforço de guerra e a revolução, perspectiva que era compartilhada por organizações como a Asociación de Mujeres Antifascistas [Associação de Mulheres Antifascistas] (AMA) e o núcleo feminino do POUM. *Mujeres* e *Companya*, por exemplo, revistas publicadas por grupos próximos ao PSUC durante a guerra, incluíam chamados frequentes às mulheres para que se deslocassem para os postos de trabalho dos homens que marchavam para as frentes de batalha, mas esses chamados não eram parte de uma campanha mais ampla pela capacitação ou pelo autodesenvolvimento feminino. Por exemplo, no primeiro número da *Companya*, um artigo de La Pasionaria apontou: "Temos uma fonte inesgotável de reserva humana, mas devemos prepará-la, organizá-la, capacitá-la para a guerra".[52] A insistência na emancipação feminina como um fim em si mesmo era uma bandeira exclusiva da Mulheres Livres. De fato, como veremos, sua opinião de que a emancipação era uma meta que deveria ser valorizada por sua importância em si, para além

---

51. ILSE. "La doble lucha de la mujer" [A dupla luta da mulher], em *Mujeres Libres*, n. 7; ver também "La mujer y el problema de la libertad" [A mulher e o problema da liberdade], em *Acracia*, 15 jun. 1937.
52. LA PASIONARIA (Dolores Ibárruri). "Critic a les dones: Endavant!" [Crítica às mulheres: busque um caminho!], em *Companya*, n. 1, 1936.

da situação revolucionária, colocou a organização em conflito com outras agrupações de mulheres e também com colegas do movimento libertário.

Maternidade

Muitos artigos na revista se opunham à identificação das mulheres com a maternidade e faziam questão de afirmar que o ser humano do sexo feminino tinha uma identidade e uma função social, independentemente de seu (potencial) status como mãe. Porém, os programas da organização pressupunham que a maternidade era uma realidade para muitas, se não para a maioria das espanholas. Como explicou Mercedes Comaposada:

> Algo que queríamos deixar bem claro era que a mulher é um indivíduo que tem valor, independentemente de ser mãe. Porém, ao mesmo tempo, queríamos assegurar que houvesse um lugar para as mães. [...] O que queríamos, pelo menos, era que houvesse mães conscientes. As pessoas devem ter o direito de escolher se querem ter filhos, como e quando, e saber como criá-los. [...] E não é necessário que sejam os próprios filhos; é possível cuidar de outras crianças — de órfãos, por exemplo.[53]

Em todas as publicações da Mulheres Livres, era evidente o compromisso com a "mulher como pessoa", não só como mãe. Começando pela preocupação de Sánchez Saornil — "o con-

---

53. Mercedes Comaposada, entrevista, Paris, 5 jan. 1982. Sobre a maternidade consciente no âmbito estadunidense, ver GORDON, Linda. *Woman's Body Woman's Right: A Social History of Birth Control in America* [Corpo da mulher, direitos da mulher: uma história social do controle de natalidade na América]. Nova York: Penguin, 1974.

ceito de mãe está absorvendo o de mulher; a função anulando o indivíduo"[54] —, as autoras da Mulheres Livres reiteravam que o desenvolvimento da mulher como pessoa era prioridade. Podia ser certo, afirmou Pilar Grangel, que as mulheres deveriam parir para que houvesse uma nova geração, mas não podiam fazê-lo sozinhas, precisavam da ajuda dos homens e, o mais importante, da autoconfiança e da inteligência que as orientaria e a seus filhos no mundo. Situava a reprodução no terceiro lugar da lista de responsabilidades femininas, depois do trabalho e do desenvolvimento da consciência social.[55] Como proclamado na capa da edição de número doze da revista, "não é melhor mãe a que mais abraça seu filho contra o seio, mas a que ajuda a construir um mundo melhor para ele".[56]

O entendimento da Mulheres Livres sobre a maternidade não ser algo que "acontece de forma natural", excetuando-se o fato biológico do parto, estava muito relacionado com essa perspectiva. A maior parte da socialização feminina — que a orientava a se converter numa "mulherzinha" e a dedicar toda a sua atenção a se manter atraente para os homens — era, de fato, contrária ao cuidado adequado dos filhos. Para ser mãe, era necessário aprender a prestar a devida atenção às necessidades da criança. Era incompatível ser "mulherzinha" e mãe ao mesmo tempo. O outro lado dessa declaração era que as mulheres deveriam aprender a ser boas mães (do mesmo modo que os homens deveriam aprender a ser bons pais), a alimentar e cuidar dos

---

54. SAORNIL, Lucía Sánchez. "La cuestión feminina en nuestros médios, IV" [A questão feminina em nossos meios, parte 4], em *Solidaridad Obrera*, 15 out. 1935, p. 2.
55. GRANGEL, Pilar. "En vez de crítica, soluciones" [Em vez de crítica, soluções], em *Mujeres Libres*, n. 13.
56. *Mujeres Libres*, n. 12, capa.

filhos, a facilitar seu desenvolvimento para que crescessem pessoas fortes e independentes.[57]

Apesar da insistência na visão de que as mulheres não haviam "nascido para procriar", a Mulheres Livres expressava toda uma gama de opiniões sobre a naturalidade do sentimento maternal na mulher. Amparo Poch y Gascón dedicou seu livro *Niño* [Criança] "a todas as mulheres que amam seus filhos ou os filhos de outrem; ou seja, a todas as mulheres do mundo".[58] A austríaca Etta Federn, em seu livro *Mujeres de las revoluciones* [Mulheres das revoluções], fazia frequentes referências aos sentimentos maternais das revolucionárias que retratou, mesmo que a maioria delas não tivesse gerado filhos.[59]

Os programas educativos da Mulheres Livres dedicados ao cuidado infantil tomaram forma em material impresso e atividades práticas. Muitos dos números da revista continham artigos sobre puericultura escritos por Amparo Poch ou por Florentina (como era chamada Carmen Conde). Em um esforço para chegar a um maior número de leitoras, Poch y Gascón colaborava também com diferentes periódicos anarquistas de distribuição geral. Enquanto proporcionava informação médica e sanitária, um resumo das etapas do desenvolvimento infantil e um comentário do que se pode esperar da criança a cada faixa etária, também expunha o que era, de fato, o entendimento anarquista acerca da criação dos filhos. Insistia, por exemplo, que os pais deixassem as crianças se desenvolverem a seu modo: "A repressão [de hábitos como chupar o dedo] deve ter um limite se não se quer que a personalidade do homem do futuro se perca de maneira absoluta. [...] Permaneça

---

57. FEDERN, Etta. "Maternidad y maternalidad" [Maternidade e maternalidade], em *Mujeres Libres*, n. 12; e "Maternidad" [Maternidade], em *Mujeres Libres*, n. 13.
58. POCH Y GASCÓN, *Niño*.
59. Sobre Alexandra Kollontai, p. 45, e sobre Angelica Balabanoff, p. 37, em *Mujeres de las revoluciones*.

atenta para que a alma e a mente da criança conservem seu valor, o selo de sua personalidade. Deixe que ela crie e siga seu próprio caminho, livre de coerção".[60]

As tentativas da Mulheres Livres de atender às necessidades de cuidados com a saúde das mulheres e educá-las para uma maternidade adequada foram além das palavras escritas. Nos primeiros dias da revolução, por exemplo, Teresina Torelles e outras ativistas do grupo em Terrassa estabeleceram uma escola para enfermeiras e uma clínica médica de emergência para tratar os feridos nos combates. Elas trabalharam com Juan Paulís, autor de *Las obreras de la aguja* [As operárias da agulha], médico com grande consciência social que havia sido membro da CNT durante muito tempo. Teresina e as demais se tornaram, em suas palavras, "aprendizes instantâneas" naqueles primeiros dias. Equiparam a clínica com lençóis e colchões de suas casas e com doações e suprimentos enviados pelo governo local.

Dentro de um curto período, elas criaram a primeira clínica de maternidade, também sob a direção de Paulís. Apesar da falta de experiência no campo da saúde (mas provavelmente devido à vasta experiência como organizadora e militante da CNT e do grupo de mulheres de Terrassa), Teresina foi nomeada administradora. Ela contou sobre o primeiro dia no cargo:

> Fui à sala de operações e olhei em volta. Guardei as coisas em seus lugares e verifiquei o que precisávamos. Então fui até a prefeitura e relatei os itens. Eles me entregaram ou providenciaram recursos para que eu os adquirisse. Precisávamos de álcool, por exemplo, então fui à farmácia e, com o dinheiro que me deram, comprei, porque ainda não tínhamos nada, nem desinfetante.

---

60. POCH Y GASCÓN, *Niño*.

Era um trabalho difícil, e nem todos estavam tão engajados no novo sistema:

> As parteiras — eram doze no total — entraram em greve. Elas se recusaram a trabalhar para a gente [...]. Quando voltaram ao trabalho, elas comiam primeiro e davam às parturientes o que tinha sobrado. Eu não concordava com isso. Então eu servia a comida primeiro para as mulheres que tinham parido, e depois deixava na cozinha para as parteiras e enfermeiras. Fechávamos as fraldas dos bebês com botões em vez de alfinetes, pois o doutor Paulís dizia que os alfinetes eram perigosos. E eu providenciava isso.
> Lembro-me que muitas vezes os pais vinham me pedir para fazer algo, e eu dizia: "Por favor, aqui somos todos iguais", e eles então respondiam: "Vocês realmente fizeram a revolução aqui". Eu tinha muita satisfação nisso, porque administrava o lugar sem nenhuma formação específica; acreditava em algo e colocava isso em prática. É isso que posso dizer que fiz na revolução. O resto, fiz como todo mundo.[61]

Em Barcelona, a Mulheres Livres dispunha de um hospital obstétrico dirigido por Áurea Cuadrado. Era a Casa de Maternidad [Casa de Maternidade], que oferecia cuidado médico no parto, no pós-parto e aulas de maternidade consciente, cujo conteúdo abrangia temas como saúde materna e infantil, controle de natalidade, sexualidade e questões relacionadas a problemas genéticos. Como parte do programa educativo, o hospital (em sinergia com a revista da organização) realizou uma grande campanha de amamentação, empenhada em convencer as mulheres de como o leite materno era superior em qualidade para o bebê em comparação ao leite de vaca. O número sete da revista *Mujeres Libres*, de fato, reportou que

---

61. Teresina Torrelles, entrevista, Montady (França), 29 abr. 1988.

o hospital não permitiria que as mulheres tivessem alta sem antes amamentar o filho.[62] O objetivo de Cuadrado era fazer com que as mulheres superassem a ignorância e os preconceitos da "sociedade do passado" e iniciá-las no desenvolvimento do "equilíbrio emocional necessário para as mães inteligentes". Esperava que, tendo adquirido mais informação sobre o corpo e a sexualidade, as mulheres assumiriam o controle de outros aspectos da vida, podendo assim "desenvolver sua capacidade de amor materno, aumentar sua moral e gerar um sentimento de solidariedade social".[63]

O doutor Paulís, que havia dirigido a clínica e a escola de enfermagem em Terrassa, mais tarde foi para Barcelona e colaborou com a Mulheres Livres e com os sindicatos de saúde da cidade para formar o Instituto de Puericultura y Maternología Luísa Michel [Instituto de puericultura e maternidade Luísa Michel] em fevereiro de 1938. O instituto proporcionava assistência médica para mães e crianças, orientação sobre maternidade e ajuda financeira, programas de formação de puericultoras e uma creche para filhos de operárias, especialmente as têxteis. Esse centro contava com duas unidades, uma para crianças da faixa entre três e 24 meses, e outra para crianças de dois a cinco anos, além de biblioteca. Também oferecia consultas médicas preventivas para os alunos das escolas racionalistas.[64]

---

62. "Puericultura", em *Mujeres Libres*, n. 13.
63. CUADRADO, Áurea. "Nuestra labor en la casa de maternidad de Barcelona" [Nosso trabalho na casa de maternidade de Barcelona], em *Mujeres Libres*, n. 7.
64. "Notes informativas" [Notas informativas], Instituto de Puericultura y Maternología, Barcelona, 3 abr.1938. Ver também "Manifiesto de los compañeros responsables técnicos, sindicales y administrativos del Instituto de Puericultura y Maternología, Hospital del Pueblo y Hospital de Sangre de Pueblo Nuevo, a Todos los Militantes y Afiliados que pertenecen a los sindicatos de la Confederación Nacional del Trabajo de Barcelona" [Manifesto dos responsáveis técnicos, sindicais e administrativos do Instituto de Puericultura e Maternologia, Hospital do Povo e Banco de

O programa desenvolvido em Barcelona foi, sem dúvida, o mais completo. A Mulheres Livres trabalhou com sindicatos de saúde em outras cidades para atender às necessidades das mulheres. Os programas de formação em enfermagem foram provavelmente os exemplos mais comuns desse tipo de cooperação. Como no período anterior à guerra a enfermagem era um monopólio da Igreja, a formação nesse campo era muito necessária. Não surpreende que muitas das mulheres que entrevistei tenham servido como enfermeiras em algum momento do conflito.

A educação dos filhos

A importante responsabilidade de criar os filhos foi dada às mulheres. Essa responsabilidade, afirmava a Mulheres Livres, exigia que elas se educassem para que pudessem orientar as crianças adequadamente. Mas também exigia que lutassem para que os filhos tivessem a melhor educação possível.

As atitudes da Mulheres Livres em relação às crianças eram expressas tanto em textos como em iconografia. A cada edição, a revista trazia ilustrações de crianças brincando, descobrindo o mundo, trabalhando; alegres e tristes; na escola ou fora dela. As legendas e os artigos que as acompanhavam enfatizavam as características infantis e constituíam as bases de quase todos os programas da Mulheres Livres no campo da educação. As crianças eram por natureza entusiasmadas e abertas, e constantemente absorviam informações da realidade ao seu redor; os adultos, e mais especificamente os professores, deveriam evitar inibir o brilho

---

Sangue, a todos os militantes e afiliados que pertencem aos sindicatos da CNT de Barcelona], 3 mai.1938 (ambos em IISG/CNT: 40.C).

desse entusiasmo juvenil. As crianças eram a esperança do futuro; nunca se deveria contribuir para que se envergonhassem de si mesmas ou de seu corpo; era necessário deixá-las abertas a todos os pontos de vista.[65] Elas nunca deveriam ser usadas com fins propagandísticos: a imagem de crianças pequenas marchando pelas ruas de uniforme — mesmo aqueles de organizações de trabalhadores — era uma abominação. "As crianças não podem, nem devem, ser católicas, socialistas, comunistas ou libertárias. As crianças devem ser o que são: crianças."[66] Por último, a curiosidade infantil e a vontade de descobrir deveriam ser estimuladas o máximo possível. Em vez de castigar os pequenos por terem quebrado algo de valor, os adultos deveriam manter as coisas valiosas longe de seu alcance.[67]

A filosofia da Mulheres Livres referente à educação era inspirada na teoria e na prática anarquistas, e era coerente com esses pontos de vista sobre a infância. A educação deveria ser concebida como um processo de desenvolvimento e descoberta, mais que um modo de reprimir os instintos infantis ou inculcar-lhes obediência e disciplina. As crianças aprendiam melhor quando se sentiam bem consigo mesmas, com os demais e com o mundo. A melhor educação, portanto, iriam orientá-las para o mundo, facilitando seu aprendizado sobre os outros e sobre o entorno. Além disso, encorajaria a criança a desenvolver e valorizar suas próprias habilidades, bem como a cooperar com os demais. Assim, a educação deveria ser ativa, não competitiva, e ser o menos

---

65. Por exemplo, "Niños", em *Mujeres Libres*, n. 5; e FLORENTINA. "Niños", em *Mujeres Libres*, n. 9 e 11.

66. "Niños, niños, niños" [Crianças, crianças, crianças], em *Mujeres Libres*, n. 5, Día 65 de la Revolución, out. 1936.

67. FEDERN, Etta. "La crueldade y la ira del niño" [A crueldade e a ira da criança], em *Mujeres Libres*, n. 11.

diretiva possível, ou seja, basear-se fundamentalmente na curiosidade natural dos pequenos.[68]

Respeitar as crianças e educá-las bem era vitalmente importante para o processo de transformação social revolucionário. A ignorância deixava as pessoas particularmente vulneráveis à opressão e ao sofrimento. Mais importante, a educação preparava as pessoas para a vida social. Escolas (ou famílias) autoritárias, baseadas no medo, moldavam indivíduos submissos a governos igualmente autoritários. Escolas diferentes seriam necessárias para instruir os cidadãos a viver numa sociedade sem dominação.[69]

Era preciso formar professores aptos a orientar as crianças para um mundo mais igualitário. Eles teriam de pensar em si mesmos como artistas, capazes de instigar a criatividade dos outros: "Que ninguém sem fantasia, sem intuição, sem inspiração se torne professor!".[70] Os novos profissionais da educação deveriam aprender princípios educativos renovados:

---

68. FLORENTINA. "Niños", em *Mujeres Libres*, n. 8, 9, 10, 11 e 12; "Educar es equilibrar" [Educar é equilibrar], em *Mujeres Libres*, n. 7; e FEDERN, Etta. "Mi ideal de una escuela" [Minha concepção de escola], em *Tiempos Nuevos*, jul.-ago. 1937, n. 7 e 8.
69. Sobre a importância da "reciprocidade" entre as instituições educativas e as relações de autoridade na sociedade, ver ECKSTEIN, Harry. *Division and Cohesion in Democracy* [Divisão e coesão na democracia]. Princeton: Princeton University Press, 1966, cap. 7; PATEMAN, Carole. *Participation and Democratic Theory* [Participação e teoria democrática]. Cambridge: Cambridge University Press, 1970, cap. 2; THOMPSON, Dennis F. *The Democratic Citizen* [O cidadão democrático]. Cambridge: Cambridge University Press, 1970; RAWLS, *A Theory of Justice*, caps. 5 e 8; e WALZER, Michael. *Spheres of Justice: A Defense of Pluralism and Equality*. Nova York: Basic Books, 1983, cap. 8 [Ed. bras.: *Esferas da justiça*. São Paulo: Martins Fontes, 2003].
70. FLORENTINA. "Niños", em *Mujeres Libres*, n. 8; também "Infancia sin escuela" [Infância sem escola], em *Mujeres Libres*, n. 12; GRANGEL, Pilar. "Pedagogía" [Pedagogia], em *Mujeres Libres*, n. 10; FEDERN, Etta. "Eliminad el miedo" [Eliminem o medo], em *Mujeres Libres*, n. 9; "De poco servirán todos los sacrifícios" [Pouco serviram todos os sacrifícios], em *Mujeres Libres*, n. 13.

- A pedagogia deve ser considerada uma arte, baseada na criatividade;
- A educação diz respeito à atitude do professor de descobrir em cada criança e em cada momento a verdade que cada criança e cada momento têm a oferecer;
- Não há nenhuma doutrina tão perfeita que deva ser legitimamente imposta às mentalidades infantis;
- O professor não deve amar "as crianças", como um conjunto abstrato, mas, sim, cada criança com suas particularidades. E deve estar atento para também aprender com cada uma delas;
- O professor deve ensinar de acordo com a capacidade e as habilidades de cada aluno;
- O professor deve evitar competições, recompensas e castigos. As turmas devem ser pequenas. Quando passam de dez alunos, o trabalho pedagógico se esteriliza.[71]

Sexualidade

Já registrei no capítulo 1 que os anarquistas espanhóis haviam dedicado uma atenção considerável à liberação sexual, tanto das mulheres quanto dos homens. Advogavam por mais informação sobre sexo e sexualidade, por maior liberdade nesse âmbito e pela abolição do matrimônio civil e religioso a favor do "amor livre", que entendiam como uma relação voluntariamente estabelecida e que poderia ser interrompida pela vontade de qualquer um dos parceiros. Uma pequena porcentagem de militantes anarquistas tentou viver segundo esses preceitos, inclusive no período pré-revolucionário. Mas o início da guerra civil e o começo da revolução social possibilitaram que mais pessoas vivessem de acordo com novas normas sexuais. A revolução possibilitou a implementação de novas políticas públicas

---

71. Resumido em "Enseñanza nueva" [Novo ensino], em *Mujeres Libres*, n. 6.

no terreno sexual, sobretudo na Catalunha. Por exemplo, vários decretos da Generalitat legalizaram o aborto por "razões terapêuticas, eugênicas ou éticas", simplificaram os procedimentos para o divórcio e tornaram mais acessíveis as informações sobre os meios de controle da natalidade.

Seria esperado que a Mulheres Livres tivesse dedicado uma atenção considerável à liberação sexual em seus artigos e programas. Muitas mulheres que depois foram ativas na organização haviam se manifestado por escrito — nos anos anteriores à guerra — a favor de uma maior liberdade sexual. Por exemplo, entre 1932 e 1935, Amparo Poch y Gascón escreveu vários artigos e panfletos educativos que discutiam a sexualidade feminina, enfatizavam a importância da expressão sexual tanto para mulheres quanto para homens, criticavam a monogamia e a dupla moral sexual e advogavam por uma educação sobre psicologia, prazer e funcionamento sexual e contracepção. Muitos de seus argumentos acompanhavam as ideias dos primeiros autores anarquistas, especialmente na insistência de que a sexualidade é um aspecto importante da identidade e do desenvolvimento humanos. Segundo Poch, às mulheres fora negado o direito natural de satisfazer suas necessidades e seus desejos físicos por conta de convenções sociais e de maridos insensíveis. Elas deveriam ter acesso a informações sobre si mesmas, sobre seu corpo e sua sexualidade, para que pudessem se desenvolver plenamente como pessoas. Além disso, já que a expressão sexual era um aspecto importante da vida das mulheres, e não apenas um simples meio de satisfazer os desejos masculinos ou de procriar, elas precisavam de informação e acesso à contracepção, e não de exortações sobre a abstinência sexual.[72]

---

72. POCH Y GASCÓN, Amparo. *La vida sexual de la mujer* [A vida sexual da mulher]. Valência: Cuadernos de Cultura, 1932, p. 22; 26; 31; "La autoridad en el amor y en la sociedad" [A autoridade no amor e na sociedade], em *Solidaridad Obrera*, 27 set. 1935.

Porém poucos desses escritos "pró-sexo" são encontrados na *Mujeres Libres*. A educação sexual tampouco teve importância nos programas educativos ou na revista. Enquanto alguns artigos advogavam pela abolição da dupla moral sexual, nenhum deles tratava explicitamente da sexualidade feminina ou da liberação sexual. A maioria dos textos relacionados à sexualidade se referia à prostituição, analisava suas causas e propunha soluções para eliminá-la. Entretanto, o entendimento de que a sexualidade era parte importante da personalidade humana e um aspecto normal e necessário da vida encontrou eco em algumas das descrições de Etta Federn em *Mujeres de las revoluciones*. Por exemplo, ao longo de uma explicação sobre os pontos de vista de Alexandra Kollontai sobre o amor livre, Federn afirmou que a autora russa lutava "contra a mentira, tão generalizada, de que a satisfação sexual sem amor é sintoma de perversão moral, especialmente quando a discussão tratava de uma mulher. [...] A dupla moral com relação à sexualidade feminina e masculina, que ainda reina entre revolucionários, tem sido objeto de luta veemente e vigorosa".[73]

Os ensaios sobre a questão sexual eram geralmente mais moderados na *Mujeres Libres*, e o "amor livre" não foi mencionado em suas páginas. Mas a revista publicou alguns poucos artigos explicitamente críticos ao matrimônio, sobretudo àqueles chamados de *casamientos a la libertaria* — a prática de substituir a Igreja ou o Estado por cerimônias realizadas por sindicatos ou organizações revolucionárias. Várias das colaboradoras da *Mujeres Libres* o consideravam absurdo. A edição número sete da revista, por exemplo, publicou um "Proyecto para la creación de una fábrica de bodas en serie" [Projeto

---

p. 1; e "La convivencia, antídoto del amor" [A convivência, antídoto do amor], em *Solidaridad Obrera*, n. 19, dez. 1936, p. 8.
73. FEDERN, *Mujeres de las revoluciones*, p. 44.

para a criação de uma fábrica de casamentos em série] (ver Apêndice B), no qual se ridicularizava sutilmente a prática das organizações revolucionárias de formalizar matrimônios.[74] Como secretária do sindicato de edificação, madeira e decoração de Barcelona, Sara Berenguer Guillén elaborou esses documentos com frequência — e recordou o curioso caso de um casal que voltou alguns meses depois do "casamento" para pedir o divórcio. Ela respondeu que, como eles não estavam casados legalmente, não precisavam de um divórcio; poderiam só se separar e seguir a vida. Mas o casal se negou a fazer isso, e finalmente Sara redigiu um documento de divórcio que foi assinado de má vontade pelas testemunhas presentes — outros membros do sindicato.[75]

Lucía Sánchez Saornil não foi nada sutil no artigo "La cerimonía matrimonial o la cobardía del espíritu" [A cerimônia matrimonial ou a covardia do espírito], publicado no livro *Horas de revolución* [Horas de revolução]. Ela afirmava que essas práticas eram absurdas e hipócritas: "Se passamos todos esses anos defendendo que o consenso de ambas as partes é o suficiente para a união do casal e que uma certidão de casamento não era mais que um contrato comercial, que explicação daremos a essas absurdas cerimônias [realizadas] nos organismos sindicais?". Continuava dizendo que essa prática era duplamente repreensível, porque muitas dessas cerimônias apenas imitavam os rituais religiosos e porque, assim como casamentos civis e religiosos, representavam uma intervenção

---

74. Ver também "Antes que te cases, mira lo que haces" [Antes que se case, pense no que faz], em *Mujeres Libres*, n. 7.
75. Sara Berenguer Guillén, entrevista, Montady (França), 29 abr. 1988; ver também RODRIGO, Antonina. "Nuestras mujeres en la Guerra Civil" [Nossas mulheres na guerra civil], em *Vindicación Feminista*, n. 3, 1º set. 1976, p. 37.

inapropriada do âmbito público no que deveriam ser relações pessoais privadas.[76]

Grande parte da atenção da Mulheres Livres dedicada a questões de sexualidade se centrava na relação entre exploração política e econômica e a subordinação sexual da mulher. Assim como outras organizações do movimento libertário, o grupo promoveu grandes campanhas contra a prostituição, tema que era entendido como emblemático das relações humanas no capitalismo.[77] Porém, enquanto as organizações do movimento se empenharam na sindicalização das prostitutas ou em desencorajar as mulheres a exercerem a profissão (ou aos homens a não requisitarem seus serviços), a Mulheres Livres prestou mais atenção no que acreditava serem as causas da prostituição — sobretudo, a exploração econômica e política das mulheres.

O primeiro número da revista publicado após o início da guerra civil afirmava que eliminar a prática — descrita como "a maior das escravidões" — deveria ser a prioridade da Mulheres Livres. A prostituição "não era um problema delas [das prostitutas], mas nosso, de todas as mulheres e de todos os homens". Rotular algumas mulheres como "desonestas" possibilitava que outras mulheres se identificassem como "honestas". Além disso, como a prostituição era o resultado da exploração econômica feminina, proibi-la não seria suficiente. Em vez disso, as mulheres deveriam ser preparadas para se sustentar

---

76. "La cerimonia matrimonial o la cobardia del espíritu" [A cerimônia matrimonial ou a covardia do espírito], em *Horas de revolución*, pp. 24-6, nota da p. 25. Ver também "Con la libertad sexual los hombres y las mujeres dejarían de ser esclavos incluso de la moral más roja" [Com a liberdade sexual, os homens e as mulheres deixariam de ser escravos inclusive da moral mais vermelha], em *Acracia*, 19 ago. 1936.
77. FROIDEVAUX, Michel. "Les avatars de l'anarchisme: la révolution et la guerre civil em Catalogne (1936-1939), vues au travers de la presse anarchiste" [As representações do anarquismo: a revolução e a guerra civil na Catalunha (1936-1939) vistos pela imprensa anarquista], 2 v., manuscrito, International Institute for Social History, Amsterdã, p. 212.

de outras maneiras. Assim, a Mulheres Livres anunciou a intenção de criar uma rede de "liberatórios de prostituição", ou seja, centros de apoio para essas mulheres, que ofereceriam: "i) pesquisa e tratamento médico-psiquiátrico; ii) programas psicológicos e éticos para o desenvolvimento do senso de responsabilidade; iii) orientação e capacitação profissional; iv) apoio moral e material em qualquer momento de necessidade, mesmo depois de terem deixado os liberatórios".[78]

A CNT e a imprensa anarquista aplaudiram o plano, mesmo que estivessem mais inclinadas a enxergar as prostitutas como vítimas que deveriam ser resgatadas. Porém, simultaneamente, alguns grupos do movimento insistiam que a prostituição não poderia ser eliminada. No máximo, as prostitutas poderiam ser protegidas da exploração por meio da sindicalização. Nos primeiros dias da revolução, houve tentativas de organizar prostitutas em um *sindicato de amor*. A maior parte desses projetos teve vida curta, e em poucos meses artigos na imprensa anarquista ridicularizaram a ideia de sindicalizar as prostitutas, pontuando que os homens é que não deveriam procurar seus serviços.[79] No geral, parece que o movimento anarquista foi bastante negligente nesse ponto: tanto os artigos da *Mujeres Libres* como as entrevistas com militantes ressaltavam que era menos provável que homens anarquistas agissem de acordo com a ideologia nessa questão do que em outras.[80]

Como organização *de* e *para* mulheres, a Mulheres Livres dirigiu seus projetos *a* elas, sobretudo às mais vulneráveis à

---

78. "Liberatorios de prostitución" [Liberatórios de prostituição], em *Mujeres Libres*, n. 5.
79. Por exemplo, "Nota local", em *Acracia*, 14 jul. 1937; "Saboteando la revolución" [Sabotando a revolução], em *Acracia*, 1º jan. 1937; e "Mujeres Libres" [Mulheres Livres], em *Ruta*, 21 jan. 1937.
80. Por exemplo, NAHUEL, Nita. "Los que deshonran al anarquismo" [Aqueles que desonram o anarquismo], em *Mujeres Libres*, n. 7.

exploração sexual e econômica, considerada a raiz da prostituição. Ainda que a situação de guerra tenha impedido que o projeto dos liberatórios prosseguisse, a Mulheres Livres encorajou as prostitutas a abandonar essa ocupação e a se unir ao movimento. Pepita Carpena se lembrou de uma prostituta que respondeu a esse chamado, filiou-se à Mulheres Livres, assistiu às aulas e, finalmente, juntou-se a seu grupo de oradoras e trabalhadoras culturais.[81]

Apesar das dificuldades do momento, a Mulheres Livres insistia na necessidade de os programas enfrentarem a causa da prostituição, entendida como exploração econômica. A edição de número nove da revista, por exemplo, apontava que a prática havia aumentado e sugeria que a razão disso era dupla: de um lado, muitas jovens que haviam trabalhado no serviço doméstico foram jogadas nas ruas quando os patrões fugiram das zonas republicanas; de outro, os rapazes tinham mais recursos para pagar as prostitutas. As mulheres se converteram em "brinquedos cegos de um processo histórico". Nesse contexto, a revolução, sozinha, sem atenção específica ao "problema sexual", não seria suficiente. "Insistimos que o único caminho para resolver o problema social é a igualdade política e econômica [entre homens e mulheres], fatores para uma capacitação feminina que dote a mulher de um sentido de dever e responsabilidade. Qualquer instituição que promova esse fortalecimento é, mais que um liberatório, um preventório de prostituição."[82]

Ademais, as prostitutas não deveriam ser identificadas apenas com as mulheres que vendiam o corpo nas ruas ou nos bor-

---

81. Pepita Carmena, entrevista, Barcelona, 3 mai. 1988.
82. "El problema sexual y la revolución" [A questão da sexualidade e a revolução], em *Mujeres Libres*, n. 9. Ver também POCH Y GASCÓN, *La vida sexual de la mujer*, p. 25; SAORNIL, Lucía Sánchez. "La cuestión feminina en nuestros médios, V" [A questão feminina em nossos meios, parte 5], em *Solidaridad Obrera*, 30 out. 1935, p. 2.

déis. A Mulheres Livres sustentava, como também fizera Emma Goldman anos antes, que todas as mulheres que dependiam dos homens eram, em certo sentido, prostitutas. "A mulher que vive na dependência econômica recebe um pagamento, ainda que seja de seu marido legítimo. [...] Toda a propaganda, todas as ações a favor da família, desse fictício calor do lar, mantêm a mulher em sua posição de sempre: distante da produção e sem direito algum." Somente a total igualdade econômica entre homens e mulheres, o acesso da mulher ao trabalho assalariado produtivo em condições iguais às dos homens, poderia enfrentar e eliminar as verdadeiras causas da prostituição.[83]

A Mulheres Livres oferecia informação sobre sexualidade e encorajava as mulheres a aproveitarem os programas educativos e os serviços disponíveis nos hospitais. Vários artigos da revista se referiam com orgulho às conquistas de Federica Montseny no Ministério da Saúde e de Assistência Pública ou às de Áurea Cuadrado como diretora da Casa de Maternidade de Barcelona. Os programas mencionados proporcionavam informação sobre contracepção, doenças congênitas e também informações básicas sobre sexualidade e procriação.[84] A Mulheres Livres também tinha orgulho da legalização do aborto na Catalunha (por decreto da Generalitat) e, como consequência, do aumento de diferentes opções contraceptivas à disposição das mulheres.[85]

---

[83]. "Acciones contra la prostitución" [Ações de combate à prostituição], em *Mujeres Libres*, n. 1. Comparar com GOLDMAN, Emma. "The Traffic in Women" [Tráfico de mulheres], pp. 178-9; 184-6, e "Marriage and Love" [Casamento e amor], pp. 228-31, ambos em *Anarchism and Other Essays*.

[84]. Ver "Nuestra labor en la Casa de la Maternidad de Barcelona", em *Mujeres Libres*, n. 7; "La enorme labor del Ministerio de Sanidad y Asistencia Social" [O extenso trabalho do Ministério da Saúde e da Assistência Social], em *Mujeres Libres*, n. 8; "Nuevas conquistas para Asistencia Social" [Novas conquistas para assistência social], em *Mujeres Libres*, n. 10.

[85]. Lola Iturbe, em particular, em entrevista realizada em 4 de agosto de 1981, ressaltou a importância dessa reforma e do número de mulheres que se beneficiaram dela. Vários artigos na coluna "La mujer en la lucha" [A mulher na luta], no jornal *Tierra y Li-*

Comparados a seus programas de alfabetização, emprego, maternidade e educação, os relacionados com sexualidade (e, em particular, com liberdade sexual) parecem bastante limitados, tanto no campo de ação quanto nos resultados. Apesar dos debates dentro do movimento anarquista sobre a importância da liberação sexual para a plena emancipação humana, a Mulheres Livres quase não se dedicou a esse tema como um objetivo final. Como podemos explicar a relativa limitação da variedade de programas nessa área?

Primeiramente, devemos notar a diferença entre a produção escrita e as atividades cotidianas do grupo. Ao lado de outras organizações do movimento, a Mulheres Livres patrocinou com frequência debates e encontros educativos sobre sexualidade e contracepção. Julia Mirabé relatou que os médicos filiados à FIJL e à Mulheres Livres "se organizavam para nos conseguirem os dispositivos de prata [certamente um tipo de DIU]. A cada seis meses, íamos [às clínicas], extraíam o mecanismo e o ferviam, examinavam-nos e inseriam em nós de novo, e assim não ficávamos grávidas".[86] As práticas sexuais entre as militantes do movimento em geral eram consideravelmente mais livres que aquelas permitidas pela cultura espanhola tradicional. Para algumas, fazer parte da cultura revolucionária significava ser livre para se "unir" a seus companheiros sem passar pela Igreja ou pelo juiz. Para outras, os

---

bertad, faziam referência à acessibilidade ao aborto (ver, por exemplo, a edição de 3 de julho de 1937), mas isso não é mencionado na *Mujeres Libres*. Ver também NASH, Mary. "El neomalthusianismo anarquista y los conocimientos populares sobre el control de la natalidad en España".

86. Julia Mirabé de Vallejo, entrevistada em CUENCA, Isabella. "La mujer en el movimiento libertario de España durante la Segunda República (1931-1939)" [A mulher no movimento libertário da Espanha durante a Segunda República (1931-1939)]. Tese de doutorado, Université de Toulouse Le Mirail, Institut d'Etudes Hispaniques et Hispano-Americaines, 1986. Agradeço a Sara Berenguer Guillén por ter me emprestado uma cópia dessa tese.

novos costumes ofereciam uma alternativa ao matrimônio convencional. Sara Berenguer Guillén, por exemplo, recordou que, quase nas vésperas da revolução, um professor pedira sua mão a seu pai. Sara admirava seus conhecimentos, mas não estava apaixonada pelo rapaz. Porém, se não fosse pela revolução, estava quase certa de que teria se casado com ele. Ou seja, não se casou. Mais tarde, conheceu e se uniu livremente a um jovem que seria o companheiro de toda a sua vida, Jesús Guillén. Histórias parecidas de liberdade sexual, experimentação ou, no mínimo, flexibilização dos estritos padrões de comportamento existentes eram comuns entre as militantes.

O relativo silêncio da Mulheres Livres sobre essa questão reflete tanto fatores internos da organização como a dinâmica de um contexto cultural mais amplo. As reivindicações dos anarquistas espanhóis em favor de maior liberdade sexual eram sempre acompanhadas de certo puritanismo. Como apontou uma militante, "fomos sempre muito puritanas, pior que as cristãs, em alguns casos. O amor livre, por exemplo. Quase nunca as mulheres tinham mais de um companheiro por vez. O resto era teoria".[87] Parece que a maioria dos homens interpretava o amor livre como liberdade para eles, mas não para suas companheiras. As mulheres que tentaram levar a sério essa prática, tendo mais de um parceiro ao mesmo tempo ou abandonando seu parceiro quando a relação já não era mais satisfatória, enfrentavam frequentemente o isolamento social, inclusive entre seu círculo dentro do movimento. Pode

---

[87] Soledad Estorach, entrevista, Paris (França), 4 jan. 1982. A veia puritana também era perceptível em alguns artigos da *Mujeres Libres*. Ver, por exemplo, FEDERN, "Maternidad y maternalidad", em *Mujeres Libres*, n. 12; "Fiestecitas que no deben propagarse" [Festinhas que não devem se propagar], em *Mujeres Libres*, n. 13; e "Valencia: carteleras permanentes" [Valência: painéis permanentes], em *Mujeres Libres*, n. 8.

ser que os homens falassem do amor livre, mas a maioria deles ridicularizava ou diminuía as mulheres que o praticavam.[88]

Esse puritanismo ficou evidente nas minhas conversas com as militantes da Mulheres Livres, assim como com homens anarquistas. Um número surpreendentemente grande deles demonstrou mal-estar diante do que pensavam ser uma frivolidade do movimento feminista moderno, com seu interesse pela "liberdade sexual, a homossexualidade feminina, o amor e o aborto". Tanto Suceso Portales como Pepita Carpena apontaram que a Mulheres Livres não prestou a devida atenção às preferências sexuais ou à homossexualidade, ainda que Lucía Sánchez Saornil fosse lésbica — fato que não se preocupava em esconder dentro do movimento. Todos deveriam poder amar quem quisessem, diziam, mas a própria sexualidade não era "política", não era uma questão sobre a qual o movimento devesse se pronunciar.[89]

A Mulheres Livres tentou educar as mulheres no que se refere a sexualidade e prazer sexual, formando enfermeiras e parteiras e oferecendo cursos que proporcionavam às mulheres informação sobre seu corpo. Porém seus programas se limitavam às atitudes dominantes sobre sexualidade. Dado o contínuo domínio masculino, é possível que a Mulheres Livres tivesse suas dúvidas em advogar por maior liberdade sexual para as mulheres, por medo de que os homens utilizassem o novo clima ideológico para se aproveitarem delas. Em geral, muitas mulheres mencionaram que a sexualidade (exceto a

---

88. Enriqueta Fernández Rovira, por exemplo, foi desprezada por muitos militantes do movimento por terminar a relação com seu companheiro depois da guerra. Sara Berenguer Guillén, Pepita Carpena e Azucena Fernández Barba relataram ter observado atitudes similares.

89. Suceso Portales, entrevista, Móstoles (Madri), 29 jun. 1979; Pepita Carpena, entrevista, Barcelona, 3 mai. 1988. Outras pessoas que entrevistei, mesmo que não usassem a palavra "lésbica", faziam frequentes alusões à companheira de Lucía, Mary.

prostituição, a pornografia ou o direito ao aborto) era uma questão "privada" que as mulheres deviam tratar no âmbito de suas relações, e não um tema central do movimento. "E o que temos a dizer sobre isso?", disse uma entrevistada à minha pergunta sobre sexualidade. "Isso é uma questão privada." A Mulheres Livres se propunha a empoderar as cidadãs para que pudessem se desenvolver sozinhas dentro das relações (e fora delas).

Além disso, a situação bélica limitou as conquistas do grupo nesse campo. Muito provavelmente, os liberatórios de prostituição não podiam figurar entre as prioridades de uma organização carente de militantes, de financiamento e de instalações. Já que a maior parte do aporte financeiro vinha das organizações do movimento libertário, sem sua ajuda teriam realizado muito pouco. Mais importantes eram, talvez, os transtornos causados pela guerra. Grupos de refugiados chegavam constantemente às cidades grandes, vindos de áreas ocupadas pelas tropas franquistas. Cada vez mais, os escassos recursos da Mulheres Livres se destinavam a educação básica e abrigos para mulheres e crianças. A constante chegada de pessoas — incluindo mulheres jovens — dificultou também o desenvolvimento e a manutenção de esforços coordenados a longo prazo contra a prostituição.

A Mulheres Livres moderou, talvez, seu radicalismo sobre as questões sexuais ao admitir as dificuldades criadas pela guerra. Ainda que houvesse alguns artigos nos primeiros números da revista criticando a prática dos *casamientos a la libertaria*, não apareceu nenhum depois dos primeiros meses do conflito. A recordação de uma mulher sobre aqueles anos pode ser de grande valor para nós:

> Algumas de nós enxergavam com receio os "matrimônios" que se celebravam nos sindicatos. Mas, quando penso sobre tudo aquilo agora, vejo de maneira diferente. Tratava-se, no fim das contas,

de jovens que acabavam de se unir, de rapazes que iam para o front, talvez para não voltar mais. Como criticar aqueles que queriam algum reconhecimento formal dessa união, um pedaço de papel assinado antes que seu companheiro fosse para o front?[90]

Por último, é possível que a Mulheres Livres tenha limitado a expressão de seu radicalismo sexual com o objetivo de não distanciar as militantes que desejava captar. Mesmo que os programas de alfabetização, formação profissional, puericultura e maternidade pudessem ser considerados bastante radicais naquele contexto histórico, todos podiam ser explicados a partir das necessidades da guerra e da construção da nova sociedade. Nenhum deles desafiava diretamente a autoridade do homem no lar, embora, é claro, as iniciativas para empoderar as mulheres, em última análise, tenham constituído um desafio à autoridade. Cada um desses programas contribuía com o esforço social geral, ao mesmo tempo que fortalecia as mulheres. Em contrapartida, os programas centrados na tomada de consciência das mulheres sobre sua própria sexualidade teriam parecido mais ameaçadores, sobretudo para as trabalhadoras. Em suma, talvez o compromisso inicial da Mulheres Livres de não atuar com uma postura explicitamente anarquista encontre sua expressão mais clara nas limitações de seus programas sobre sexualidade.

Programas para refugiados e serviços sociais

A Mulheres Livres também dedicou atenção aos serviços que tradicionalmente eram desenvolvidos por mulheres e organizações femininas nos tempos de guerra. Esses programas

---

90. Soledad Estorach, entrevista, Paris, 4 jan. 1982.

compreendem duas categorias principais: i) assistência aos refugiados, com asilo, escolas e outros serviços para o número crescente de adultos, idosos e crianças deslocados de suas cidades de origem, conforme o recuo das linhas republicanas; ii) assistência aos combatentes, com visitas aos soldados no front e nos hospitais, limpeza e manutenção de uniformes etc.

O trabalho com os refugiados era objeto de orgulho considerável por parte da Mulheres Livres. Nas capitais, eles eram atendidos pelas organizações maiores, como a Solidariedade Internacional Antifascista (SIA), uma espécie de Cruz Vermelha anarquista. Muitos, porém, não se dirigiam às grandes cidades, permanecendo em vilas e povoados. Em alguns casos, a Mulheres Livres colaborava com a SIA no atendimento a refugiados (adultos e crianças) e feridos.[91]

Conforme o conflito avançava, os artigos da *Mujeres Libres* que relatavam as atividades dos distintos grupos pelo país mencionavam cada vez mais o trabalho com os refugiados e invocavam que as leitoras os acolhessem. Por conta da escassez de alimentos e de outros artigos de primeira necessidade, é fácil imaginar que os vizinhos de tais localidades não estivessem muito dispostos a ajudar mais pessoas, especialmente os que tinham muitas bocas para alimentar e poucas mãos para ajudar no trabalho. Uma parte importante desse projeto eram as escolas para refugiados. Anna Delso, por exemplo, lembra que ela e suas irmãs pequenas se instalaram em Vilanova i la Geltrú, na Catalunha, em novembro de 1936, e que ela dedicou quase todo o seu tempo a montar uma escola e lecionar para quarenta crianças refugiadas.[92] A edição número onze da revista informava que a 127ª

---

91. Ver, por exemplo, carta de Felisa de Castro, secretária da Mulheres Livres de Barcelona, à SIA, 9 jun. 1938, IISG/CNT: 64.C.4.
92. DELSO, Anna. *Trois cents hommes et moi*, pp. 42-56.

Brigada da 28ª Divisão (o que restou das milícias anarcossindicalistas), com a ajuda da Mulheres Livres, havia criado uma creche para setenta crianças refugiadas.

Quase todos os núcleos da Mulheres Livres tinham várias militantes, se não uma seção inteira, dedicadas a assistir combatentes e soldados feridos. Em Barcelona, a criação e a direção de um "lar do soldado" constituíram um aspecto desse trabalho: o sindicato de transporte contribuía com o local, Marianet (Mariano Rodríguez Vázquez, secretário nacional da CNT), com as camas, e o restante se organizava para comprar ou pedir emprestado aquilo que faltava. Conchita Guillén recordou que seus três discursos como membro do comitê de propaganda, no fim de 1938, encorajavam as mulheres a serem fortes na retaguarda para fortalecer os homens que estavam no front.[93]

Evidentemente, o grupo não foi o único a realizar trabalhos assistenciais: a AMA e outras instituições fizeram disso sua razão de ser. A Mulheres Livres mobilizou equipes para fazer visitas periódicas às frentes de batalha, levar aos homens roupas limpas, comida quente e — talvez o mais importante — companhia. Muitas integrantes da Mulheres Livres eram militantes de outras organizações anarquistas, as quais às vezes as recrutavam para viajar. Amada de Nó, que era representante de seu bairro no comitê local da Mulheres Livres em Barcelona, recordou ter ido ao front em uma missão organizada pela SIA, ao lado de Lucía Sánchez Saornil (então secretária-geral dessa organização), Soledad Estorach, Libertad Ródenas e Conchita Liaño. Ainda que todas pertencessem à Mulheres Livres, não viajavam numa missão do grupo, mas da CNT.[94]

---

93. Conchita Guillén, entrevista, Montady, 30 abr. 1988.
94. Amada Victoria de Nó Galindo, entrevista, Capestang (França), 30 abr. 1988.

Como esperado, os objetivos da Mulheres Livres ao enviar as militantes às frentes de batalha não coincidiam sempre com as expectativas dos soldados. O trabalho educativo tanto entre as mulheres como entre os homens era constante. Como representante da SIA, por exemplo, Sara Berenguer Guillén lidava com muitos milicianos e se correspondia com muitos soldados para mantê-los motivados. Mais de uma vez teve de recusar propostas de casamento dos rapazes que interpretavam mal suas cartas, pensando que eram prova de seu interesse romântico por eles.

Apesar disso, Pepita Carpena e Conchita Guillén me contaram entusiasmadas suas viagens ao front. Sara descreveu assim uma dessas viagens, organizada pela SIA: "Havia um grupo de moças que trabalhavam numa fábrica e [...] queriam fazer algo pelos soldados. 'Por que não contribuímos todas com algo, 25 pesetas ou algo parecido, compramos suprimentos por meio da SIA e os levamos ao front?'". Como Sara trabalhava para a SIA na época, participou da viagem como delegada do conselho nacional dessa organização. "Alugamos dois ônibus e os enchemos com as moças da fábrica e o material. Dois militantes da CNT nos acompanharam: Expósito, um professor racionalista, e Saturnino Aransáez." Um dos ônibus quebrou no caminho, perto de um acampamento militar. Convencidos por Sara da necessidade de saírem dali o quanto antes (os suprimentos seriam destinados para a 26ª divisão anarquista, e era muito provável que os soldados mudassem de posição rapidamente), os mecânicos trabalharam até altas horas da noite e consertaram o eixo do veículo. As moças voltaram para o ônibus e chegaram ao acampamento da 26ª divisão de madrugada.

As moças, como não tinham dormido, estavam exaustas, então foram até o refeitório tirar uma soneca, encostadas nas mesas. Quando os soldados entraram e as viram, começaram a se insinuar. Enquanto isso, Saturnino, Expósito e eu tínhamos ido buscar os comandantes da companhia para organizar a agenda do dia. Quando voltamos, escutamos as moças gritando e chorando. Assim que nos viram, os soldados desapareceram. Perguntamos a elas o que tinha acontecido, e elas explicaram. [...] Eu disse: "Olhem, talvez não soubessem como agir, talvez não tenha sido culpa deles. Talvez, antes de chegarmos, esteve aqui outro grupo de mulheres, quem sabe de onde e com que propósito, e os soldados pensaram que... bom, que todas as mulheres fossem iguais. Então, vamos explicar a eles por que estamos aqui". E isso foi o que fizeram, formando com os soldados duplas ou trios, e tudo saiu bem no final.[95]

Como militantes da Mulheres Livres, desejavam não só visitar e encorajar os soldados, mas também educá-los. Elas deixavam sempre claro que compreendiam esse trabalho solidário dentro de um contexto político mais amplo. Como expressou Lucía Sánchez Saornil, em julho de 1938, referindo-se ao objetivo do grupo de criar "uma força feminina consciente e responsável":

> Essa força feminina que queremos criar, e que estamos criando, tem, indubitavelmente, um sentido e um destino político muito maiores que costurar uniformes para os milicianos ou visitar os doentes [...] essas são atividades imediatas e circunstanciais [...] nossa organização tem outros objetivos mais abrangentes, que constituem seus princípios e que são os que em todo momento devem reger suas ações.[96]

---

95. Sara Berenguer Guillén, entrevista, Capestang (França), 30 abr. 1988; comunicação pessoal, ago. 1989.
96. Federação Nacional Mulheres Livres, comitê nacional: "A todos los Comités Regionales y Provinciales de la Federación Nacional Mujeres Libres" [A todos os comitês regionais e provinciais da Federação Nacional Mulheres Livres].

Pelas minhas conversas com algumas daquelas que eram jovens "recrutas" da Mulheres Livres, ficou claro que, apesar de esse trabalho de solidariedade ter criado vida própria, elas nunca perderam de vista seus objetivos finais. Mulheres jovens como Conchita Guillén e Sara Berenguer, que tinham apenas dezesseis anos quando a guerra estourou e pouco contato com os ideais e as atividades anarquistas antes do conflito — elas se descreveram como "novatas, que não sabiam nada de nada" —, tornaram-se completamente ativas na Mulheres Livres nos meses finais dos combates. Seu entendimento sobre as questões mais amplas da capacitação e sua reivindicação para que as mulheres conseguissem se respeitar e fossem respeitadas ficaram muito evidenciados em todas as suas falas e ações.

ANATORIO DE OPTIMISMO

LIENTE: EL CELOSO

días... ¡Buenos días! ¡Ah, es usted, señor
Le atenderé y le daré cuenta de nuestro
midable. Sí, ha sido tremendo, agotador, es-
En un mes hemos recibido cerca de dos mil
.. Un buen éxito, naturalmente. El primer
gradecido sin duda, nos envió con tarjetas de
ción cerca de dos mil individuos, hombres
, que padecían igual enfermedad que él. Era
 impenitente, molesto, fastidioso, pelma. Y
 él vino esa nube de cerca de dos mil. No,
uchos. Es una dolencia de difícil remedio,
dida, y cuyo germen todavía no se ha des-
Algunos creen que se trata de una bacteria,
 Fastidiábilis L"; otros se apoyan en múlti-
encias para asegurar que el culpable es un
"Horrorosus Cellum C". ¡Tal vez no sea
n trastorno de la nutrición!

"..., ¡si hubiera visto usted, señor visitante!
liente vino suspirando y quejándose de va-
stornos cardíacos. Puramente imaginarios,
. Estos desdichados individuos se quejan
ener el corazón muy grande, demasiado
hablan de buscar compañía que les ayude
l peso del órgano, o una simple camioneta
l mismo papel. Nuestro cliente, nada más
 las puertas de su pecho y sacó su corazón
a algo importante. Un asco, señor visitante.
 muy mal; además, no hacía más que des-
y lanzar estallidos como si estuviéramos de
nfermeras se horrorizaron. La Risa escapó
 ilusión se desmayó dejando caer cuanto
as manos. El doctor Buen Apetito, que
gado de la consulta, perdió el color. Una
Además, la Razón chillaba, como loca que
o que ella sola podía curarle; pero nuestro
stó nada más ver esa cara fría y seria que

ción del doctor Sueño Feliz solucionó el
entáneamente. El Celoso cayó en un dulce
re tanto, el doctor Amor Humano procedió
e fluido magnético...

 visitante; qué pena! No hay luz más
 la luz polarizada. Los físicos la estudian
raordinario, pero a mí, le aseguro a usted,

me parece una luz estúpida y tacaña, que
que a un lado. Ya sabe usted. La luz corri
es mucho más generosa. Es una luz que
para todos, que vibra en todas las dire
es ella sola, sin artificios ni enredos. Per
hombres, le ponen por delante prismas y
lestiales y la polarizan, la vuelven pobre,
vibrando en una sola dirección. Esto es lo
losos quieren hacer de nuestros corazones y
cuerpos. Usted comprenderá lo peligroso qu
para la civilización que todos nos volviéram
luz polarizada. Sería como si no tuviésem
perfil. Y sería imposible que un chofer pu
un "taxi" si sólo tenía perfil; y sería imp
bién mirarnos al espejo, asistir a los mitin
por teléfono. No. Nosotros desatamos todas
y queremos que los corazones vibren amplia
prismas ni músicas celestiales; y queremos
más que perfil, para poder telefonear a l

Y otra cosa, señor visitante. Usted ima
triste que es ver a un perro atado. Mucho ma
es un perrito dulce y delicado, sensible, en
imagínese lo que serían veinte, treinta mi
mil perritos sensibles atados. Pues aún es p
atados fuesen los corazones humanos y tuvié
tenerlos con una chapa del Ayuntamiento y
a la pata de la mesa. No. Hay que curar a e
hombres. Sueño Feliz los tiene bajo su pod
Humano sigue con sus pases magnéticos...

Cuando crean que ha pasado el peligro, de
a los pacientes. Los sociólogos dicen que para
habrá cambiado todo. Los de vía estrecha cree
aquel tiempo andaremos con los ojos bajos y u
en la mano. Los de ancha vía opinan que la
habrá desaparecido y, por consiguiente, los c
son su consecuencia, y que no dejan vivir co
toxicación del: "¿Dónde vas?" y del "¿D
vienes?"...

Si ocurre esto último tendremos que traba
poco. Pero si sucede lo primero echaremos a
clientes al cubo de los desperdicios, como una
más.

DRA. SALUD AL

6
Diferentes e iguais? Dilemas da organização revolucionária

Vicios burocráticos

Hay que suprimir radicalmente la humillante obligación de las interminables «colas» que en estos días se forman. Este deplorable espectáculo no va de acuerdo con el apresurado momento actual. Fué expresión clásica de levitón político, de piedad de aristócratas, de espíritu servil de la España entorpecida y entorpecedora que esperaba siempre de otros sus propias soluciones.

No hace muchos días hemos visto a las puertas del Ministerio de la Guerra «colas» de campesinos que, huídos de pueblos lejanos ocupados por los facciosos, han llegado a Madrid con el más ardiente entusiasmo, en busca de armas para combatir en los frentes. Han llegado a las nueve de la noche, después de dos días de malos caminos y malas comidas, y a las cuatro de la madrugada continuaban en el mismo sitio, esperando que aquellos hombres a quienes veían a través de los balcones del edificio, sentados en cómodos sillones, ante un teléfono y una taza de café, creyeran oportuno y juzgaran posible sustituir las piedras mondas de la calle por un lecho y un poco de alimento. Se nos quedaron muy grabadas las expresiones de sus caras campesinas que reclamaban el mínimo sustento físico a su entusiasmo y ahogaban la dolida protesta que les subía a la garganta.

Doloroso es decirlo, pero es así. A las puertas de determinados establecimientos hay «colas» que retienen a la gente horas y horas, a cambio de una sopa o de una papeleta cancelada del Monte de Piedad. Y es que el Ayuntamiento tiene sus hábitos y no le es fácil renunciar a ellos. El «vuelva usted mañana», el «no sé dónde están esos papeles», el «ya veremos lo que se puede hacer», dan como resultado este expediente humano de las «colas»: hombres amonto-nados en fila como los pa nisteriales.

Las otras «colas», fácil arreglo. Bastaría asig minado número de vecino daría un volante con la de recogerla.

Estas observaciones n les. España no puede esp mujeres. Ya sea el Estac un simple ciudadano el q sienta la apremiante nec traidor. El momento es sario suprimir la espera Siempre fué necesario: a mos hombres en la línea en la retaguardia. Hombr micos, incapaces de gasta ninguna espera mendicant Por el valor infinito prisa dramática de nues radicalmente con todas la externas, de los vicios con las «colas».

LAS LAGRIMAS, DE PRONTO, SE HAN HECHO INUTILES. SE HAN SECADO LOS OJOS DE LAS MUJERES. LA ORFANDAD, LA MISERIA, EL HAMBRE MISMA DE LOS HIJOS, DEBEN SER ACICATE EN LA LUCHA.
SIN LAGRIMAS, POR EL BIEN DE LOS PROPIOS HIJOS, ¡A VENCER!

La honrade

La honradez del puebl ni ahora, en plena lucha se podrá refutar bajo n jadora, que nada posee, cuando devuelve los mill tro, ha sellado con su di dementes custodiados po de la Santa Madre Igl gramo de los codiciados das, lingotes y coronas vejados por la clase rea vuelven en bronce fundie devuelven esos tipos por imposición vuestra, que vosotros habéis prov

Bronce fundido, bronc testimonio rotundo de u
Este pueblo español, q sacrificio fructífero, su tiranía, con la abnegaci de que un día próximo lo fraternal convivencia q para su mantenimiento.

onsciencia, camaradas!

los heridos!—. Una alcancía metálica, provista de co candado, da un golpe duro sobre el mármol del portadora es una muchachita escandalosamente sonrisa insinuante y ojos bonitos.

dais nada para los heridos?—. La voz adquiere mimosas y la sonrisa se hace más insinuante. Los de la tertulia —llegados del frente, que discuten problemas de organización y de guerra—, con un ondescendencia introducen los dedos en el bolsillo ebro a flor de labio, dejan caer su moneda en la idosamente, como en homenaje a los ojos bonitos. chacha ladea la cabeza, sonríe y se aleja, buscando afanosa otro cliente.

asado dos minutos.

ra los heridos!—. Otra vez la horrible alcancía sobre r. Es otra la portadora. El mismo aire finamente ue parece va a colocaros una flor en la solapa. bamos de dar ahora mismo —dice un camarada. no; pero no ha sido a mí.

qué quieres, muchacha? Nuestros bolsillos son poco

ica no dice nada; hace un mohín despectivo y se

deramos este café burgués, y una triste estampa de ve a nosotros.

—La muchacha mira al cartoncito inclinando la cabeza. Se encoge de hombros:

—Son los colores de Francia.

—Bueno, eso ya lo sé; pero ¿qué quiere decir? ¿Por qué los llevas tú?

—Ah, no sé. Lo llevaba un compañero y me ha dicho que me lo pusiera.

—¿Pero no sabes lo que quiere decir?

—No.

—¿Y este otro cartón?

—No sé —la muchacha está un poco azorada—; nos los da el Socorro Rojo.— Y de pronto: —Bueno, ¿no dais nada para los heridos?

Otra vez los dedos a los bolsillos, y con una sonrisa un poco amarga los camaradas dejan caer nuevas monedas en la alcancía.

Las horribles alcancías vuelven a ponerse una y otra vez ante nuestros ojos; pero ya nadie se cuida de ellas, no pregunta nada; las escenas referidas nos han dejado una impresión dolorosa.

Ofrecemos la estampa precedente al Socorro Rojo Internacional. Como mujeres, y como mujeres revolucionarias, no podemos menos de sentir amargura. Primero, porque nos parece triste cuando se están descubriendo millones y más millones, ocultos en las iglesias y en las casas de los plutócratas, amasados con el sudor de los que hoy dan su vida en

Devido ao duplo compromisso da Mulheres Livres com a educação e a militância, esperava-se que o grupo fosse bem recebido pela CNT e pela FAI, suas organizações "irmãs" no movimento libertário, com as quais compartilhou muito. Quase todas as militantes também atuavam em ao menos uma delas, e seus programas de capacitação técnica e formação social preparavam mulheres para assumir um papel ativo na CNT. A orientação anarquista das atividades da Mulheres Livres era direcionada por muitos dos objetivos da FAI (e da FIJL).

Porém essas organizações libertárias nunca as trataram como companheiras plenamente iguais. Além disso, as relações da Mulheres Livres com os grupos femininos não libertários também eram tensas, graças ao grande poder econômico e político do PCE e de suas organizações afiliadas. A análise de toda essa dinâmica pode nos ajudar a compreender a natureza do projeto da Mulheres Livres e a condição de "diferentes e iguais" que tentava alcançar dentro da comunidade libertária espanhola da época.

As relações com outras organizações de mulheres

As relações da Mulheres Livres com organizações femininas não libertárias eram influenciadas por sua atitude em relação ao feminismo e por seu papel dentro do movimento libertário. Como já mencionei, o grupo rejeitava a ideologia e a organização política feministas existentes. Afirmava que a subordinação não seria superada apenas por uma luta limitada pelo direito ao voto ou por igualdade salarial, mas por meio de um movimento com objetivos sociais e educativos mais amplos. Nessa visão, a organização política sem uma dimensão socioeducativa e de consciência de classe apenas perpetuaria a subordinação das mulheres trabalhadoras.[1]

Assim, um dos objetivos da fundação da Mulheres Livres foi atender às necessidades negligenciadas pelas instituições do movimento libertário. Conforme avançava a guerra civil, porém, as atividades da Mulheres Livres tomaram uma dimensão e um propósito maiores: competir com as organizações socialistas pelo apoio das trabalhadoras espanholas. Em uma justificativa sobre suas atividades feita posteriormente, o grupo apresentava os seguintes argumentos ao movimento libertário:

> Na Espanha, depois do advento da República, estabeleceu-se entre os partidos políticos uma verdadeira competição para captar quadros. Foi, então, em vista do perigo que isso representava para os grupos de tendência libertária e para a própria sociedade, que um grupo de companheiras concebeu a ideia de criar uma publicação, dirigida e orientada por nossas mulheres, que começasse a circular entre os setores femininos do país, introduzindo, com tato e ponderação, uma inclinação espontânea para as tendências libertárias. Essa publicação foi a revista *Mujeres Libres*, que apareceu em maio de 1936.[2]

---

1. "La personnalité de 'Femmes Libres'" [A personalidade da Mulheres Livres], em *Mujeres Libres: Buletin d'Information*, IISG/FAI: 48.C.1.a; também "Anexo al informe que la Federación Mujeres Libres eleva a los comités superiores del movimiento libertario".
2. "Anexo al Informe", p. 1. Ver também "Algunas consideraciones del Comité Nacional de Mujeres Libres al de la CNT sobre la importancia política de aquella organización"

Evidentemente, alguns grupos libertários de mulheres, como os de Terrassa e Barcelona, por exemplo, já existiam *antes* da publicação da revista. Já em 1935, Mercedes e Lucía haviam enviado cartas a muitas dessas associações com o intuito de formar uma rede. Mas, como estavam explicitamente arraigadas ao movimento libertário, talvez não se encaixassem no cenário mais amplo que a Mulheres Livres tentava esboçar.

De fato, não está claro que competir com as organizações socialistas fosse um objetivo primordial, no princípio. Porém, uma vez que os diferentes partidos de esquerda formaram organizações de mulheres, a captação por parte da Mulheres Livres se intensificou, assim como a concorrência com a AMA.

No período anterior à guerra, ainda que a maioria das organizações e partidos de esquerda estivesse comprometida na teoria em superar a subordinação das mulheres, adotava a perspectiva tradicional marxista de que essa causa era secundária às divisões de classe na sociedade. Consequentemente, a maneira mais efetiva de superar a subordinação era reunir as mulheres em entidades trabalhistas para lutar conjuntamente a fim de combater a opressão de classe. Em geral, negavam o que Mary Nash denominou de "especificidade da opressão sofrida por mulheres" e argumentavam que "a emancipação feminina seria conquistada exclusivamente a partir da integração na luta de classes".[3] Muitas dessas organizações desenvolveram "núcleos femininos" a fim de atrair mulheres para participarem das atividades.

As organizações de esquerda e socialistas dissidentes discordavam ligeiramente dessa orientação. Abordavam a neces-

---

[Algumas considerações do comitê nacional da Mulheres Livres à CNT sobre a importância política daquela organização], s./d., no informe do comitê nacional da CNT aos delegados da organização, Barcelona, 20 jan. 1938, p. 1, IISG/CNT: 45.B.17.
3. NASH, *Mujer y movimiento obrero*, p. 76.

sidade de obter igualdade entre homens e mulheres no trabalho e no lar e apoiavam ativamente programas de preparação cultural. Sua estratégia, porém, era politicamente parecida à do PSOE, do PCE e do PSUC: tanto o Bloc Obrer i Camperol [Bloco Operário e Camponês] (BOC) como o POUM criaram "seções femininas" que tinham como objetivo específico incorporar mulheres a suas fileiras.[4]

Com o início dos combates, a estratégia dos partidos marxistas mudou. Criaram organizações de mulheres, entre elas a Dona a la Retaguarda [Mulher na retaguarda] e a AMA, além de periódicos também voltados para elas, como *Mujeres* e *Companya*, os quais não priorizaram o fim da subordinação feminina, mas a mobilização das mulheres para que contribuíssem com o esforço de guerra. O descaso com as especificidades dessa subordinação fez com que as organizações socialistas e comunistas diferissem significativamente da Mulheres Livres.

A AMA, em especial, apresentava-se como organização apartidária, interessada na incorporação das mulheres na luta contra o fascismo. Seus objetivos formais eram: i) contribuir com a luta contra o fascismo e a favor da paz; ii) defender a cultura e o direito das mulheres à educação, para que superassem a escravidão da ignorância; iii) defender os direitos civis e a justiça igualitária; e iv) incorporar plenamente a mulher na vida social e política do país.[5] Apesar do suposto interesse na subordinação cultural, as atividades relacionadas com a guerra rapidamente ofuscaram as metas específicas de gênero.

---

4. Ver *La mujer ante la revolución* [A mulher diante da revolução]. Barcelona: Publicaciones del Secretariado Femenino del POUM, 1937; NASH, *Mujer y movimiento obrero*; ACKELSBERG, "Women and the Politics of the Spanish Popular Front: Political Mobilization or Social Revolution?", p. 5; RODRIGO, "Nuestras mujeres en la Guerra Civil", pp. 39-40.
5. ELÍAS, Emilia. *Por qué luchamos?* [Por que lutamos?], citado em NASH, *Mujer y movimiento obrero*, p. 244.

Era nesse ponto que a Mulheres Livres entrava em desacordo com a AMA. Elas estavam profundamente comprometidas com a luta revolucionária: não queriam somente ganhar a guerra, mas também alcançar a transformação social. A AMA deixou à margem essa luta, minimizando tanto a subordinação específica das mulheres como questões mais amplas relativas à transformação social. Ela se concentrou em mobilizar as mulheres para o trabalho. No entendimento da Mulheres Livres, os efeitos políticos dessa mobilização supostamente não ideológica eram claros: reforçar o domínio ideológico do grupo detentor do poder político, o Partido Comunista.

Das relações da Mulheres Livres com a AMA, destaca-se sua preocupação com as consequências políticas do suposto apartidarismo desta organização. Essas consequências eram mais evidentes no terreno sindical. Mais de uma vez, em circulares e cartas à CNT, a Mulheres Livres insistia nos perigos de a AMA "ganhar a batalha" nos centros de trabalho. Conforme os homens — a maioria, pelo menos em Barcelona, trabalhadores filiados à CNT — marchavam para o front, iam sendo substituídos por mulheres. Mas essas mulheres se filiariam à CNT e continuariam a tradição anarcossindicalista nos centros de trabalho? Ou seriam mulheres "despolitizadas", "apolíticas", formadas nos programas da Generalitat, que, ao se unirem à força laboral como trabalhadoras não sindicalizadas, minariam, senão reverteriam, as conquistas alcançadas pelas gerações organizadas da CNT?[6]

---

6. Mulheres Livres, "Algunas consideraciones del Comité Nacional"; "Informe que esta federación eleva a los comités nacionales del movimiento libertario y a los delegados al pleno del mismo" [Informe que esta federação envia aos comitês nacionais do movimento libertário e a seus delegados]. Barcelona, set. 1938, p. 1; 8, IISG/CNT: 40.C.4; Federação Nacional Mulheres Livres, comitê nacional, Barcelona, 12 jul. 1938, IISG/FAI: 48.C.1.a.; Emma Goldman para Mariano Vázquez, 7 out. 1938, IISG/CNT: 63.C.2.

Em resumo, a Mulheres Livres interpretou o trabalho apartidário da AMA como profundamente político e o considerou uma ameaça direta aos sindicatos. Assim, concebia seus próprios programas educacionais e de capacitação como esforços para competir com a AMA nos centros de trabalho: "A preocupação primordial era conservar a força sindical em que se apoia nosso movimento libertário".[7] O objetivo era desenvolver uma consciência social revolucionária que permitisse às mulheres participar da luta sindical no seu posto de trabalho e se opor à influência ideológica do Partido Comunista nos programas de formação técnica.

Essa competição com a AMA pelo engajamento das operárias, entretanto, era só uma pequena parte da atenção que o grupo prestava ao desenvolvimento de uma força feminina orientada para a transformação social revolucionária em todas as dimensões. O outro contexto, mais amplo, em que se revelava a concorrência era na resposta da Mulheres Livres aos chamados da AMA pela "unidade" de todas as mulheres e todas as organizações femininas (inclusive as republicanas, socialistas e comunistas), sob a sua proteção.

Coerentes com a postura do movimento libertário, a Mulheres Livres se opôs veementemente a esses chamados, que negavam as importantes diferenças ideológicas e políticas entre os grupos. A organização afirmava a necessidade de manter uma presença feminina libertária independente em uma coalização verdadeira, em que cada grupo conservasse sua identidade e autonomia. Essa coalização se fortaleceria com a variedade de perspectivas, mais que com a intenção de apresentar uma frente comum unificada — e, não coincidentemente, não revolucionária. Desde o início, a Mulheres Livres

---

7. "Informe que esta federación eleva a los comités nacionales del movimiento libertario y a los delegados al pleno del mismo", p. 6.

expressou profunda desconfiança com os motivos e intenções da AMA e de outras organizações com a "unidade", ressaltando os contextos políticos e ideológicos em que realizavam esses chamados. Por exemplo, em resposta a um convite para comparecer ao congresso da Unió de Donas de Catalunya [União de mulheres da Catalunha], em novembro de 1937, a Mulheres Livres emitiu uma crítica à declaração de objetivos do evento. Reproduzo aqui parte da resposta a fim de dar uma ideia do tom e da intensidade:

> 1. Contribuir com a unidade antifascista:
> Resposta: Encerrar as perseguições contra organizações antifascistas que não são representadas no governo [...]
> 2. Trabalhar pela igualdade de salário com os homens:
> Resposta: Entendemos que não se resolve o problema das famílias da classe trabalhadora com a igualdade de salários [...]
> 5. Salvar a pátria da invasão fascista:
> Das duas invasões: a que se combate nas frentes de batalha e a que se opera na retaguarda [...]
> 6. Emancipar a mulher, ensinando-lhe novos ofícios:
> Para a Mulheres Livres, há certo tempo essa já é uma realidade, e não um aspecto para atrair pessoas a um congresso.[8]

Muitas das críticas que a Mulheres Livres fez circular poderiam ter a intenção de instruir seus núcleos locais e os sindicatos da CNT sobre o tema, além da AMA. Depois de rejeitada pelos comitês nacional e regional da Mulheres Livres, a AMA começou a se dirigir a determinados grupos para que participassem de suas conferências e atividades. Uma circular do comitê nacional da Mulheres Livres aos grupos, datada de 23

---

[8]. "Informe que esta federación eleva a los comités nacionales del movimiento libertario y a los delegados al pleno del mismo", pp. 2-3.

de maio de 1938, advertia as militantes para que não se deixassem levar pela propaganda da AMA.[9]

A federação argumentava com insistência que a verdadeira unidade deveria reconhecer a diversidade.[10] Como escreveu Lucía Sánchez Saornil, em resposta a um convite da AMA:

> A Mulheres Livres não está interessada na "unidade feminina", porque ela não representa nada. Estimulamos a unidade política e sindical, a única unidade que realmente contribui com nossa causa. [...] Já que existem diferenças [políticas e estratégicas] entre as tendências, uma fusão de grupos é impossível, porque é incompatível com a diversidade humana.[11]

Era importante que cada organização conservasse seu "caráter e personalidade" e continuasse seu trabalho no esforço de guerra, na revolução e na emancipação feminina. "Os interesses das mulheres", argumentava a Mulheres Livres, não estavam nem "claramente definidos nem universalmente acordados para formar a base de uma organização única". A verdadeira unidade antifascista requereria não uma fusão, mas o reconhecimento da diversidade de opiniões políticas e a disposição para aceitar a autonomia de perspectiva e ação

---

9. "Informe que esta federación eleva a los comités nacionales del movimiento libertario y a los delegados al pleno del mismo", p. 7. Entretanto, cartas e artigos publicados no *Acracia*, jornal anarquista de Lérida, chamavam as mulheres anarquistas para participar da AMA. CUNSIGNE, Anna. "Lletres de dona" [Cartas das mulheres], em *Acracia*, 2 dez. 1937, p. 1; e Una De Ellas, "Las mujeres de retaguardia por los luchadores del frente" [As mulheres da retaguarda para os combatentes do front], em *Acracia*, 3 dez. 1937, p. 4.
10. Comitê regional da Mulheres Livres. "Circular n. 1 de Información", 7 mar. 1938, IISG/CNT: 40.C.4.
11. SAORNIL, Lúcia Sánchez. "Actitud clara y consecuente de Mujeres Libres. En respuesta a Dolores Ibárruri" [Atitude clara e consistente da Mulheres Livres: uma resposta a Dolores Ibárruri], em *Solidaridad Obrera*, 11 ago. 1938, reproduzido em NASH, *"Mujeres Libres"*, pp. 109-12.

de todos os grupos da coalizão. A Mulheres Livres não estava disposta a sacrificar seus princípios de ação direta e ordem espontânea por uma noção vaga e contrarrevolucionária de "unidade feminina".

O movimento libertário

A insistência na autonomia e no reconhecimento da diversidade entre os grupos de mulheres era comparável às reivindicações da Mulheres Livres relativas a essas mesmas características dentro do contexto libertário em geral. A associação se preparara para enfrentar grupos de mulheres aliados a outras organizações, mas não esperava encontrar resistência dentro do próprio movimento libertário. Ainda que conscientes do sexismo praticado por homens dentro das organizações e do fracasso desses grupos em se dirigir às mulheres e abordar adequadamente as questões femininas, o plano das militantes da Mulheres Livres era trabalhar intimamente com a CNT e a FAI nos níveis local, regional e nacional. Esperavam ser bem recebidas na "família" libertária. No nível local, essa expectativa foi parcialmente preenchida, mas, no nível das organizações nacionais, a Mulheres Livres sofreu decepções constantes.

Parte dessa decepção pode, de fato, ter sido uma consequência da confusão gerada pela insistência do grupo em se integrar ao movimento ao mesmo tempo que queria conservar sua autonomia. Até o estabelecimento da federação nacional, em agosto de 1937, a Mulheres Livres consistira em uma série de núcleos mais ou menos independentes. Mercedes Comaposada se lembra das ocasiões, durante a primeira metade de 1937, em que ela e Lucía viajaram a Valência (sede do governo nacional e dos comitês nacionais das organizações libertárias) para pedir reconhecimento e apoio oficial para a Mulheres Livres.

> Depois de reunir todo tipo de panfleto e informe sobre o trabalho que realizávamos, levei-os e perguntei a Marianet: "Por que vocês não nos reconhecem como organização?". E ele me respondeu: "Como vamos reconhecê-las como organização? Sabemos o que fazem, e estão fazendo bem, mas até que se apresentem como uma organização, isto é, com comitês regionais, comitê nacional, gente disposta a ocupar cargos de responsabilidade etc., não podemos fazer nada".[12]

Essa conversa e outras parecidas estimularam a convocação da primeira conferência nacional do grupo, em agosto de 1937, que reuniu representantes de noventa núcleos locais e constituiu a Mulheres Livres como uma organização nacional.

A conferência estabeleceu uma estrutura federal com comitês provinciais, regionais e o nacional, como forma de garantir flexibilidade máxima. Não coincidentemente, essa estrutura foi baseada no modelo da CNT e da FAI, com o qual as integrantes da Mulheres Livres estavam bastante familiarizadas. Além disso, a conferência seguiu "procedimentos federais aceitos", desenvolvidos ao longo dos anos por aquelas organizações. Por exemplo, em vez de nomear responsáveis específicos para determinadas tarefas, a conferência nomeou delegações (por localidade), e estas, por sua vez, designavam as militantes que participariam do comitê em questão.[13] Essas

---

12. Mercedes Comaposada, entrevista, Paris, 5 jan. 1982.
13. Federação Nacional Mulheres Livres. "Actas de la conferencia nacional celebrada em Valencia" [Atas da conferência nacional realizada em Valência], 21-23 ago. 1937, AHN/SGC, P.S. Madri: 432.

práticas situaram claramente a organização dentro da comunidade libertária.

A associação se identificou ideologicamente com os objetivos e os métodos da CNT e da FAI, ao mesmo tempo que conservava zelosamente sua autonomia. Por exemplo, suas fundadoras escolheram o nome "Mulheres Livres" para deixar claro que estavam ideologicamente relacionadas ao movimento libertário, mas que não eram uma organização subsidiária.[14] A tensão também se evidenciava no debate a respeito da arte da carteirinha das afiliadas do grupo. Depois de algumas discussões das companheiras que preferiam vermelho e preto (as cores da CNT e da FAI), ficou acordado que a Mulheres Livres teria essas cores, mas não as siglas dessas entidades, já que "somos uma organização relacionada, mas não dependente das outras". Da mesma forma, a bandeira oficial seria azul (de "otimismo") com letras brancas, mas com uma listra vermelha e preta.[15]

A complexidade dos objetivos da Mulheres Livres com relação à autonomia e à inclusão no movimento libertário era evidente. Na primeira reunião, a assembleia decidiu convidar delegados dos comitês relevantes da CNT e da FAI às reuniões dos comitês regionais e nacional da Mulheres Livres — mas sem poder de voto — e requisitar que a Mulheres Livres tivesse permissão de enviar delegadas às reuniões dos mesmos comitês da CNT e da FAI — também sem direito a voto, pois: i) já exerciam influência nessas organizações por meio da filiação aos sindicatos (no caso da CNT) e da participação em grupos anarquistas (no caso da FAI e da FIJL); e ii) não queriam correr o risco de se sentirem obrigadas a seguir decisões tomadas por essas organizações se estivessem em desacordo. O cená-

---

14. Mercedes Comaposada, entrevista, Paris, 1º e 3 jan. 1982.
15. "Actas de la conferencia nacional celebrada en Valencia", p. 9.

rio discutido na conferência foi: "Suponhamos que a CNT — nesse caso, seu comitê superior, ao qual pertenceríamos —, entendesse que nossa organização tivesse perdido a razão de existir e a maioria acordasse com sua dissolução. Qual seria a nossa posição?".[16] Resumindo, a Mulheres Livres queria ser admitida nos congressos e nas deliberações, mas não queria perder a independência.

Durante os dezoito meses seguintes, enquanto repetia que era "parte integral do movimento libertário", a Mulheres Livres reafirmava continuamente sua autonomia. Em uma declaração, alegou:

> A Mulheres Livres poderia ter se convertido em um apêndice do movimento sindical naquele aspecto de preparação feminina, objetivando a incorporação da mulher à mão de obra, transformando-a em massa de manobra do anarcossindicalismo. [...] Poderia ter se convertido em anexo ou seção feminina da FAI, mas tampouco o fez. Como nossas fundadoras são anarquistas, não podemos admitir que, dentro dessa organização específica, houvesse militantes sem formação; tampouco, como anarquistas, podíamos convertê-las em instrumentos cegos sem contradizer nossos próprios princípios.[17]

Apesar da frustração com as organizações do movimento, a Mulheres Livres continuou comunicando suas expectativas de ajuda e aceitação. Solicitou à FAI e à CNT que enviassem representantes a seus congressos com a esperança de demonstrar que pertenciam à comunidade libertária e ganhar legitimidade dentro dela.[18]

---

16. "Actas de la conferencia nacional celebrada en Valencia", p. 9.
17. "Anexo al informe", p. 3.
18. Mulheres Livres, Valência, para o comitê peninsular da FAI, 17 ago. 1937, IISG/FAI: 48.C.1.a.

A luta para que fosse reconhecida plenamente como organização foi incessante. Em muitas ocasiões, as representantes se juntaram às organizações sindicais em viagens de propaganda às zonas rurais, ressaltando de maneira simbólica seus propósitos e objetivos em comum. O grupo, além disso, insistiu que, quando houvesse manifestações do movimento libertário, uma de suas oradoras estivesse nos palanques junto aos da CNT, da FAI e da FIJL. Os anúncios desses protestos na imprensa indicam que foram bem-sucedidos. Durante a preparação dos atos em comemoração do primeiro aniversário da morte de Buenaventura Durruti,[19] por exemplo, o comitê nacional da CNT enviou circulares a todos os comitês regionais determinando que haveria cinco oradores em cada ato: uma da Mulheres Livres, um da SIA, um da FIJL, um da CNT e outro da FAI.[20]

Entretanto, não encontrei outras circulares do comitê nacional que reforçassem os termos da comunicação mencionada, nem outro documento dessas organizações que se referisse à Mulheres Livres como sua equivalente. Mais que isso, fui informada por Sara Berenguer Guillén que, quando o plano para a comemoração do segundo aniversário da morte de Durruti foi anunciado, não havia nenhuma oradora da Mulheres Livres escalada. Segundo ela, Soledad Estorach armou um escândalo no comitê regional da Catalunha para que representantes da associação também participassem dos

---

19. Nascido em 1896, o anarcossindicalista espanhol José Buenaventura Durruti Dumange foi uma das figuras mais relevantes da CNT e do movimento revolucionário desencadeado pela guerra civil. Liderou a coluna de milicianos conhecida como Coluna Durruti, e morreu em novembro de 1936, vítima de um disparo. Seu enterro, em Barcelona, atraiu milhares de pessoas. Para mais, ver ENZENSBERGER, Hans Magnus. *O curto verão da anarquia: Buenaventura Durruti e a Guerra Civil Espanhola*. São Paulo: Companhia das Letras, 1987. [N.E.]
20. Carta de Josep Domènech, secretário do comitê regional da CNT na Catalunha, 11 nov. 1937, transmitindo circular n. 11 do comitê nacional da CNT, Valência, 6 nov. 1937, IISG/CNT: 48.B.1.

atos. Conseguiu convencer o comitê, o que significou ter de encontrar mulheres que pudessem se deslocar até as vilas e municípios da região para participar das manifestações. Sara e Amada de Nó foram algumas das jovens que representaram a Mulheres Livres em várias dessas reuniões. Sara deveria ir a Hospitalet e Granollers. No primeiro destino, não pôde falar, porque a estrada foi bloqueada por bombas jogadas pelos fascistas, e o ato foi cancelado. Amada foi a Girona. Para lidar com o nervosismo, memorizou um artigo que Soledad escrevera para um periódico e o recitou pelo caminho.[21]

Em meio a esse contexto complexo e muitas vezes confuso, a Mulheres Livres recebeu algum reconhecimento e apoio de outras organizações do movimento. Grande parte da imprensa anarquista parecia ser ao menos solidária com seu trabalho e suas conquistas. *Acracia*, o jornal anarquista de Lérida, referia-se à associação com alguma regularidade, habitualmente em termos elogiosos.[22] *Tierra y Libertad*, *Solidaridad Obrera*, *Tiempos Nuevos* e outras publicações também faziam frequentes menções às atividades do grupo.

Localmente, a Mulheres Livres recebeu ajuda de sindicatos da CNT. Muitos deles participavam ativamente dos programas educativos e, com boa vontade, abriram as portas das fábricas coletivizadas às instrutoras da organização, inclusive proporcionando intervalos na produção. Havia também apoio direto. Quando o companheiro de Pepita Carpena foi morto na guerra, o sindicato dos metalúrgicos — ao qual ele era filiado e com o qual ela se relacionava desde jovem — pagou a ela o equivalente aos salários semanais dele para que Pepita

---

21. Amada de Nó, entrevista, Montady (França), 30 abr. 1988.
22. "Una publicación interesante, Mujeres Libres" [Uma publicação interessante, Mulheres Livres], em *Acracia*, 27 jul. 1937, p. 1; "Día tras día: transformación social sin decretos" [Dia após dia: transformação social sem decretos], em *Acracia*, 4 set. 1937, p. 1; "Mujeres Libres" [Mulheres Livres], em *Acracia*, 23 nov. 1937.

pudesse continuar seu trabalho com a Mulheres Livres. Alguns sindicatos locais e muitos soldados do front enviavam também algumas contribuições monetárias.[23] Pelo menos em algumas comunidades, parece que o grupo conseguiu o reconhecimento desejado: ser incluído como *organização* no âmbito mais amplo do movimento libertário. As atas das reuniões da federação local de *ateneos* libertários de Madri, entre julho de 1937 e abril de 1938, por exemplo, informam a presença de delegadas da associação, além do grupo local da FAI, da federação local da CNT e da federação local da FIJL.[24]

A Mulheres Livres enviou constantemente petições de ajuda financeira e infraestrutural à CNT e à FAI, para os níveis regional e nacional. Apelava a essas organizações como "mais um membro da família libertária" e reafirmava a necessidade de financiamento para continuar seu trabalho fundamental para o movimento. Pediu recursos e disponibilização de espaços para seus congressos regionais (realizados em Barcelona, um em fevereiro e o outro em outubro de 1938), para publicações e trabalhos de propaganda, para manter seus escritórios e pagar os salários do comitê regional. Parece que tanto a CNT quanto a FAI, sobretudo na Catalunha, mostraram-se bastante dispostas a proporcionar ajuda para as conferências, providenciando os locais e a alimentação. Entre julho e outubro de 1938, tanto o comitê regional da Catalunha da FAI como o comitê nacional da CNT disponibilizaram ao grupo subvenções modestas, mas regulares, o que possibilitou imprimir a

---

23. Mercedes Comaposada, entrevista, Paris, jan. 1982. Existem cartas em AHN/SGC-S, P.S., Madri: 432.
24. Ver as atas de organização dos *ateneos* libertários de Madri, 29 jul. 1937, 19 ago. 1937, 16 set. 1937, 19 fev. 1938, 14 abr. 1938. A circular n. 7 da Comisión de Propaganda Anarquista y Confederal, Madri, 29 jan. 1938, incluía também a Mulheres Livres em seu campo de ação. Ambos os documentos em AHN/SGC, P.S. Madri: 1712.

décima terceira edição da revista.[25] Mesmo que o dinheiro recebido fosse pouco em relação à demanda, dificilmente as militantes ficavam de mãos completamente vazias.[26] Ainda que não haja correspondência suficiente entre as organizações para comprovar que a Mulheres Livres era tratada de maneira igualitária como membro da família libertária, certamente havia essa consideração — talvez, porém, como a de uma irmã mais nova e imatura.

A associação, no entanto, frustrou-se por não ser tratada com respeito e seriedade pelos militantes dessas entidades. Não eram incomuns casos de companheiros que se referiam às integrantes de maneira sexualmente degradante ou depreciativa, chamando-as, por exemplo, de "mujeres liebres" [mulheres lebres] — termo claramente pejorativo, que dava a entender que elas saltavam de cama em cama, como coelhos. O rótulo de pervertidas sexuais imposto às militantes não era exclusivo da Espanha.[27] A Mulheres Livres apelou repetidamente aos comitês regionais para que reprimissem essa hostilidade e insistiu na necessidade de seu apoio direto.[28]

---

25. "Informe que esta Federación eleva...", pp. 8-9.
26. Seção de propaganda; Comitê regional levantino: Mulheres Livres para o comitê peninsular da FAI (3 jan. 1938) e resposta, IISG/FAI: 48.C.1.c.; Comitê regional da Mulheres Livres na Catalunha para o comitê regional da CNT na Catalunha (2 e 26 fev. e out. 1938) e respostas, IISG/CNT: 40.C.4.; Seção nacional de propaganda, Mulheres Livres para o comitê peninsular da FAI (mar. 1938), IISG/FAI: 48.C.1.a.; e a troca de correspondência entre Lucía Sánchez Saornil, pelo comitê nacional da Mulheres Livres, e Germinal de Sousa, pelo comitê peninsular da FAI (22 nov. 1938), IISG/FAI: 48.C.1.a. Também há cópias da correspondência entre o comitê regional da Mulheres Livres na Catalunha e o comitê regional da CNT na Catalunha em AHN/SGC-S, P.S. Barcelona: 1049.
27. Ver HEWITT, Nancy & HALL, Jacquelyn. "Disorderly Women: Gender, Politics and Theory" [Mulheres desordeiras: gênero, política e teoria], Berkshire Conference, Wellesley College, jun. 1987; MULLANEY, Marie Marmo. *Revolutionary Women: Gender and the Socialist Revolutionary Role* [Mulheres revolucionárias: gênero e o papel das revolucionárias socialistas]. Nova York: Praeger, 1983, pp. 53-96.
28. Por exemplo, Lucía Sánchez Saornil, pelo comitê nacional da Mulheres Livres, para o comitê peninsular da FAI, Valência, 6 out. 1937, IISG/FAI: 48.C.1.a; e comitê regional da

A organização também buscou apoio de outros grupos regionais e nacionais do movimento libertário. Por exemplo, em 1937, pediu ao comitê nacional da CNT que os sindicatos permitissem que as mulheres tivessem tempo extra para assistir às aulas de formação técnica em oficinas e fábricas. Mas a CNT respondeu negativamente. Como consequência, o governo aproveitou esse vazio para organizar seus próprios programas, e a AMA e os sindicatos socialistas se aproveitaram deles. Depois, a Mulheres Livres pediu que as mulheres identificadas como potenciais militantes pudessem dispor de mais uma hora e meia livres algumas vezes na semana, conservando o salário integral, para que pudessem frequentar cursos de "cultura geral e preparação social". Argumentavam que esse arranjo favoreceria os interesses do movimento, assim como os das próprias mulheres, e contribuiria para conter os efeitos dos programas governamentais, que estavam dominados pelos comunistas.[29] Nessa mesma época, a secretaria da UGT de Barcelona tentava pressionar seus sindicatos para que fossem mais receptivos às trabalhadoras formadas no instituto patrocinado pela Generalitat.[30] Assim, parecia estar bem fundamentada a preocupação da Mulheres Livres com o fato de outras organizações estarem se aproveitando dos programas educativos.

A Mulheres Livres pediu em muitas ocasiões ajuda financeira aos níveis regionais e ao nacional das organizações libertárias. A carta de março de 1937, dirigida ao comitê peninsular da FAI, é digna de menção. Nela, a organização se

---

Mulheres Livres para o comitê regional da CNT, 2 ago. 1938, IISG/CNT: 40.C.4.
29. Federação Nacional da Mulheres Livres: "Algunas consideraciones del Comité Nacional de Mujeres Libres al de la CNT" [Algumas considerações do comitê nacional da Mulheres Livres para o da CNT], p. 3.
30. UGT, Federação Local de Barcelona, Secretário de Organização da Federação Local da UGT, "Al sindicato...", Barcelona, 16 mar. 1938, AHN/SGC-S, P.S. Barcelona: 628.

identificava como "Agrupación Mujeres Libres, FAI". A carta detalhava alguns de seus objetivos e atividades, informava que já contava com quinhentas afiliadas e que atravessava uma situação financeira desesperadora. Porém, o Comitê Regional da Catalunha, em resposta, atendeu ao pedido inicial de oito mil pesetas com uma ajuda de apenas quinhentas pesetas.[31] Três meses mais tarde, Mercedes Comaposada, em nome da secretaria de propaganda da Mulheres Livres, dirigiu-se mais uma vez ao comitê peninsular da FAI apontando que as organizações comunistas (que recebiam investimentos tanto do partido quanto do governo) estavam "fazendo progressos entre as mulheres da UGT e inclusive da CNT". Em uma declaração que revela como Comaposada imaginava a percepção sobre a Mulheres Livres dentro do movimento libertário, concluía: "Em oposição a isso surgiu nossa associação, com a finalidade de educar as mulheres, e não, como entendem mal alguns companheiros, com propósitos de separação, nem com intenções de privilégios feministas."[32]

A Mulheres Livres comparou com frequência sua posição no movimento libertário com a da AMA no campo comunista. Uma circular apontava que, além de oferecer ajuda financeira significativa, um sindicato do setor de transportes da UGT havia presenteado com um automóvel a seção de propaganda da AMA. "Comparando isso com nossa impotência financeira, lágrimas de raiva inundaram nossos olhos. O que poderíamos fazer com apenas metade do que eles tinham! Apenas com o que gastam em cartazes!"[33]

---

[31]. Carta da Mulheres Livres, 12 mar. 1937; resposta em 20 mar., IISG/FAI: 48.C.1.a.
[32]. Mercedes Comaposada, Barcelona, jun. 1937, IISG/FAI: 48.C.1.a.
[33]. Seção de Propaganda, comitê regional levantino da Mulheres Livres para o comitê peninsular (31 jan. 1938), e resposta do comitê peninsular (1º fev. 1938), IISG/FAI: 48. C.1.c.; também Lucía Sánchez Saornil ao comitê peninsular, FAI (10 mar. 1938).

Emma Goldman defendeu a causa durante uma visita a Barcelona. Já que a Mulheres Livres se negara a se fundir com a AMA, ela escreveu a Mariano Vázquez:

> Elas não recebem nenhuma ajuda, enquanto as outras companheiras não apenas recebem como também estão arrecadando dinheiro no exterior. [...] A Mulheres Livres está sendo deixada de lado em todos os sentidos. [...] Você deve saber que há anos luto pela emancipação da mulher e é natural que me interesse por esse movimento. Estou surpresa que nossas organizações, como a CNT, a FAI e até mesmo as Juventudes, tenham feito tão pouco em seu benefício e demonstrem tão pouco interesse. Não acha, querido companheiro, que também é do interesse dessas organizações ajudar a Mulheres Livres o máximo possível?[34]

Vázquez respondeu na defensiva, insistindo que a CNT estava "tão interessada na Mulheres Livres quanto você" e que o movimento libertário tinha dado toda a ajuda possível ao grupo, ainda que, sem o apoio de uma organização internacional forte, sua capacidade financeira fosse bastante inferior à dos comunistas. "Tenho, então, que rejeitar totalmente sua afirmação de que a CNT não tenha feito tudo o que fosse possível pela Mulheres Livres. [...] É claro que a CNT não pode dar a elas os milhões que outras organizações e partidos podem dar a suas organizações feministas. Não fizemos isso porque não temos esse dinheiro."[35] Os recursos da CNT eram inferiores aos do Partido Comunista; entretanto, como veremos, as considerações orçamentárias não eram o único fator nessas decisões. A questão da autonomia da Mulheres Livres parece, de fato, ter sido muito significativa.

---

34. Goldman para Vázquez, 7 out. 1938, IISG/CNT: 63.C.2.
35. Vázquez a Goldman, 11 out. 1938, IISG/CNT: 63.C.2.

As secretarias femininas da FIJL

A questão da autonomia e da inclusão da Mulheres Livres no movimento libertário ficava muito clara diante das suas relações com a FIJL: quando esta federação criou uma secretaria feminina no fim de 1937, a Mulheres Livres ficou numa situação de competição direta em relação a ela. Pepita Carpena, que durante muito tempo foi filiada às Juventudes e à CNT, e que se negara a princípio a fazer parte da Mulheres Livres por considerar que não havia necessidade de separar os homens das mulheres na luta, descreveu sua reação:

> Fui nomeada delegada das Juventudes Libertárias na federação local e foi assim que desenvolvi minha militância nas Juventudes. [...] Para conter o trabalho feito pelos comunistas, elas não encontraram alternativa a não ser formar uma secretaria feminina. Eu não concordava com a segregação entre mulheres e homens; então, quando propuseram isso, imediatamente me posicionei contra. Eu compartilhava da opinião de que todos os libertários, homens e mulheres, deviam lutar pela emancipação total do indivíduo. Entretanto, fui nomeada secretária local de Barcelona dessa secretaria, mas rejeitei. A partir desse momento me tornei militante da Mulheres Livres.[36]

A secretaria deveria conter os efeitos de grupos apoiados pelos comunistas — como a Asociación de Jóvenes Antifascistas [Associação de Jovens Antifascistas], a Asociació de la Dona Jove [Associação de Moças] e a Unión de Muchachas [União das

---

36. Pepita Carpena, entrevista, Barcelona, 3 mai. 1988. Para uma versão um pouco diferente dessa narrativa, ver CARPENA, Pepita. "Spain 1936: Free Women. A Feminist, Proletarian and Anarchist Movement" [Espanha, 1936: Mulheres Livres. Um movimento feminista, proletário e anarquista], em *Women of the Mediterranean* [Mulheres do Mediterrâneo]. Londres: Zed Books, 1986, p. 51.

Garotas] —, engajar-se no trabalho político entre as jovens e oferecer programas de captação e capacitação para as jovens.[37]

Pepita via na criação de uma seção especial para mulheres na FIJL o abandono do princípio anarquista de que a luta deveria ser feita por todos juntos. Também achava que era uma espécie de negação do trabalho que a Mulheres Livres já estava fazendo. Qual era a necessidade de criar um departamento especial para as mulheres na FIJL — ela se perguntava — quando já existia um grupo libertário dedicado a educar e a preparar militantes de todas as idades?

Esse ponto de vista era compartilhado com outras pessoas, dentro e fora da Mulheres Livres. Nos meses posteriores à criação da secretaria feminina da FIJL, uma série de declarações foi feita sobre essas questões — explicando seus objetivos e insistindo que essa atitude não significava negar a importância da organização, ou mesmo competir com ela. A secretaria, porém, definia seus propósitos quase nos mesmos termos que a Mulheres Livres: capacitação e educação das jovens. Além disso, as atividades propostas — como escolas, programas educacionais, revistas e grupos de debates — eram quase idênticas. Portanto, seus argumentos dificilmente se sustentavam.

Na Circular nº 3, de novembro de 1937, por exemplo, a FIJL declarava que "não há dualidade de funções, nem pode haver competitividade entre a Mulheres Livres e as Juventudes Libertárias". A primeira, afirmava o documento, era valiosa como organização, mas se destinava às necessidades da mulher adulta. As secretarias femininas, por sua vez, se dirigiam às jovens, e tinham a função de enfrentar sua marginalização

---

37. FIJL, Comitê Nacional, Secretaria Feminina, circular n. 1, Valência, 4 nov. 1937; FIJL, Secretaria Feminina, circular n. 1, 19 abr. 1938, ambas em IISG/FAI: 48.C.1.d. Ver também "La juventud actual y la emancipación juvenil feminina" [A juventude atual e a emancipação das jovens], em *Acracia*, 11 jan. 1937.

e assegurar que houvesse representantes do sexo feminino na organização para substituir os homens que constantemente eram chamados para o front. A linguagem era quase a mesma que a usada pela Mulheres Livres, e a única diferença entre as organizações é que uma delas se orientaria às jovens adultas, e a outra, às jovens.[38] Mas, como a maioria das militantes da Mulheres Livres era jovem (Pepita, Soledad, Sara, Conchita e várias outras tinham entre quinze e 25 anos quando a revolução começou), muitas de suas integrantes pensavam que as secretarias femininas simplesmente duplicariam seu trabalho e esgotariam os escassos meios do movimento.

A FIJL era consciente desse sentimento e parece ter dedicado esforços aos debates sobre como deveriam ser suas relações com a Mulheres Livres — e também sobre o trato com a AJA e outras organizações juvenis de filiação comunista. As relações com a Mulheres Livres foram, no mínimo, tensas. As secretarias se referiam com frequência a ela como uma associação "jovem" ou "imatura", que tinha pouco êxito em organizar as mulheres — ainda que reconhecessem que essa debilidade poderia dever-se à situação econômica precária. Além disso, eram conscientes da oposição da Mulheres Livres à existência das secretarias: "Acham que elas [a Mulheres Livres] devem ser as únicas captadoras de militantes do sexo feminino no campo libertário. E que devem destinar aquelas que sobrarem ao restante das organizações irmãs".[39]

---

38. FIJL, Comitê Nacional, Secretaria Feminina, circular n. 3, Valência, 25 nov. 1937, IISG/FAI: 48.C.1.d. Ver também "Dictamen que Presenta la Ponencia a la Consideración del Congreso, Sobre el 4º Punto del Orden del Día Apartado Tercero" [Parecer que apresenta a avaliação do congresso sobre o quarto ponto da ordem do dia, seção 3] (do II Congresso Nacional da FIJL, fev. 1938), AHN/SGC-S, P.S. Barcelona: 903; e Carmen Gómez, pela Secretaria Feminina da FIJL para o Comitê Peninsular da FAI, 22 mar. 1938, IISG/FAI: 48.C.1.a.

39. "Del movimiento de Mujeres Libres" [Do movimento da Mulheres Livres], AHN/SGC, P.S. Barcelona: 903.

É claro que a Mulheres Livres não se via no papel de "destinar as militantes que sobrarem" a outras organizações; via-se preparando as mulheres para participar de qualquer organização do movimento libertário. Essas passagens e outros documentos revelam uma forte rivalidade.[40] A Mulheres Livres pensava que a criação da secretaria feminina da FIJL era redundante. Esta, por sua vez, queria que a Mulheres Livres se convertesse em uma organização "dependente" do movimento libertário: "A realidade é que todos nós orientaríamos seu trabalho, teríamos a responsabilidade por seu desenvolvimento, suas atividades e por seu financiamento...".[41]

Em outubro de 1938, a secretaria feminina preparou um relatório de suas atividades para apresentar na plenária nacional da FIJL, em que reiterou suas afirmações anteriores sobre a atitude inadequada da Mulheres Livres ao tentar incorporar em seus programas tanto mulheres jovens quanto adultas, e reivindicou uma resolução já para o próximo congresso do movimento libertário: a Mulheres Livres deveria ser uma organização só para adultas. Além disso, o relatório revelava que o comitê peninsular tivera dificuldades consideráveis em convencer alguns de seus próprios comitês regionais da necessidade de uma secretaria feminina. Parece que tanto a federação local de Barcelona como o comitê regional da Catalunha haviam rejeitado a possibilidade de criar um seção desse tipo,

---

40. Carmen Gómez, do Comitê Peninsular, Secretaria Feminina, FIJL, para o Comitê Regional, Barcelona, 23 de julho, AHN/SGC-S, P.S. Barcelona: 903. Ver também "Conversación con la compañera Suceso Portales [sic], Secretaria del Subcomité Nacional de Mujeres Libres en el día 16 de diciembre de 1938" [Conversa com a companheira Suceso Portales, secretaria do subcomitê nacional da Mulheres Livres, 16 dez. 1938], IISG/FAI: 48.C.1.d.
41. "Formas y Actividades a Desarollar por la Secretaría Femenina, Poniendo en Práctica Diversos Procedimientos a Nuestro Alcance" [Formas e atividades para desenvolver pela secretaria feminina, colocando em prática diversos procedimentos a nosso alcance], p. 2, AHN/SGC-S, P.S. Barcelona: 903.

argumentando que "os trabalhos e as atividades estavam sendo feitos pela Mulheres Livres, e entendiam que não havia razão para competir com elas".[42]

O relatório pode até ter sido importante, mas talvez essa importância se revele justamente na frustração da secretaria com sua posição na FIJL. Apesar das declarações anteriores de que a Mulheres Livres havia sido, em geral, ineficiente em alcançar suas metas (e que as secretarias femininas estavam mais bem posicionadas para se ocupar desse trabalho com eficácia), o relatório mostra claramente uma frustração pelo pouco que estas haviam conseguido naqueles últimos meses. Havia referência a uma série de problemas, como a posição desse tipo de estrutura dentro da FIJL, que limitava gravemente sua liberdade de ação. Era hora, reiterava, de estabelecer um novo compromisso ou uma reorientação: "Ou reconhecemos 'as características especiais da mulher', e para isso criamos um organismo com independência de atuação suficiente, ou, ao contrário, negamos a existência de 'características especiais' e paramos de nos importar com esse problema, acabando com as secretarias femininas".[43]

Assim, apesar da competição com a Mulheres Livres, parece que as militantes envolvidas com as secretarias femininas haviam vivido experiências que validavam a importância

---

42. FIJL, Comitê Peninsular, Secretaria Feminina: "Informe que presenta la Secretaria Femenina del Comité Peninsular sobre el sexto punto del orden del día del próximo pleno nacional de regionales de la FIJL que ha de celebrarse en Barcelona" [Relatório apresentado à Secretaria Feminina do Comitê Peninsular sobre o sexto ponto da agenda da próxima plenária nacional da FIJL que será realizada em Barcelona], Barcelona, 1º out. 1938; ver também "Exposión del problema de las relaciones de las secretarías femeninas de la FIJL con Mujeres Libres, que presenta a estudio de las regionales la Secretaría Femenina Peninsular" [Exposição do problema das relações das secretarias femininas da FIJL com a Mulheres Livres, apresentando ao estudo das regionais a secretaria feminina peninsular], Barcelona, 2-9 set. 1938, AHN/SGC-S, P. S. Barcelona: 140.

43. "Informe que presenta...", p. 6. Ver também "Dictamen que Presenta la Ponencia a la Consideración y Aprobación del Congreso..." e "Formas y Actividades a Desarrollar...".

que a primeira dava à autonomia. As secretarias femininas adotaram objetivos muito parecidos com os da Mulheres Livres, mas tentavam alcançá-los dentro da FIJL. As queixas da secretaria direcionadas ao tratamento a que era submetida por outros órgãos do próprio movimento, a falta de apoio e a necessidade de maior independência parecem justificar a postura da Mulheres Livres em relação ao movimento libertário em geral. Mesmo assim, as secretarias femininas nunca ofereceram apoio público ao posicionamento da Mulheres Livres.

O congresso do movimento libertário, outubro de 1938

Depois de muitos meses de aproximação informal com organizações específicas e líderes do movimento para angariar apoio moral e financeiro, a Mulheres Livres pediu formalmente seu reconhecimento no Congresso Nacional de Regionais do Movimento Libertário, uma reunião conjunta da CNT-FAI-FIJL que aconteceu em outubro de 1938, em Barcelona. O congresso durou duas semanas e foi a primeira conferência nacional a reunir representantes das três maiores organizações do movimento.

A Mulheres Livres não recebera um convite formal. No passado, e com certa frequência, suas integrantes haviam participado de reuniões como membros de outras organizações, mas nunca como representantes da Mulheres Livres. Dessa vez, porém, elas queriam estar presentes como grupo. Formaram uma delegação de quinze mulheres que se apresentou pedindo o credenciamento como delegadas da Mulheres Livres e o reconhecimento formal de sua organização como quarta constituinte do movimento libertário. Pura Pérez Arcos viajou de Valência a Barcelona como delegada.

> Partimos do porto de Alicante na tarde de 7 de outubro em um pequeno barco inglês. No grupo havia gente de Madri, Valência

e de diferentes lugares da Andaluzia. Nossa pequena delegação estava inspirada com grandes expectativas e esperanças para o congresso [...] fazer uma viagem naqueles tempos era perigoso, nós sabíamos.

Os portos sofriam bombardeios todas as noites, e éramos viajantes ilegais nesse barco britânico, que navegava muito próximo dos barcos de guerra franquistas. Estava previsto que chegássemos na manhã seguinte, mas, conforme nos aproximávamos do porto, escutávamos os bombardeios fascistas. O capitão se dirigiu ao norte e demos uma volta que durou o dia todo e a noite toda, chegando finalmente a Barcelona esgotadas e famintas na manhã do dia 9. Estávamos entusiasmadas e dispostas a advogar pela Mulheres Livres no congresso. Mas nem nos deixaram entrar no lugar da reunião![44]

O comitê de credenciamento, composto pelos secretários das três organizações, levou a questão da presença da Mulheres Livres para deliberação. É interessante notar que havia outra pessoa que pedia permissão para participar das reuniões: Emma Goldman, representante oficial da CNT em Londres. A assembleia concordou rapidamente que ela assistisse às reuniões como observadora, dado seu "caráter especial". Mas o credenciamento da Mulheres Livres não se resolveu tão facilmente. Depois de muito debate, a assembleia decidiu que "a Mulheres Livres deveria participar apenas das discussões que a afetassem diretamente". Portanto, enquanto algumas das delegadas da Mulheres Livres puderam participar de todas as reuniões como delegadas de outras organizações, a delegação própria só esteve presente na décima oitava e na décima nona

---

44. Pura Pérez Arcos, entrevista, Windsor (Canadá), 16 dez. 1984, e Nova York, 10 set. 1989; ARCOS, Pura Pérez. "Evocación de un viaje" [Recordação de uma viagem], manuscrito inédito, 1985.

sessões (dias 25 e 26 de outubro de 1938), participando da discussão do quinto tema da agenda do dia, "Formas de apoiar os organismos auxiliares do movimento libertário".[45]

Nos meses anteriores, a Mulheres Livres havia tentado preparar o terreno para comparecer ao congresso e reivindicar sua proposta. Em janeiro, circulou um documento intitulado "Algumas considerações do comitê nacional da Mulheres Livres ao da CNT sobre a importância política da organização". Em setembro, enviou um comunicado de nove páginas aos comitês nacional e peninsular em que fazia uma revisão de sua história e de suas conquistas, ressaltando seu trabalho de captação, em comparação com a AMA.

Em sua apresentação no congresso, a Mulheres Livres discutiu as desvantagens específicas enfrentadas pelas espanholas, a necessidade de conter as forças "políticas" (ou seja, o Partido Comunista e a AMA) e a importância de manter uma organização libertária independente que atendesse a essas necessidades. Suas declarações sublinhavam sempre o caráter e os compromissos anarquistas da Mulheres Livres e a necessidade de sua autonomia dentro do movimento.

> A única maneira de servir a ambos aspectos do movimento, o sindical e o específico [o anarquista], era manter a autonomia da organização nascente. Essa autonomia nos permitiria preservar esse setor feminino no território puro da capacitação ideológica e profissional, fornecendo oportunidades às mulheres, fazendo com que elas exercitassem a aprendizagem de sua própria determinação, acostumando-as a estudar os problemas políticos,

---

45. "Actas del Pleno Nacional de Regionales del Movimiento Libertario, CNT-FAI-FIJL (celebrado en Barcelona durante los días 16 e sucessivos del mes de octubre de 1938)" [Atas das regionais do movimento libertário nacional, CNT-FAI-FIJL (realizado em Barcelona a partir do dia 16 de outubro de 1938)], Barcelona, 1938, IISG/CNT: 92.A.3; ver também PEIRATS, *La CNT en la revolución española*, v. 3, p. 253.

enfrentando-os e buscando soluções para eles, a partir do ponto de vista da mulher, sem esquecer do contexto social.

Apenas sua independência [dessa força feminina] cria a possibilidade de ser utilizada num sentido ideológico e sindical. [...] É por isso que a Mulheres Livres pretendia e segue pretendendo ser um movimento politicamente autônomo, conservando a capacidade de autodeterminação, já que seu próprio Estatuto e sua Declaração de Princípios garantem sua essência libertária.[46]

Entretanto, os delegados não compreenderam a insistência da Mulheres Livres na filiação e na autonomia. E a situação em que se encontravam na plenária não facilitou o trabalho de explicar essa insistência. Oficialmente, a Mulheres Livres estava na reunião apenas como "auxiliar" do movimento.

Isso fez com que sua tarefa se tornasse particularmente difícil, além de fornecer muitas oportunidades às manobras daqueles que se opunham a conceder ao grupo o status de organização igual e autônoma. As delegadas apresentaram argumentos poderosos e convincentes para apoiar suas afirmações, mas foram efetivamente neutralizadas no debate. A assembleia não chegou a tratar seu pedido diretamente porque havia quem argumentasse que a questão do status do grupo não aparecia na ordem do dia e que, dadas as normas da organização, segundo as quais os delegados só poderiam votar segundo as intenções prévias dos corpos que os haviam elegido, a assembleia não tinha poder para tomar uma decisão. Finalmente, a assembleia rechaçou votar a proposta da Mulheres Livres, aprovando uma proposta alternativa composta de duas partes: i) como os delegados não tinham instruções de sua organização, uma proposta deveria ser redigida e enviada a todos os comitês regionais e nacionais, para que então fosse discutida

---

46. "Anexo al informe...".

localmente; ii) como a organização necessitava tanto de ajuda moral como material, os sindicatos deveriam encorajar seus quadros femininos a se filiarem ao grupo e se comprometerem a apoiá-lo economicamente, dentro do possível.

Apesar da queixa feita pela Mulheres Livres, de que tal proposta não resolvia nada, ela foi aprovada por unanimidade.[47] A organização redigiu em duas páginas um resumo de seus argumentos, no qual incluiu um pedido formal para que fosse aceita como quarto eixo do movimento libertário, e o enviou aos comitês regionais e nacionais pouco depois do fim do congresso.[48] Mas, devido à rápida deterioração da situação bélica, nenhum outro congresso chegou a acontecer, e essa moção nunca foi votada. Mary Nash, referindo-se ao congresso, considerou que "esse pedido formal foi rejeitado, alegando-se que uma organização especificamente feminina seria um elemento de desunião e de desigualdade dentro do movimento libertário".[49] Entretanto, apesar de todas as manobras, o pedido nunca foi formalmente rejeitado.

Uma análise do debate no congresso e dos documentos que a Mulheres Livres colocou em circulação antes e depois do evento é reveladora sobre sua posição dentro do movimento, tanto em relação à organização como ideologicamente. Na organização, o grupo considerava que sua situação era análoga à da AMA, em outras vertentes políticas, e à da FIJL, dentro do movimento libertário. A Mulheres Livres apontou o apoio que a FIJL estava recebendo da CNT e da FAI, apesar do fato de ser uma organização direcionada "apenas" a pessoas jovens, e

---

47. "Actas del Pleno Nacional de Regionales...", pp. 162-3.
48. "Dictamen que la Federación Nacional Mujeres Libres elabora a petición del Pleno de Conjunto Libertario, para su discusión por la base de las três organizaciones, FAI, CNT, FIJL" [Parecer da Federação Nacional Mulheres Livres para a petição do Pleno Conjunto Libertário, para a discussão das três organizações, FAI, CNT, FIJL], IISG/CNT: 40.C.4.
49. NASH, *Mujeres Libres España*, p. 19.

argumentou que era necessário que recebessem apoio e reconhecimento similares por seu trabalho de mobilização das mulheres. O grupo reforçava a ideia de que os libertários deveriam reconhecer que as necessidades específicas das mulheres requeriam atenção ideológica e organizativa específicas.

A analogia com as Juventudes não favorecia a Mulheres Livres, pelo menos em parte, já que o status da FIJL também era ambíguo. Em um momento do debate, por exemplo, alguns delegados alegaram que, dado que a FIJL era só uma organização auxiliar, a Mulheres Livres devia estar na mesma categoria. Representantes da FIJL se opuseram a isso, apontando que esta havia sido convidada ao congresso. Posteriormente, entretanto, outros comentaram que, ainda que a FIJL estivesse presente como resultado de um fato já consumado, não havia motivos para "se repetir o mesmo erro" com a Mulheres Livres.[50]

No final, a FIJL e a Mulheres Livres foram tratadas de maneiras muito diferentes. A primeira foi convidada como organização, seu secretário integrava o comitê de credenciamento e seus delegados participaram com poder de voz e de voto em todos os debates do congresso. Além disso, o congresso aprovou uma proposta de importante apoio financeiro regular à FIJL. É verdade que, inclusive no debate sobre essa proposta, seus representantes se irritaram porque a consideravam um reconhecimento insuficiente de sua própria autonomia e de suas conquistas como organização. Entretanto, a FIJL conseguiu reafirmar a própria definição de sua missão e suas metas e recebeu apoio geral, tanto financeiro quanto moral, a suas atividades e status de organização constituinte do movimento libertário.[51]

---

50. "Actas del Pleno Nacional de Regionales...", p. 158; também OLIVER, *El eco de los pasos*, p. 128.

51. "Actas...", pp. 210-3: "Dictamen que emite la ponencia nombrada para el estudio del cuarto punto del orden del día: 'Forma de ayudar a las JJ.LL.'" [Parecer que emite a avaliação para o estudo do quarto item da agenda: "Formas de ajudar as JJ.LL."],

Com a Mulheres Livres foi diferente. Uma depois da outra, as delegações indicaram que, ainda que estivessem dispostas a dar apoio moral e material à organização, negavam-se a lhe conceder o status de quarto pilar do movimento. Foi exposta uma série de argumentos: i) que o anarquismo (e o sindicalismo) não admitia diferenças de gênero e, portanto, que uma organização orientada somente a mulheres não poderia ser verdadeiramente libertária; ii) que a Mulheres Livres causava confusão porque estava desenvolvendo trabalhos que deveriam ser feitos pelos sindicatos; e iii) que a Mulheres Livres não deveria funcionar como uma organização autônoma, mas deveria operar dentro dos sindicatos e dos *ateneos*.

Houve a tentativa de responder a todas essas objeções. Em seu discurso de apresentação no congresso, o grupo tocou na questão da autonomia, enfatizando a singularidade da situação da mulher na Espanha, a necessidade de uma organização que a enfrentasse e o já demonstrado fracasso da CNT, da FAI e da FIJL em tratar da questão. Elas argumentaram que a organização trabalhava tanto dentro como fora dos sindicatos e que o trabalho de capacitação e captação requeria uma abordagem mais ampla e multifacetada do que o que as organizações existentes estavam preparadas para fazer. Ainda, a Mulheres Livres estava representando as mulheres e seus interesses no local de trabalho: por exemplo, lutando por salários iguais para as mesmas ocupações — objetivo que os sindicatos não haviam defendido com a garra adequada. As oradoras repetiram que a Mulheres Livres não era uma organização separatista e que se opusera à criação de sindicatos de mulheres, alegando justamente que as mulheres deveriam

---

Barcelona, 27 out. 1938; e CNT-AIT, comitê nacional: "Circular n. 35: A los Comités Locales y Comarcales" [Circular 35: aos comitês locais e comarcais], Barcelona, 11 nov. 1938, ambas em IISG/CNT: 92.A.3.

se unir aos homens nas organizações sindicais existentes. Finalmente, argumentaram que o anarquismo e o sindicalismo não eram uma seara exclusivamente masculina, e que, como *compañeras*, tinham o direito e a responsabilidade de propagar as ideias e práticas libertárias: "Nossa autodeterminação não pode ser colocada em oposição aos princípios anarquistas que não admitem as diferenças entre os sexos, porque então seria necessário concluir que, até agora, nossas organizações libertárias não estavam merecendo seus nomes, uma vez que, por escolha ou por necessidade, seus militantes eram quase exclusivamente homens!".[52]

A minha percepção, confirmada pelas entrevistas com as participantes, é que a questão-chave de todo esse rechaço era a autonomia. O fato de ser uma organização de mulheres não bastava, necessariamente, para que seu reconhecimento fosse negado. Até porque a FIJL era uma organização só de jovens. Inclusive, as secretarias femininas foram criadas com um campo de ação mais estreito ainda: as mulheres jovens. O que verdadeiramente diferenciava a Mulheres Livres da FIJL era a insistência do grupo na autonomia. A Mulheres Livres reivindicava o direito de definir suas prioridades: organizaria seus programas não somente para captar mulheres, mas também para empoderá-las. E essa exigência as demais organizações do movimento não podiam aceitar.

Apesar das frustrações com a decisão (ou, mais precisamente, com a não decisão) do congresso em relação ao seu status de organização, a Mulheres Livres levou em conta as palavras dos delegados sobre o apoio moral e econômico. Nas semanas seguintes, as dirigentes escreveram aos comitês regionais e nacionais da CNT e da FAI lembrando-lhes as resolu-

---

[52] "Dictamen que la Federación Nacional de Mujeres Libres elabora" [Parecer da Federação Nacional Mulheres Livres], p. 1.

ções aprovadas no congresso e pedindo ajuda financeira — o que, aparentemente, teve algum êxito.[53]

Contudo, também está claro que, mesmo com os resultados do congresso, a Mulheres Livres sofreu uma falta de apoio moral e financeiro. Em dezembro de 1938, por exemplo, o Ministério da Fazenda tentou desapropriar a organização do edifício do Paseo Pi y Margall, em Barcelona, que abrigava o Casal de la Dona Treballadora, e entregar o edifício para o Banco da Espanha. Depois de repetidas tentativas de revogar a decisão, o grupo concordou em se mudar se o ministério encontrasse outro edifício apropriado para suas atividades. A resposta, porém, foi o envio de policiais para efetuar a desapropriação. A Mulheres Livres pediu ajuda à FAI, à CNT e à FIJL de Barcelona. A primeira respondeu ao chamado organizando reuniões especiais entre as representantes da Mulheres Livres e do Banco da Espanha, além de convidar Federica Montseny para que interviesse junto ao Ministério da Fazenda. Os representantes da FAI apoiaram a decisão da Mulheres Livres de permanecer no edifício e oferecer resistência passiva à desocupação até que um novo edifício fosse encontrado.[54] Mas receberam pouquíssima ajuda da CNT e expressaram seu desapontamento, chamando a atitude de "bastante tímida e pouco inclinada a apoiar uma postura firme de nossa parte".

---

53. Federação Nacional Mulheres Livres, para o comitê peninsular, FAI, 12 nov.1938, e resposta, IISG/FAI: 48.C.1.a.; Comitê Regional da Mulheres Livres na Catalunha para o Comitê Regional da CNT, 3 nov. 1938, e resposta, 7 nov. 1938, IISG/CNT: 40.C.4; e comitê peninsular, FAI: "Circular n. 51: A los Comités regionales de la FAI" [Circular 51: aos comitês regionais da FAI]. Barcelona, 25 nov. 1938, IISG/FAI: 29.E.1.
54. Germinal de Sousa, pelo Comitê Peninsular, FAI, para o Comitê Nacional da Mulheres Livres, 20 dez. 1938, IISG/FAI: 48.C.1.a.; e Mulheres Livres: "Informe sobre los incidentes surgidos con motivo de la imposición del Ministerio de Hacienda para que cediéramos el edificio del 'Casal de la Dona Treballadora' al Banco de España" [Relatório sobre os incidentes decorrentes da imposição do Ministério da Fazenda para que cedêssemos o edifício da Casal de la Dona Treballadora para o Banco de Espanha], Barcelona, 20 dez. 1938, AHN/SGC-S, P.S. Barcelona: 1049.

"É uma pena", dizia Lucía Sánchez Saornil em carta ao comitê nacional da CNT, "que os companheiros sempre tenham tido tão pouco tempo para conhecer o trabalho meritório da Mulheres Livres, e a consequência disso é o pouco interesse que têm por nossos apelos."[55]

O grupo estava ainda muito longe de ser plenamente aceito pelas outras organizações libertárias. Porém, apesar de tudo, fez um progresso considerável. Conchita Guillén mencionou um detalhe comovente que pode iluminar as relações entre a Mulheres Livres e as outras organizações durante os últimos dias de guerra:

> No mesmo dia em que evacuamos Barcelona [24 de janeiro de 1939], os fascistas estavam quase entrando e fomos chamadas para uma reunião do movimento libertário: FAI, CNT, FIJL e Mulheres Livres. Jacinta Escudero, secretária da federação local de Barcelona, e eu estávamos presentes. Era um encontro muito importante, em um momento crucial, pois tínhamos que resistir ou abandonar. Nós nos colocamos à disposição. O movimento disse que nos agradecia muito, mas era um sacrifício inútil estar ali, já que não tínhamos nenhuma força; devíamos ir embora o mais rápido possível.[56]

A primeira convocação recebida pela Mulheres Livres para uma reunião do movimento libertário seria também a última. Entretanto, Conchita recordava com clareza o acontecimento: pelo menos uma vez, foi concedido ao grupo o status de membro pleno do movimento, que tanto haviam lutado para conseguir.

---

55. Lucía Sánchez Saornil para o comitê peninsular da FAI, 21 dez. 1938, e ao comitê nacional da CNT, Barcelona, 20 dez. 1938, IISG/FAI: 48.C.1.a.
56. Conchita Guillén, entrevista, Montady (França), 29 abr. 1988.

Jornadas de lucha

...rido para nuestra Revista una voz serena, sosegada, que la haga agente de ponderación en medi... ...uracanes que barren hoy el mundo; pero no se entienda por esto que nos situamos al margen de lo... ...s acontecimientos, que nos encerramos en un laboratorio de doctrinas sistematizadas, que pretende... ...os, lupa en mano, en un grotesco remedo del "hombre sapiente". ¡Ah!, no, nada de esto; deseamo... ...eriódico tenga sangre y nervios, sea una cosa viva y estremecida, donde hallan resonancia los afane... ... caminar, ya turbulento, de esas falanges femeninas, que en su doble condición de mujeres y exple...

...achachas, en nombre de ellos, la unión, a fin de alcanzar el objetivo

? ¡Ay, el papá jubilado!... Pero aquellas dos pesetas... Todo o. Asociarse, no; me firmarían unos pliegos autorizándome a repre- el Comité de huelga. ¡Claro que no sería preciso ir a la huelga!..., es...

s firmas, trescientas, de todas las caligrafías imaginables. ¡Qué estu- los pliegos, que hacían respetables y responsables mis dieciocho

a no pude dormir; pensaba en las hojas llenas de garabatos—mis con la imaginación ensayaba discursos y buscaba palabras elocuentes mover la imperturbable frialdad de los rígidos consejeros telefónicos. os invitaron a pasar al salón del Consejo me miré los zapatos llenos poco avergonzada, y súbitamente se me olvidaron todos los discursos

que era muy amable aquel señor de la barba blanca, que se llamaba o Codolar o Codolá. Me miró con una simpatía que más tarde he ficar con la misericordia.

nombre de todos un compañero rechoncho y bigotudo, que defendió elocuencia la causa de los operarios. Los tiesos personajes le escu- atención, casi con respeto. Me animé; aquella gente estaba bien n nosotros. Abrí la boca para hablar.

oritas...—pude decir tan sólo; me atajó el señor de la barba blanca: a, perdón; usted ¿a quién representa? é echando mano a la cartera que tenía sobre las rodillas, unos pliegos...

éstos?—me preguntó, y desdobló ante mis ojos unas hojas iguales con trescientos garabatos idénticos debajo de unas líneas que decían: haber firmado coaccionadas por la señorita...

de piedra. El señor Codolar o Codolá tuvo una sonrisa amable: o conocer a sus compañeras.
lo que podían dar las telefonistas del año 19.

Lucía SANCHEZ SAORNIL

Estética del vestir

Para la mayoría de las mujeres españolas, moda significa lo impuesto, lo posso, "lo que se lleva". Esta es la triste y exacta expresión: "lo que se lleva". Estas palabras excluyen todo cara a cara en el espejo del yo, porque niegan la sensibilidad individual.

En Francia, una mujer coge un trapo y hasta que éste no adquiere una relación armoniosa con la síntesis de la personalidad a que ha de adaptarse, no se convierte en vestido. Como el "hallazgo" resulta bien, el sentido estético le confiere luego categoría de creación.

En otros países —Inglaterra, Alemania, Estados Unidos—, lo práctico, lo sencillo, lo transpirable, ha desplazado al concepto estúpido y autoritario de la moda.

En nuestro país produce tristeza entrar en las tiendas y ver que mujeres de clases acomodadas, por una gimnasia educativa del gusto, compran, con el mejor acierto, las telas más bonitas y las más baratas, mientras que mujeres obreras, a costa de enorme sacrificio, se llevan las más caras, las más relucientes, generalmente, sedas, las francamente feas y, desde luego, nada prácticas.

Nosotras debemos cultivarnos para sustituir la sumisión a "lo que se lleva" por un sentido racional que integre la conjugación de estos dos elementos: lo práctico y lo estético.

Desde estas columnas iremos dando un concreto guión sobre tejidos, dibujos, formas y precios del vestir de acuerdo con los dos dichos elementos y dentro de un tercero no menos esencial: el económico.

Presentamos un esquema de vestido veraniego que se puede confeccionar con cualquiera de las variadísimas telas de lunares, en diversos colores, tamaños, combinaciones y calidades esponja, piqué, percal..., que se encuentran en casi todos los comercios y cuyos precios oscilan entre 1,50 y 4 pesetas. Para cuello, cinturón, bolsillos y remate de mangas es muy indicado el piqué blanco.

La colección «Primavera y Flor» y la novela picaresca

LIBROS

La editorial «Signo» ha iniciado una colección de libros clásicos que, por el gusto selecto de su presentación y la modestia de su precio, merecen toda alabanza.

Entre las primeras obras recogidas están —Poesías de San Juan de la Cruz, «La educación de la mujer cristiana», de Luis Vives, «El hospital de los podridos» y otros entremeses atribuidos a Cervantes—figura «El Lazarillo de Tormes», que inicia, a mediados del siglo XVI, el género de novela picaresca. Una vez más es ponderada novela picaresca, novela tan genuinamente española que tanto daño ha hecho a Es...

«El Lazarillo de Tormes» contiene la descripción y crítica de unos cuantos tipos de la sociedad del siglo XVI, expone temas que son esencia de la vida española de aquella época—religión, honor, clases sociales—, y sobre todo, expresión de la miseria que imperaba en aquellos tiempos—los del máximo esplendor hispánico, según la Historia—. Miseria integral —moral y física—que tenía que refugiarse hipócritamente en las gracias, correrías y pillerías de cualquier muchachuelo desgraciado; es decir, con recursos que no eran sino mordazas a la razón de la rebeldía y que desviaban el sentido ético y de responsabilidad de los que las sufrían.

Los protagonistas de la picaresca—toda la España de entonces—, para poder vivir tenían que aprender a regatear, a defenderse por los cocidos, por malas acciones.

Y a esta triste gama de aventuras humillantes se le sigue llamando gracia, ingenio, etc.; todo lo no que filólogos y críticos ven filón de un gran género.

La miseria de aquella novela de aquella miseria transmitido y fomentado de generación en generación, como una más la formación sumisa del chaquetas, de la infinita multitud de golfillos que no han aprendido a la obligación de exigir.

---

de su danza de perfecto ritmo exterior, en los trenzados y las pausas también obedecen al mandato inflexible de la medida justa, su distribución y su cálculo dependen ya de pulso propio. Crecientemente, la expresión de movimientos va recobrando su anulado

porciones extiende los brazos que han de tirse en alas cuando una grúa le recoge rompiendo alcances verticales que atra demás obreros en un afán de igualació

Charlot se ha vuelto loco. Yo creo

Conclusão

Comunidade e empoderamento feminino

imientos se suceden en todas direcciones, mientras el «rimmel» mantiene rígidas y
s pestañas, que dan así a la cara un constante aire asustadizo de Bety estúpida.

Las pinturas provocan una vejez prematura. Paralizan la expresión—por algo fue
leadas para disimular la muerte, para embellecer su quietud—. Están completamen
adas de los movimientos de los músculos faciales. Surcan las facciones, las agudiz
uitan su verdadera gradación suave y sensible. Únicamente a las muchachas muy
uyos músculos y cuya piel se oponen a las huellas, las pinturas no logran envejecerl
a este caso, si no las estropean, tampoco las favorecen. Y está perfectamente justif
olorida exclamación de Sthendal: «Tenía la cara como una rosa y se ponía colore

Por lo general, ponen fatiga en la cara, porque afirman y realzan los trazos produci
gesticulación.

¿Cuándo es bella una mujer?

Podemos definir la belleza como un equilibrio, como una concordancia. Una muje
r tanto, bella cuando su expresión superficial corresponda a su contenido íntimo,
s bella cuanto más intenso sea ese su yo.
En la boca, en los ojos, en el conjunto expresivo de la cara, y en lugar de las p
de encontrarse la bondad, la inteligencia, la sensibilidad: belleza.
Los poros limpios y sanos. La piel transparente para que no se pierda la menor
bella-buena—es lo mismo—. Todos los cuidados para que la piel pueda actuar co
z sutil en la transmisión de cada feminidad.
El maquillaje no corresponde a nuestra civilización, que ha ido depurando, seleccio
mas hasta llegar a la naturalidad. A la naturalidad, pero ya de vuelta. Es decir, sa
tar los efectos perjudiciales del aire, del sol, de la humedad. Maquillarse supone r

La mujer ci-
zada lleva su
ndo, su fuer-
dentro de sí
ma. Y la so-
n las super-
iciones. Toda
 es un adorno
gresivo. Su
eza, como to-
belleza, es in-
ible. Se pue-
er, sentir, ad-
r, pero no
r. Al tocarla
sfuma, se
ierte en sen-
n. Por eso
e la puede
esar para
arla en ca-
de colorete.
tangible co-
el arte; es
mismo. Y
tra supera-
consiste, no
ibujarnos
belleza, no
aquillarnos,
n ser nos-
mismas ar-
ellas.

RCEDES
APOSADA

Ainda se falará muito de experiências como essas que vivemos. O mais importante, porém, não é ter feito essa revolução, mas tê-la continuado em outros lugares, cada um e cada uma em seu contexto particular, ou em vários ao mesmo tempo, e sem trombetas nem tambores.[1]

Como mulheres cujas necessidades particulares foram negligenciadas pela sociedade em geral e também por seus companheiros libertários, as militantes da Mulheres Livres tinham um compromisso especial com a criação de uma sociedade que reconhecesse e valorizasse a diversidade. O empoderamento seria alcançado por meio da luta pelos valores anarquistas de coordenação sem hierarquia, diversidade sem desigualdade e individualidade com coletividade.

Por mais breve que tenha sido, a revolução da Mulheres Livres teve um papel muito importante. Sua experiência exerceu um impacto amplo e duradouro na vida das militantes, adolescentes ou adultas, que décadas mais tarde diriam que aqueles acontecimentos transformaram radicalmente sua vida. A energia, o entusiasmo e o senso de empoderamento pessoal e coletivo que elas experienciaram se converteram em indicadores do que a vida poderia ser e do que as pessoas poderiam

---

1. Carta de Anna Delso reproduzida no prefácio de seu livro *Trois cents hommes et moi*.

conseguir se trabalhassem juntas com compromisso e esperança. Para mim, o aspecto mais gratificante deste trabalho foi o contato com as pessoas, mulheres e homens, que conservaram esse sonho ao longo dos anos de exílio e/ou de opressão. Certamente, uma das razões pelas quais puderam fazer isso foi porque, para eles, a revolução não foi apenas um sonho ou uma esperança, mas, sim, uma transformação real.[2]

Desejo explorar aqui as implicações das atividades da Mulheres Livres para algumas das questões centrais enfrentadas pelas feministas e pelos ativistas sociais — empoderamento, incorporação da diversidade e o significado e a natureza da participação política e social. As militantes da Mulheres Livres abordaram a diferença de gênero dentro do contexto do movimento operário. As feministas e os partidários da democracia participativa contemporâneos estão se esforçando para criar uma sociedade que possa lidar com as diferenças de classe, raciais e étnicas, de orientação sexual, idade e capacidade física, assim como de gênero. Acredito que a experiência da Mulheres Livres tem muito a nos ensinar sobre a relação entre os indivíduos e as comunidades, e também sobre o significado da diferença.

"Os covardes não fazem a história": um legado de empoderamento

> Você vive numa cidade onde as mulheres estiveram relegadas a uma vida obscura, insignificante, consideradas pouco mais que coisas, dedicadas quase que exclusivamente ao trabalho domés-

---

2. ACKELSBERG, Martha. "Revolution and Community: Politicization, Depoliticization, and Perceptions of Change in Civil War Spain" [Revolução e comunidade: politização, despolitização e percepções da mudança na Guerra Civil Espanhola], em *Women Living Change* [Mulheres vivendo a mudança]. Filadélfia: Temple University Press, 1985, pp. 85-115.

tico, ao cuidado da família? Não há dúvidas de que você já tenha pensado nisso muitas vezes com desgosto, e que, ao ver a liberdade de que desfrutavam seus irmãos, os homens da sua casa, sentiu o infortúnio de ser uma mulher. [...]
A Mulheres Livres vai contra tudo isso que você teve que sofrer. Queremos que você tenha a mesma liberdade que seus irmãos [...] que sua voz seja ouvida com o mesmo respeito com que se ouve a de seu pai. Queremos que você consiga essa vida independente que alguma vez desejou. [...]
Perceba que seu esforço é necessário: para alcançar tudo isso, você precisa do apoio de suas companheiras. Precisa que outras tenham os mesmos interesses e precisa se apoiar nelas, e elas em você. Em uma palavra, precisa trabalhar em comunidade.[3]

Tanto as feministas quanto os comunalistas reconheceram que é difícil para indivíduos isolados sentir-se forte e poderoso. Como escrevia Marge Piercy, "forte é o que fazemos/ umas às outras. Até que todas sejamos fortes juntas,/ uma mulher forte é uma mulher fortemente assustada".[4] Ao desenvolver um sentimento de união com relação aos outros, é frequente que indivíduos subordinados superem o sentimento de impotência que pode dificultar a transformação social.

Profundamente arraigada no anarquismo de tradição comunalista, a Mulheres Livres insistia que o processo de empoderamento individual era, fundamentalmente, um processo coletivo. Assim como as feministas contemporâneas, a Mulheres Livres reconhecia que as pessoas não existem como indivíduos isolados. Elas vivem em famílias e comunidades,

---

3. Comitê Nacional, Mulheres Livres. "Como organizar una agrupación Mujeres Libres" [Como organizar uma agrupação da Mulheres Livres], em *Mujeres Libres*, Barcelona, 1938.
4. PIERCY, Marge. "For Strong Women" [Para mulheres fortes], em *The Moon Is Alwalys Female* [A lua é sempre mulher]. Nova York: Knopf, 1980, p. 57.

e o senso sobre si mesmas deriva das relações que mantêm com os demais membros dessas comunidades. Comunidades verdadeiramente igualitárias respeitam a diversidade e a individualidade de seus membros, e apenas quando vivemos e trabalhamos nelas podemos chegar a ser plenamente conscientes de nossos poderes e capacidades.

A Mulheres Livres foi fundada porque poucas cidadãs haviam experimentado o empoderamento dentro das organizações existentes nos movimentos anarquista e anarcossindicalista espanhóis. O grupo se propunha a se tornar uma "comunidade de empoderamento" para as trabalhadoras e, ao mesmo tempo, um âmbito organizativo para o empoderamento feminino dentro do movimento libertário.

A organização contribuiu claramente para fortalecer muitas de suas militantes, tanto as que tinham se relacionado previamente, ainda que pouco, com os movimentos anarquista e anarcossindicalista como aquelas já envolvidas nessas estruturas. Todas experimentaram os medos — e o orgulho — de "se virar sozinhas", já que eram ativistas em um grupo de mulheres que só dependiam delas mesmas. O sentimento de comunidade que desenvolveram e compartilharam entre si ao longo dos anos as transformou. Ter vivido essa época, pensado e organizado novos cenários de atuação social fez com que conhecessem uma gama mais variada de suas próprias capacidades. A comunidade das demais mulheres com quem compartilhavam essas atividades se tornou a primeira fonte de validação de sua nova consciência de si. A contínua relação com outros libertários espanhóis e com as militantes da Mulheres Livres, depois da guerra, ajudou a manter vivas não apenas a lembrança de suas atividades em comum, mas também a realidade dessa transformação pessoal.

O impacto dessas experiências variava muito de uma pessoa para outra e dependia dos contextos sociais e políticos que se encontravam ou que criavam para si mesmas.[5] O empoderamento alcançado por essas mulheres está relacionado não apenas ao que conquistaram como indivíduos, mas, de maneira mais significativa, à comunidade de militantes, homens e mulheres, com quem viviam e trabalhavam — tanto durante a revolução quanto durante os anos de exílio e repressão que se seguiram. Essa conclusão não deveria nos surpreender. As teóricas feministas contemporâneas ressaltam cada vez mais a importância das relações entre mulheres. Algumas argumentam que as redes proporcionam apoio mútuo importante dentro das famílias, nos locais de trabalho e nas comunidades, e lhes permitem participar do que comumente é reconhecido como "ação política".[6] Outras têm centrado atenção nos modos como a posição ocupada pelas mulheres dentro das redes de amigos e familiares e sua relação particular com as instituições sociais definem sua autoimagem, até o ponto de poderem desenvolver orientações psicológicas, padrões de raciocínio moral e critérios de ação que diferem significativamente das normas — de orientação masculina — estabelecidas.[7]

---

5. ACKELSBERG, Martha. "Mujeres Libres: The Preservation of Memory under the Politics of Repression in Spain" [Mulheres Livres: a preservação da memória sob as políticas repressivas na Espanha], em PASSERINI, Luisa (org.). *International Yearbook of Oral History and Life Stories* [Anuário internacional de história oral e história da vida privada], v. 1 (Memory and Totalitarianism). Oxford: Oxford University Press, 1992, pp. 125-43.
6. Ver, por exemplo, os ensaios de *Women and The Politics of Empowerment*.
7. GILLIGAN, *In a Different Voice*; RUDDICK, Sarah. "Maternal Thinking" [Pensamento maternal], em *Feminist Studies*, v. 6, n. 2, 1980, pp. 342-67; e *Maternal Thinking: Toward a Politics of Peace* [Pensamento maternal: em direção a políticas de paz]. Boston: Beacon Press, 1989; FREEMAN, Sue. "Women's Moral Dilemmas: In Pursuit of Integrity" [Dilemas morais femininos: em busca da integridade], em *Women Living Change* [Mulheres vivendo a mudança], pp. 217-54; LYKES, Brinton. "Gender and Individualistic vs. Collectivist Bases for Notions about the Self" [Gênero e individualidade versus princípios coletivistas para noções do eu], em *Journal of Personality*, v. 53, n. 2, jun. 1985, pp. 358-83.

A atenção ao entorno, característica que define o que poderíamos chamar de uma "concepção feminista de mundo",[8] era também um elemento importante do anarquismo espanhol. Muitos dos programas da Mulheres Livres tinham um forte componente de conscientização, o que permitia às participantes situar suas experiências num contexto social e construir solidariedade com os demais, tendo como base perspectivas compartilhadas. Como nos grupos de conscientização dos primórdios do movimento feminista contemporâneo nos Estados Unidos, as realizações individuais que uma mulher experimentava a capacitavam, pois estavam validadas pelas experiências das demais.

Os grupos de conscientização não são, é claro, os únicos âmbitos nos quais se produz uma transformação de consciência. Como reiterava Marx, a consciência muda durante a luta e por meio dela. Tradicionalmente, os marxistas interpretaram que a consciência verdadeiramente revolucionária — ou seja, baseada na luta de classes — nasce do conflito no local de trabalho, quando os trabalhadores reconhecem que são parte da luta comum contra a burguesia. Os anarquistas espanhóis criticaram a monocausalidade econômica dessa análise ao mesmo tempo que conservaram a ênfase na luta e na ação

---

8. ARDENER, Shirley. "Introduction" [Introdução], em *Perceiving Women* [Percebendo as mulheres]. Nova York: Wiley, 1975; BOURQUE, Susan C. & DIVINE, Donna R. "Introduction: Women and Social Change" [Introdução: mulheres e mudança social], em *Women Living Change*, pp. 1-21; DIAMOND, Irene & QUINBY, Lee. "American Feminism and the Language of Control" [Feminismo americano e a linguagem do controle], em *Feminism and Foucault: Reflections of Resistance* [Feminismo e Foucault: reflexões sobre resistência]. Boston: Northeastern University Press, 1988, pp. 193-206; HASRTSOCK, Nancy. *Money, Sex, and Power* [Dinheiro, sexo e poder]. Nova York: Longman, 1983, cap. 10; SETEL, Drorah. "Feminist Insights and the Question of Method" [Entendimento feminista e a questão do método], em *Feminist Perspectives on Biblical Scholarship* [Perspectivas feministas no conhecimento bíblico]. Chico: Scholars Press, 1985, pp. 35-42; DIETZ, Mary. "Context Is All: Feminism and Theories of Citizenship" [Contexto é tudo: feminismo e teorias da cidadania], em *Dedalus*, outono de 1987, pp. 1-24.

como geradores primários da consciência radical. As greves gerais da Andaluzia rural e da Barcelona industrial — tratadas no capítulo 2 — demonstraram que a consciência da opressão pode derivar de uma variedade de experiências em diferentes contextos, e que as redes comunitárias podem ser tão importantes na mudança de consciência como as lutas fabris. Os *ateneos* e as escolas racionalistas também forneceram ambientes apropriados para que as pessoas ensaiassem novos sonhos culturais, novas concepções de si mesmas e novas relações com o mundo.

Os anarquistas espanhóis reconheciam que a radicalização nasce da ação, e a Mulheres Livres se inspirou nesse reconhecimento. As pessoas desenvolvem novas concepções de si mesmas quando rompem com os modelos tradicionais, assumindo outros papéis e atuando em áreas que antes lhes eram negadas. Ao cruzar, com apoio do grupo, os limites daquilo que se considera o "comportamento adequado", a pessoa pode se capacitar e se questionar sobre a conveniência desses limites. As mulheres que participaram nas greves gerais e na "guerra das mulheres" em Barcelona durante as primeiras décadas do século XX, por exemplo, não abandonaram necessariamente seus bairros em protesto contra o preço alto dos alimentos *porque* estavam desafiando as concepções convencionais de "lugar da mulher". Porém, mover-se para fora de seus bairros em direção a áreas mais públicas abriu-lhes novas perspectivas e proporcionou-lhes a base para o desenvolvimento de uma consciência crítica. As mulheres trabalharam nas fábricas durante a Guerra Civil Espanhola não porque estivessem desafiando a divisão sexual do trabalho, mas porque necessitavam dos salários para manter sua família enquanto o marido, irmão ou pai estava no front, e porque esses trabalhos tinham de ser realizados por alguém, mesmo na ausência dos homens. Mas o processo de trabalhar nas fábricas — e encontrar mulheres em circunstâncias parecidas — teve efeitos radicalizadores. As mulheres que participam da luta comunitária em seus bairros com frequência percorrem um processo similar. Também pode ser que se engajem nos protestos porque creem que é seu dever, como mulheres, proteger suas famílias. Participar das ações pode ser algo politizador em si mesmo.[9]

O desenvolvimento da "consciência crítica" é um processo ativo que supõe tanto a "participação na luta social como o plano de mudança. O enfrentamento coletivo das estruturas de autoridade e/ou a criação de uma nova realidade político-social nos interstícios das relações de poder existentes gera consciências transformadas e garante energia para a ação continuada — a resistência".[10] Eu gostaria de enfatizar a importância do enfrentamento *coletivo*. Parece que a radicalização precisa da existência de uma comunidade de pessoas com quem o indivíduo compartilhe a experiência e valide o novo senso de si mesmo — ainda que, obviamente, nem todas as experiências de comunidade sejam radicalizadoras em um sen-

---

[9]. ACKELSBERG, Martha & BREITBART, Myrna. "Terrains of Protest: Striking City Women" [Terrenos de protesto: mulheres nas greves gerais], em *Our Generation*, v. 19, n. 1, outono/inverno de 1988, pp. 165-75; LAWSON, Ronald; BARTON, Stephen E. & JOSELIT, Jenna Weissman. "From Kitchen to Storefront: Women in the Tenant Movement" [Da cozinha para a linha de frente: mulheres na luta pela posse de torre], em *New Space for Women* [Novos espaços para a mulher]. Boulder: Westwiew Press, 1980, pp. 255-71; HYMAN, Paula. "Immigrant Women and Consumer Protest: The New York City Kosher Meat Boycott of 1902" [Mulheres imigrantes e protestos de consumidores: o boicote de 1902 à carne kosher em Nova York], em *American Jewish History*, n. 70, verão de 1980, pp. 91-105; LUTRELL, Wendy. "The Edison School Struggle" [A resistência da escola Edison], em *Women and the Politics of Empowerment*, pp. 136-56; e MORGEN, Sandra. "It's the Whole Power of the City Against Us" [Todo o poder da cidade contra nós], em *Women and the Politics of Empowerment*, pp. 97-115; CASTELLS, Manuel. *The City and the Grassroots: A Cross-Cultural Theory of Urban Social Movements* [A cidade e as bases: uma teoria intercultural dos movimentos sociais urbanos]. Berkeley: University of California Press, 1983.
[10]. ACKELSBERG & BREITBART, "Terrains of Protest", p. 172.

tido progressista.[11] A Mulheres Livres propiciou a suas filiadas essa comunidade, e esse sentimento comunitário entre as feministas contemporâneas (e também entre as da "primeira onda") foi crucial para a mudança da consciência feminista.

A conscientização e o empoderamento por meio de experiências compartilhadas não são a única semelhança entre o feminismo contemporâneo e a Mulheres Livres. Outro aspecto do reconhecimento da importância da comunidade é a insistência na ideia de que somente podemos idealizar maneiras de superar as relações de opressão se levarmos em conta as relações familiares, trabalhistas e todas as outras em que estamos inseridos. A teoria e a prática feministas começaram a deixar claro que a coesão social que mantém unidas as muitas sociedades não é uma estrutura formal de autoridade, mas, sim, padrões de relações humanas arraigadas nas necessidades comuns. As comunidades, inclusive os movimentos políticos, têm êxito não por causa de níveis hierárquicos de comando, mas pelos grupos que constroem as relações cotidianas que as sustentam.[12] Os grupos de afinidade da FAI, os

---

11. Ver, por exemplo, DWORKIN, Andrea. *Right Wing Women, Coward, McCann e Geoghegan* [Mulheres de direita, covardes, McCann e Geoghegan]. Nova York, 1982; MCCOURT, Kathleen. *Working-Class Women and Grassroots Politics* [Mulheres da classe trabalhadora e bases políticas]. Bloomington: Indiana University Press, 1977; GINSBURG, Faye. *Contested Lives: The Abortion Debate in an American Community* [Vidas contestadas: o debate sobre o aborto na comunidade americana]. Berkeley: University of California Press, 1989.

12. KAPLAN, Temma. "Class Consciousness and Community in Nineteenth-Century Andalusia" [Consciência de classe e comunidade na Andaluzia do século XIX], em *Political Power and Social Theory*, n. 2, 1981, pp. 21-57; também STACK, Carol. *All Our Kin: Strategies fo Survival in a Black Community* [Toda a nossa família. Estratégias de sobrevivência na comunidade negra]. Nova York: Harper and Row, 1974; e REINHARZ, Shulamit. "Women as Competent Community Builders: The Other Side of the Coin" [Mulheres e a competência na construção da comunidade: o outro lado da moeda], em *Social and Psychological Problems of Women: Prevention and Crisis Intervention* [Problemas sociais e psicológicos das mulheres: prevenção e intervenção em crises]. Washington: Hemisphere, 1984, pp. 19-43.

ateneos, os núcleos em que a Mulheres Livres se estruturava eram de alguma forma coletivos igualitários nos quais todos podiam se sentir parte da comunidade. As relações interpessoais nas quais as estruturas estavam baseadas, e que estas fomentavam, sustentavam o coletivo e seus membros. A ênfase dada pela teoria feminista na importância das relações de ajuda mútua é surpreendentemente semelhante à afirmação dos anarquistas espanhóis de que a sociedade ideal é baseada nas relações de mutualidade e reciprocidade — e regulada por elas —, e não na hierarquia e no domínio.

A Mulheres Livres, entretanto, também era consciente da natureza ambígua das comunidades. Concretamente, comunidades que ignoram ou negam as diferenças entre seus membros podem perpetuar as relações de hierarquia e domínio, apesar de um suposto compromisso com a igualdade. As críticas da Mulheres Livres às organizações anarquistas pelo seu fracasso na abordagem adequada do caráter único das mulheres se assemelham às críticas que as trabalhadoras e as mulheres de minorias étnicas fizeram aos movimentos feministas estadunidenses. As redes podem ser cruciais para a criação e a manutenção das comunidades, mas, se estas querem ser verdadeiramente igualitárias e transformadoras, essas redes devem incluir os dominados, assim como os dominadores prévios, a minoria e a maioria.

Assim, outro aspecto da atenção dada pelos anarquistas e pelas feministas à comunidade como contexto para o empoderamento é a relação entre comunidade e individualidade. Como já apontou Martin Buber, uma pessoa precisa "sentir que sua própria casa é um lar de estrutura abrangente no qual se sente confortável, sentir que os outros habitantes dessa estrutura com os quais convive e trabalha estão reconhecendo e confirmando sua existência individual".[13] Para Buber, a es-

---

13. BUBER, Martin. *Paths in Utopia* [Caminhos da utopia]. Boston: Beacon Press, 1958, p. 140.

sência da verdadeira comunidade é reforçar o eu que se produz graças ao pertencimento ativo a uma comunidade de iguais. Os anarquistas espanhóis insistiam que a individualidade e a comunidade se reforçavam mutuamente. A Mulheres Livres trabalhou de acordo com essa ideia. A experiência do empoderamento, tanto pessoal como coletivo, baseada em redes de apoio e compromisso compartilhados, era um aspecto crucial da transformação revolucionária. O empoderamento que experimentaram necessitava, por sua vez, de uma comunidade que respeitasse e valorizasse as diferenças entre seus membros.

Diferença, diversidade e comunidade

A Mulheres Livres entendia o empoderamento como um processo comunitário, mas também admitia que nem todas as comunidades empoderavam. Por exemplo, as sociedades estruturadas hierarquicamente segundo níveis de classe, raça e gênero empoderavam alguns enquanto desempoderavam outros. Assim, um segundo legado da Mulheres Livres é o esforço, por meio da atenção que deu ao gênero, de criar uma comunidade que incorporasse integralmente todos os seus membros — nesse caso, respeitando tanto as semelhanças como as diferenças com os homens.

A Mulheres Livres exigiu que a reivindicação pelo reconhecimento e pelo respeito à diversidade incluísse as mulheres e os homens. Insistiu que o movimento anarquista e a nova sociedade que estava tentando criar *tratassem as mulheres da mesma maneira que os homens e, ao mesmo tempo, respeitassem as diferenças entre eles.* As militantes da Mulheres Livres nem sempre estiveram de acordo sobre quais eram essas diferenças ou sobre quais eram suas origens. Mas todas acreditavam que as mulheres deveriam ser aceitas em suas particularidades, ser tratadas de modo que se admitisse suas diferentes condições de vida — sem pressupor necessariamente a permanência nessas condições —, e que era necessário permitir e encorajar que as mulheres contribuíssem com sua perspectiva única com o movimento e com a nova sociedade.

Suas experiências se assemelham significativamente às das feministas contemporâneas e sugerem modos de tratar algumas das questões mais urgentes da agenda feminista atual: i) Como admitir as diferenças entre as pessoas — entre homens e mulheres, de classe, étnicas e culturais — sem impedir a possibilidade de transformação?; ii) Uma vez que essas diferenças sejam reconhecidas e detalhadas, que diferença isso faria? Como elas deveriam ser incorporadas organizativamente? O que supunha criar uma sociedade que reconhecesse grupos diversos de pessoas com necessidades igualmente diversas sem considerar os pontos de vista e características de alguns como normas para todos?

Políticas diferentes para as diferenças das mulheres?
Definições e expectativas dominantes acerca do que constitui as questões e comportamentos políticos legítimos incidem de maneira importante sobre o que entendemos por política, militância ou protesto, e sobre a criação de táticas e programas políticos. Nesse terreno, a afirmação de que as mulheres são fundamentalmente diferentes dos homens fora usada tanto para justificar sua marginalização do poder político e social como para culpá-las por isso.[14] Sindicatos e partidos

---

14. BEAUVOIR, Simone de. *The Second Sex*. Nova York: Bantam Books, 1961 [Ed. bras.: *O segundo sexo*. Rio de Janeiro: Nova Fronteira, 2019]. Sobre as mulheres não serem concebidas como seres "políticos", ver BOURQUE, Susan C. & GROSSHOLTZ, Jean. "Politics as Unnatural Practice: Political Science Looks at Women's Participation" [Política como prática antinatural: o olhar da ciência política para a participação feminina], em *Politics and Society*, v. 4, n. 2, 1974, p. 225-66; ELSHTAIN, Jean B. "Moral Woman and

organizaram seus programas de acordo com critérios masculinos, negligenciaram temas relacionados diretamente às mulheres — como licença-maternidade, igualdade salarial e cuidado dos filhos — e dedicaram pouca atenção a mobilizá-las para suas fileiras. Além disso, tenderam a desdenhar, ridicularizar e negar a importância política das ações de protesto promovidas por mulheres. Como consequência, elas raramente se veem ou são vistas como "animais políticos" capazes de participar de uma ação conjunta com o objetivo de tratar de temas de interesse comum.[15]

A experiência das mulheres nos movimentos anarquista e anarcossindicalista espanhóis ilustra algumas das maneiras como essas concepções sobre a diferença limitavam a militância feminina dentro do movimento. A crescente bibliografia sobre mulheres nos movimentos sociais, sobretudo nas organizações socialistas, evidencia que as frustrações das anarquistas espanholas não eram únicas.

Na Europa ocidental e nos Estados Unidos, os partidos políticos e os sindicatos têm sido as estruturas normativas

---

Inmoral Man: A Consideration of the Public-Private Split and Its Ramification" [Mulher moral, homem imoral: considerações sobre o rompimento do público-privado e suas ramificações], em *Politics and Society*, v. 4, n. 4, 1974, pp. 453-73; e ACKELSBERG, Martha. "Communities, Resistance and Women's Activism: Some Implications for a Democratic Policy" [Comunidades, resistência e ativismo feminino: algumas implicações para a democracia], em *Women and the Politics of Empowerment*, p. 301.

15. Ver, por exemplo, *Women and the Politics of Empowerment*, especialmente os ensaios de Sacks, Morgen, Costello, Zavella e Susser; KATZENSTEIN, Mary Fainsod & MUELLER, Carol McClurg (eds.). *The Women's Movement of the United States and Western Europe: Consciousness, Political Opportunity, and Public Policy* [Movimento de mulheres nos Estados Unidos e Europa ocidental: consciência, conjuntura política e políticas públicas]. Filadélfia: Temple University Press, 1987; FRIEDLANDER, Judith; COOK, Blanche Wiesen; KESSLER-HARRIS, Alice & SMITH-ROSENBERG, Carrol (eds.). *Women in Culture and Politics* [Mulheres na cultura e na política]. Bloomington: Indiana University Press, 1986; KAPLAN, Patricia & BUJRA, Janet M. (eds.). *Women United, Women Divided: Cross-Cultural Perspectives on Female Solidarity* [Mulheres unidas, mulheres divididas: perspectivas interculturais na solidariedade feminina]. Londres: Tavistock, 1978.

dominantes de participação social e política. Com pouquíssimas exceções, esses dois tipos de organização têm se dirigido, esmagadoramente, aos homens. Privadas do direito ao voto durante o século XIX e o começo do XX, as mulheres foram menosprezadas pelos partidos políticos, a não ser quando essas organizações sofriam pressões em relação ao tema do sufrágio.[16] Mesmo que durante as primeiras décadas do século XX as mulheres tenham tomado parte na força de trabalho industrial em número cada vez maior, em raras ocasiões os sindicatos as incorporaram ativamente como membros de suas organizações ou adotaram suas questões como demandas prioritárias nas negociações com os patrões. A ideologia de gênero dominante concebia o trabalho como responsabilidade masculina e tratava as mulheres assalariadas como anomalias. À exceção de sindicatos inspirados na ação direta — como os Wobblies nos Estados Unidos, além da CNT na Espanha —, em geral as mulheres desapareciam da consciência dos partidos e dos sindicatos.[17] Na Espanha, por exemplo, durante os primeiros anos do século XX, somente a Igreja católica e suas organizações levaram suficientemente a sério a difícil situação das mulheres para provê-las com esforços organizativos importantes.

O socialismo e o feminismo apareceram na Europa ocidental quase simultaneamente em resposta a fenômenos econômicos e culturais relacionados — a promessa de liberdade e cidadania universal da Revolução Francesa e as

---

16. O sufrágio feminino foi conquistado em 1918 na Inglaterra, em 1920 nos Estados Unidos, em 1931 na Espanha e em 1944 na França. [No Brasil, em 1932 — N.E.]
17. Sobre o Industrial Workers of the World (IWW), ver CAMERON, Ardis. "Bread and Roses Revisited: Women's Culture and Working-Class Activism in the Lawrence Strike of 1912" [Pão e rosas revisitados: cultura das mulheres e ativismo proletário na greve de Lawrence em 1912], em *Women, Work and Protest: A Century of U.S. Women's Labor History* [Mulheres, trabalho e protesto: um século de história do trabalho feminino nos Estados Unidos]. Boston: Routledge and Kegan Paul, 1985, pp. 42-61.

promessas de abundância e crescimento econômico da Revolução Industrial. Tanto o socialismo quanto o feminismo ressaltavam as contradições dessas revoluções e dos regimes políticos democráticos que lutaram para se estabelecer durante todo o século XIX. Os socialistas desafiaram a proteção da propriedade privada pelas constituições democráticas e o escárnio que elas faziam de qualquer processo para o sufrágio universal. As feministas também se centraram nas contradições entre teoria e prática: "A declaração dos direitos do homem e do cidadão não excluiu as mulheres das esferas social e política; fez algo muito pior: estabeleceu sua ausência".[18] Nesse contexto, feministas e socialistas poderiam ter sido aliados contra noções limitadas de cidadania que, ao não reconhecerem as diferenças (de classe ou sexo), mascaravam e perpetuavam as relações de dominação.

As feministas e os socialistas europeus dividiram causas comuns em muitas ocasiões. Mas, como apontou Barbara Taylor em *Eve and the New Jerusalem*, "o radicalismo pela igualdade sexual" que caracterizou o socialismo utópico britânico no início do século XIX se perdeu com o desenvolvimento do socialismo científico, que considera a divisão de classes como categoria central de análise. "O feminismo organizado era entendido cada vez mais não como um compo-

---

18. FRAISSE, Geneviève. "Natural Law and the Origins of Nineteenth-Century Feminist Thought in France" [Direito natural e as origens do pensamento feminista na França do século XIX], em *Women in Culture and Politics*, p. 322. Ver também LANDES, Joan. *Women and Pubic Sphere in the Age of the French Revolution* [Mulheres na esfera pública no contexto da Revolução Francesa]. Ithaca: Cornell University Press, 1989; PICQ, Françoise. "'Bourgeois Feminism' in France: A Theory Developed by Socialist Women before World War I" ["Feminino burguês" na França: uma teoria desenvolvida pelas mulheres socialistas antes da Primeira Guerra Mundial], em *Women in Culture and Politics*, pp. 332-5; e SOWERWINE, Charles. *Sisters or Citizens? Women and Socialism in France since 1876* [Irmãs ou cidadãs? Mulheres e socialismo na França desde 1876]. Cambridge: Cambridge University Press,1982, pp. 1-2.

nente essencial da luta socialista, mas como uma força desviante e causa de desunião, sem nenhuma relação inerente com a tradição socialista."[19] O socialismo perdeu seu componente feminista; o feminismo dominante perdeu o interesse pelas classes e pela "coletividade", criando o pano de fundo para o feminismo individualista liberal, que é hoje [anos 1980 e 1990] sua vertente principal, pelo menos nos Estados Unidos.[20] A experiência britânica não foi isolada: na França, na Itália, nos Estados Unidos e inclusive na União Soviética, além da Espanha, os grupos de oposição de esquerda foram tão afetados quanto os partidos da situação por causa da bifurcação causada pelas críticas baseadas em gênero — e em classe — e por concepções polarizadas acerca das diferenças entre mulheres e homens. Continuamente, as mulheres dos movimentos socialistas europeus se viram forçadas a escolher entre o socialismo — a escolha leal à classe trabalhadora — e o feminismo — a escolha leal às mulheres, para além das divisões de classe.

As mulheres socialistas de toda a Europa se opuseram a essa polarização e tentaram criar um feminismo socialista que reconhecesse a especificidade das mulheres dentro da classe trabalhadora. Trabalharam para que os movimentos socialistas aceitassem as mulheres e as diferenças de gênero. Porém, no geral, não obtiveram sucesso.[21] Obrigadas a esco-

---

19. TAYLOR, *Eve and the New Jerusalem*, p. 16.
20. Ver também SMITH, Ruth & VALENZE, Deborah. "Marginality and Mutuality: Liberal Moral Theory and Working-Class Women in Nineteenth-Century England" [Marginalidade e mutualidade: teoria da moral liberal e mulheres da classe operária na Inglaterra do século XIX], em *Signs*, v. 13, n. 2, inverno de 1988, pp. 277-98; e SMITH, Ruth. "Moral Transcendence and Moral Space in the Historical Experiences of Women" [Transcendência moral e moral espacial nas experiências históricas de mulheres], em *Journal of Feminist Studies in Religion*, v. 4, n. 2, outono de 1988, pp. 21-37.
21. BOXER, Marilyn. "Socialism Faces Feminism: The Failure of Synthesis in France, 1879-1914" [Socialismo encontra o feminismo: o fracasso da síntese na França,

lher entre as lealdades, a maioria dessas mulheres, cuja identidade política estava arraigada nas organizações socialistas e que, certamente, sentia pouca simpatia pelas feministas burguesas, pensou que sua única opção era o socialismo, abandonando assim seus esforços para alcançar as mulheres trabalhadoras em suas particularidades. As interpretações sobre a desigualdade entre mulheres e as concepções políticas baseadas no gênero se combinavam para assegurar que tanto os partidos quanto os movimentos sindicais, inclusive aqueles comprometidos com uma transformação social radical, aceitassem definir, também com base nas questões de gênero, quais questões eram apropriadas para sua ação política e como as pessoas deveriam se mobilizar em torno delas. As concepções dominantes acerca da "diferença das mulheres" ou negavam a importância de qualquer diferença existente entre os gêneros — e, portanto, da necessidade de haver uma aproximação específica às mulheres trabalhadoras — ou definiam as mulheres em termos absolutos por conta dessas diferenças, e, assim, parecia não haver lugar para elas dentro dos partidos ou das organizações sindicais. Esse padrão de "escolha forçada" continua, na verdade, até nossos dias. Yasmine Ergas apontou em seu estudo sobre as mulheres da esquerda italiana, nas décadas posteriores à Segunda Guerra

---

1879-1914], em *Socialist Women: European Socialist Feminism in the Nineteenth and Early Twenttieth Centuries* [Mulheres socialistas: feminismo socialista europeu no fim do século XIX e início do XX]. Nova York: Elsevier, 1978, pp. 75-111; e BOXER. "When Radical and Socialist Feminism Were Joined: The Extraordinary Failure of Madeleine Peletie" [Quando feministas radicais e socialistas se uniram: a extraordinária queda de Madeleine Peletie], em *European Women on the Left* [Mulheres europeias à esquerda]. Westport: Greenwood, 1981, pp. 51-73; LAVIGNA, Claire. "The Marxist Ambivalence toward Women: Between Socialism and Feminism in the Italian Socialist Party" [A ambivalência marxista com relação à mulher: entre o socialismo e o feminismo no Partido Socialista italiano], em *Socialist Women*, pp. 146-81; e SPRINGER, Beverly Tanner. "Anna Kuliscioff, Russian Revolutionist, Italian Feminist" [Anna Kuliscioff, revolucionária russa, feminista italiana], em *European Women on the Left*, pp. 13-27.

Mundial, que as mulheres enfrentavam um "processo bipolar de validação [entre as categorias mutuamente excludentes de 'mulher-mãe' ou 'mulher-trabalhadora'] baseado na alternativa entre a especificidade e a marginalidade, por um lado, e a integração e a assimilação, por outro".[22]

Se os enfoques diferem, as consequências são semelhantes. As mulheres estavam completamente sub-representadas nos movimentos socialistas organizados da Europa ocidental no começo do século XX, e as que chegaram a participar lutaram uma batalha perdida por atenção a suas necessidades específicas. Ainda que os partidos e as organizações socialistas admitissem que as concepções existentes sobre política eram prejudiciais para a classe trabalhadora, não foram capazes de reconhecer o caráter de construção social de seus próprios pontos de vista sobre as mulheres. A "alteridade" das mulheres ocupava o mesmo lugar nos programas dos grupos socialistas de oposição que nas políticas dos regimes capitalistas aos quais se opunham.

Como mencionei, semelhante estreiteza de visão afetou também muitos movimentos feministas. À exceção das sufragistas operárias inglesas, quase todos os esforços feministas de organização ignoraram a dimensão de classe na crítica à "hierarquia masculina".[23] Claramente, essa foi a

---

22. ERGAS, Jasmine. "Convergences and Tensions Between Collective Identity and Social Citizenship Rights: Italian Women in the Seventies" [Convergências e tensões entre identidade coletiva e direitos sociais: mulheres italianas nos anos 1970], em *Women in Culture and Politics*, p. 303. Ver também ERGAS, Jasmine. "1968-1979 Feminism and the Italian Party System: Women's Politics in a Decade of Turmoil" [O feminismo e o sistema partidário italiano de 1968 a 1979: políticas para a mulher numa década tumultuada], em *Comparative Politics*, n. 14, abr. 1982, pp. 253-80; e KLEIN, Ethel. "The Diffusion of Consciousness in the United States and Western Europe" [A difusão da consciência nos Estados Unidos e na Europa ocidental], em *The Women's Suffrage Movement*, pp. 41-2.
23. LIDDINGTON, Jill & NORRIS, Jill. *One Hand Tied Behind Us: The Rise of the Woman's Suffrage Movement* [A mão atada atrás de nós: o despertar do movimento sufragista feminino]. Londres: Virago, 1978.

razão pela qual a associação Mulheres Livres não se identificava como "feminista".

É fato que as mulheres estão marginalizadas da política dominante, mas as diferenças de gênero se inscrevem nas definições imperantes do "político" também em outro sentido. Em muitas ocasiões, tanto os militantes revolucionários como os estudiosos dos movimentos sociais são incapazes de reconhecer a militância feminina quando as linhas convencionais não são seguidas. Por exemplo, é muito menos provável que as mulheres ocupem papéis de liderança nos movimentos sindicais que os homens, sobretudo se a força de trabalho for mista. A militância das mulheres tende a enfocar, mais que a dos homens, questões que afetam a qualidade de vida ou que englobam toda a comunidade, e não apenas o local de trabalho, ou até questões que cruzam as fronteiras entre casa, trabalho e comunidade. Surpreendentemente, a militância feminina adota com frequência formas que, para os padrões convencionais, aparecem como "espontâneas", "não planejadas" ou "desorganizadas".[24]

Assim, a construção social das diferenças de gênero cria outros contextos para a organização das mulheres e suas atividades de protesto social. Como apontaram Frances Fox Piven e Richard Cloward, as pessoas se manifestam contra as instituições que as afetam nos contextos em que vivem e com os meios aos quais têm acesso.[25] A divisão sexual do traba-

---

24. KAPLAN, "Female Consciousness and Collective Action"; LEVY, Darlene Gay; APPLEWHITE, Harriet Branson & JOHNSON, Mary Durham. *Women in Revolutionary Paris, 1789-1795* [Mulheres na Paris revolucionária, 1789-1795]. Urbana: University of Illinois Press, 1979, pp. 3-12.

25. PIVEN, Frances Fox & CLOWARD, Richard A. "The Social Structuring of Political Protest" [A estrutura social do protesto político], em *Poor People's Movements*; e PIVEN, Frances Fox. "Hidden Protest: The Channeling of Female Innovation and Resistance" [Protestos escondidos: canalizando a inovação e a resistência feminina], em *Signs*, v. 4, n. 4, 1979, p. 651; ver também GUTMAN, Herbert. *Work, Culture and Society in Industria-*

lho e outras formas institucionais de opressão estruturam a vida das mulheres de maneira diferente da vida dos homens. Assim, os contextos em que experimentam e resistem à opressão devem ser necessariamente diferentes. Até mesmo as mulheres sindicalizadas podem não ter o apoio dos sindicatos nas questões específicas de gênero. Além disso, a expectativa de papéis sociais, com a mulher sendo a principal responsável pelos cuidados da casa e dos filhos, pode também impossibilitar sua participação plena nas reuniões e atividades sindicais.

Não deveria ser surpreendente, então, descobrir que os contextos e as formas de resistência das mulheres diferem bastante dos contextos e das formas vividas pela maioria dos homens. Geralmente, elas dependem menos de organizações trabalhistas ou formalmente estruturadas e mais das redes locais de amigos, familiares, parceiros e colaboradores. Mais do que ocorrer com os homens, as manifestações de protesto das mulheres tendem a ser de ação direta, de modo que, ao mesmo tempo que tentam influenciar os detentores do poder, mobilizam e conscientizam os participantes dos protestos. A experiência de agir nessas esferas da vida previamente delimitadas como "privadas" ou "pessoais" pode chegar a exercer efeitos radicalizadores importantes. Enquanto, de acordo com a teoria marxista, é mais provável que os homens desenvolvam a consciência de classe em organizações baseadas nos locais de trabalho, para as mulheres as fontes de mudança de consciência podem ser bem diferentes. Como Myrna Brietbart e eu argumentamos em outro trabalho, "os bairros e os locais de trabalho não são o berço de todo tipo de dominação, nem

---

lizing America: Essays in American Working-Class and Social History [Trabalho, cultura e sociedade na industrialização americana: ensaios sobre classe operária e história social]. Nova York: Knopf, 1976.

os lugares por excelência da revolução, mas podem conter a possibilidade de lutar pela emancipação".[26]

As organizações formalmente estruturadas são definidas como políticas, sobretudo as construídas hierarquicamente, tais como sindicatos e partidos políticos. As formas de protesto estruturadas de maneira mais vaga, não hierárquicas e "espontâneas", como os distúrbios provocados pelo aumento de preços de alimentos, as greves de inquilinos, as manifestações pacifistas e os atos de escracho, são frequentemente taxadas como não políticas. Paradoxalmente, como relataram Jacquelyn Dowd Hall e Nancy Hewitt sobre as atividades de resistência das mulheres no início do século xx na Carolina do Norte e na Flórida, quanto mais eficazes eram as manifestações, mais eram rotuladas como "desordenadas" e mais suas ações e figuras eram desvalorizadas. Esse processo pode ter sido consequência de vários fatores. Primeiro, sugere a negação da legitimidade de organizações com estruturas distintas da norma: o verdadeiramente político seria formalmente estruturado, e organizações temporárias não mereceriam compor essa categoria. Em segundo lugar, pode também refletir uma tentativa de minar e desvalorizar as atividades de mulheres que desafiam o domínio masculino.[27]

Uma maneira de efetuar esse processo de desvalorização é utilizar a sexualidade para rotular e anular as atividades das participantes das ações de protesto. Por um lado, as mulheres

---

26. ACKELSBERG & BRIETBART, "Terrains of Protest" [Terrenos de protesto], p. 174.
27. HALL, Jacquelyn Dowd. "Disorderly Women: Gender and Labor Militancy in the Appalachian South" [Mulheres desordeiras: gênero e militância ao sul dos Apalaches], em *Journal of American History*, set. 1986, pp. 354-82; mesa-redonda da qual participaram Jacquelyn Hall, Nancy Hewitt, Ardis Cameron e Martha Ackelsberg: "Disorderly Women: Gender, Politics and Theory" [Mulheres desordeiras: gênero, políticas e teoria], Berkshire Conference of Women Historians, Wellesley College, jun. 1987; e BASU, Amrita. "When Indian Peasant Women Revolt" [Quando mulheres camponesas se revoltam], manuscrito. A alternativa clássica é a de HOBSBAWM, *Social Bandits and Primitive Rebels*.

que reivindicam as mesmas prerrogativas de liberdade sexual desfrutadas pelos homens são, com frequência, alvos de ridicularizações concebidas para negar a seriedade de sua militância. Porém, mesmo aquelas que não concentram sua militância na liberdade sexual frequentemente têm suas ações definidas por sua sexualidade. Assim, tanto Nancy Hewitt como Jacquelyn Hall apontaram que as militantes sindicalistas radicais do Sul dos Estados Unidos foram alvo de insinuações e calúnias sexuais, não apenas por parte de representantes dos patrões, mas também dos sindicalistas, que pareciam incomodados com sua autonomia e independência. Essas classificações lembram as formas de ridicularização sofridas pelas militantes da Mulheres Livres, apelidadas de "Mujeres Liebres".

Nesses casos, o gênero se converte de novo em elemento constituinte do que se define como político. As mulheres, como tais, não podem ser seres políticos. Porém, essa separação entre sexualidade e militância ou, mais propriamente, entre sexualidade e a própria pessoa não é exigida dos homens. Pelo contrário, os homens ativos na política tendem a ser definidos, e a definir a si próprios, em termos que ressaltam sua masculinidade como componente de sua "politicidade". É claro que nem a todos os homens é permitida a livre expressão de sua sexualidade — que tem sido utilizada nos Estados Unidos, por exemplo, para controlar os homens negros, além de todas as mulheres.

Esses padrões de diferenciação de gênero podem nos ajudar a explicar em parte o que ocorre com as mulheres em organizações mistas tradicionais. O caso espanhol ilustra bem esse aspecto. As formas de militância mais comuns entre as mulheres — graças às quais muitas se conscientizaram e se converteram em participantes ativas de sindicatos tradicionais ou organizações — foram desvalorizadas pelos homens inseridos nesses grupos. Por exemplo, ainda que as greves pela "qualidade de vida" na Espanha tenham mobilizado milhares de mulheres nas primeiras décadas do século xx, e muitos anarquistas tenham admitido que as manifestações femininas conseguiram o que a atividade sindical tradicional não fora capaz de alcançar, a CNT não mudou de ideia sobre a forma de sua organização ou sobre como mobilizar as mulheres. A imensa maioria que participou dessa greve nunca foi plenamente incorporada ao movimento anarquista, porque este foi incapaz de admitir a diferença de formas de participação, ou até mesmo de conceitos de ativismo.

Por outro lado, mesmo quando as mulheres se filiavam aos sindicatos e a outras organizações (como a FIJL, os *ateneos* e a FAI), muitas se sentiam atraídas pelas estruturas menos tradicionais, especialmente pelos *ateneos* e grupos de jovens. E, quando se juntavam a organizações sindicais, raras vezes os programas dessas entidades eram transformados para acomodá-las. Se Teresina Torrelles Graells foi capaz de relatar que seu sindicato têxtil reivindicava salários iguais e licença-maternidade para as trabalhadoras em 1931, seu caso é excepcional — uma exceção que ela atribui à força do grupo de mulheres sindicalizadas. Poucos sindicatos adotaram essas pautas ou se preocupavam com essas demandas, já que eram questões que interessavam, prioritariamente, às trabalhadoras.

Ainda que o comprometimento do movimento com a política da ação direta tenha possibilitado a adoção de práticas especificamente voltadas para as necessidades das mulheres, as organizações raras vezes deram esse passo. Ao contrário, seus programas relegavam essas questões a segundo ou terceiro plano, considerando-as interesses especiais em vez de questões concernentes a todos os trabalhadores. Assim, não podemos nos surpreender com o fato de que as mulheres não se uniam a esses movimentos na mesma proporção que os homens, ou que fossem pouco ativas quando participavam. Esse padrão, em voga na Espanha até a época da guerra civil, é muito pouco diferente do que podemos observar na maioria das organizações de trabalhadores da Europa ocidental e dos Estados Unidos.

Mulheres Livres e as políticas da diferença

A Mulheres Livres tentou enfrentar a marginalização feminina e atender a seus interesses por meio da insistência em um status autônomo, separado das outras organizações. A independência permitia à associação definir seus próprios objetivos nos programas de organização e capacitação, além de poder centrar-se neles apesar da situação de guerra. Criada uma base independente de atuação, poderia ter rejeitado a análise polarizada que destruiu as aspirações de tantas mulheres socialistas, que se viram obrigadas a escolher entre classe e gênero. Em vez disso, elas foram capazes de forjar uma análise e um programa que conversasse com as necessidades e aspirações das trabalhadoras em suas particularidades. Isso não quer dizer que as realidades da guerra e da competição com a AMA e outras organizações de filiação comunista não afetassem os programas da Mulheres Livres. Já vimos que afetaram. Mas a autonomia, tão valiosa para suas fundadoras e tão ameaçadora para as organizações libertárias majoritárias, protegeu-a parcialmente do controle que os outros grupos estruturados do movimento, de orientação masculina, tentaram exercer sobre ela.

Entretanto, a Mulheres Livres pagou um preço por sua autonomia. Nunca teve os recursos ou o apoio organizativo que suas líderes desejaram. Além disso, ainda que a maioria delas continuasse militando em outras organizações do movimento libertário, sua influência foi relativamente limitada. O acesso qualitativo às discussões e aos debates sobre as táticas políticas em curso lhes foi negado: a tentativa de superar essa limitação foi o pedido de incorporação autônoma ao movimento libertário. O movimento, porém, nunca chegou a incorporá-las plenamente; tampouco seus temas de interesse foram agregados aos programas. Na verdade, a decisão da FIJL de criar uma secretaria feminina ilustra a percepção generalizada de que as mulheres não participavam apropriadamente do movimento. Suas vozes independentes foram marginalizadas. A autonomia permitiu que a Mulheres Livres continuasse seu trabalho quase sem restrições — exceto no âmbito econômico —, mas também foi um obstáculo para suas tentativas de comunicação com os homens.

A reivindicação de autonomia organizativa estava baseada tanto no que a associação entendia sobre a dinâmica das relações de gênero dentro das organizações como em seus pontos de vista sobre a "diferença" das mulheres. Em sua defesa de que as mulheres enfrentavam uma tripla opressão — a da ignorância, a do capitalismo e a da condição feminina — podemos enxergar uma tentativa de formular uma perspectiva do funcionamento da opressão institucional. Dessa análise, o grupo concluiu que essas formas de opressão institucional eram um problema não apenas para as mulheres, mas para todos os trabalhadores. Assim, superar a subordinação feminina — no lar, no local de trabalho ou na sociedade como um todo — era essencial para o bem-estar de todos os trabalhadores, homens e mulheres, igualmente. Portanto, a Mulheres Livres sustentava que a resposta apropriada das organizações de trabalhadores (CNT e FAI, por exemplo) às diferenças de gênero, que tinham suas bases na opressão institucional, era lutar para eliminá-las.

Muitos dos escritos e programas da Mulheres Livres, no entanto, pareciam supor que ao menos algumas das diferenças não eram baseadas unicamente na opressão. Essas diferenças representavam valores que deveriam ser conservados na nova sociedade. Uma série de artigos da revista *Mujeres Libres*, por exemplo, parece quase pressagiar a convocação feita por Carol Gilligan a escutar essa "voz diferente" que, com frequência, se associa às mulheres. Em um editorial em que se celebra a fundação da Federação Nacional Mulheres Livres, em agosto de 1937, lemos:

> E, ao identificar suas aspirações com a CNT e a FAI, soube recolher os aspectos mais genuinamente espanhóis e mais autenticamente revolucionários para enriquecê-los com o conjunto de suas "características próprias", de suas características femininas. [...] A Mulheres Livres quer que a nova estrutura social não padeça dessa lamentável unilateralidade que até hoje foi o infortúnio do mundo. A Mulheres Livres quer que, na nova Sociedade, os dois pontos de vista — masculino e feminino — convirjam e estabeleçam o equilíbrio necessário sobre o qual se assentará os fundamentos da nova justiça. Não pode haver sociedade justa na qual o masculino e o feminino não existam em iguais proporções.[28]

Aqui, parece que a autora alude à incorporação de uma perspectiva especial que as mulheres trazem para a vida política e social. Outro artigo sobre o mesmo tema, que aborda os problemas de distribuição de alimentos na zona republicana, faz uma exposição mais explícita:

> Os restaurantes e os bares dos ricos e seus fornecedores tinham de ser controlados por trabalhadores, ou melhor, por trabalhadoras, por serem mulheres e mães que sabem o que é não ter leite para uma criança fraca e doente, carne para um marido cansado

---

[28]. "Un acontecimiento histórico" [Um acontecimento histórico], em *Mujeres Libres*, n. 11, 1937.

do trabalho duro das indústrias de guerra. [...] O controle do ramo da alimentação precisa estar nas mãos das mulheres do povo.[29]

Tais argumentos podem facilmente cair em pressupostos sobre características "essencialmente femininas", ou até reforçá-los. A Mulheres Livres não era completamente imune a essas concepções, apesar da ênfase anarquista na afirmação de que a personalidade e a sexualidade eram produtos sociais. Muitos artigos da revista parecem admitir como um dado a existência de uma noção atemporal de "feminilidade", omitindo qualquer referência ao contexto social. Outros tratavam das dificuldades concretas enfrentadas pelas mulheres como mães e partiam da ideia de que as mulheres seriam as mais afetadas se algo ocorresse com seus filhos.

Como organização, a Mulheres Livres não formulou uma postura definitiva sobre quais eram as diferenças entre os gêneros, quais eram suas origens ou quais deveriam ser conservadas e revalorizadas na sociedade revolucionária. Às vezes, o grupo parecia concordar com Emma Goldman e Federica Montseny, que haviam ridicularizado as declarações feministas de que as mulheres eram moralmente superiores aos homens. Goldman e Montseny afirmavam que, se a oportunidade de exercer poder sobre os outros fosse dada às mulheres, abusariam dele assim como fizeram os homens. Os escritos dessas autoras, assim como os de Lucía Sánchez Saornil e Amparo Poch, davam a entender que qualquer diferença existente entre homens e mulheres estava arraigada na opressão social e que desapareceria em uma sociedade mais igualitária.

Mais comumente, entretanto, a Mulheres Livres pareceu admitir que as mulheres eram de alguma forma diferentes dos homens, que essas diferenças não haviam sido totalmente

---

29. "Paralelismo", em *Mujeres Libres*, n. 11, 1937.

formuladas na sociedade opressiva e que uma sociedade anarquista igualitária incorporaria o feminino e o masculino. Ainda que a associação não tenha desenvolvido uma análise sobre essas diferenças comparável àquelas que vêm sendo articuladas pelas feministas contemporâneas "teóricas da diferença",[30] o grupo tentou revalorizar essas diferenças e desenvolver uma estratégia para incorporá-las na nova organização social. Qualquer que fosse a origem da preocupação maior das mulheres com seus filhos e da moralidade no terreno político-social, elas argumentavam que essa era uma perspectiva válida. O movimento anarcossindicalista se enriqueceria com ela, e nunca o contrário.

A Mulheres Livres exigia de suas integrantes que vissem a si mesmas como seres sociais plenamente capazes e que agissem de acordo com isso. Seus programas de educação, conscientização e capacitação forneceram oportunidades para que as mulheres educassem a si mesmas e desenvolvessem habilidades para falar em público e reconstruir sua autoestima — habilidades de que necessitariam para atuar eficazmente nas organizações mistas. A solidariedade feminina como contexto para a mudança de mentalidade era essencial para a capacitação a que aspiravam. A segregação reivindicada pela Mulheres Livres era estratégica e temporal, necessária somente até que um número suficiente de mulheres tivesse desenvolvido as habilidades e a confiança requeridas e pudesse então contar

---

30. ACKELSBERG, Martha & DIAMOND, Irene. "Gender and Political Life: New Directions in Political Scene" [Gênero e vida política: novos direcionamentos no cenário político], em *Analyzing Gender: A Handbook of Social Science Research* [Analisando gêneros: um guia de pesquisa em ciências sociais]. Beverly Hills: Sage Publications, 1987, pp. 515-8. Ver também BARON, Ava. "Feminist Legal Strategies: The Powers of Difference" [Estratégias jurídicas feministas: os poderes da diferença], em *Analyzing Gender: A Handbook of Social Science Research*, pp. 474-503; e ENLOE, Cynthia H. "Feminist Thinking about War, Militarism and Peace" [Reflexões feministas sobre guerra, militarismo e paz], em *Analyzing Gender: A Handbook of Social Science Research*, pp. 526-47.

com a força de seus argumentos e sua personalidade para influenciar as organizações principais, de dentro delas. Até esse momento, a Mulheres Livres seria uma espécie de lembrete vivo da importância do gênero para o movimento.

Da "diferença" à "diversidade"
Essa revisão da análise e da experiência do grupo nos reconduz a uma questão anterior: que diferença a diferença fará? Nem a Mulheres Livres nem as teóricas contemporâneas formularam uma metodologia para distinguir as diferenças que são manifestações temporais e produtos sociais da subordinação feminina e as particularidades que, ainda que estejam arraigadas nas relações de dominação, merecem ser valorizadas e conservadas na sociedade futura, seja como características especiais das mulheres, seja como de ambos os sexos. A tendência que as feministas mostravam, em princípio, ao negar a importância das diferenças tem sido substituída mais recentemente por outra, de ressaltá-las, ainda que nunca tenham acordado absolutamente sobre quais são essas diferenças.

Dos esforços feministas contemporâneos para resolver a questão das diferenças surgem temas comuns importantes. Vertentes inspiradas pelo trabalho de Michel Foucault e por teóricos da desconstrução do discurso centraram sua atenção nos padrões de domínio e subordinação culturais, assim como na resistência refletida nos "discursos ocultos". Sugerem que é preciso atender não somente às diferenças entre homens e mulheres, mas também às variadas orientações da vida e da política submetidas à rubrica de gênero e então atribuídas diferencialmente a mulheres e homens.[31] Outras

---

[31]. Ver especialmente FERGUSON, *The Feminist Case against Bureaucracy*, cap. 5; SCOTT, Joan. "Gender: A Useful Category of Historical Analysis" [Gênero: uma categoria útil na análise histórica], em *American Historical Review*, v. 91, n. 5, dez. 1986, pp. 1.053-75; e

se concentram na vida e nas circunstâncias sociais particulares das mulheres — ou dos membros da classe trabalhadora — que produzem diferentes orientações para a política e a vida social.[32] Outras, ainda, adotaram metodologias focadas no desenvolvimento (ou bloqueios no desenvolvimento) de identidades coletivas e comunitárias subnacionais, que podem gerar perspectivas culturais e políticas diferentes da norma dominante.[33]

As variações entre esses grupos são significativas, mas podemos ver que todos contribuem para o desenvolvimento de uma tal perspectiva nascente sobre a diferença, que rejeita a noção da mulher (ou pessoa não branca ou trabalhadora) como "outro", insistindo que devemos descentrar as definições dominantes, entendimentos e instituições e dar lugar a reivindicações e validações de perspectivas distintas. Ressalta a importância de situar as mulheres dentro de coletivos, ao mesmo tempo que reconhece que muitas, se não a maioria delas, fazem parte de vários coletivos, e não apenas de um. Portanto, rechaça a escolha que tantas mulheres ativas na política tiveram de fazer, entre a solidariedade com outras mulheres e a solidariedade com sua classe ou grupo étnico ou racial. Ao mesmo tempo, ratifica o caráter multifacetado das identidades femininas — e de todas as pessoas. Essa pers-

---

SCOTT, Joan. *Gender and the Politics of History* [Gênero e políticas da história]. Nova York: Columbia University Press, 1988.
32. Além de Ruddick e Elshtain, ver BALBUS, Isaac. *Marxism and Domination: A Neo-Hegelian, Feminist, Psychoanalytic Theory of Sexual, Political and Technological Liberation* [Marxismo e dominação: uma teoria de libertação tecnológica, política, sexual, psicanalítica, feminista e neo-hegeliana]. Princeton: Princeton University Press, 1982. Para uma perspectiva crítica, ver DIETZ, "Citizenship with a Feminist Face", pp. 19-37.
33. LUGONES & SPELMAN, "Have We Got a Theory for You! Feminist Theory, Cultural Imperialism, and the Demand for 'The Woman's Voice'"; LORDE, *Sister Outsider*; ANTHIAS, Floya & YUVAL-DAVIS, Nira. "Contextualizing Feminism-Gender, Ethnic and Class Divisions" [Contextualizando recortes de feminismo/gênero, etnia e classe], em *Woman-Nation-State* [Mulher-nação-Estado]. Nova York: St. Martin's, 1989.

pectiva substituiria uma política da diferença, em que todos somos definidos com relação a uma norma, por uma política da diversidade, que reconhece e valida modos distintos de ser, sem classificá-los segundo uma norma hierarquicamente definida.[34] As militantes da Mulheres Livres que ressaltavam a importância de uma "perspectiva feminina" para o movimento anarquista e aquelas que hoje insistem em ouvir as "diferentes vozes" das mulheres incitam a valorização de suas próprias forças. Ao mesmo tempo, afirmam que a sociedade em geral se beneficiaria se muitas dessas características fossem mais amplamente compartilhadas.

Devemos desafiar a classificação hierárquica do sistema dominante de valores e começar a conceituar uma sociedade (ou um movimento) a partir da diversidade, mais que das diferenças baseadas em uma norma concreta — por mais que se apresente como "universal". Essa perspectiva é a base dos apelos de Audre Lorde, Adrienne Rich, Marilyn Frye e outras: que as feministas enfrentem o racismo, a heteronormatividade e a opressão de classe dentro do movimento feminista e da sociedade em geral.[35] Essa perspectiva explica também

---

34. Devo muito ao trabalho de Iris Young, especialmente "The Ideal of Community and the Politics of Difference" [O ideal de comunidade e as políticas da diferença], em *Social Theory and Practice*, v. 12, n. 1, primavera de 1989, pp. 1-26. Ver também SPELMAN, *Inessential Woman*; FRIEDMAN, Marilyn. "Feminism and Modern Friendship: Dislocating the Community" [Feminismo e amizade moderna: deslocamento da comunidade], em *Ethics*, n. 99, jan. 1989, pp. 275-90; e TRONTO, Joan. "Otherness in Moral Theory (or, If We're So Smart, Why Are We Racists, Sexists, Anti-Semites, Ethnocentrics, Homophobes, etc.?)" [Alteridade na teoria moral (ou, se nós somos tão espertos, por que somos racistas, sexistas, antissemitas, etnocêntricos, homofóbicos etc.?], trabalho preparado para ser apresentado na reunião anual da American Political Science Association, em Chicago, em setembro de 1987.
35. LORDE, *Sister Outsider*; RICH, Adrienne. "Disloyal to Civilization: Feminism, Racism, Gynephobia", pp. 275-310, e "Notes towards a Politics of Location" [Notas sobre políticas da localização], em *Blood, Bread and Poetry: Selected Prose 1979-1985*, pp. 210-31; FRYE, Marilyn. *The Politics of Reality* [As políticas da realidade]. Trumansburg: Crossing Press,

o que a Mulheres Livres estava tentando conseguir com sua insistência em um status separado das outras organizações. Uma forma de descentrar as normas de orientação masculina dos movimentos anarquista e anarcossindicalista, argumentavam as mulheres da organização, era incorporando outra organização ao movimento, com um conjunto diferente de características valiosas.

Assim, a própria existência da Mulheres Livres era uma forma de ação direta. Sua incorporação ao movimento libertário como membro organizativo plenamente igual teria sido um desafio ao caráter normativo das aspirações de orientação masculina, por meio de novas ideias em relação às mulheres e suas capacidades, mas também à variedade da natureza humana e, mais amplamente, às possibilidades de uma sociedade verdadeiramente igualitária.

Em direção a uma nova concepção de política

Quais ensinamentos da Mulheres Livres podem contribuir com uma política feminista e democrática participativa atualmente? Ainda que a Mulheres Livres, em comparação com outros movimentos de esquerda, se concentrasse explicitamente em gênero, sua experiência nos fornece o modelo de uma estratégia independente e não separatista para lidar com a diversidade.

Especificamente, para além de sua preocupação com o empoderamento e a incorporação das diferenças, a história da Mulheres Livres nos aponta para a importância da comunidade no processo de conscientização. Feministas e socia-

---

1983; e JEHLEN, Myra. "Against Human Wholeness" [Contra a integridade humana], trabalho apresentado no Boston Area Feminist Theory Colloquium, primavera de 1984.

listas, assim como anarquistas, argumentaram que a participação política verdadeira só pode acontecer dentro de uma coletividade política igualitária e respeitosa. Mas a questão permanece: qual comunidade cumpre essas características? A Mulheres Livres não se identificava com outras organizações femininas, mas, sim, com o movimento libertário.

Feministas, trabalhadores e pessoas de várias etnias já reiteraram na atualidade que necessitamos de subcomunidades de pessoas como nós para nos sentirmos validados e valiosos em nossas especificidades.[36] A Mulheres Livres, no entanto, entendia que, por mais necessárias e importantes que fossem essas subcomunidades, elas seriam, afinal, insuficientes e parciais. Nenhum grupo pode, por si mesmo, ser a única base de um movimento que transforme a sociedade. Um movimento deve incorporar muitos desses coletivos e respeitar as diferenças entre eles, valorizar as contribuições que cada grupo fornece ao todo e aproveitar o poder que deriva da ação conjunta. Os conceitos de diferença e diversidade podem nos oferecer novas maneiras de refletir sobre como construir comunidades que nos capacitem. Terminarei fazendo referência a um dos aspectos associados ao legado da Mulheres Livres: o desafio da construção do "político" baseada no gênero e no recorte de classe, e o início da conceitualização de uma política da diversidade.

Os críticos das políticas democráticas liberais apontam para o recorte de classe como parte da estrutura política e da própria conceitualização da política em si. Como expressou E. E. Schattschneider, "o defeito do Céu pluralista é que o

---

36. Por exemplo, REAGON, Bernice Johnson. "Coalition Politics: Turning the Century" [Coalizão política: transformando o século], em *Home Girls: A Black Feminist Anthology* [Sororidade: uma antologia do feminismo negro]. Nova York: Kitchen Table/Women of Color Press, 1983, p. 359.

coro celestial canta com um sotaque forte da classe alta".[37]
Os pobres e os trabalhadores estão desproporcionalmente sub-representados entre aqueles que participam da política, o que os prejudica de modo fundamental. Como já apontaram gerações de críticos, as "regras do jogo" da democracia liberal — a ênfase nos indivíduos isolados com perfis de interesses independentemente formados — beneficiam os que já estão no poder e impedem que os demais reconheçam suas necessidades, que são outras, e ainda menos que as articulem e lutem por elas no terreno político.[38] A política, como insistem os socialistas e os anarquistas, não consiste simplesmente na distribuição de cargos em uma "estrutura de oportunidade política", mas na estruturação do poder na sociedade como um todo. Assim, os marxistas e, mais especificamente, os anarquistas insistiram na prática da participação popular generalizada, em instâncias variadas. Os marxistas priorizaram os sindicatos e os partidos de trabalhadores; os anarquistas espanhóis adicionaram a luta cultural e a organização da comunidade. Muitas das manifestações de protesto atuais nos Estados Unidos — começando pelos movimentos pelos direitos civis e o pacifista dos anos 1950 e 1970, incluindo também a organização direcionada a questões educativas, os protestos antinucleares e ecologistas — basearam-se em formas orga-

---

[37]. SCHATTSCHNEIDER, E. E. *The Semi-Sovereign People* [O povo semissoberano]. Nova York: Holt, Rinehart and Winston, 1960, p. 35.

[38]. MARX, Karl. "On the Jewish Question", em *Marx, Early Writings*. Nova York: Vintage, 1975, pp. 211-41 [Ed. bras.: *Sobre a questão judaica*. São Paulo: Boitempo, 2010]; MACPHERSON, C. B. *The Political Theory of Possessive Individualism* [A teoria política do individualismo possessivo]. Nova York: Oxford University Press, 1962; BACHRACH, Peter & BARATZ, Morton. "Two Faces of Power" [Duas faces do poder], em *American Political Science Review*, n. 56, 1962, pp. 947-52; BALBUS, Isaac. "The Concept of Interest in Pluralist and Marxian Analisys" [A concepção de lucro na análise marxista e pluralista], em *Politics and Society*, v. 1, n. 2, 1971, pp. 151-77; LIPSITZ, Lewis. "The Grievances of the Poor" [As queixas dos pobres], em *Power and Community* [Poder e comunidade]. Nova York: Random House, 1970, pp. 142-72.

nizativas não sindicais: grupos de vizinhos ou comunitários, comunidades culturais étnico-raciais e coalizões formadas ao redor de interesses político-sociais comuns.

As feministas contribuíram com outra dimensão à crítica da política democrática liberal, apontando que nossos conceitos e práticas políticas carregam códigos de gênero e de classe. Quando o "político" é definido como aquilo que tem lugar na esfera pública, supostamente separada da esfera privada e doméstica — e supostamente superior a esta —, os interesses de muitas mulheres e de muitos homens são definidos como algo à margem da política. Assim, a natureza política de suas atividades é negada ou invisibilizada. Por exemplo, Carole Pateman aponta em *O contrato sexual* que a subordinação feminina não é um problema para a teoria política liberal. A autora argumenta que, já que essa teoria pressupõe que as mulheres se relacionam com a sociedade por meio dos homens, sua exclusão do contrato social quase não foi notada. Penso que essa afirmação se relaciona com a minha, exposta anteriormente, de que, quando as mulheres são percebidas apenas em termos de sua "especificidade", suas preocupações e seus verdadeiros interesses são, na maioria dos casos, negligenciados. Assim, todas as dimensões dos interesses humanos, assim como a ação coletiva, são desvalorizadas, e toda a comunidade é subjugada.[39]

Ao ressaltar a natureza coletiva da opressão que tanto mulheres como homens experimentavam como classe trabalhadora, a Mulheres Livres afirmava que o fim da opressão necessitava da ação coletiva e somente poderia ser avaliado segundo normas coletivas: o sucesso não se definia pela conquista individual das mulheres no mundo político ou corporativo. As estruturas hierárquicas tinham de ser abolidas, e as

---

39. PATEMAN, *The Sexual Contract*.

mulheres deveriam participar desse processo, assim como da criação da nova sociedade. As questões de classe e gênero deviam ser enfrentadas simultaneamente.

Muitas feministas (tanto na Espanha como em outros lugares da Europa, e também nos Estados Unidos) compartilham um aspecto dessa concepção. Sustentam que as mulheres são oprimidas como grupo e que podem remediar as injustiças das quais são vítimas apenas por meio da ação coletiva. Entretanto, o componente de classe dessa análise foi, muitas vezes, deixado de lado. Isso resultou na identificação do feminismo com os esforços de algumas mulheres para alcançar posições privilegiadas nas instituições e organizações hierárquicas existentes. Houve exceções, é claro. Organizações sufragistas de trabalhadoras na Grã-Bretanha, esforços para organizar grupos feministas socialistas na França, as "feministas materialistas" dos Estados Unidos, que tentaram exercer controle sobre a chamada esfera doméstica. Mas muitas delas foram, finalmente, incapazes de se concentrar em ambas as questões. Como afirma Dolores Hayden ao se referir às feministas materialistas dos Estados Unidos, muitas das estratégias coletivas que as mulheres propuseram para enfrentar o isolamento e a discriminação estavam abertas apenas a mulheres de classe média, como elas. Passaram longe de enxergar que seus programas dependiam da exploração contínua das mulheres trabalhadoras.[40] Com o tempo, o feminismo se identificou com o objetivo de conseguir acesso às hierarquias de privilégio existentes, mais que sua reestruturação fundamental.

Atualmente, nos Estados Unidos, certos grupos ativistas afirmam que as concepções imperantes acerca da política estão condicionadas não só por linhas de classe e gênero, mas também de identidade étnico-racial, de orientação sexual,

---

40. HAYDEN, Dolores. *The Grand Domestic Revolution* [A grande revolução doméstica]. Cambridge: MIT Press, 1981.

capacidade física etc. O "cidadão universal" da teoria democrática liberal não é apenas um homem de classe alta, mas também um chefe de família branco, sadio, forte e heterossexual.[41] Ao tratar todas as pessoas como simples portadoras de interesses, o individualismo democrático liberal mascara estruturas de poder e, particularmente, relações de dominação e subordinação que afetam as pessoas (e estruturam seus "interesses") como membros de coletividades subnacionais.

Ao mesmo tempo, o paradigma individualista não deixa espaço, ou deixa muito pouco, para a articulação consciente de interesses e perspectivas que derivem de distintos contextos e históricos culturais, étnicos, religiosos ou de gênero. Tal paradigma trata esses contextos como geradores de "interesses" diferentes ao redor dos quais os indivíduos podem se reunir ou, o que é mais comum, como oportunidades para a opressão ou discriminação, baseadas em quais dos membros desses grupos particulares têm negado o acesso aos bens sociais. Mas ser parte de um coletivo não é meramente uma questão de experimentar a opressão. Dizer que os negros, as mulheres, os gays, os judeus, os muçulmanos ou os deficientes são discriminados e prejudicados em um sistema que toma como cidadão normal o homem branco, cristão, heterossexual e sadio não significa que não existam características positivas e valores que os membros desses grupos desenvolveram — ainda que tenham feito isso em resposta à opressão. O individualismo liberal "acabaria" com todas essas diferenças em nome da cidadania universal. O socialismo marxista

---

41. John Rawl, em *A Theory of Justice*, deixa isso claro, ainda que de forma inconsciente. Ver também WALZER, *Spheres of Justice* [Esferas da justiça]. Como críticas, ver OLKIN, Susan Moller. "Justice and Gender" [Justiça e gênero], em *Philosophy and Public Affairs*, v. 16, n. 1, inverno de 1987, pp. 42-72; e PATEMAN, Carole. *The Disorder of Women: Democracy, Feminism and Political Theory* [Os tumultos das mulheres: democracia, feminismo e teoria política]. Stanford: Stanford University Press, 1989, caps. 6, 8 e 9.

acabaria com todas, menos com as baseadas na classe social, em nome da revolução proletária. De maneira semelhante, algumas feministas radicais acabariam com todas, menos com as baseadas no gênero, em nome da "sororidade". Mas os que agora estão tirando forças de suas identidades como membros de um ou mais coletivos não estão dispostos, e com razão, a abandoná-las em troca da cidadania plena.

O desafio consiste em desenvolver uma concepção de política e de vida política que ultrapasse o individualismo e a análise estreita de classe ou gênero. Essa reconceitualização deve reconhecer as pessoas não como portadoras de interesses, mas como participantes em uma variedade de comunidades que contribuem como componentes importantes de sua identidade. Quando as socialistas francesas se viram obrigadas a escolher entre "as mulheres" e a "classe trabalhadora", sua própria identidade como mulheres trabalhadoras desapareceu. Igualmente, quando as mulheres negras ou judias dos Estados Unidos se veem obrigadas — pelos membros de seu grupo étnico-cultural ou por outras mulheres — a escolher entre a lealdade a outras mulheres ou a lealdade a seu grupo, suas próprias identidades estão sendo negadas. Por isso, não deveria surpreender que, nos Estados Unidos, muitas trabalhadoras ou pertencentes a minorias étnicas desconfiem do "movimento feminista", mesmo que estejam de acordo com muitos dos objetivos feministas e os apoiem. Os apelos individualistas negam ou desprezam os vínculos que as pessoas das minorias étnicas ou da classe trabalhadora sentem reciprocamente. Parece que a promessa de conquistas e realização individual deve ser ganha ao preço do abandono da identidade e da solidariedade de grupo.[42] Ao

---

42. Ver, por exemplo, SENNETT, Richard & COBB, Jonathan. *The Hidden Injuries of Class* [Os danos de classe ocultos]. Nova York: Vintage, 1972; RUBIN, Lillian. *Worlds of Pain* [Dimensões da dor]. Nova York: Basic Books, 1976; e STACK, *All Our Kin*.

mesmo tempo, esses apelos separam as mulheres trabalhadoras (brancas ou não) das mulheres brancas de classe média ao negar a realidade específica de cada situação.

Ninguém deveria se ver obrigado a escolher entre aspectos de sua identidade para poder pertencer a um grupo político ou comunitário. Todos somos seres complexos, capazes de compromissos múltiplos com uma variedade de coletividades, os quais enriquecem nossa vida e nos capacitam. No caso da Mulheres Livres, elas foram rotuladas de "sectárias", mas não é necessário que seja assim. Compromissos múltiplos são sectários somente no âmbito de comunidades que exigem lealdade exclusiva. Se podemos nos distanciar dos padrões hierárquicos dominantes, nos quais um tipo de compromisso é concebido como primordial ou superior, e admitir que possuímos uma variedade de compromissos de diferentes intensidades com diferentes grupos — cuja importância pode variar com o tempo —, então podemos começar a criar comunidades que os reconheçam e que não exijam lealdade exclusiva. Assim talvez possamos reivindicar para nós mesmos o legado que a Mulheres Livres lutou tanto para criar.

> Foram os primeiros passos para a emancipação da mulher. Primeiros passos que talvez não puderam ser gigantes porque houve a guerra, o exílio... a sociedade se transformou. São os nossos filhos que precisam marcar o passo agora e ser os protagonistas de novos modelos. Mas o objeto de nossas memórias, tão belas memórias, essa luta tão difícil e tão pura... será que serviu para algo?[43]

---

43. Azucena Fernández Barba, entrevista, 15 ago. 1981.

LIBROS

"Camarada": El libro que tú has leído ya, lo necesita el miliciano en el frente, en el hospital, en sus vigilancias de retaguardia.

"Camaradas: enviad libros".

Así se piden libros en pasquines y en la prensa. Y ahora más que nunca protestamos de este modo de pedir y dar libros. Libros "en abstracto". Siempre fué pernicioso; siempre contribuyó a desviar y deformar inteligencias que necesitaban una sana y amplia orientación. Ahora no es sólo pernicioso; ahora es imperdonable. Al miliciano no se [...] libros que se va[...] vión y al peso [...] folletín policíaco, [...] una novela porn[...] lleto tendencioso [...] social, o un libr[...] cultura sexual.

Exigimos que l[...] a los milicianos s[...] una capacidad sele[...] rosa como amplia [...] placable de toda la [...] se regala por ahí [...] tracto de "libros"[...]

LA COLUMNA INTERNACIONAL

Magnífica lección la de los combatientes internacionales. Hombres del ideal que rompe fronteras y olvida razas, tienen su lugar fijo y preferente de lucha: donde haga falta. Pelean desde todas partes contra el enemigo mundial. Con la simpatía de su inteligencia y el ejemplo de su optimismo, han enseñado lo inútil de las diferencias de barriada a barriada, de región a región, de país a país.

Que el hecho d[...] probación práctica [...] es la guerra, te a[...] todos tus sentidos.

La guerra por la [...] truosidad: ten siem[...] luchas es por una i[...]

Así, compañeras del campo. No perdáis la alegría fecunda del trabajo. No [...] del aire de tragedia que recorre España. Vuestra fe ha sido nuestro apoyo [...] Vuestra fe ha fortalecido nuestras potencias. Vuestra fe y vuestra alegría nos [...] noticias de la prensa no dejen huella en vosotras. Así, compañeras del campo.

APÊNDICE A:
Publicações da Mulheres Livres

Actividades F. N. Mujeres Libres [Atividades da Federação Nacional Mulheres Livres]. Mercedes Comaposada, 1938.
"Como organizar una agrupación Mujeres Libres" [Como organizar uma agrupação da Mulheres Livres]. Barcelona, 1937.
Enseñanza nueva [Nova pedagogia]. Carmen Conde, 1936.
Esquemas. Barcelona, 1937.
Horas de revolución [Horas de revolução]. Lucía Sánchez Saornil, Barcelona, 1937.
La ciência y la enfermedad [A ciência e a enfermidade]. Amparo Poch y Gascón, 1938.
La composición literaria infantil [A composição literária infantil]. Carmen Conde, 1938.
Mujeres de las revoluciones [Mulheres das revoluções]. Etta Federn, Barcelona, 1938.
Niño [Criança]. Amparo Poch y Gascón, Barcelona, 1937.
Poemas en la guerra [Poemas na Guerra]. Carmen Conde, 1937.
Romancero de Mujeres Libres [Romanceiro da Mulheres Livres]. Lucía Sánchez Saornil, Barcelona, 1938.
Sanatorio de optimismo [Sanatório de otimismo]. Dr. Salud Alegre, Barcelona, 1938.

(Às publicações acima se somam as trezes edições da revista *Mujeres Libres* e numerosos artigos em jornais e revistas do movimento libertário.)

ELOGIO
AMOR LI...

Si no te capacitas, mujer, serás un s... serás una carne simple, monótona y li... en ti misma y por ti misma abolida. Si... podrás vibrar con el ritmo altibajo de l... de los nublados seguidos de sol fuerte;... tido perenne de los animales y las pla... generosas floraciones de lumbre; pero... Buen Amor.

Cultiva la Inteligencia para enroscarla... no rosal trepador al duro tronco de los... Instinto; cultiva la Sensibilidad y la L... correr como un manso arroyo, recogiend... lores y todas las alegrías, sin descanso... abatimiento de tu generosidad; cultiva l... ra perfilar tu vida, para modular tu cas... culpir tus obras por ti misma.

Y luego extiende la Sonrisa como una... tina multicolor; reparte el Abrazo como... cimo de bayas doradas; y suelta el Beso, ... dal de música feliz.

Recuerda que el delicado Eros, para... Amor, ha tenido que desceñir su venda.

Mujer, ama sobre todas las cosas.

Matrimonio y amor

Cuando el hombre perdió la fresca ... amores sin trabas, ingenuos y primitivo... agostó la inocente naturalidad de sus p... ahogó en reglas morales la franca, la co... del goce en plena marcha sobre la Natur... el hálito perfumado y voluptuoso de las ... Bilitism se olvidó por entero... descendió ... categoría de pecado. Pero como la Vida, ... tancaba con una congoja inexplicable, los ... un insano deseo de venganza, alzaron lo ... tra Eros y le escupieron en el rostro.

Le condenaron ferozmente, sin pensar e... desgraciados. Por una pasión, toda una vid... Por la atracción de un día, incontables añ... nancia. Eros fué despojado de sus alas.

Por una dulce mirada espontánea se le ... tar mirando siempre al mismo objeto; por ... y cándido abrazo se le fuerza a estrechar... misma persona. ¡El Alma humana, inmóv... luntad, solidificada en hielo!

Del gesto amoroso se hizo un mimicioso... to y frío; del más grato y ardiente rega... praventa en veces, con su reglamento y to... vez, con su contrato en regla, a un preci... elevado, porque además del dinero, que ... muy poco, entran en compromiso el Cora... bertad, que lo son todo para el Amor.

Cuando, robada la nobleza de toda ... amorosa, ya hecha deber, los hombres se ... ¡quizás! de todo lo que habían mancillad... sino intentar justificar su profanación c... grande, tomada como excusa: el hijo. Y... claro y tan sencillo, tan divinamente hu...

Plegaria del Amor Libre

Dice así:

I. Toma el pétalo fresco y jugoso; toma la pulpa ... ulce de la fruta en sazón; toma la senda blanquecin... ajo el sol poniente, la colina de oro, el roble, y la ... rente a la sombra. Toma mis labios y mis dientes don... e juegan las risas como hilos de agua, y los hilos de ... gua como risas.

II. Yo no tengo Casa. Tengo, sí, un techo amable ... ra resguardarte de la lluvia y un lecho para que ... scanses y me hables de amor. Pero no tengo Casa. ... No quiero! No quiero la insaciable ventosa que ahila ... Pensamiento, absorbe la Voluntad, mata el Ensueño, ... mpe la dulce línea de la Paz y el Amor. Yo no ten... Casa. Quiero amar en el anchuroso «más allá» que ... cierra ningún muro ni limita ningún egoísmo.

III. Mi corazón es una rosa de carne. En cada ho... tiene una ternura y una ansiedad. ¡No lo mutiles! ... Tengo alas para ascender por las regiones de la in... stigación y el trabajo. ¡No las cortes! ... Tengo las manos como palmas abiertas para reco... r monedas incontables de caricias. ¡No las encadenes!

...citación al Buen Amor

Mujer, ama sobre todas las cosas. Pero antes apren... el Buen Amor. En el Buen Amor pesa tanto lo alto ... no lo bajo, el Pensamiento como la Carne, la Dul... ra como el Deseo; y es incompleto si le falta cual... era de estas cosas. Aprende el Buen Amor.

Para él se necesita plena libertad, pero también ca... idad plena, pues sin ésta la primera es una ficción. ... sión de entre todas las que la ocasión ofrece; cuan... se puede elegir un camino tras haber reconocido to... aquilatando sus valores y aceptando sus consecuen... Pero ésto es obra de la Inteligencia, del Corazón ... de la Voluntad, y es preciso perfeccionar los tres si ... remos alcanzar el rango de seres libres. Si no es así, ... viremos ahogando nuestra inquietud entre simula...

APÊNDICE B:
Proposta para a criação da fábrica de casamentos

A Camarada Revolução nos avisou sobre sua grande aflição. As pessoas continuam a casar... A Camarada Revolução pensou que a moral das pessoas e seu espírito haviam melhorado de alguma forma, mas ela entendeu que o espírito e a moral das pessoas não são suscetíveis a melhoras. As pessoas continuam a casar... Em face dessa realidade inescapável, tentamos atenuar algumas de suas inconsequências inevitáveis. As pessoas continuam a amar as formas de opressão. Pelo menos, vamos ver se conseguimos afrouxar as correntes...

Localização
A fábrica de casamentos será instalada longe dos centros urbanos. Não é bom que tragédias aconteçam aos olhos do público, porque elas tendem a desmoralizar as pessoas. Além disso, as dificuldades de acesso à fábrica forçarão os estúpidos a pensar sobre o que estão fazendo.

Materiais de construção
Deve ser de um material que abafe o barulho. O que acontece dentro do local não é da conta de ninguém, e é sempre melhor não ouvir as declarações daqueles que comparecem para reclamar do fracasso do próprio casamento.

Subdivisões
Uma sala de espera, delimitada em cubículos para duas pessoas por divisões parciais. Isolamento é essencial no caso de epidemias. Um ambiente para cerimônias e uma rampa de saída. A rapidez é importante para que as pessoas não tenham tempo de mudar de ideia.

Materiais
De dois tipos: a) necessário, b) opcional:

>a) Um chuveiro frio; um comitê convencido da importância de sua missão; um selo que diga: "Entre, se você se atreve"; uma almofada para carimbo vermelha e preta, para o selo.
>b) Uma estaca.

Biblioteca
Um exemplar de *Leis do senso comum*.

Instituições relacionadas
Uma loja para rebites, colares, anéis e correntes. Um tricolor alegórico da Liberdade.

Funcionamento da fábrica
É rápido. Indivíduos esperam, em pares, nos cubículos para duas pessoas. Depois, passam para a sala de cerimônias. Eles não podem fazer nada, absolutamente nada, sem o selo adequado. Um oficial carimba um pequeno pedaço de papel, suas bochechas e sua roupa íntima. Então, com uma voz bastante vazia, o Comitê lê para o casal as *Leis do senso comum*, que podem ser reduzidas a três:

>i) Quando havia padres, os padres os enganavam; quando havia juízes, os juízes os enganavam; agora, estamos nos enganando a nós mesmos, já que vocês vieram aqui;

ii) Aquele que não pode continuar sem uma garantia de propriedade e fidelidade merece a mais vil das opressões sobre seu coração (perigo de asfixia);

iii) O ato de passagem pela fábrica dá provas de idiotice e predispõe a dois ou três sofrimentos por dia. Sabemos o que estamos fazendo!

A cerimônia é livre. Aqueles que ali estão já sofreram desgraças suficientes. Mais tarde, anéis e correntes são colocados, eles têm que beijar a imagem tricolor do comunismo libertário e são empurrados para a rampa de saída. Para evitar distúrbios ao funcionamento normal da fábrica, é uma boa ideia colocar o seguinte cartaz na saída: NÃO ACEITAMOS RECLAMAÇÕES.

Fonte: "Proyecto para la creación de una fábrica de bodas en serie (Churros auténticos)", em *Mujeres Libres*, n. 7.

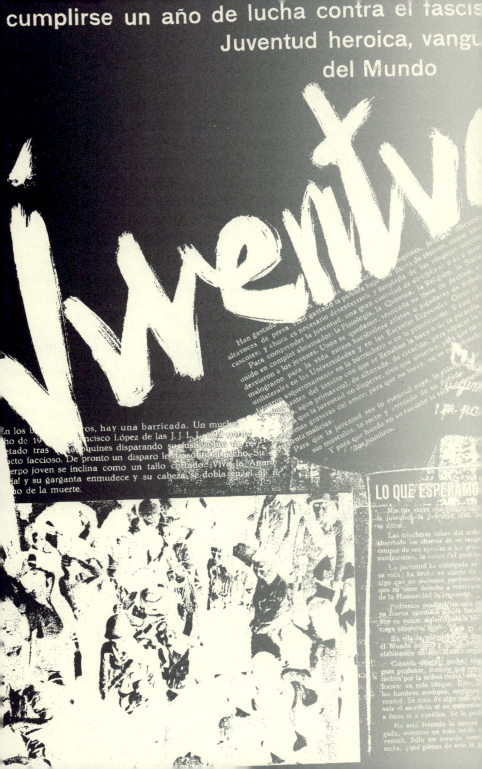

SIGLAS

AIT	Asociación Internacional de Trabajadores [Associação Internacional de Trabalhadores]
AJA	Asociación de Jóvenes Antifascistas [Associação de Jovens Antifascistas]
AMA	Asociación de Mujeres Antifascistas [Associação de Mulheres Antifascistas]
BOC	Bloc Obrer i Camperol [Bloco Operário e Camponês]
CENU	Consell de l'Escola Nova Unificada [Conselho da Nova Escola Unificada]
CNT	Confederación Nacional del Trabajo [Confederação Nacional do Trabalho]
FAI	Federación Anarquista Ibérica [Federação Anarquista Ibérica]
FIJL	Federación Ibérica de Juventudes Libertarias [Federação Ibérica de Juventudes Libertárias]
JJLL	Juventudes Libertarias [Juventudes Libertárias]
PCE	Partido Comunista de España [Partido Comunista da Espanha]
POUM	Partido Obrero de Unificación Marxista [Partido Operário de Unificação Marxista]
PSUC	Partido Socialista Unificado de Cataluña [Partido Socialista Unificado da Catalunha]

SIA	Solidaridad Internacional Antifascista [Solidariedade Internacional Antifascista]
UGT	Unión General de Trabajadores [União Geral dos Trabalhadores]
AHN/SGC-S	Archivo Histórico Nacional, Sección Guerra Civil, Salamanca [Arquivo Histórico Nacional, Seção Guerra Civil, Salamanca]
AMB	Archivo Municipal, Barcelona [Arquivo Municipal, Barcelona]
AMHL	Archivo, Ministerio de Hacienda, Lérida [Arquivo, Ministério da Fazenda, Lérida]
IISG/CNT	Internationaal Institut voor Sociale Geschiedenis, Amsterdam, Archivo CNT [Instituto Internacional de História Social, Amsterdã, Arquivo CNT]
IISG/EG	Internationaal Institut voor Sociale Geschiedenis, Amsterdam, Emma Goldman Archive [Instituto Internacional de História Social, Amsterdã, Arquivo Emma Goldman]
IISG/FAI	Internationaal Institut voor Sociale Geschiedenis, Amsterdam, Archivo FAI-CP [Instituto Internacional de História Social, Amsterdã, Arquivo FAI-CP]
NYPL-EG	New York Public Library, Rare Books and Manuscripts Division, Emma Goldman Papers [Biblioteca Pública de Nova York, Divisão de Livros Raros e Manuscritos, Acervo Emma Goldman]
NYPL-RP	New York Public Library, Rare Books and Manuscripts Division, Rose Pesotta Papers [Biblioteca Pública de Nova York, Divisão de Livros Raros e Manuscritos, Acervo Rose Pesotta]

AGRADECIMENTOS

Muitas pessoas e grupos contribuíram com este livro. Entre eles, estão principalmente os homens e mulheres dos movimentos anarquista e anarcossindicalista espanhóis e, sobretudo, as militantes da Mulheres Livres, que generosamente dispuseram de tempo e energia para me contar suas histórias e de alguma forma me levaram para sua vida. É impossível encontrar palavras para agradecer a elas; se a coragem e a integridade que compartilharam comigo encontram algum eco, por mais leve que seja, espero que, em alguma medida, este volume ajude a retribuir minha gratidão. Jacinto Borrás, Félix Carrasquer, Josep Costa Font, Gaston Leval, Arturo Parera, José Peirats e Eduardo Pons Prades compartilharam seu conhecimento sobre os coletivos anarquistas e me ajudaram nos contatos iniciais com as fundadoras da Mulheres Livres. Matilde Escuder, Lola Iturbe, Igualdad Ocaña, Concha Pérez, Cristina Piera, em Barcelona, Federica Montseny, em Toulouse, e Amada de Nó e Teresina Torrelles, em Béziers, passaram horas discutindo comigo suas experiências dos anos anteriores, durante e após a Guerra Civil Espanhola e a revolução social. Finalmente, Pura Pérez Arcos, Azucena Fernández Barba, Pepita Carpena, Mercedes Comaposada, Anna Delso, Soledad Estorach, Sara Berenguer Guillén, Suceso Portales, Dolores Prat e Enriqueta Fernández Rovira me abriram a casa — muitas vezes em momentos não tão convenientes — e me inspiraram com suas histórias e coragem.

Outros na Espanha também me proporcionaram apoio e recursos cruciais. Mary Nash compartilhou seu extenso conhecimento sobre as mulheres nos movimentos espanhóis de trabalhadores. Seu trabalho sobre a Mulheres Livres abriu os caminhos para a história das mulheres na Espanha; ela tem sido uma importante e generosa colega e amiga. Por meio de Mary, conheci Ana Cases e Bernard Catlla, que me levaram para sua casa em Lérida e tornaram possível minha pesquisa sobre o coletivo de Lérida, Adelante!. Verena Stolcke, Juan Mártínez-Alier e suas filhas, Nuria e Isabel, receberam-me em sua família e me forneceram um lugar para ficar durante os muitos meses em que fiz minha pesquisa em Barcelona: tornaram-se amigos e colegas valiosos. Rafael Pujol, Albert Pérez-Baró, Nazario González, Enric Fusteri Bonet, Ramón Sol e Mercedes Vilanova compartilharam sua pesquisa e contribuíram com importantes introduções e recursos, em diferentes estágios deste trabalho.

Também devo muito àqueles deste lado do Atlântico. José Nieto, Clara Lida, Temma Kaplan, Edward Malefakis e Suzanne Berger foram muito prestativos, sobretudo nos primeiros passos. Foi um artigo antigo de Temma que me alertou sobre a existência da Mulheres Livres; sou grata a seus comentários e críticas feitos ao longo dos anos a esse manuscrito. Sinto-me particularmente sortuda de ter tido a oportunidade de conhecer Ahrne Thorne, que já não está mais entre nós. Seu comprometimento e energia se equiparam somente à sua extensa rede de amigos e associados na qual fui recebida. Por meio dela, conheci Anna Delso, Pura e Federico Arcos e Paul Avrich. Federico mantém uma coleção privada extraordinária de material relacionado aos movimentos anarquista e anarcossindicalista espanhóis. Entusiasticamente, ele e Pura abriram sua coleção e sua casa para mim e se interessaram pela realização do meu trabalho. Sua leitura cuidadosa do manuscrito, seus comentários e os esforços de Pura na tradução — tanto de minhas palavras para o castelhano quanto das atividades e compromissos da Mulheres Livres para termos contemporâneos — foram inestimáveis. Lisa Berger e Carol Mazer me ajudaram a contatar Dolores Prat e Concha Pérez.

Também devo imensamente aos arquivistas das bibliotecas e das coleções arquivísticas dos dois lados do Atlântico, que tornaram prazeroso o processo de garimpagem dos materiais sobre a Mulheres Livres e sobre o anarquismo espanhol. Gostaria de reconhecer, particularmente, a assistência dos funcionários dos departamentos de referência da Loan, da biblioteca do Smith College, da seção de relações industriais da Firestone Library, da Princeton University, da divisão de livros raros e manuscritos da New York Public Library, da Labadie Collection, na Michigan University, da biblioteca da Hoover Institution, na Stanford University, da Bibliothèque de Documentation Internationale Contemporaine, na Université de Paris, Nanterre, e do Institut d'Études Politiques, em Paris. Em Barcelona, foram a Casa del Arcediano, o Instituto de Historia de la Ciudad, a Fundación Figueras, a Biblioteca Arús, a Biblioteca de Catalunya e o Ateneu Enciclopedic Popular/Centro de Documentación Histórico Social. Também foram essenciais o Ministerio de Hacienda, em Lérida, a Hemeroteca Municipal em Madri, o Archivo Histórico Nacional/Sección Guerra Civil-Salamanca e, por último, o International Institute for Social History, em Amsterdã. Durante a maior parte do tempo em que fiz minha pesquisa, os arquivos em Salamanca, que são uma mina de informação sobre o período da guerra civil, estavam sob o controle das Forças Armadas espanholas. A mudança de governo na Espanha melhorou drasticamente as condições de trabalho — e as condições dos arquivos. Ainda assim, continuo agradecida a Paco e Miguel, do "antigo regime", que, apesar de nossas óbvias diferenças, foram incansáveis na disposição para procurar arquivos, panfletos e jornais e providenciar as fotocópias. As condições de trabalho no International Institute for Social History foram excepcionais. Passei meses ali no começo da pesquisa sobre o anarquismo espanhol e retornei anos depois, quando os arquivos da CNT e da FAI foram abertos ao público. Sou particularmente grata a Rudolf de Jong, antigo diretor da seção espanhola, pela orientação e o apoio constantes, e a Thea Duijker, Mieke Ijzermans e ao senhor G. M. Langedijk por viabilizarem meu trabalho.

Muitos grupos e organizações ofereceram apoio financeiro e moral em várias etapas deste projeto. Comecei a pesquisa como membro do projeto Women and Social Change no Smith College, um grupo interdisciplinar da faculdade fundado pela Andrew W. Mellon Foundation. As verbas do projeto e uma bolsa da American Association of University Women me permitiram passar um semestre na Espanha no início da pesquisa e, junto com as verbas de desenvolvimento do Smith College, viajar para Espanha, França e Canadá. Discussões contínuas e seminários com os colegas do projeto — especialmente Susan C. Bourque, Donna Robinson Divine, Sue J. M. Freeman, Miriam Slater e Penny Gill — foram cruciais para refletir sobre a direção que o trabalho tomava. Os estudantes assistentes de pesquisa Anne Balazars, Robin Stolk, Barat Ellman e Susan Jessop ajudaram a organizar o material que coletei e a rever a literatura existente sobre mulheres e movimentos sociais revolucionários. A assistência de Reyes Lázaro na transcrição das gravações, na tradução de alguns dos meus artigos e em facilitar o acesso às pessoas na Espanha foi de importância inestimável.

Comecei a escrever este livro como membro do Bunting Institute do Radcliffe College, um dos ambientes intelectuais mais acolhedores e interessantes que já vivenciei. Seminários, colóquios e discussões informais com companheiros garantiram incentivos e inspiração. Sou particularmente agradecida aos membros do "mother-daughter group", especialmente Ann Bookman, Caroline Bynun, Hope Davis, Bettina Friedl, Gillian Hart, Deborah McDowell, Janice Randall, Blair Tate e Gretchen Wheelock. A amizade com Katie Canon e Karen Brown, que também começou naquele ano, foi outra parte essencial do processo de escrita do livro.

Durante o ano acadêmico de 1987-1988, sabático para mim em relação ao Smith College, fui membro do instituto Research on Women and Gender, na Columbia University, e do Women's Studies Theory Group, no Hunter College. Cada um desses vínculos forneceu oportunidades para que eu desenvolvesse e refletisse sobre minha pesquisa. Além disso, colegas do Center for European Studies, na Harvard University, convidaram-me a participar de colóquios e seminários ao longo dos anos e construíram ambientes para valorosas trocas de ideias.

Finalmente, nenhum trabalho acadêmico — especialmente um como esse, de realização tão longa — surge completamente elaborado da cabeça de alguém. Membros do Government Department, no Smith College, cansaram-se comigo ao longo dos muitos anos da gestação deste projeto. Sou profundamente grata pelo seu apoio. Alunos dos meus cursos de teoria feminista, políticas urbanas e seminários no Smith College contribuíram para o desenvolvimento de minhas ideias sobre comunidade e propiciaram importantes desafios para a reflexão que aparece neste livro. Membros do Smith Women's Studies Program Committee e do Five College Women's Studies Committee — especialmente Jean Grossholtz, Marilyn Schuster, Vicky Spelman e Susan van Dyne — foram colegas e amigas que ajudaram a manter meu estudo sobre a Mulheres Livres na perspectiva de seu contexto mais amplo. Marina Kaplan revisou algumas de minhas traduções;

Kathy Addelson, Paul Avrich, Susan Bourque, Irene Diamond, Donna Divine, George Esenwein, Kathy Ferguson, Philip Green, Barbara Johnson, Juan Martínez-Alier, Vicky Spelman, Verena Stolcke, Will Watson, Iris Young e Nira Yuval-Davis leram partes do manuscrito e ofereceram comentários de grande ajuda. Myrna Breitbart, Pura e Federico Arcos, Jane Slaughter e Judith Plaskow leram o manuscrito inteiro, e seus comentários e críticas foram inestimáveis. Finalmente, Judith Plaskow me ajudou a manter tanto o senso de humor quanto o sentido das proporções nesse processo.

Alex Goldenberg cedeu um espaço de sua sala de estar e me recebeu na sua vida durante os anos em que escrevi este livro; sou grata por ambos os presentes.

SOBRE A AUTORA

MARTHA A. ACKELSBERG é professora emérita de política e estudos de gênero do Smith College em Northampton, Massachusetts, nos Estados Unidos, onde lecionou em cursos sobre política urbana, participação política, teoria feminista, teoria democrática e anarquismo. Foi muito ativa nos primeiros anos do movimento estadunidense de liberação das mulheres, envolvendo-se particularmente em questões de saúde da mulher e na transformação feminista do judaísmo. Além de *Mulheres Livres*, que antes de ganhar uma edição brasileira já havia sido traduzido para francês, grego, italiano e espanhol, é autora de *Resisting Citizenship: Feminist Essays on Politics, Community and Democracy* [Cidadania de resistência: ensaios feministas sobre política, comunidade e democracia] (Routledge, 2009), além de vários artigos sobre ativismo feminista nos Estados Unidos, na Espanha e na América Latina; anarquismo, gênero e políticas públicas; as compreensões de família e casamento gay; política, espiritualidade e o lugar das mulheres e dos LGBTQ nas comunidades judaicas. Atualmente, está aposentada e mora em Nova York.

APOIADORES

A publicação deste livro contou com o apoio de nossos leitores e leitoras, os quais agradecemos:

Aline Ludmila de Jesus
Ana Drulla
Ana Paula Radaelli
Andreia Barile
Anelise Carvalho
Antonio de Oliveira
Antonio Ferreira
Beatriz Blanco
Beatriz Ramos da Cruz
Beatriz Regina G. Barboza
Beatriz Vencionek
Berenice Coutinho
Bruna Farias Ribeiro
Bruna Moreira Xavier
Bruna Romano Gomes
Bruna Salles Carneiro
Brunna Castro
Bruno Lobão
Caio Nunes da Cruz
Camila Soares Lippi
Camila Torres
Carla Ferreira
Carlos Batista
Carlos Henrique Xavier Endo
Celso Leal da Veiga Júnior
Clayton Marinho
Daniel Donade
Daniela Kern
Denise Niy
Eduarda Rocha
Ellen L. de C. Aquino
Emerson da Silva Folharini
Erika Gutierrez
Fabio Coltro
Felipe Amorim
Fernanda Pereira de Moura
Fernanda Savino
Fernando Carvalho
Gabriela Santos Alves
Gabrielle Araujo
Gilberto Rabahie
Giovanna Manfro
Guilherme Almeida
Gustavo Cerqueira
Gustavo França
Helena Saria
Ingrid Peixoto
Irene do Nascimento Milcent
Isabel Granzotto Llagostera
Isabel Schmidt
Isabela Rodrigues
Jean Tible
Jessica Luiza P. de Almeida
João Luiz Pena
José Bento de Oliveira Camassa
Júlia Gasparetto
Julia Salazar Matos
Júlia Sanders Paolinelli
Juliana Mateus Gago
Juliana Ramos

Jurema Machado de A. Souza
Katiane Machado da Silva
Laís Eirin Ramos
Leticia Stanczyk
Lídia Azambuja de Campos
Livraria Ambulante Comuna de Patos
Lorena Gonzalez Donadon Leal
Lourdes Telles de Carvalho
Lucas Menezes Fonseca
Luciana Lamblet
Luciano Freitas
Luiz M. S. Santos
Luiz Rodrigues
Maira Daniel
Malgarete Justina Frasson
Marcella Feitosa
Marcelo Bastos
Marcia Oliveira
Marco Túlio de Melo Vieira
Marcolino Jeremias
Maria Cosso
Mariana Beber Chamon
Mariana Naviskas
Marina Macedo
Marina Terra
Martha Macruz de Sá
Matheus Saldanha
Maurício Knevitz
Meire Aquino
Natalia Mendes
Natalia Pellicciari
Natália Rocha
Nicole Tovarnitchi
Pedro Monteiro
Perla Cabral Doneda
Priscila de Santana Anzoategui
Priscila Soares de P. C. Moreira
Rafael Carneiro
Rafael Carvalho
Rafaela Hubner
Rafaella Rodinistzky
Raquel Neia
Renato Artur Nascimento
Reynaldo Sorbille
Ricardo Xavier
Rodrigo Azevedo
Sandra Souza
Sara Caumo Guerra
Sayonara Cunha
Stefani Emili Mota
Talita Sobrinho da Silva
Tatiana Souza
Thainá Maria da Silva
Thais de Oliveira Rosa
Thaís Della Giustina
Thiago Canettieri
Vanessa Rozan
Vinícius Masseroni

mujeres libres

SUMARIO

Mujeres Libres en pie de guerra.—*Editorial.*
—*Entusiasmo y responsabilidad en los momentos difíciles.—Catalunya.—Una carta de la compañera de Durruti.—Un dibujo de Mazas.—El ejército del pueblo. Frente Popular Antifascista.—Comisarios.—La mujer y la técnica.—Sanatorio de Optimismo,* por la doctora Salud Alegre.—*El Casal de la Dona Treballadora.—Aire,* poema, por Carmen Conde. —*Oferta,* por León Felipe.—*Claro obscuro de trinchera.* Mika Echebhere.—*Teresa Claramunt,* por Kiralina.—*Trabajo intelectual y manual de la mujer,* por Grangel.—*Deporte,* por María Giménez.—*El que tiene fe,* por C. C.—*Sublevación del campo.—La incorporación de las mujeres al trabajo.—Optimismo.— Maternidad y Maternalidad y Vida nueva,* por Etta Federn.—*Infancia sin escuela.—Decir de la madre.— Niños,* por Florentina.—*Activi-*

© Editora Elefante, 2019
© Martha A. Ackelsberg, 2019

Primeira edição, agosto de 2019
São Paulo, Brasil

Título original:
Free Women of Spain: Anarchism and the Struggle for the
Emancipation of Women, by Martha A. Ackelsberg
Copyright © 1991 by Martha A. Ackelsberg. Portuguese language
rights licensed from the original English-language publisher,
Indiana University Press

Dados Internacionais de Catalogação na Publicação (CIP)
Angélica Ilacqua CRB-8/7057

Ackelsberg, Martha A.
 Mulheres Livres: a luta pela emancipação feminina e a Guerra Civil
Espanhola / Martha A. Ackelsberg; tradução de Júlia Rabahie. São Paulo:
Elefante, 2019.
 416 pp.

ISBN 978-85-93115-39-4
Título original: Free Women of Spain

1. Anarquistas — Mulheres — Espanha 2. Feminismo — Espanha
3. Espanha — História — Guerra Civil I. Título II. Rabahie, Júlia

19-1391   CDD 335.83082

Índices para catálogo sistemático:
1. Anarquismo — Mulheres — Espanha

EDITORA ELEFANTE
editoraelefante.com.br
editoraelefante@gmail.com
fb.com/editoraelefante
@editoraelefante

FONTES Bely Display, Arnhem & Slate
PAPÉIS Cartão 250 g/m² & Pólen soft 80 g/m²
IMPRESSÃO Santa Marta
TIRAGEM 4.000 exemplares